Anton Königsperger
Nassenbeuren
Am Ödgarten 6
87719 Mindelheim
Tel. 08261/5277

Das Buch

Die junge Irin Moira war schon immer ein Wildfang, aber mit dem letzten Eklat hat sie den Bogen überspannt. Ihre Eltern zwingen sie, den Arzt Alistair McIntyre zu heiraten, einen Mann, der doppelt so alt ist wie sie. Und zu allem Überfluss muss sie mit ihm auch noch nach Australien auswandern, wo er eine Stelle antritt – in einem Straflager! Fernab von der Heimat und ihren geliebten Pferden gewöhnt sie sich nur schwer an das karge Leben und ihre Rolle als Ehefrau des tyrannischen Alistair. Bis sie Duncan kennenlernt, einen jungen Iren, der als Rebell zu sieben Jahren Verbannung verurteilt wurde. Moira fühlt sich sofort zu ihm hingezogen, und Duncan scheint ihre Gefühle zu erwidern. Eine leidenschaftliche Affäre beginnt. Doch als Alistair die beiden ertappt, bleibt nur eines: die Flucht in den australischen Busch.

Die Autorin

Inez Corbi, geboren 1968, studierte Germanistik und Anglistik in Frankfurt/Main. Sie lebt im Taunus und widmet sich inzwischen vollständig dem Schreiben. *Das Lied der roten Erde* ist ihr zweiter Roman, eine Fortsetzung ist bereits in Arbeit.

Die Website der Autorin: www.inez-corbi.de

Inez Corbi

Das Lied der roten Erde

Australien-Saga

Ullstein

Besuchen Sie uns im Internet:
www.ullstein-taschenbuch.de

Dieses Taschenbuch wurde auf FSC-zertifiziertem Papier gedruckt.
FSC (Forest Stewardship Council) ist eine nichtstaatliche, gemeinnützige
Organisation, die sich für eine ökologische und sozialverantwortliche
Nutzung der Wälder unserer Erde einsetzt.

Originalausgabe im Ullstein Taschenbuch
1. Auflage Januar 2011
© Ullstein Buchverlage GmbH, Berlin 2011
Umschlaggestaltung: HildenDesign, München
Titelabbildung: Landschaft: © Guy Vanderelst;
Frau: © Lisa Spindler Photography Inc./Photonica/Getty Images;
Muster: © HuHu/shutterstock
Australien-Karte: © Inez Corbi 2010
Satz: LVD GmbH, Berlin
Gesetzt aus der Sabon
Papier: Holmen Book Cream von
Holmen Paper Central Europe, Hamburg GmbH
Druck und Bindearbeiten: CPI – Ebner & Spiegel, Ulm
Printed in Germany
ISBN 978-3-548-28214-5

Meiner Mutter

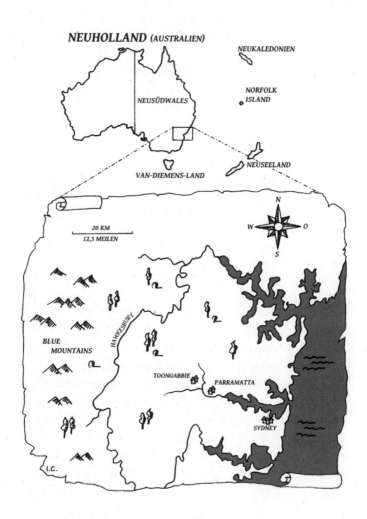

PROLOG

Irland, März 1787

Ein Vogel sang. Der Ton hallte klar und rein durch die Luft und brach sich an den steinernen Mauern des Kerkers. In dieser freudlosen Umgebung klang das Lied seltsam fehl am Platz.

Der Junge blinzelte. Licht fiel fächerförmig durch die Gitterstäbe. Das Stroh, auf dem er geschlafen hatte, roch faulig. Er erhob sich von seinem Lager und wischte sich ein paar zerdrückte Halme vom Körper. Entlang der Wände konnte er die zusammengekrümmten, schmutzigen Leiber seiner schlafenden Zellengenossen ausmachen. Das Huschen winziger Füße verriet die Ratten. Der Junge hatte sich noch immer nicht an sie gewöhnt, genauso wenig wie an den ständigen, nagenden Hunger. Der pappige Brei, den es zweimal am Tag gab, verdiente nicht die Bezeichnung »Essen«. Dennoch würgte er ihn hinunter. Es gab schließlich nichts anderes.

Das Licht war wunderschön. Wie es so durch das vergitterte Fenster schien, war es nahezu greifbar. Staubflocken und kleinste Teilchen trieben darin wie in einem nährenden Strom. Der Junge trat auf das Licht zu und streckte den Arm aus, badete seine Hand in ihm.

Ob sein Vater auch schon wach war und dieses Licht betrachtete? Der Junge hatte lange vor dem Gefängnis gewartet und gehofft, dass man seinen Vater freiließe. Bis man ihn selbst aufgegriffen und in diese Zelle geworfen hatte.

Wie viele Tage das jetzt her war, wusste er nicht. Jedenfalls mehr, als er Finger hatte.

Ob ihre Leute auf sie warten würden? Oder waren sie schon weitergezogen, so, wie sie es immer taten, wenn sie an einem Ort nicht mehr erwünscht waren?

Als ein lautes Quietschen ertönte, zuckte der Junge erschrocken zusammen. Die schwere Kerkertür öffnete sich. Neben ihm richteten sich ein paar schlaftrunkene Gestalten auf. Ein Wärter spähte in den halbdunklen Raum.

»He«, rief er, als er den Jungen entdeckte. »Du bist doch der kleine O'Sullivan! Du kannst gehen.«

Seine Gebete hatten gewirkt! Der Junge trat freudig einen Schritt vor. »Wirklich?«

»Wenn ich es doch sage!«

»Und mein Vater?«

»Dein Vater?« Im düsteren Licht konnte er den Wärter kaum sehen, aber er bildete sich ein, dass der Mann die Schultern hob. »Hat es dir noch keiner gesagt? Den haben sie vorhin gehängt!«

Der Junge starrte den Mann an, sein Magen zog sich zu einem eisigen Klumpen zusammen. Er hörte die Worte, aber etwas in ihm weigerte sich, sie zu verstehen.

»Nein«, murmelte er. »Er hat doch nur ein Pferd gestohlen ...«

»Nur ein Pferd? Kleiner, darauf steht die Todesstrafe! Anders wird man euch verbrecherischen Abschaum ja nie los. Und jetzt komm, raus mit dir!«

Das Licht, das durch das Fenster fiel, füllte jetzt die ganze Zelle aus und beschien die Gestalten der anderen. Einer der Gefangenen wisperte etwas, ein Gebet oder einen Fluch, doch der Junge achtete nicht darauf. Er stand wie erstarrt, konnte keinen Schritt tun. Sein Herz klopfte laut.

Dann stürzte die Welt über ihm zusammen.

1.

Moira schreckte mit einem Ruck aus dem Schlaf. Sturm wütete vor ihrem Fenster im vierten Stock und rüttelte an den Fensterläden, die sie nicht geschlossen hatte, weil sie sich auf diese Weise weniger eingesperrt vorkam. Regenkaskaden peitschten gegen die Scheiben. Aber das war es nicht, was sie geweckt hatte. Stimmen, Schritte, das eilige Trappeln von Füßen, die auf den Treppen des schmalen Dubliner Stadthauses hinauf und hinunter liefen. Moira war jetzt hellwach. Sie schlug die Decke zurück, griff nach dem Zunderkästchen und entzündete die Kerze auf ihrem Nachttisch, dann warf sie sich einen Schal über ihr Nachthemd und eilte zur Tür.

Vergeblich. Natürlich war sie verschlossen, wie stets während der vergangenen Wochen. Sie versuchte, durchs Schlüsselloch zu spähen, sah aber nichts, da der Schlüssel von außen steckte. Sie legte das Ohr an die Tür, glaubte ihre Mutter zu hören, die mit durchdringender Stimme Anweisungen gab, und rüttelte am Türknauf.

»Mutter? Bitte mach auf!«

Niemand antwortete.

Wieder Schritte.

Moira verlegte sich aufs Klopfen. »Bitte, Mutter, öffne die Tür! Was ist denn los?«

Jemand drehte den Schlüssel, die Tür öffnete sich. Im Gang stand ihre jüngere Schwester Ivy, die blonden Haare zu einem losen Zopf zusammengefasst, einen Leuchter mit einer brennenden Kerze in der Hand.

»Gott sei Dank! Was ist denn los? Ich habe nur –«

»Vater«, unterbrach Ivy sie ängstlich. »Ich glaube, er stirbt! Komm!«

Gemeinsam eilten die Schwestern die Treppe einen Stock hinunter zum Schlafzimmer der Eltern. Hinter der angelehnten Tür drang ein schmerzerfülltes Stöhnen hervor.

Moira klopfte und schob sich gleich darauf ins Zimmer, Ivy dicht hinter sich. Der Vater lag im Bett, die massige Gestalt unter einer Decke begraben, das sonst so rosige Gesicht aschfahl im Schein einer flackernden Kerze.

»Vater! Was fehlt dir?«

»Es fühlt sich an«, keuchte Philip Delaney, die Hände in die Bettdecke gekrallt, »als wühle jemand mit einem Messer in meinem Unterleib.«

»Was ist mit dir?« Moiras Stimme klang schrill. »Ivy hat gesagt, du würdest sterben!«

»Unsinn!« Mutter erhob sich von einem Stuhl neben dem Bett. Trotz der nächtlichen Stunde lagen ihre Haare makellos. »Es ist nur ein Bauchgrimmen, nichts weiter. Wahrscheinlich hat er wieder zu reichlich dem Essen zugesprochen.« Ihr Blick ging zu Moiras lose herabhängendem Schal. »Es gibt keinen Grund, wie ein Straßenmädchen herumzulaufen. Und ordne dein Haar!«

Zerstreut kam Moira dieser Aufforderung nach, doch ihr Haar war so störrisch wie sie selbst. In die kleinen Löckchen, die Mutters Gesicht wie das der griechischen Vorbilder umgaben, ließ sich Moiras dunkler Schopf kaum zwingen.

Ivy drängte sich neben sie. »Wo bleibt Dr. Ahern?«

»Dr. Ahern weilt wegen dringender familiärer Angelegenheiten auf dem Kontinent. Ich habe das Hausmädchen zu diesem Dr. McIntyre geschickt.« Mutters Stimme klang wie immer. Kühl und gefasst.

»Dem Bekannten von Mr Curran?«

Mutter nickte. »Ich hoffe nur, dass er etwas taugt.« Sie warf einen Blick aus dem Fenster, vor dem es noch immer in Strömen goss. »Euer Vater hat sich für seine Unpässlichkeit das denkbar schlimmste Wetter ausgesucht. Dieser April macht mich noch ganz krank.«

Vor der Tür waren eilige Schritte zu hören. Jane, die Haushälterin, kam mit einer kupfernen, mit glühendem Torf gefüllten Wärmflasche herein, die sie mit einem Tuch umwickelt hatte. Sie keuchte; die vier Stockwerke vom Keller, wo die Küche lag, zogen sich. Mrs Delaney nahm die Kupferflasche und schob sie ihrem Gatten unter die Bettdecke. Der schwere Mann ächzte auf, sein Gesicht verzog sich vor Schmerzen.

»Hoffentlich beeilt Bridget sich«, murmelte Jane, während Mutter die Decke über dem fülligen Leib glattstrich. Moira erhaschte einen flüchtigen, irgendwie strafenden Seitenblick. Aber sie konnte doch nichts dafür, dass es dem Vater schlecht ging!

»Es ist alles deinetwegen!« Mutter schien ihre Gedanken zu lesen. »Wenn er sich nicht so hätte aufregen müssen, dann –«

»Eleanor, bitte!« Philip Delaney versuchte, sich in seinem Bett aufzurichten, sank aber stöhnend wieder zurück.

»O doch, sie weiß es ganz genau. Du bringst deinen Vater noch ins Grab mit deinen … deinen Eskapaden.« Mutters Lippen waren noch schmaler als sonst, ihre Augen blickten kalt.

Moira öffnete den Mund, eine scharfe Erwiderung auf den Lippen, dann schloss sie ihn wieder. Es hatte doch keinen Sinn, sich gegen diese Vorwürfe aufzulehnen.

Als die Türglocke ging, atmete sie auf. Jane eilte hinunter. Nach einer Weile hörte Moira schwere Schritte, dann öffnete Bridget, hörbar außer Atem, die Tür zum Schlafzimmer.

»Dr. McIntyre!« Mutter trat auf den Arzt zu. »Was für ein Glück, dass Ihr kommen konntet.«

Der Doktor, der ebenso wie das Hausmädchen vom Treppensteigen schnaufte, war im Alter ihrer Eltern, schätzte Moira. Ein rotbrauner Backenbart gab seinem Gesicht einen grimmigen, verkniffenen Ausdruck, der durch die schweren Tränensäcke noch verstärkt wurde. Dieser Mann wusste die schönen Seiten des Lebens sicher nicht zu würdigen. Außerdem roch er nach abgestandenem Schweiß. Aber das war kein Wunder – Bridget hatte ihn schließlich mitten in der Nacht aus dem Bett geholt.

Dr. McIntyre stellte seine Arzttasche auf den Nachttisch, seine Schuhe hatten feuchte Abdrücke auf dem Teppich hinterlassen. Er holte eine kleine Brille mit runden Gläsern heraus, setzte sie auf seine grobporige Nase und strich sich mit Daumen und Zeigefinger über seinen Backenbart.

»Wenn ich die Damen jetzt bitten dürfte, den Raum zu verlassen.« Er wandte sich dem Vater zu, ohne darauf zu achten, ob man seiner Bitte nachkam.

Eleanor Delaney scheuchte ihre Töchter hinaus und schloss die Tür von außen. Sie wartete, bis Bridget den Leuchter im Flur entzündet hatte, dann schickte sie die beiden Dienstboten ins Bett. Jetzt war nur noch die Familie versammelt.

Moiras Blick ging zu Ivy. Ihre Schwester, das Tuch um das Nachthemd züchtig geschlossen, ordnete mit den Fingern ihr Haar. Mutter griff helfend ein.

Ivy war in allem so, wie sich Eleanor Delaney eine wohlerzogene Tochter vorstellte. Ihre Stiche bei der Handarbeit waren stets gerade, sie konnte bezaubernd singen und Klavier spielen, und sie liebte schöne Kleider. Wenn man sie in zwei Jahren in die Gesellschaft einführte, würde Ivy unweigerlich die Blicke aller Männer auf sich ziehen. Ihre kleine Nase wies ein wenig himmelwärts, und für ihr feines naturblondes Haar hätte so manche Frau ein Vermögen hergegeben. Nicht einmal Mutter hatte so helles Haar, obwohl sie es wöchentlich mit Zitronensaft behandelte.

Moiras Haar dagegen war nachtschwarz wie das Fell ihrer Stute Dorchas. Für ihr Debüt im März hatte Moira es sich abschneiden lassen, aber seitdem war mehr als ein Monat vergangen, und die einstmals sorgsam gelegten Löckchen waren auf dem besten Weg, wieder zu einer wilden Mähne zu werden. Ein weiterer Minuspunkt auf der endlosen Liste von Vorwürfen, die sie sich immer wieder anhören musste, neben ihrer mangelnden Fähigkeit oder auch dem Unwillen, Klavier zu spielen oder Kissen zu besticken. Ganz abgesehen von ihrem letzten, ungeheuerlichen Fauxpas.

Der Kerzenleuchter im Flur warf flackernde Schatten auf die Wände und den dichten Teppich. Der Sturm hatte sich gelegt, nur noch dann und wann konnte Moira ein paar Zweige gegen die Fenster schlagen hören. Am liebsten hätte sie das Ohr an die Tür zum Schlafzimmer der Eltern gelegt, aber das hätte Mutter, die seufzend auf einen Hocker gesunken war, nie zugelassen. Und so konnte sie nur dastehen und auf die Geräusche lauschen, die aus dem Zimmer drangen.

Gemurmelte Stimmen, dann ein langes Stöhnen. Für eine Weile herrschte Stille, dann setzte es wieder ein. Moira hob den Daumen an den Mund und biss an ihrem Nagel herum, bis Mutters strafender Blick sie traf. Schuldbewusst zog sie den Finger zurück.

Ein leiser Schrei ertönte, der die Frauen zusammenzucken ließ, dann ein Aufseufzen. Wieder Stimmen, dann öffnete sich die Tür.

Dr. McIntyre bat die Frauen herein. »Ein Blasenstein«, sagte er ohne weitere Eröffnung. »Eingeklemmt auf dem Weg nach draußen. Ich konnte ihn zurückdrängen.«

»Dr. McIntyre, Ihr seid ein Engel!« Eleanor Delaney gelang es selbst jetzt noch, gekünstelt zu klingen.

»Und ein wahrer Meister Eures Fachs«, ergänzte ihr Mann. Er saß bleich, aber mit einem glücklichen Lächeln halb aufgerichtet im Bett und wischte sich mit dem Handrücken ein paar Schweißperlen von der Stirn. Auf dem Nachttisch lag eine dünne Sonde, in der Luft schwebte der Geruch einer medizinischen Essenz. »Ich hätte diese Schmerzen keine Minute länger ertragen.«

»Ihr müsst in nächster Zeit viel trinken, Mr Delaney. Wasser, keinen Wein! Auch wenn Ihr damit handelt.« Dr. McIntyre rieb die Sonde mit einem Lappen ab und verstaute sie in einem Futteral, das er anschließend in seine Tasche packte. »Außerdem solltet Ihr mehr auf Eure Ernährung achten. Weniger fette Speisen. Und bewegt Euch mehr.«

»Ja«, seufzte der Vater. »Alles, was Ihr sagt.«

»Ich fürchte dennoch, diese Kolik wird nicht die letzte gewesen sein. Ich rate Euch sehr dazu, den Stein entfernen zu lassen.«

»Eine Operation?« Der Vater wurde noch blasser.

Dr. McIntyre hob die Schultern. »Keine schöne Sache, ich weiß. Aber der Stein ist nicht groß. Wenn Ihr es wünscht, könnte ich in den nächsten Tagen versuchen, ihn auf natürliche Weise zu entfernen.«

Philip Delaney sah aus, als hätte man ihn gebeten, einen lebenden Frosch zu schlucken. Dann nickte er. »Bitte. Tut das. Alles, was mir den Schnitt erspart. Ich werde Euch reichlich entlohnen.«

»Auf natürliche Weise?« Moira konnte ihre Neugier nicht zurückhalten. »Wie meint Ihr das?«

Dr. McIntyre blinzelte sie hinter seinen Brillengläsern verwirrt an. Offenbar war er es nicht gewohnt, dass ihm junge Frauen derartige Fragen stellten.

»Nun«, begann er umständlich, setzte seine Brille ab und sah fragend auf. »Ich weiß nicht, ob –«

»Ihr habt vollkommen recht, Dr. McIntyre«, kam ihm Mutter zu Hilfe. »Das ist wirklich kein Thema, das eine junge Dame interessieren sollte.« Sie lächelte ihm liebenswürdig zu. Irgendwie zu liebenswürdig, wie Moira fand.

»Ein tüchtiger Mann«, sagte Mutter nachdenklich, nachdem sie den Arzt verabschiedet und ihm trotz seines Zauderns eine Kiste besten italienischen Rotweins mitgegeben hatte. »Zu schade, dass er Irland schon so bald verlassen wird.«

*

»Von allen Dingen ist die Freiheit wohl das kostbarste Gut.« John Curran nahm einen weiteren Schluck Tee.

Moira nickte, den Mund voller Gurkensandwich. Während der Zeit ihres Stubenarrests hatte sie sich schließlich selbst wie eine Gefangene gefühlt. Bis auf Bridget, die ihr das Essen aufs Zimmer gebracht, und Ivy, die sich ab und zu verbotenerweise zu ihr geschlichen und ihr erzählt hatte, was es Neues gab, hatte sie niemanden gesehen.

»Wir stehen kurz vor einem neuen Jahrhundert«, fuhr Curran fort. »Ich hoffe, dass die Menschheit ein wenig vernünftiger geworden ist und sich an die Ideale der Französischen Revolution erinnert.«

»Seid Ihr etwa ein Jakobit, Mr Curran?«

Er lächelte. »So würde ich es nicht gerade nennen, Miss Moira. Aber wenn gute Männer nicht handeln, kann das

Schlechte immer weiter wachsen. Und manches von dem, was die Jakobiten vertraten, ist durchaus geeignet, diese Welt ein bisschen besser zu machen.«

»Ich weiß so wenig von der Welt«, sagte Moira. »Vater will nicht, dass wir die Zeitung lesen. Er sagt, das gehöre sich nicht für eine Frau.«

Natürlich gehörte es sich genauso wenig, sich als unverheiratete junge Frau allein mit einem Mann in einem Raum aufzuhalten. Aber Miss Egglestone, die auf solche Dinge geachtet hätte, war nicht mehr da, und so war nur das Hausmädchen Bridget anwesend, das sich wie ein dienstbarer Geist im Hintergrund hielt. Moira hätte nicht gedacht, dass sie die altjüngferliche Gouvernante vermissen würde. Doch auch wenn Moira die Handarbeit und das Musizieren nie sonderlich geschätzt hatte, so hatte der Unterricht doch ein wenig Abwechslung in die nicht enden wollende Abfolge gleichförmiger Tage gebracht.

Umso mehr genoss sie es jetzt, sich mit Mr Curran zu unterhalten. John Curran war der Vater ihrer Freundin Sarah – und einer der wenigen, die sich nach dem Skandal nicht zurückgezogen hatten. Sicher, Moira hatte einen schweren, in Mutters Augen sogar unverzeihlichen Fehler begangen. Und doch, wenn sie die Zeit hätte zurückdrehen können, sie hätte es wieder getan. Selbst jetzt musste sie grinsen, wenn sie daran dachte, was am Abend ihres Debüts vorgefallen war.

Für Moira hatte dieser Tag, an dem sie in die Gesellschaft eingeführt werden würde, eine eher lästige Pflicht dargestellt, denn die endlosen Anproben im Beisein von Schneiderin, Gouvernante und ihrer Mutter nahmen ihr die Zeit, mit Dorchas zusammen zu sein. Die Stute war zum ersten Mal trächtig. Moira wollte diese Geburt unbedingt miterleben, und sie betete darum, dass dieser Termin nicht ausgerechnet mit ihrem Debüt zusammenfallen würde. Ihre Eltern hätten nie gestattet, dass ihre Tochter dem Ball fernbliebe.

Doch ganz genauso war es gekommen. Kurz bevor Moira, herausgeputzt wie eine Prinzessin, mit ihren Eltern die Kutsche bestieg, war sie noch einmal heimlich in den Stall geschlüpft. Dorchas' Euter, das in den vergangenen Wochen deutlich größer geworden war, glänzte, an den Zitzen zeigten sich bereits harzige Tropfen – das sichere Zeichen für eine bevorstehende Geburt. In diesem Moment stand Moiras Entschluss fest.

Kaum hatte sie den ersten Tanz hinter sich, entschuldigte sie sich bei ihrem Tanzpartner und stahl sich durch eine Hintertür nach draußen. Mit der Perlenkette, die Mutter ihr geschenkt hatte, bezahlte sie eine Mietkutsche, die sie nach Hause brachte. Zurück zu Dorchas. Moira war noch nie so glücklich gewesen wie in dem Moment, als der kleine Pferdekörper aus Dorchas' Leib auf die Erde gefallen war und sie ihn mit Stroh trockenreiben konnte.

Dass ihre Eltern mittlerweile in der Annahme, ihre Tochter sei entführt worden, die Konstabler eingeschaltet hatten – das hatte Moira natürlich nicht erwartet. Als Philip und Eleanor Delaney nach langen Stunden des Wartens und Hoffens schließlich nach Hause gefahren waren, hatten sie ihre Erstgeborene im Stall vorgefunden, das weiße Ballkleid und sie selbst mit Blut, Dreck und Heu beschmutzt. Nie würde Moira Mutters eisigen Blick vergessen, mit dem sie ihre Tochter auf ihr Zimmer schickte. Als hätte sie einen Mord begangen.

Der Skandal war perfekt. Miss Egglestone hatte schon am nächsten Tag gekündigt, und auch die meisten ihrer Bekannten hatten sich seitdem zurückgezogen. Sogar einige von Vaters Kunden waren ausgeblieben. John Curran war einer der wenigen, die der Familie noch beistanden.

»Sarah will auch immer so viel von mir wissen«, riss dieser sie jetzt aus ihrer Erinnerung. »Neulich erst musste ich ihr genau erklären, wie ich meinen letzten Freispruch erreicht habe.« Er wischte sich den Zeigefinger an einer Serviette ab.

Moira mochte den kleinen, linkischen Mann, der trotz seiner unscheinbaren Statur einer der angesehensten Anwälte Dublins war. Sie hörte ihm gerne zu, vor allem, wenn er über sein Steckenpferd, die irische Befreiung, redete. Obwohl er wie sie alle Protestant war, setzte er sich für die Belange der Katholiken ein. Nachdem im vergangenen Jahr ein landesweiter Aufstand blutig niedergeschlagen worden war, hatte er die Verteidigung einiger Rebellenführer übernommen – und dank seiner glänzenden Rednergabe so manchen Angeklagten freibekommen. Dabei schien ihn kaum etwas zu einer solchen Aufgabe zu befähigen. Er war schmal und kurz gewachsen und dazu mit einer Stimme ausgestattet, die sich anhörte, als käme sie aus einer rostigen Gießkanne.

»Leider konnte ich nicht allen helfen. Einige dieser armen Gestalten verschifft man jetzt als Sträflinge nach –«

»Moira!« Mutters Stimme durchschnitt den Raum wie eine Messerklinge. Moira sprang schuldbewusst auf. »Es tut mir sehr leid, Mr Curran, wenn meine Tochter Euch belästigt hat. Man sollte meinen, sie wüsste, was sich geziemt.«

»Aber nicht doch.« Curran erhob sich, als Mrs Delaney, gekleidet in raschelnde cremefarbene Seide, auf ihn zukam, und deutete eine Verbeugung an. »Wir hatten eine ganz reizende Unterhaltung. Eure Tochter ist eine vielseitig interessierte junge Frau.«

Mutter lächelte säuerlich. »Etwas mehr Interesse an anderen Dingen stünde ihr gewiss besser zu Gesicht. Aber setzt Euch doch, lieber Mr Curran. Du auch, Moira.«

Moira, die erwartet hatte, dass Mutter sie auf ihr Zimmer schicken würde, nahm zögernd wieder Platz.

»Mr Curran hat Hamilton Rowan verteidigt«, brach es aus ihr heraus, während Bridget der Mutter eine gefüllte Teetasse reichte.

»Tatsächlich?« Eleanor Delaney verzog keine Miene und warf einen Blick zur Tür, als erwarte sie jemanden. Sie goss etwas Milch in ihren Tee. »Haltet Ihr es wirklich für angebracht, Mr Curran, Euch mit diesen ... diesen Rebellen abzugeben?« Sie spuckte das Wort aus wie ein ungenießbares Stück Fleisch, dann hob sie die Tasse zum Mund.

Curran neigte den Kopf. »Verehrte Mrs Delaney, bei allem nötigen Respekt, aber was würdet Ihr denn tun, wenn man Eure Rechte immer mehr beschnitte? Glaubt Ihr nicht, dass auch den Katholiken ein Teil vom Kuchen zusteht?«

Mutter setzte die Tasse mit vollendeter Anmut ab. »Lieber Mr Curran, wir wollen uns diesen schönen Tag doch nicht mit solch unerfreulichen Themen verderben.«

Curran beugte sich diesem Wunsch mit undurchdringlicher Miene. Moira konnte sehen, wie seine rechte Augenbraue zuckte.

»Ich hoffe, Euer Gemahl ist wohlauf«, sagte er schließlich.

Eleanor Delaneys Züge wechselten zu einem erleichterten Lächeln. »Oh, in der Tat. Dr. McIntyre ist noch bei ihm. Ich habe gerade erfahren, dass die Bemühungen der letzten Wochen von Erfolg gekrönt waren. Eine weitere Sitzung wird nicht nötig sein.«

»Das freut mich zu hören.«

»Ja, es war ein großes Glück, dass wir Dr. McIntyre begegnet sind. Wir sind ihm überaus dankbar.« Sie blickte erneut zur Tür. »Wirklich, das sind wir. Irland verliert mit ihm einen guten Arzt. Jetzt will der gute Dr. McIntyre also sein Glück in der Wildnis der neuen Kolonien versuchen ... Welch reizvolles Abenteuer.«

Moira blickte erstaunt auf. Sie hätte gedacht, dass Eleanor Delaney als Letzte für solche Abenteuer zu haben wäre.

»Neue Kolonien?«, fragte sie. »Geht er nach Amerika?«

»Nein, Miss Moira«, antwortete Curran, »nach Neuholland, auch *terra australis* genannt. Aber ganz so wild, wie Ihr, Mrs Delaney, meint, wird es dort wohl nicht mehr zugehen. Sydney existiert immerhin schon seit elf Jahren, und auch weitere Ansiedlungen scheinen zu gedeihen.« Er lächelte. »Obwohl ich zugeben muss, dass mich selbst nichts dorthinziehen würde. Es ist einfach zu weit weg.«

»Nun«, gab Mutter zurück, »ich bin sicher, dass Dr. McIntyre in *terra australis* schnell zu einem bedeutenden Mann aufsteigen wird. Ist denn inzwischen bekannt, wann er abreist?«

Curran schüttelte den Kopf. »Die *Minerva* liegt schon seit Wochen bei Cork vor Anker. Der arme Alistair.« Curran nahm noch einen Schluck Tee. »Er hatte seine Praxis bereits aufgegeben und wollte sich einschiffen, als man ihm sagte, dass sich die Abreise um unbestimmte Zeit verzögern würde.«

»Es ist sehr großzügig von Euch, ihn solange bei Euch wohnen zu lassen«, warf Moira ein. Ivy hatte ihr davon erzählt.

Curran lächelte ihr freundlich zu. »Das ist ein Gebot unter Freunden. Ich konnte ihn doch nicht auf der Straße sitzen lassen – schließlich ist sein Nachfolger mit seiner Familie längst in die neuen Räume eingezogen.«

»Und Dr. McIntyre hat keine Familie?«

»Nein. Seine Ehe blieb kinderlos, und seine Frau ist im vergangenen Jahr gestorben.«

»Haben die Rebellen sie umgebracht?«, wollte Moira wissen.

Curran wirkte für einen Moment verwirrt, und auch Mutter sah sie irritiert an.

»Nein, sie ... war krank«, sagte er dann. Moira fiel das kurze Zögern in seiner Antwort auf.

»Und Dr. McIntyre konnte ihr nicht helfen?«

»Nein. Es gibt Krankheiten, bei denen auch der beste Arzt versagt.«

Mutter zuckte zusammen, als es an der Tür klopfte.

»Herein!«, rief sie und stellte die Teetasse etwas zu hastig ab. Eine bräunliche Lache bildete sich auf der Untertasse. Sie schien es nicht zu bemerken.

Jane, die Haushälterin, erschien. »Ma'am, Miss? Mr Delaney wünscht Euch zu sprechen.«

So nervös hatte Moira ihre Mutter noch nie gesehen. »Mr Curran, Ihr entschuldigt uns?«

Curran hatte sich erhoben, verneigte sich würdevoll und blieb stehen, bis die beiden Frauen den Raum verlassen hatten.

Mutter eilte wortlos und mit raschelndem Seidenrock die Treppe hinauf. Ihr Schweigen beängstigte Moira mehr, als wenn sie ihr erneut eine Strafpredigt gehalten hätte.

»Warte«, sagte Mutter, als sie vor dem Zimmer der Eltern angekommen waren. »Lass mich dich ansehen.«

Mit zwei Fingern zupfte sie an Moiras Haar herum, dann holte sie tief Luft und klopfte an der Tür. Bei ihrem Eintreten erhob sich Dr. McIntyre von einem Stuhl.

»Vater! Geht es dir gut?« Moiras Blick flog zum Bett. Auf Vaters rundem, rosigen Gesicht lag ein seliges Lächeln.

»Aber ja, Liebes. Es geht mir sogar ausgesprochen gut. Dr. McIntyre hat mir lediglich noch einige Tage Bettruhe verordnet.«

Neben ihm hüstelte seine Frau. Philip Delaney wies auf einen weiteren Stuhl. »Setz dich, Moira. Dr. McIntyre möchte mit dir sprechen.«

Moira sah ihren Vater verwirrt an. »Aber ich bin nicht krank.«

Mutter seufzte auf. »Gott, ich wünschte, du wärst es. Dann gäbe es vermutlich ein Heilmittel für dein Verhalten!«

»Miss Moira«, sagte Dr. McIntyre in diesem Moment. Er fuhr sich über seinen Backenbart. Sein fleckiges Gesicht hatte eine rötliche Färbung angenommen.

»Miss Moira«, sagte er noch einmal und räusperte sich. »Erweist mir die Ehre, Euch zur Frau zu nehmen.«

»Was?!« Moira blieb der Mund vor Überraschung offen stehen, dann begann sie zu lachen. Es war einfach zu absurd. Glaubte dieser alte Bock tatsächlich, er könnte um ihre Hand anhalten?

Dr. McIntyre lachte nicht. »Euer Vater hat schon eingewilligt. Wenn Ihr –«

»Mein lieber, mein guter Dr. McIntyre«, unterbrach ihn die Mutter freudig. »Ich … Wir … Von Herzen gerne!«

Moira erstarb das Lachen in der Kehle. Sie starrte ihre Mutter an, als sei dieser plötzlich ein zweiter Kopf gewachsen. Das konnte sie doch nicht ernst meinen! Sicher würde sie gleich aufwachen und erkennen, dass dies alles nur ein Alptraum war.

Aber sie wachte nicht auf. Das hier war die Wirklichkeit.

Sie hatte gar nicht bemerkt, dass sie aufgestanden war. »Nein!« Ihre Stimme hörte sich ganz fremd an. »Nein, das werde ich ganz sicher nicht!«

»Moira! Hört nicht auf sie, verehrter Dr. McIntyre. Sie meint es nicht so. Nicht wahr, Moira?« Mutters Stimme hatte einen drohenden Unterton angenommen.

Moiras Gedanken flogen, ihr Herz hämmerte schmerzhaft. Ihr fiel nur eines ein, mit dem sie verhindern konnte, wie ein Stück Vieh an diesen alten Mann verschachert zu werden.

»Ich ... ich bin nicht mehr unberührt«, platzte sie heraus und spürte, wie ihr bei diesen Worten das Blut ins Gesicht schoss.

Philip Delaney fiel mit einem dumpfen Ton zurück ins Kissen. Die Züge ihrer Mutter entglitten, zeigten pures Entsetzen. Für einen Moment tat sie Moira sogar leid.

»O Moira, wie konntest du nur?« Kraftlos sank sie neben ihrem Mann auf das Bett. »Was habe ich nur verbrochen, dass ich so gestraft werde?«

Es herrschte betretenes Schweigen; nur Mutters leises Schluchzen erfüllte das Zimmer. Moira stand in der Mitte des Raumes, ihr Herz klopfte laut. Sie wollte ihren Eltern keinen erneuten Schmerz bereiten, doch sie musste es tun, um sich selbst zu schützen.

Lediglich Dr. McIntyre schien unbeeindruckt, seine anfängliche Unsicherheit war wie weggeblasen. »Mrs Delaney, wenn ich etwas vorschlagen dürfte?«

Mutter hob den Kopf und winkte stumm mit der Hand.

»Ich habe gewisse Zweifel an dieser Aussage. Mit Eurer Erlaubnis würde ich die Behauptung Eurer Tochter gerne überprüfen. Durch eine ärztliche Untersuchung.«

»Wie bitte?!« Moira glaubte sich verhört zu haben.

»Ich möchte nur sichergehen, dass Ihr die Wahrheit sagt.«

»Vater!«

Philip Delaney war sein Unbehagen anzusehen, als er ihrem verzweifelten Blick auswich. »Du solltest tun, was er sagt«, murmelte er.

Moira sah entgeistert zu, wie Dr. McIntyre seine Brille aus einem Etui holte, sie aufsetzte und anschließend seinen ausgebeulten Arztkoffer aufklappte.

»Bitte, Miss Moira, wenn Ihr so freundlich wärt.« Er wies auf eine Ecke des Schlafzimmers, wo ein Paravent und ein

Sessel standen. »Es dauert nicht lange. Und wenn Ihr wirklich nicht mehr unberührt seid, wird es auch nicht weh tun.«

Die plötzliche Stille lastete wie ein Alpdruck auf Moira, ihr Herz raste.

»Ich denke ja nicht daran.« Sie machte einen Schritt auf die Tür zu.

Im nächsten Moment verstellte ihre Mutter ihr die Tür. »Du wirst diesen Raum nicht eher verlassen, als bis wir Klarheit haben!«

Moira schluckte, ihr Kopf war vollkommen leer. Aber nicht um alles in der Welt würde sie sich von diesen Fingern berühren lassen!

Ihre abwehrend erhobenen Schultern sanken zurück. »Das wird nicht nötig sein«, flüsterte sie kaum hörbar, mit gesenktem Kopf und brennenden Wangen. »Ich ... ich habe gelogen.«

»Was sagt Ihr?«, fragte Dr. McIntyre, der die kurze Szene ohne erkennbare Regung verfolgt hatte. »Ich habe Euch leider nicht verstanden.«

»Ich habe gelogen!«

»Dann seid Ihr also noch unberührt?«

Moira nickte stumm, das Blut pulsierte in ihren Ohren. Von ihren Eltern kam ein doppeltes Aufseufzen.

Dr. McIntyre lächelte grimmig. »In diesem Fall, Mr Delaney, meine Damen, steht einer baldigen Vermählung nichts im Wege.«

Moira bekam kaum mit, wie Dr. McIntyre und ihre Eltern einander die Hände schüttelten und zu ihrer Verbindung beglückwünschten. Sie wusste nur, dass sie soeben den ersten Schritt in Richtung Abgrund getan hatte.

2.

Der Blick aus dunklen Augen strahlte Vertrauen aus und fast so etwas wie Mitgefühl. Weiche, haarige Lippen kitzelten Moiras Handfläche, als die schwarze Stute den Apfel entgegennahm. Dorchas blies warme Luft aus ihren Nüstern und begann zu mahlen. Mit geschlossenen Augen drückte Moira ihren Kopf an den Pferdeleib, bis ihre Haut prickelte, spürte den warmen Körper, das pochende Herz, und sog den vertrauten starken Duft ein.

Etwas Feuchtes berührte ihre Hand. Als sie die Augen öffnete, sah sie das Fohlen, tintenschwarz wie seine Mutter, und kniete lächelnd nieder, das warme Gefühl bedingungsloser Zuneigung im Bauch.

»Guten Morgen, Ossian«, flüsterte sie. Sie hatte den kleinen Hengst nach dem kriegerischen Barden aus den Sagen getauft. Für dieses Tier war sie bei ihren Eltern in Ungnade gefallen. Und doch war die Geburt des Fohlens die wundervollste Erfahrung, die Moira je gemacht hatte.

Sie nahm Striegel und Kardätsche aus ihrer Wandhalterung und begann, Dorchas mit langsamen, gleichmäßigen Bewegungen zu bürsten. Die stickige Wärme im Stall und die Bewegung ließen Moira schon bald in Schweiß ausbrechen, aber sie arbeitete angestrengt weiter, bis Dorchas' schwarzes Fell wieder glänzte. Ungeduldig wedelte sie eine Fliege fort und hängte ihr Arbeitsgerät zurück an die Stalltür. Die Haare klebten ihr feucht an Stirn und Schläfen.

Sie trat aus der Stalltür und hielt das Gesicht in die warme Brise. Ein schwacher Salzgeschmack legte sich auf ihre Zunge – der Hafen war nah. Wie gerne wäre sie jetzt ausgeritten, vielleicht die Straße entlang nach Donnybrook, oder auch nach Ballsbridge. Aber es ging nicht. Nicht heute, am Tag ihrer Hochzeit. Und vielleicht nie mehr.

Ein Knoten ballte sich in ihrer Kehle. Sie biss die Zähne zusammen, um die aufsteigenden Tränen zurückzudrängen, und blickte hinüber zum umzäunten Gelände des Merrion Parks, den die hochherrschaftlichen Häuser der Reichen säumten. Von hier aus war es nicht weit bis ins Herz Dublins, obwohl Moiras Eltern auch für die kurze Strecke meist die Kutsche nahmen. Die unbefestigten Straßen verwandelten sich nach den häufigen Regengüssen in eine schlammige Masse, und der Vater schimpfte jedes Mal, wenn er sich nach einem Besuch bei seinen Kunden die Schuhe auskratzen lassen musste. Bis der Wagenschuppen errichtet worden war, hatte ihre Kutsche in den Stallungen hinter dem langgestreckten Garten an der Rückseite ihres Hauses gestanden, dort, wo Moira sich jetzt befand. Dahinter lag offenes Gelände. Hier war sie schon so manches Mal entlanggeritten, über Felder und saftiggrüne Wiesen bis zum Hafen von Irish Town, von wo aus sie den einlaufenden und abfahrenden Schiffen zuschauen konnte. Früher war sie oft mit ihrem Vater dort gewesen, doch seit England sich mit Frankreich im Krieg befand, war es fast unmöglich geworden, auf gesetzlichen Wegen an französischen Wein zu kommen. Philip Delaney musste immer mehr auf spanische und italienische Händler ausweichen, zu denen er längst nicht so gute Verbindungen hatte wie nach Frankreich. Was sich an französischem Burgunder noch in seinem Weinkeller befand, verkaufte er zu Höchstpreisen, doch der Vorrat schwand rapide.

Sie trat zurück in den Stall und drückte ihr Gesicht erneut in Dorchas' dichtes Fell. Die Stute drehte den großen Kopf und legte ihn an Moiras Schulter. Jetzt kamen ihr doch die Tränen. Aber sie wollte nicht weinen. Jemand wie Moira weinte nicht.

»Das ist alles so ungerecht«, flüsterte sie. »Ich will hier nicht weg!«

Dorchas schnaubte, als würde sie verstehen.

»Ach, hier bist du.« Die Stimme ihrer Schwester riss Moira aus ihrem Kummer. Hastig richtete sie sich auf und wischte sich die Tränen aus dem Gesicht. »Mutter sucht dich.«

»Das kann ich mir denken«, murmelte Moira. »Sie kann mich wohl nicht schnell genug loswerden.« Sie vergrub ihre Hand in Dorchas' dichter Mähne. »Ach, Ivy. Ich will das nicht! Ich will nicht seine Frau werden!«

Ivy blickte betreten zu Boden. »So schlimm finde ich Dr. McIntyre gar nicht.«

»Ach nein? Dann kannst du ihn ja heiraten! Kannst ihm seinen alten faltigen Hintern streicheln und ihn füttern, wenn er den Löffel nicht mehr halten kann!«

Ivy versuchte sichtbar, ein Grinsen zurückzuhalten. »Vater sagt –«

»Vater!« Moira spuckte das Wort aus, als enthalte es Galle. »Vater hat mich an ihn verkauft! Von Mutter hätte ich nichts anderes erwartet, aber Vater! Er gibt mich dem Erstbesten zur Frau, der um meine Hand anhält!«

Wieder schossen ihr die Tränen in die Augen, aber sie blinzelte sie hastig fort. Vaters Verrat war am schlimmsten zu ertragen.

»Er meint es doch nur gut«, versuchte Ivy zu beschwichtigen. »Er sagt, Dr. McIntyre ist ein guter Arzt, und ein –«

»Dr. McIntyre ist ein widerlicher Tattergreis!«

»Er ist zwei Jahre jünger als Vater. Und es gibt viele junge Frauen, die ältere Männer heiraten. Kennst du Rosie Farelly? Sie hat ihren Vormund geheiratet, und sie scheint sehr glücklich zu sein!«

»Sie muss ihn ja auch nicht bis ans Ende der Welt begleiten! Neuholland! Was gibt es dort schon? Sträflinge und wilde Tiere!« Moira redete sich immer mehr in Rage. »Es dauert fast sechs Monate, bis wir dort sind. Sechs Monate! Wie soll ich das nur ertragen? Zusammen mit diesem … diesem Dr. Sauertopf!«

Ivy kicherte, und dann musste auch Moira lachen, bis beide Schwestern Tränen in den Augen hatten.

»Dr. Sauertopf«, keuchte Ivy. »O Moira, wie werde ich dich und deine Sprüche vermissen!«

Mit einem Schlag wurde Moira wieder ernst. Bei der Vorstellung, demnächst all das hier hinter sich lassen zu müssen, krampfte sich ihr Magen zusammen, als hätte sie etwas Schlechtes gegessen.

»Ich könnte wegrennen«, murmelte sie. »Dann wäre ich wenigstens frei. Ich könnte Pferde züchten und ein eigenes Gestüt haben und das tun, was ich will.«

Noch während sie es aussprach, wurde ihr klar, wie absurd ihre Aussage war. Sie musste sich anhören wie ein kleines Mädchen, dem ein Wunsch abgeschlagen worden war. Natürlich ging es nicht. Wer sollte sie aufnehmen? Wo sollte sie wohnen, was sollte sie essen? Als Frau hatte sie kein Geld und keine Rechte.

»Ich kann doch Dorchas und das Fohlen nicht zurücklassen!«

»Jetzt mach es dir doch nicht so schwer.« Ivy blickte sie hilflos an. »In Neuholland gibt es sicher auch Pferde.«

»Willst du mich etwa auch loswerden?« Moira hob kämpferisch den Kopf, um nicht schon wieder in Tränen auszubrechen. Sie würde sich keine Schwäche mehr erlauben.

»Moira!« Wie eine Statue stand Mutter in der Stalltür und kräuselte die Nase; ganz leicht nur. Nur so wenig, dass ihre Nasenflügel sich hoben. Moira hasste diesen Gesichtsausdruck. So sah Mutter sie immer an, wenn sie wieder etwas vermeintlich Ungeheuerliches getan hatte. »Komm sofort zurück ins Haus! Meine Güte, Kind, was denkst du dir nur? Und wie du riechst! Wie der letzte Pferdeknecht.« Eleanor Delaney drehte sich um. »Bridget! Setz einen Kessel Wasser auf. Meine Tochter wünscht zu baden. Und danach werden wir aus ihr eine wunderschöne Braut machen.«

*

Die schweren, mit großen Blumen bedruckten Vorhänge waren zugezogen, dennoch war es nicht richtig dunkel in dem Zimmer, das bis vor kurzem die Gouvernante bewohnt hatte. Moira lag im Bett, mit klopfendem Herzen, die Decke hochgezogen bis zu ihrer Nase. Die Abenddämmerung tauchte den Raum in ein düsteres Zwielicht und ließ den mit graphischen Mustern bemalten Boden noch unheimlicher erscheinen. Ein schmaler, hoher Schrank erhob sich an der gegenüberliegenden Wand, daneben standen eine große und eine kleinere Truhe. Sie gehörten Dr. McIntyre. Am Morgen waren sie von Mr Currans Haus in dieses Zimmer gebracht worden, wo das frisch verheiratete Ehepaar bis zur Abreise wohnen würde.

Seit wenigen Stunden war sie nun Mrs Alistair McIntyre, ein Name, der so fremd auf ihrer Zunge schmeckte wie eine ungewohnte Speise. Alistair. Ob sie sich je daran gewöhnen würde, ihren Ehemann bei diesem Namen zu nennen? Sie bezweifelte es.

Die Tür öffnete sich, und sie hörte mehr, als dass sie es sah, wie er den Raum betrat. In ihrem Magen machte sich ein flaues Gefühl breit, ihr war etwas übel. Sie hörte, wie er sich seiner Kleidung entledigte, lag stocksteif da und beobachtete ihn. Ihr Herz schlug schmerzhaft laut. Was sie wohl gleich erwartete? Vielleicht würde er sich ja einfach nur neben sie legen und schlafen?

Er bewegte sich dunkel vor dem nur wenig helleren Hintergrund, eine krummbeinige Gestalt, die jetzt ein bodenlanges Nachthemd überstreifte. Kurz verharrte seine Hand unter dem Hemd, es sah aus, als bewegte er sie dort. Dann schlug er die Decke zurück und legte sich neben sie. Moira zwang sich stillzuhalten, obwohl der Ekel sie zu übermannen drohte. Sie presste Augen und Mund fest zusammen und wünschte, sie könnte auch ihren Geruchssinn abschalten, als ihr das säuerliche Aroma von altem Schweiß in die Nase stieg. Wenigstens küsste er sie nicht. Sonst hätte sie sich vermutlich übergeben müssen.

»Es ist die Aufgabe der Frau, sich unterzuordnen«, hatte Eleanor Delaney ihrer Tochter kurz vor der Eheschließung eingeschärft. »Denk immer daran, auch wenn dir manches zuwider sein wird. Du wirst dich mit der Zeit daran gewöhnen. Er ist dein Mann. Widersprich ihm nicht.«

Diese Worte noch im Ohr, überschwemmte die Panik Moira jetzt wie eine Woge, als McIntyre ihr Nachthemd hochstreifte. Erschrocken rutschte sie ein Stück höher, bis sie gegen das Kopfteil des Bettes stieß.

McIntyre zog sie unsanft zurück. »Jetzt stell dich nicht so an«, knurrte er. Es waren die ersten Worte, die er in diesen vier Wänden mit ihr sprach. Er griff nach ihrem rechten Handgelenk, dann nach dem linken und legte ihr die Arme über den Kopf auf das Kissen. Mit einer Hand hielt er ihre Handgelenke fest, mit der anderen hob er sein Nachthemd und schob sich zwischen ihre Beine. Angsterfüllt versuchte sie, sich von ihm zu befreien, doch er hatte mehr Kraft, als Moira erwartet hatte, und da er mit einem Großteil seines Gewichts auf ihr lag, war ihre Gegenwehr zwecklos. Sie spürte den tastenden Vorstoß von etwas Warmem, Festem an ihrem Schenkel, dann hatte er die richtige Stelle gefunden.

Der Schmerz kam so unerwartet, dass sie laut aufschrie, ein Schmerz, der sie durchbohrte und zerriss. Erneut versuchte sie, sich ihm zu entziehen, kämpfte keuchend gegen das an, was da mit ihr geschah. Das Zimmer lag direkt über dem Schlafzimmer ihrer Eltern, und ein paar verzweifelte Momente lang hoffte sie, der Vater würde kommen und sie aus ihrer Not retten. Hatte er denn nicht ihren Schrei gehört? Ihr Unterleib schien in Flammen zu stehen. Schließlich gab sie ihren Widerstand auf und ließ es mit zusammengebissenen Zähnen über sich ergehen. Sie lauschte auf schwere Tritte auf der Treppe, aber alles, was sie vernahm, war das Knarren des Bettes und McIntyres Schnaufen. Eine raue Wange kratzte über ihre Haut, der Backenbart kitzelte sie in der Nase, während ihr Gemahl immer wieder mit grimmiger Hartnäckigkeit in sie stieß, bis er endlich mit einem ächzenden Röhren über ihr zusammensank.

Für einen kurzen, herrlichen Augenblick glaubte Moira, ihn habe der Schlag getroffen. Doch es dauerte nur Sekunden, bis er sich auch schon von ihr wälzte und sie anwies, nach unten zu rücken und die Füße auf das Bettgeländer zu legen. In dieser Position sollte sie eine Weile ruhig liegen bleiben.

»So können wir sichergehen, dass du so schnell wie möglich empfängst.« McIntyre tätschelte unbeholfen ihre Hand.

Moira entzog ihm ihre Finger und starrte schweigend in die Dunkelheit.

3.

Duncan O'Sullivan starrte auf das widerliche Gemisch in seinem Blechnapf. Grau, durchsetzt mit bräunlichen Fettaugen, dazwischen faserige Anteile. Getrocknete Erbsen, gekocht mit Weizen und Sauerkraut: die Standardverpflegung, die es an Bord jeden zweiten Tag gab. Aber es hätte auch ein gebratenes Hühnchen sein können – Duncan hätte beim besten Willen nichts heruntergebracht. In den drei Tagen, seit die *Minerva* von Cork aus in See gestochen war, hatte er sich noch nie so elend gefühlt. Ein dumpfer Druck saß in seiner Magengegend, und das einfache Leinenhemd, das er trug, seit man ihn vor zwei Wochen auf dieses Schiff gebracht hatte, war durchtränkt mit kaltem Schweiß. Aber er würde noch essen. Später. Er musste bei Kräften bleiben. Das hatten ihn die harten Jahre seiner Kindheit gelehrt.

Vorsichtig schob er den Napf an das Fußende, strich sich eine dunkle Haarsträhne aus den Augen und legte sich zurück in die enge Koje, die für die nächsten Monate sein Zuhause darstellen würde. Die Pritschen erhoben sich Regalbrettern gleich bis hinauf zur Decke. Er lag auf der zweiten von unten. Die nächste befand sich kaum zwei Fuß über ihm, so dass er sich nicht einmal aufsetzen konnte.

Draußen wütete die See. Er hörte die Wellen gegen den Schiffsrumpf klatschen, nur durch ein paar hölzerne Planken von ihm getrennt. In der abgestandenen Luft des Zwischen-

32

decks hing der Gestank nach Erbrochenem und anderen Ausscheidungen. Die Wandluken, durch die sie die Eimer mit ihrer Notdurft entleerten und die für Frischluft sorgen sollten, waren wegen des Seegangs geschlossen. Nur eine einzelne, mit den Schiffsbewegungen hin und her schwingende Laterne erhellte das stickige Halbdunkel der Sträflingsunterkünfte und warf zuckende Schattenrisse. Das Stöhnen und Seufzen der anderen Häftlinge klang überlaut in seinen Ohren. Von weiter hinten kam monotones Gemurmel; es hörte sich an, als zählte jemand. Über ihm schnarchte der Hüne Fitzgerald, verurteilt zu lebenslanger Deportation. Für Duncan war es unbegreiflich, wie der Mann bei diesem Seegang schlafen konnte – und wie er sich mit seinen Körpermaßen überhaupt in die schmale Koje hatte zwängen können. Schon für Duncan war die Pritsche zu kurz.

Mehr als einhundertsechzig Sträflinge waren hier auf engstem Raum untergebracht, auf je fünf Pritschen übereinander, paarweise an einem schmalen Gang angeordnet, siebzehn Reihen lang. Viele von ihnen waren politische Gefangene, Rebellen, wie die englischen Herren sie nannten, verurteilt für ihre Beteiligung am Kampf um die Freiheit ihres Landes. Daneben gab es noch ein paar gewöhnliche Verbrecher – Schmuggler, Diebe, Fälscher, Bigamisten.

»He, Dudley, halt endlich die Klappe, oder ich stopf dir das Maul!«

Für einen Moment war Ruhe, dann ging das Zählen erneut los. Es zerrte auch an Duncans überreizten Nerven. Sollte das die ganze Überfahrt so weitergehen?

Ein neuer Brecher rüttelte am Schiff. Duncan hielt sich an der hölzernen Umrandung seiner Pritsche fest und versuchte, die schlingernden Schiffsbewegungen abzufangen und seinen Napf mit dem Fuß vor dem Herunterfallen zu bewahren. Erneut brandete Übelkeit in ihm auf. Für einen

Moment schloss er die Augen, riss sie aber gleich wieder auf und fuhr hoch, um nach dem Eimer zu greifen – und stieß mit schmerzhafter Wucht an das Brett über ihm. Er sank zurück und rieb sich die schmerzende Stirn. Wenigstens hatte ihn dieses Missgeschick von seiner Seekrankheit abgelenkt.

Wütend blickte er auf das Brett über sich. Mit diesem Anblick würde er die nächsten Monate leben müssen. In der Holzmaserung glaubte er eine entfernte Ähnlichkeit mit dem teigigen Gesicht des Richters zu erkennen, der ihn in einem lächerlichen, nicht einmal zehn Minuten dauernden Prozess verurteilt hatte. Schuldig des Hochverrats. Darauf stand die Todesstrafe. Duncan hatte sich schon am Strick baumeln sehen, als man das Urteil wie das vieler anderer Rebellen in sieben Jahre Verbannung umgewandelt hatte.

Sieben Jahre für einen Eid und ein paar Pikenspitzen. Zu lange für Nelly, um auf ihn zu warten.

Die See beruhigte sich allmählich. Fitzgerald stieß ein lautes Schnaufen aus. Offenbar war er aufgewacht. Das Brett über Duncan knarrte bedenklich, als sich der Mann hochstemmte und aus seiner Koje wälzte. Im nächsten Moment tauchte sein pockennarbiges Gesicht, über dem sich wirres, dunkelrotes Haar auftürmte, neben Duncan auf.

»He«, sagte der Hüne. »Gib mir dein Essen!«

»Wieso sollte ich?«

»Ich bin größer und schwerer als du. Ich habe das Recht auf eine größere Portion.«

Zumindest mit seiner ersten Aussage hatte er zweifelsohne recht. Obwohl auch Duncan nicht gerade klein war, zählte Fitzgerald zu den größten Menschen, die er je gesehen hatte, sicher an die zweihundertsechzig Pfund schwer und von kräftigem Körperbau. Aus seiner Hemdöffnung wucherten rötliche, gelockte Haare, und die Nase hatte er sich sicher mehr als einmal gebrochen. Niemand, mit dem man sich gerne anlegte.

»Lass es stehen!«, knurrte Duncan. »Ich esse es noch.«

»Du kriegst es sowieso nicht runter.« Ohne ein weiteres Wort griff Fitzgerald über ihn hinweg, nahm den gefüllten Blechnapf und stapfte schwerfällig davon.

Duncan seufzte. Ihm war noch immer übel, und er hatte nicht die geringste Lust auf eine Auseinandersetzung. Aber wenn er hier nicht von Anfang an einige Dinge klarstellte, würde es immer so weitergehen. Die Gesetze der Straße, die auch hier galten, kannten kein Mitleid mit den Schwachen.

Und so zwang er die Übelkeit zurück, rollte sich zur Seite und schwang sich von seiner Pritsche. »Stell es wieder hin!«

Einige der anderen Gefangenen steckten neugierig ihre Köpfe hinaus. Fitzgerald blieb im Mittelgang stehen. Er drehte sich um, stand breitbeinig da, um die Schiffsbewegungen abzufangen, und funkelte Duncan aus tiefliegenden Augen amüsiert an.

»Und wenn nicht?«

Er stieß ein erstauntes Grunzen aus, als Duncan direkt in ihn hineinlief. Der Blechnapf fiel aus seiner Hand, und die Erbsen mit Sauerkraut ergossen sich auf die Planken des Mittelgangs.

»Du …!« Mit einem wütenden Schnauben stürzte sich der Riese auf Duncan, doch dieser war schneller. Geschickt tauchte er unter den zupackenden Armen hindurch und versetzte seinem Gegner einen Hieb. Gleich darauf erhielt er selbst einen Schlag in den Bauch, der so heftig war, dass er einige Schritte zurückstolperte und mit dem Rücken gegen eine Pritsche stieß. Dann, mit kurzer Verzögerung, breitete sich der Schmerz in seinem Körper aus. Duncan sank auf die

Knie, in seinen Ohren dröhnte es. Er versuchte nach Luft zu schnappen, aber es ging nicht. Sein Körper gehorchte ihm nicht mehr.

Es schien endlos zu dauern, bis er wieder atmen konnte. Seine Eingeweide fühlten sich seltsam verknotet an.

»Na«, fragte Fitzgerald spöttisch. »Genug gespielt?«

Duncan richtete sich mühsam auf.

»Noch lange nicht«, presste er zwischen zusammengebissenen Zähnen hervor und rammte dem Hünen mit einer drehenden Bewegung seinen Ellbogen in die Seite.

Jetzt waren die anderen Gefangenen nicht mehr zu halten. Überall erschienen sie, drängten sich trotz des schwankenden Bodens vor und hinter ihnen, um die willkommene Abwechslung zu genießen und die Kämpfer anzufeuern.

Fitzgerald bleckte die Zähne und schlug zu, aber diesmal war Duncan darauf vorbereitet und konnte ihm ausweichen. Als Fitzgerald erneut vorstürmte, rutschte er auf dem Sauerkraut aus, taumelte und fing sich nur mit Mühe. Duncan konnte einige weitere Treffer landen, die an Fitzgerald allerdings abzugleiten schienen wie Öl auf einem Stein. Wenigstens gelang es Duncan, selbst nicht allzu viel einstecken zu müssen. Der Hüne war zwar stark wie ein Ochse, aber auch genauso schwerfällig.

Duncan hörte kaum, wie sich das schwere Gitter, das die Sträflingsunterkünfte verschloss, öffnete. Dann riss man ihn unsanft zurück. Zwei Wärter, flankiert von drei bewaffneten Marinesoldaten, traten zwischen sie.

»Was ist hier los?«, herrschte einer die beiden Kontrahenten an.

Duncan blickte schwer atmend zu Fitzgerald auf. Er konnte nur verlieren. Und so schwieg er, auch wenn sich alles in ihm gegen die Ungerechtigkeit auflehnte, als sich schwere Ketten um seine Hand- und Fußgelenke schlossen. Es tröstete ihn nur wenig, dass der Hüne sein Schicksal teilte. Und jetzt hatte er sich auch noch einen Feind gemacht.

*

Das Sonnenlicht war so hell, dass Duncan für einige Sekunden geblendet war und fast nichts sah. Hinter ihm schoben und drängten weitere Gefangene. Jeder wollte nach oben, zum Licht, zur Weite und endlich hinaus aus dem stickig-heißen Zwischendeck.

Duncan genoss die frische Brise, die ihm um die Nase wehte, und ließ Luft in seine Lungen strömen. Wie ein Tier, das lange geschlafen hatte, spürte er seine Sinne, die unter Deck wie in dumpfer Umnachtung gelegen hatten, wieder erwachen. Seine Nasenflügel weiteten sich, als er die reine, würzige Meeresluft einsog.

Heute war wieder Waschtag, wie die Sträflinge es nannten. Zwei Dutzend von ihnen drängten sich vor dem großen, mit Seewasser gefüllten Zuber, vor den ein Sichtschutz aus Segeltuch gespannt war, um den Passagieren nicht den Anblick der unbekleideten Gefangenen zuzumuten. Dort streifte sich bereits der Erste sein Hemd über den Kopf und schlüpfte aus seiner Hose.

Jeder der Gefangenen hatte dieselbe Ausstattung erhalten: je zwei Hosen, Hemden und Röcke, je zwei Paar Strümpfe und Schuhe, einen Hut, eine Weste aus Flanell sowie Nähzeug und zwei Decken. In diesen Breiten trugen die meisten aber nicht mehr als ihre Hosen. Je weiter südlich sie fuhren, desto heißer wurde es im Zwischendeck. Manche Gefangenen hatten sogar ihre Decken über Bord geworfen, ohne zu bedenken, dass es wieder kälter werden würde.

Duncan rieb sich die Handgelenke, wo die Spuren der schweren Kettenglieder kaum noch sichtbar waren. Die zwei Tage in Ketten waren ihm wie eine Ewigkeit vorgekommen. In diesem Moment tat ihm Fitzgerald fast leid, der als Konsequenz einer erneuten Prügelei bereits wieder im feuchten, dunklen Kettenkasten schmoren musste. Der Mann war anscheinend unbelehrbar.

Anfangs hatten die meisten Gefangenen das Waschen, dem man sie bei gutem Wetter jeden zweiten Tag unterzog, nicht gutgeheißen, aber inzwischen konnten sie es kaum mehr erwarten, sich endlich den Schweiß und den Schmutz von der Haut spülen zu dürfen. Ein Wärter rasierte sie. Duncan fand, die Überfahrt hätte schlimmer sein können. Bisher hatte niemand die Neunschwänzige zu spüren bekommen, das Essen war reichlich, wenn auch ein wenig eintönig, und sofern das Wetter es zuließ, hatten sie fast jeden Tag Ausgang auf Deck.

Die See war spiegelglatt, lag unter ihnen wie geschmolzenes Silber. Am Horizont konnte er noch die Masten der drei Schiffe erkennen, die sie bis hierher eskortiert hatten. Hinter ihnen lag Madeira, eine Insel vor der Küste Afrikas, wo die *Minerva* und die *Friendship* Proviant aufgenommen hatten. Ab hier würden die beiden Sträflingsschiffe alleine weiterfahren, wie er aus den Gesprächen der Mannschaft aufgeschnappt hatte.

Duncan ließ sich von der Sonne bescheinen. Es war angenehm warm hier oben, ein Windhauch streichelte seine Haut. Viel besser als in der stickigen Enge des Zwischendecks, in das man sie gleich wieder treiben würde.

Hinter ihm entstand ein Gedränge und Geschubse. Jeder wollte als Nächster an der Reihe sein. Der alte Mann vor ihm stolperte und wäre fast gefallen, doch er fing sich und wankte vorwärts. Der Greis, den man zu lebenslanger Verbannung verurteilt hatte, würde seine Heimat nie wiedersehen.

Duncan nahm eine Bewegung am anderen Ende des

Schiffes wahr, dort, wo ein hölzernes Gitter die Sträflinge von den anderen Reisenden trennte. Heute schien jedermann das gute Wetter und die ruhige See genießen zu wollen. Zwischen einigen Offizieren und den Matrosen, die sich die Zeit mit Tauspleißen und Segelflicken vertrieben, gingen ein paar Passagiere auf und ab. Duncan erkannte Joseph Holt, den Rebellengeneral, wie er überall genannt wurde. Obwohl rechtskräftig verurteilt, musste er nicht wie die anderen Sträflinge unter Deck ausharren, sondern war zahlender Passagier und hatte sogar seine Frau und seinen Sohn mitnehmen dürfen, wie Duncan von einem gut informierten Mithäftling erfahren hatte. Und dort hinten stand Dr. Price, der Schiffsarzt. Duncan mochte den jungen Mann, der sich nicht zu schade war, fast täglich nach den Gefangenen zu sehen und ihnen ihre Lage zu erleichtern, wo er nur konnte.

Dr. Price machte eine weit ausholende Bewegung, als er dem neben ihm stehenden Passagier etwas erklärte. Duncan kniff gegen das Sonnenlicht die Augen zusammen und sah sich den Mann genauer an. Ja, auch dieser war schon einmal bei den Gefangenen unter Deck gewesen. Ebenfalls ein Arzt. Sein Gesicht hatte eine ungesunde Färbung, und der rotbraune Backenbart ließ seine Züge mürrisch erscheinen. Die junge Frau an seiner Seite musste seine Tochter sein. Duncan sah sie nur von hinten, eine schlanke Gestalt in einem hellen Kleid. Unter ihrem Hut, dessen breite Krempe ihr Gesicht wie eine steife Haube umgab, wehten schwarze, halblange Haare. Etwas an ihrer Haltung drückte Traurigkeit aus. Nein, nicht direkt Traurigkeit. Eher Wut?

Was die beiden wohl nach Neuholland trieb? Er musste an Vater Mahoney denken, den Mann, der ihn aufgezogen hatte. Zum Glück hatte der alte Pfarrer nicht mehr miterleben müssen, wie man seinen Ziehsohn in eine Strafkolonie am Ende der Welt verbannt hatte. Es hätte ihm das Herz gebrochen.

Als die junge Frau sich über die Reling beugte, drehte sich ihr Vater um und sagte etwas zu ihr. Duncan spitzte die Ohren, aber er stand zu weit entfernt, um es verstehen zu können. Sie schüttelte den Kopf und wandte sich ab, und für einen Augenblick glaubte Duncan, einen Ausdruck von Abscheu in ihrem Gesicht zu sehen.

»Was für ein Leckerbissen!« Der Häftling hinter ihm schnalzte mit der Zunge. »Die käme mir jetzt gerade recht vor die Klinge.«

»Du bist und bleibst ein Schwein, Franklin!«

Die junge Frau bekam von diesen Anzüglichkeiten nichts mit. Duncan sah, dass sie erneut den Kopf schüttelte, diesmal heftiger. Bei dieser Bewegung löste sich ihr Hut und flog, von einer Bö erfasst, über das Deck. Duncan zuckte zusammen, als er in einer unbewussten Reaktion loslaufen und den Hut einfangen wollte. Nicht nur, dass er zu weit weg stand, es war auch schlichtweg undenkbar, dass Gefangene und Passagiere in dieser Weise Kontakt hatten.

Es war Dr. Price, der den Hut aufhob und ihr mit einer Verbeugung reichte, was sie mit einem schwachen Lächeln quittierte. Ihr Blick glitt über die Reihen von Gefangenen, die vor dem Waschzuber anstanden, und streifte auch Duncan. Sie sah ihn und sah ihn doch nicht, dann ging ihr Blick über ihn hinweg.

»Steh nicht da und glotz!«, herrschte ihn der Wärter an. »Los, vortreten!«

Er gehorchte nur widerstrebend. Als er nach einigen Minuten gebadet und angezogen wieder hinter dem Sichtschutz hervortreten durfte, sah er gerade noch, wie die junge Frau mit ihrem Vater unter Deck verschwand.

*

Der marmorne Stößel schabte mit knirschenden Geräuschen über den Boden des Mörsers, als Moira die letzten geschälten Mandeln zusammen mit dem Zucker zerrieb. Sie mussten ganz fein zermahlen werden, hatte Dr. Price gesagt. Als Moira ihr Werk schließlich für gut befand, füllte sie das Mandel-Zucker-Gemisch in ein Gefäß und gab langsam Wasser dazu, das sie für ein paar Minuten in die Sonne gestellt hatte. Jetzt war es handwarm – gerade die richtige Temperatur. Sie füllte die hellbraune Flüssigkeit bis auf einen halben Pint auf und rührte vorsichtig um.

Es war angenehm warm, nicht mehr ganz so heiß wie in den zurückliegenden Wochen. Zu Hause würden in diesen Tagen graue Nebelschwaden durch die Straßen kriechen und die Menschen froh sein, sich in ihre Häuser zurückziehen zu können. Sie dagegen konnte hier an Deck unter einem Sonnensegel sitzen und zusehen, wie die Sonne auf der Wasseroberfläche glitzerte und das Schiff unter ihr dahinzufliegen schien.

Dennoch vermisste sie den Nebel, die feuchte Kühle eines Herbstmorgens, die Ritte auf Dorchas durch das üppige Grün der Heimat. Der endlose Horizont machte ihr zuweilen Angst. An manchen Tagen wünschte sie sich regelrecht einen Sturm herbei. Dann stellte sie sich vor, an Deck zu stehen und den Wind und die brausende Gischt um sich zu spüren.

Die Tage vergingen in einer solchen Gleichförmigkeit, dass sie manchmal hätte schreien mögen vor Heimweh und Langeweile. Der dreiwöchige Aufenthalt in Rio de Janeiro lag nun schon wieder einige Tage hinter ihnen. Knapp zwei Monate hatten sie für die Reise dorthin gebraucht, und es würde noch einmal so lange dauern, bis sie endlich Neuholland erreicht haben würden.

Dabei kamen sie gut voran, sogar besser als erwartet, wie

Captain Salkeld ihr erst gestern gesagt hatte. Auf einem großen Globus hatte der Captain ihr gezeigt, welche Route sie segelten: Mit den Passatwinden bis nach Südamerika, dann erneut über den Atlantik, am südlichen Zipfel Afrikas vorbei und durch den indischen Ozean.

Mit den anderen weiblichen Passagieren an Bord, den Ehefrauen der Soldaten des New South Wales Corps oder den zukünftigen Siedlerfrauen, wurde sie nicht richtig warm. Einzig mit Mrs Bolton, der Frau des Schiffszimmermanns, hatte sie sich angefreundet. Moira bewunderte die junge Frau, die sich als blinder Passagier auf das Schiff geschlichen hatte, um ihrem frisch angetrauten Ehemann zu folgen. Aber seit man ihre Anwesenheit entdeckt hatte, war Mrs Bolton meist bei ihrem Mann, so dass Moira wieder nur die eigene Gesellschaft blieb. Und die anderen Frauen sahen ihr größtes Glück darin, ihren Männern einen Haufen Kinder zu schenken. Fast alle ihrer Gesprächsthemen drehten sich nur darum. Und natürlich fragten sie auch bei Moira immer wieder nach, ob sie guter Hoffnung sei.

An den mangelnden Bemühungen ihres Ehemanns lag es jedenfalls nicht, dass Moira noch immer kein Kind erwartete. Sie hatte schnell gelernt, dass es besser war, sich zu fügen. Wenigstens war es nicht mehr so schmerzhaft wie beim ersten Mal. Wenn sie die Zeit und die Möglichkeit dazu fand, rieb Moira sich kurz vor McIntyres nächtlichen Besuchen mit Speiseöl ein, was die Sache zumindest erträglich machte. Dennoch empfand sie nicht das geringste Vergnügen dabei. Sie hatte auch nicht den Eindruck, als würde es ihrem Ehemann gefallen, und doch kam er bis auf die Zeit, in der sie unpässlich war, jede zweite Nacht zu ihr und erfüllte grimmig wie ein Heerführer in der Schlacht seine Pflicht.

Oft fragte sie sich, wie es Victoria, seine erste Frau, mit

ihm ausgehalten hatte. Moira wusste kaum etwas über sie, obwohl sie ihren Ehemann schon mehrmals darauf angesprochen hatte. Doch mehr als ihren Namen und dass sie im vergangenen Herbst gestorben war, hatte sie nicht erfahren.

So vergingen die Nächte. Die Tage waren nur wenig erfreulicher. Um sich die endlosen Stunden zu vertreiben, ging sie an Deck spazieren, schrieb seitenlange Briefe voller Belanglosigkeiten, die sie vermutlich nie abschicken würde, an Ivy und Mr Currans Tochter Sarah, oder sie las. Die wenigen Bücher, die sie hatte mitnehmen können, kannte sie mittlerweile fast auswendig. Reverend Fulton riet ihr zum Bibelstudium, und von Mrs Cox, der Frau des Zahlmeisters, hatte sie sich einige erbauliche Romane ausgeliehen, aber all das füllte sie nicht aus.

Moira strich sich eine widerspenstige Strähne hinter das Ohr und begann, die trübe Flüssigkeit durch ein feines Baumwolltuch in einen Becher abzuseihen. Wie viel besser war es doch, etwas Sinnvolles zu tun, und sei es auch nur so etwas Einfaches wie das Herstellen von Mandelmilch. Die Kuh, die Zahlmeister Cox aus Rio de Janeiro an Bord gebracht hatte, hatte schon kurz nach dem Aufbruch keine Milch mehr gegeben, so dass sie erneut auf das erprobte Rezept zurückgreifen mussten. Es gab genug Passagiere an Bord, die nicht auf ihre Milch im Tee verzichten wollten, und nachdem Moira einmal Dr. Price zugesehen hatte, wie er mit einfachsten Mitteln einen vortrefflichen Milchersatz zubereitete, hatte sie sich bereit erklärt, sich auch einmal an der Herstellung zu versuchen.

Während sich das Gefäß mit der milchigen Flüssigkeit füllte, schaute Moira hinüber zu der Gruppe von Frauen, die sich gerade hinter der Absperrung die Beine vertraten. Dass es auch weibliche Sträflinge an Bord der *Minerva* gab, war Moira anfangs nicht klar gewesen. Wie ihr Dr. Price erzählt hatte, der über alle Vorkommnisse auf dieser Reise gewissenhaft Tagebuch führte, waren die gut zwei Dutzend Frauen ebenfalls auf dem Zwischendeck untergebracht, nur durch eine Bretterwand getrennt von den männlichen Gefangenen.

Es gab zahlreiche Vergehen, die dazu führen konnten, dass man in die Strafkolonien geschickt wurde. Die meisten dieser Frauen waren Prostituierte oder Taschendiebinnen. Moira hatte schon versucht, mit ihnen zu reden, war aber stets an den Wachhabenden gescheitert. Es durfte keinen Umgang zwischen Passagieren und Sträflingen geben.

Um Übergriffen vorzubeugen – und wohl auch, um eine für beide Seiten angenehme Regelung zu schaffen –, hatte Captain Salkeld zugestimmt, diese Frauen für die Dauer der Reise mit ledigen Seemännern oder Soldaten zu verheiraten. Nur für zehn von ihnen hatte sich kein passender Kurzzeitehemann gefunden.

Eine junge Frau, fast noch ein Kind, hatte sich von den anderen abgesondert. Während die anderen lärmend und lachend an Deck standen und dem wachhabenden Soldaten derbe Scherze zuriefen, drückte sie sich an die Reling und behielt den Mann ängstlich im Blick. Sie musste in Ivys Alter sein, aber wo Ivy strahlende Haut und glänzendes Blondhaar aufwies, war dieses Mädchen blass und unterernährt, und ihr strähniges Haar hatte die Farbe von stumpfem Braun.

Moira überlegte nicht lange. Kurzentschlossen rief sie einen der Schiffsjungen zu sich und bat ihn, in die Kombüse zu gehen und sich vom Schiffskoch so viel wie möglich von dem Obst geben zu lassen, das sie aus Rio de Janeiro mitgenommen hatten. Die süßen Früchte schmeckten herrlich, verdarben in dem warmen Klima aber leider nur allzu schnell.

Der Junge kehrte bald wieder, beladen mit einem Korb, in dem sich Orangen, Guaven und Bananen stapelten. Moira nahm ihn und ging damit bis an die hölzerne Absperrung. Sofort trat ihr der wachhabende Soldat entgegen – Hauptgefreiter Hobbs, wie Moira einfiel. Jetzt erinnerte sie sich wieder: Kurz vor der Abreise hatten er und seine mitreisende Frau ihren kleinen Sohn durch ein Fieber verloren.

»Madam, bitte. Ihr kennt die Regeln. Kein Kontakt zu den Gefangenen.«

»Die Regeln?« Moira spürte ihr Herz schneller schlagen vor Aufregung. Sie log nicht gerne. Aber diesmal, entschied sie, rechtfertigte der Zweck dieses Mittel. Und so richtete sie sich auf und legte ihre ganze Autorität in ihre Stimme. »Nun, dann wisst Ihr sicher von der neuen Anweisung des Captains, dass die Frauen mit frischem Obst zu verköstigen sind.«

»Eine neue Anweisung?« Hobbs verzog spöttisch das Gesicht, sein vorstehender Adamsapfel hüpfte. »Wieso habe ich dann noch nichts davon gehört?«

Moira spielte die Erstaunte. »Das frage ich mich allerdings auch, Hauptgefreiter Hobbs. Ich glaube nicht, dass der Captain erfreut wäre, von der Missachtung seiner Befehle zu erfahren.«

»Ist ja gut, ist ja gut«, brummte Hobbs verunsichert. »Dann gebt es in drei Teufels Namen her.« Er schulterte sein Gewehr, nahm den Korb entgegen und murmelte etwas, dem Moira »Perlen vor die Säue geschmissen« entnehmen konnte. Dann drehte er sich zu den Frauen um. »He, ihr Metzen! Die Lady hier ist so großzügig und schenkt euch was.«

Sofort erhob sich großes Geschrei, und Moira sah zu, wie die Frauen sich um die Früchte stritten und das Deck bald übersät war mit Obstschalen.

Das Mädchen, das Moira vorhin aufgefallen war, stand weiterhin abseits. Es tat Moira leid, denn jedes Mal, wenn es nach einem Stück Obst greifen wollte, hatte es schon jemand anderes an sich gerissen.

Moira fand eine einzelne Orange in ihrer Rocktasche, die sie eigentlich für sich selbst aufgehoben hatte. Mit der Frucht in der Hand ließ sie sich am Gitter nieder. Ihr Blick suchte den des Mädchens, dann steckte sie die Orange durch das Gitter und gab ihr einen leichten Stoß. Sie rollte, von den anderen unbeachtet, einige Meter über Deck in Richtung Reling, wo sich das Mädchen rasch bückte und sie aufhob. Dann blickte sie Moira an, und ein scheues Lächeln erschien auf dem farblosen Gesicht. Moira lächelte zurück und schenkte dem Mädchen ein verschwörerisches Augenzwinkern.

Sie hatte sich schon lange nicht mehr so gut gefühlt.

*

»Die gebratenen Yamswurzeln waren wirklich ganz ausgezeichnet.« Dr. Price wischte sich den Mund an einer Serviette ab und nickte seinem Gegenüber zu. »Findet Ihr nicht auch, Dr. McIntyre? Ich habe selten etwas so Schmackhaftes gegessen.«

McIntyre nickte steif und schob seinen nur halb geleerten Teller zurück. »Ich ziehe Kartoffeln vor. Und ein gutes Stück Fleisch.« Er nahm einen Schluck aus seinem Wasserglas. Alle anderen tranken Punsch. Moira hatte sich schnell an das süffige Getränk aus stark verdünntem Rum, Zitronen und Gewürzen gewöhnt, das jeden Samstag serviert wurde.

Die Kerzenflammen warfen ein flackerndes Licht auf die Tischgesellschaft, die sich an diesem Abend in der Offiziersmesse eingefunden hatte.

»Habt Ihr schon die Geschichte von Holt, Fulton und den Chilischoten gehört?«, fragte Sergeant Cotton in die Runde.

Als Moira sich ihm zuwandte, fiel ihr Blick auf McIntyres entblößten Hinterkopf. Seit ihm bei stürmischem Wetter die Perücke über Bord geweht worden war, musste er notgedrungen auf dieses Relikt einer vergangenen Epoche verzichten. Seine Haare waren leicht gelockt und von rötlich brauner Farbe, etwas dunkler als sein Backenbart, und mit einzelnen grauen Haaren durchzogen. Von seinem Hinterkopf starrte sie ein leicht fettiger Wirbel an, unter dem sich die Kopfhaut abzeichnete. Moira schluckte angewidert und versuchte, nicht mehr hinzusehen, doch ihr Blick kehrte immer wieder zu diesem Wirbel zurück. Sie musste sich zwingen, Sergeant Cottons Ausführungen zuzuhören, der gerade zum Besten gab, wie sie vor der Küste Brasiliens auf einen portugiesischen Schoner getroffen waren. Eine der Chilischoten, die sie von den Portugiesen erhalten hatten, hatte Cotton dem Rebellengeneral Joseph Holt zum Probieren gegeben.

»Der arme Kerl ist über das Deck gehüpft, als hätten sich hinter ihm die Pforten der Hölle aufgetan«, feixte Cotton und nahm sich noch etwas von dem Schildkrötenragout. »Woraufhin Holt, nachdem er sich wieder erholt hatte, das feurige Vergnügen sogleich an Reverend Fulton weitergab.«

Unter großem Gelächter der anwesenden Seeleute und Soldaten war der dermaßen Geschädigte herumgerannt und hatte sich bitterlich über diese Unbill beschwert. Holt hatte sich daraufhin erboten, einen Priester zu holen, der dem Reverend die Beichte abnehmen könne.

»Ihr hättet den Reverend sehen sollen«, kicherte Cotton. »Als säße ein Teufelchen in seinem Allerwertesten!«

»Sergeant, es sind Damen anwesend!«, rügte ihn Captain Salkeld.

Cotton verschluckte sich fast an seinem Lachen und deutete eine Verneigung in Moiras und Mrs Cox' Richtung an.

»Verzeiht mir, meine Damen. Euer Diener.«

Mrs Cox, eine füllige, stille Frau, senkte huldvoll ihren Kopf.

»Apropos Damen«, wandte Moira sich an den Zahlmeister des New South Wales Corps. »Ich habe heute die weiblichen Gefangenen an Deck gesehen. Was erwartet diese Frauen in den Kolonien, Zahlmeister Cox?«

Alle Blicke wandten sich ihr zu, als hätte sie etwas Unanständiges gesagt.

»Nun«, erwiderte Cox mit einem Achselzucken, »wenn sie Glück haben, kommen sie zu einem Dienstherren, der sie im Haus beschäftigt, oder sie finden unter den freigelassenen Sträflingen einen Ehemann. Andernfalls müssen sie wie die Männer körperliche Arbeit verrichten oder in den Hütten der Gefangenen Dienst tun. Die meisten werden wohl als Prostituierte enden – so, wie sie auch angefangen haben.«

Moira starrte ihn an. »Aber das ist ja entsetzlich!«

»Liebe Mrs McIntyre, dieses Los haben sie sich selbst zuzuschreiben. Diese Frauen haben ihr Schicksal verdient. Schließlich handelt es sich bei ihnen um rechtskräftig verurteilte Verbrecherinnen.«

Das Gespräch wandte sich wieder anderen Themen zu, die Teller wurden abgeräumt und durch neue ersetzt, dann wurden zwei Platten mit aufgeschnittener Wassermelone serviert. Moira schwieg und dachte nach. Hausangestellte. Nun, in Neuholland würden sie eine Magd brauchen …

»Und Ihr, Dr. McIntyre«, hörte sie dann Captain Salkeld sagen. »Was führt Euch in die Kolonien?«

Moira bemerkte das Zögern, mit dem McIntyre auf diese

Frage reagierte. Er setzte sein Glas ab und räusperte sich umständlich. »Ein Freund«, sagte er dann und strich sich über den Backenbart. »Dr. Jamison. Wir haben zusammen in Irland studiert. Er braucht Unterstützung und hat mir angeboten, im Lazarett von Parramatta oder in Toongabbie zu praktizieren. Es gibt noch immer viel zu wenige Ärzte in Neusüdwales. Möglicherweise wird man mich aber auch an einen anderen Ort schicken. Ich muss mich den Befehlen beugen.«

Die Männer nickten wissend. Wie die anderen Anwesenden unterstand McIntyre jetzt der britischen Militärregierung in Neusüdwales; kurz vor der Abreise war er daher zum Gefreiten ernannt worden.

»Dr. McIntyre«, wiederholte Harrison, der erste Offizier, nachdenklich und trommelte mit seinen Fingern auf den Tisch. »Irgendwo habe ich diesen Namen schon einmal gehört. Oder gelesen. Habt Ihr einen Sohn? Oder einen weiteren Verwandten dieses Namens?«

»Bedaure«, verneinte McIntyre. »Aber so selten ist dieser Name nicht.«

Harrison schüttelte den Kopf. »Es liegt mir auf der Zunge. Wie ist Euer Vorname, Dr. McIntyre?«

»Alistair«, erwiderte dieser und lockerte seine Halsbinde.

»Aus Cork, sagt Ihr?«

»So ist es, Mr Harrison. Studiert habe ich allerdings in Dublin. Im Trinity College. Dort ist –«

»In der Zeitung!« Harrison schlug sich vor die Stirn.

»Wie bitte?«

»Ich habe Euren Namen in der Zeitung gelesen! In der *New Cork Evening Post*.«

»Ich weiß nicht, wovon Ihr sprecht«, gab McIntyre steif zurück.

»Aber natürlich wisst Ihr das! Ich war letztes Jahr für fünf Monate in Castlelyons bei Cork mit meinem Regiment stationiert, um gegen die Aufständischen vorzugehen. Jetzt fällt es mir wieder ein!« Alle hatten aufgehört zu essen und blickten nun gespannt in Harrisons Richtung. »Wartet … es ging um den Tod Eurer Frau … Eurer ersten Frau natürlich, war es nicht so?«

Moira verschluckte sich fast an ihrem Stück Wassermelone, ihr wurde heiß und kalt zugleich. »Mr Harrison, würdet Ihr die Güte haben, mich –«

»Es war ein Unglücksfall«, unterbrach McIntyre sie rasch. Moira konnte sehen, wie sich feine Schweißperlen auf seiner Stirn bildeten. Ein Zucken ging über sein Gesicht. »Ein bedauerlicher Fehler. Sie … Victoria hat etwas verwechselt.«

»Ein Fehler, der Eure Frau das Leben kostete, war es nicht so?«, bohrte Harrison nach. »Wenn ich mich recht erinnere, wurdet Ihr der Fahrlässigkeit beschuldigt. Wartet – jetzt weiß ich es wieder. Eure Frau hatte versehentlich Gift genommen. Und an dieses Gift hätte sie nicht gelangen können, wenn Ihr vorsichtiger gewesen wärt.«

Moira fühlte sich, als würde ihr eine kalte Hand über den Rücken streichen.

Captain Salkeld beugte sich vor. »Dr. McIntyre, möchtet Ihr Euch dazu äußern?«

McIntyre saß mit zusammengebissenen Kiefern da. »Ich würde es vorziehen, nicht darüber zu reden.«

Ein mitfühlendes Kopfnicken von Mrs Cox war die Folge. »Ihr Ärmster, das verstehen wir natürlich. Das Ganze muss sehr schmerzlich für Euch gewesen sein. Ich hoffe für Euch, dass Ihr diese ganze traurige Angelegenheit schnell vergessen könnt. Erfreulicherweise habt Ihr ja schon ein neues Glück gefunden.« Sie nickte Moira lächelnd zu.

»Wie überaus freundlich von Euch, Mrs Cox.« McIntyre war sichtlich erleichtert. »Was mich daran erinnert, dass es nun Zeit für Mrs McIntyre wird, sich zurückzuziehen.«

Moira sah ihn konsterniert an. Ich denke ja nicht daran, wollte sie im ersten Moment sagen. Dann schluckte sie den Satz hinunter, denn plötzlich hatte sie es eilig, dieser Gesellschaft zu entkommen. Oder vielmehr McIntyre zu entkommen.

Allein in ihrer Kabine stand Moira eine Weile wie erstarrt da. Victoria habe versehentlich Gift genommen, hatte Harrison gesagt. War es wirklich so gewesen? Als Arzt konnte McIntyre ohne große Probleme über die entsprechenden Mittel verfügen …

Sie musste unbedingt mehr darüber erfahren.

Mit zitternden Fingern entzündete sie eine Kerze und kniete sich in eine Ecke des Raums. Eine der dort gelagerten Truhen enthielt Moiras Mitgift und ihren weiteren Besitz, die andere McIntyres Habe. Die dritte, kleinere Truhe mit dem kupferbeschlagenen Deckel gehörte ihm ebenfalls. Er hütete sie wie seinen Augapfel und ließ niemanden daran; auch jetzt war sie mit einem schweren Vorhängeschloss gesichert.

Moira stellte die Kerze auf ihre Truhe und lauschte nervös auf Schritte vor der Tür. Wie viel Zeit blieb ihr? Sie begann, an dem Schloss zu rütteln und zu kratzen. Doch ihre Fingernägel waren zu kurz, um etwas auszurichten, und sie holte sich dabei nur wunde Fingerkuppen. Schließlich suchte sie ihre stärkste Hutnadel heraus und stocherte in dem Schloss herum. Es konnte doch nicht so schwer sein, dieses vermaledeite Ding aufzubekommen … Doch das Schloss widersetzte sich hartnäckig ihren Bemühungen, sosehr sie die Nadel auch bog und drehte.

Und wenn sie mit etwas gegen das Schloss schlug und die

Truhe aufbrach? Dann wäre es natürlich nicht mehr zu verheimlichen, dass sich jemand daran zu schaffen gemacht hatte. Andererseits musste sie unbedingt …

Sie schreckte auf, als sie schwere Schritte vor der Tür hörte. Rasch sprang sie auf und ließ die Hutnadel hinter ihrem Rücken verschwinden. Das Herz hämmerte ihr bis zum Hals.

McIntyre kam herein und schloss die Tür der Kabine hinter sich.

»Wieso bist du noch nicht im Bett?«, fragte er unwirsch.

Moira schluckte. In ihrer Hand spürte sie als tröstliche Sicherheit die Hutnadel. Stoßbereit.

»War Victorias Tod wirklich ein Unfall?«, fragte sie unverblümt, obwohl ihr Herz raste, als wollte es im nächsten Moment aus ihrer Brust springen.

McIntyre sah sie aus schweren Lidern an, als müsse er sich erst wieder erinnern, wer sie war. »Nein«, murmelte er dann. »Nein, das war es nicht.«

Moira erstarrte. »Habt Ihr sie … getötet?« Sie wollte es nicht sagen, aber die Worte drängten sich ihr auf die Lippen, bevor sie sie zurückhalten konnte.

»Ob ich *was*?«, schreckte McIntyre aus seiner Lethargie auf. »Nein, wie kommst du darauf?« Er legte seinen schwarzen Rock ab und ließ sich auf das Bett sinken, mit dem ihre kleine Kabine zur Hälfte ausgefüllt war.

»Ich habe sie gefunden.« Er starrte auf seine Hände. »Es war kein Unfall. Sie wusste, was sie tat. Sie hat … sie hat sich umgebracht.«

Jetzt verstand Moira, weshalb er so oft zögerte, wenn sie mit ihm über seine erste Frau reden wollte. Ein Selbstmord war eine Schande, ein gesellschaftlicher Makel, über den man nur hinter vorgehaltener Hand sprach. Zum ersten Mal glomm ein winziger Funken von Mitgefühl für ihren Mann auf.

»Das tut mir leid«, flüsterte sie.

McIntyre erhob sich abrupt und schlug das Bettzeug zurück. »Genug geredet. Es ist spät.«

Moira wusste, was jetzt folgen würde. Und sie wusste ebenfalls, dass es keinen Sinn hatte, sich zu widersetzen. Das Öl würde sie heute wohl nicht anwenden können. Doch während sie sich für eine erneute unerfreuliche Verrichtung bereitmachte, nahm eine Frage Gestalt in ihr an: Wieso? Wieso hatte Victoria sich umgebracht?

4.

Die Sonne stieg über dem Wasser auf und tauchte die Bucht in rötliches Licht, feine Nebelschleier hoben sich wie Gespinst. Mit einem satten Geräusch schlugen die Wellen an die Schiffsplanken. Es war noch früh, doch es schlief niemand mehr an Bord der *Minerva*. Nicht an diesem Morgen, an dem die Reise enden sollte.

Botany Bay, die Bucht der Botaniker, wie sie einst von Captain Cook genannt worden war, gehörte zum Schönsten, das Moira je gesehen hatte. So weit sie schauen konnte, erblickte sie hohe Bäume, die Äste wie Arme mit grünen Blätterbüscheln in den wolkenlosen Himmel gereckt. Das Herz wurde ihr weit. Vogelgesang erfüllte die Luft, und sie konnte einen fremdartigen Geruch riechen – würzig, aromatisch, ein wenig wie Minze. Eukalyptus, hatte ihr Captain Salkeld vorhin erklärt.

Alle anderen Passagiere standen ebenfalls an Deck; trotz der frühen Stunde war es schon so warm, dass sie keine Überkleidung brauchten, und das im Januar. Die Jahreszeiten waren hier auf den Kopf gestellt; wenn zu Hause Winter war, herrschte hier Hochsommer.

»Uuuund Feuer!«

Moira zuckte trotz der Warnung zusammen, als der ohrenbetäubende Lärm einer abgefeuerten Schiffskanone ertönte, mit der man einen Lotsen herbeirufen wollte. Die Rauchwolke über dem Wasser hatte sich schon lange aufgelöst, als zwei Männer in einem Boot heranruderten und einer von ihnen an Bord kam.

Die Bucht, in die sie bald darauf segelten, war Port Jackson, der riesige, wunderschöne Naturhafen von Sydney, der tief in das Land eingeschnitten war. Einige kleinere Inseln ragten aus dem Wasser. Als sie eine davon passierten, deren felsiger Uferrand von Muscheln überkrustet war, ertönten erschrockene Ausrufe: An einem hölzernen Galgen hing ein käfigartiges Gestell, in dem ein halb verwester Leichnam zu sehen war. Einige Fetzen Kleidung flatterten im Wind.

»Ein schöner Willkommensgruß«, murmelte Dr. Price an Moiras Seite.

»Bringt ein paar Sträflinge hinauf!«, hörte man von Zahlmeister Cox. »Sie sollen sehen, was den erwartet, der sich gegen die Krone stellt!«

Eilig leistete man dem Befehl Folge, und schon bald drängten einige Männer an Deck. Moira blickte zu ihnen hinüber; ihr fiel ein Mann auf, der alle anderen überragte, ein rothaariger Hüne von kräftiger Gestalt. Ein seltsamer Ausdruck lag auf seinem grobschlächtigen Gesicht, als er das zerlumpte Skelett erblickte. Dann begriff sie: Er lächelte.

Trotz des schauerlichen Anblicks dort auf der Insel fühlte Moira sich besser als in den Wochen zuvor. Die lange Reise hatte endlich ein Ende. Dabei war es, wie Dr. Price nicht müde wurde zu betonen, eine ausgesprochen kurze und gute Überfahrt gewesen. Seit ihrer Abreise im August, kurz nach Moiras neunzehntem Geburtstag, waren gerade einmal viereinhalb Monate vergangen. Sie waren schnell vorangekommen, und nur drei Sträflinge waren gestorben, von denen zwei schon alte Männer waren – ein Rekord, wenn man von sonstigen Gefangenentransporten ausging.

Alle an Bord, selbst die Sträflinge, waren in aufgeräumter Stimmung, viele lachten und scherzten miteinander. Als die *Minerva* in den Hafen einfuhr, reckten alle die Hälse. Moira klammerte beide Hände um die Reling und konnte sich nicht sattsehen. Dies sollte also ihre neue Heimat werden. Am Hafenende erhoben sich ein Leuchtturm und ein Flaggenmast, an dem die englische Fahne flatterte. Hinter dem Hafenkai konnte sie Straßen und einige einfache Unterkünfte erkennen, darüber eine bewaldete Anhöhe. Endlich wieder Land, Häuser, Straßen! Moira sehnte sich danach, festen Boden unter den Füßen zu spüren, über grüne Wiesen zu laufen.

Der Captain ließ neben einer Brigg ankern, hinter der noch andere Schiffe lagen, und befahl, die restlichen Sträflinge nach oben zu holen. Ein weiteres Boot brachte einige Herren, die an Bord kamen und sogleich mit dem Captain und den Offizieren unter Deck verschwanden. Danach dauerte es nur wenige Minuten, bis die ersten kleinen Schaluppen die *Minerva* umkreisten. Rufe erschollen, Namen wurden gerufen, Satzfetzen flogen hin und her. Jeder der Gefangenen wollte der Erste sein, der einen Bruder, einen Onkel oder einen Bekannten, der mit einem früheren Sträflingstransport hierhergekommen war, in einem der Boote entdeckte. Moira kam es vor wie eine einzige große Familienzusammenführung. Sie konnte auch ein paar langgestreckte Kanus erkennen, in denen jeweils zwei oder drei dunkelhäutige Menschen saßen. Ein Kanu hatte neben der *Minerva* angelegt, und zwei Eingeborene kletterten ungeniert an Bord.

Moira bemerkte, dass einige der weiblichen Passagiere schockiert den Blick abwandten, und sah nun erst recht genauer hin. Die beiden Männer waren von dunkler, fast schwarzer Hautfarbe und vollkommen nackt. Der Körper des Jüngeren war sehnig, der des Älteren kräftig. Beide hatten lockiges schwarzes Haar, das bei dem Älteren bereits ins Graue überging, und trugen punktförmige Tätowierungen am Oberkörper. Als der Jüngere lächelte, konnte Moira sehen, dass ihm die oberen Vorderzähne fehlten.

Es war ein seltsames Land, in das es sie verschlagen hatte. Alles war so neu, so fremd, so unvertraut. Zaghaft lächelte sie zurück und hob eine Hand zum Gruß.

*

Flirrende Hitze lag über dem Hafen, in dem jetzt insgesamt sieben Schiffe ankerten. Der Himmel war von einem grenzenlosen Blau, so intensiv, wie Moira es noch nirgends gesehen hatte. Sie wischte sich ein paar Schweißtröpfchen von der Stirn und lüftete verstohlen den Stoff über ihrem Ausschnitt, der feucht an ihrer Haut klebte. Sie trug ihr leichtestes Musselinkleid, das unter der Brust mit einem hellen Seidenband gerafft wurde, und glaubte dennoch zu zerfließen. Sehnsüchtig blickte sie hinüber zum Land, das so nah und doch so fern schien. Sobald die lästige Verteilung der Sträflinge vorüber war, würden sie endlich von Bord gehen können. Moira hatte einen der wenigen schattigen Plätze unter einem aufgespannten Segeltuch ergattert und fächelte sich Luft zu. Die meisten der anderen Passagiere zogen es vor, in ihren Kabinen zu bleiben, aber Moira konnte das Eingesperrtsein einfach nicht mehr ertragen.

Das Deck war noch nie so voll gewesen wie an diesem glühend heißen Mittag. Ein steter, leiser Geräuschpegel von murmelnden Stimmen, dem Knarren der Taue, dem Scharren von Füßen war zu hören. Seit einer Stunde befanden sich etliche Offiziere des New South Wales Corps von Sydney sowie einige zivile Persönlichkeiten an Bord, die zur Musterung der Sträflinge gekommen waren. Die roten Uniformröcke der Offiziere wiesen dunkle Schweißflecken unter den Armen und am Rücken auf.

Die weiblichen Gefangenen standen zusammen, die Körper verschwitzt, die Gesichter rot vor Hitze. Das Mädchen, dem Moira die Orange zugesteckt hatte, lehnte in Moiras Nähe an einer Taurolle und betrachtete das Geschehen mit einer Mischung aus Erleichterung und Angst auf seinem farblosen Gesicht. Sie hieß Ann, Ann Hutchinson, wie Moira von Zahlmeister Cox erfahren hatte, und war zu sieben Jahren verurteilt worden, weil sie ihren Dienstherren bestohlen hatte; ein Tischtuch, wenn Moira sich richtig erinnerte. Zahlmeister Cox, der für die Gefangenen zuständig war, hatte Moira vor wenigen Tagen zugesichert, dass sie Ann als Hausangestellte zugeteilt bekommen würde. Auch Ann selbst war bereits davon unterrichtet worden.

Dichtgedrängt, mit gefesselten Händen, standen die männlichen Sträflinge in drei Reihen an Deck. Die Herren aus Sydney schritten prüfend an ihnen entlang, schauten dem einen oder anderen in den Mund oder in die Augen und stellten Fragen. Trotz der vielen Menschen an Bord war es verhältnismäßig ruhig, die Spannung war fast greifbar. Hier und heute würde sich für viele ihr weiteres Geschick entscheiden.

Ein panischer Aufschrei riss Moira aus ihren Gedanken: Ein hochgewachsener Offizier hatte Ann nach vorne gezogen und sie ebenfalls in die Reihe gestellt.

»Wie alt bist du?«

Ann warf Moira einen angstvollen Blick zu.

»He, Mädchen, ich hab dich was gefragt!«

»Fünfzehn«, stammelte Ann tonlos und versuchte zurückzuweichen.

Der Offizier nickte zufrieden. »Die nehme ich. Schön ist sie zwar nicht, aber wenigstens jung.«

In Anns Augen stand nackte Angst, als sie sich an Moira wandte. »O bitte, Ma'am, lasst nicht zu, dass er mich fortbringt!«

Moira hatte davon gehört, dass viele Offiziere sich die jungen, hübschen Frauen unter den Gefangenen gern als Mätressen hielten. Und Frauen waren Mangelware in Neusüdwales. Sie sprang auf.

»Sir«, ging sie entschieden dazwischen, auch wenn ihr Herz laut pochte. »Sie ist bereits mir zugesprochen.«

Der Offizier musterte sie von oben herab, seine silberne, halbmondförmige Halsberge glitzerte in der Sonne. »Das mag ja sein, Madam, aber das Militär hat Vorrang. Ich bin Major James Penrith. Und ich will dieses Mädchen.«

»Sir, bitte!« Wo nur war Cox? »Fragt Zahlmeister Cox!«

»Das Mädchen gehört mir.« Major Penrith ergriff Anns Arm.

Ann schrie auf, als hätte er sie mit einem Messer gestochen, dann riss sie sich los und fiel vor Moira auf die Knie. »Bitte, Ma'am«, schluchzte sie. »Lasst mich nicht mit ihm gehen. Ich werde auch alles für Euch tun!«

Moira schluckte. Da hatte sie etwas angefangen … »Bitte, Major, wenn Ihr Euch einen Augenblick gedulden könntet? Ich muss Zahlmeister Cox suchen!«

Sie wartete seine Antwort nicht ab, sondern drehte sich um und eilte, so schnell es der Anstand und die Enge erlaubten, über Deck und durch die Reihen der Gefangenen, von denen sie nicht wenige mit anzüglichem Grinsen bedachten, wenn auch niemand Anstalten machte, sie zu berühren.

Da, endlich! Cox stand, ein paar Papiere in der Hand, mit einigen Offizieren und Zivilisten vor dem hünenhaften

Gefangenen, der ihr schon vor zwei Tagen aufgefallen war. Sie kämpfte sich vor und blieb einige Schritte entfernt stehen, um ihren Atem zu beruhigen und ihr Kleid zu richten.

Cox und die anderen waren bereits zum nächsten Sträfling gegangen.

»Name?«, hörte Moira.

»O'Sullivan.«

Cox suchte die Liste ab. Einer der Offiziellen drehte die Handflächen des Häftlings nach oben.

»Beruf?«

»Feinschmied.«

»Metallverarbeitung also, hm. Kannst du auch mit Holz umgehen? Gut. Sehr gut. In Sydney können wir jeden brauchen, der –«

»Verzeiht, Sir«, unterbrach ihn Cox, der offenbar den richtigen Eintrag gefunden hatte. »Aber O'Sullivan kommt nicht für Euch in Frage. Er kommt nach Toongabbie, wie alle Rebellen.«

Moira sah neugierig auf, als sie das Wort Rebell hörte. Der Sträfling war jung, groß und von schlanker Gestalt. Dunkelbraune Haare umgaben ein schmales, gebräuntes Gesicht mit hohen Wangenknochen. Trotz der Fesseln strahlte er eine gewisse Würde aus, ganz so, als gehöre er gar nicht hierher. Auf verwirrende Weise fühlte sie sich von ihm angezogen.

»Oh, nun gut. Und ich dachte schon, die junge Dame«, der Mann aus Sydney deutete mit dem Kopf auf Moira, »hätte vielleicht Anspruch auf ihn angemeldet.« Er lachte anzüglich.

Moira spürte, wie ihr das Blut in die Wangen schoss. Der Gefangene verzog keine Miene, doch für einen Moment traf sie ein Blick aus dunkelgrünen Augen. Dann senkte er rasch wieder die Lider. Ihr Herz schlug plötzlich schneller.

Cox drehte sich um. »Ach, Mrs McIntyre, ich habe Euch gar nicht gesehen. Was kann ich für Euch tun?«

Moira straffte sich und warf dem Mann aus Sydney einen eisigen Blick zu. »Es geht in der Tat um einen Anspruch. Aber hinten, bei den Frauen.«

Schnell hatte sie das Problem erläutert, und obwohl Cox über diese Störung nicht eben erfreut schien, übergab er die Liste seinem Gehilfen und ging zu den weiblichen Gefangenen. Moira folgte ihm, nicht ohne sich vorher noch einmal verstohlen nach dem jungen Sträfling umgedreht zu haben. Auch er hatte sie angesehen. Und selbst jetzt noch glaubte sie seinen Blick in ihrem Rücken zu spüren, brennend wie eine lodernde Flamme.

*

Die letzten Töne der Violine verklangen in dem von Kerzenlicht beleuchteten Raum. Gouverneur Hunter, ein nicht mehr junger Mann mit hoher Stirn und scharfer Nase, senkte sein Instrument und verneigte sich. Begeistertes Klatschen ertönte. Auch Moira applaudierte höflich mit. Hunters Spiel war laienhaft, wenn auch nicht unmelodisch gewesen, aber die Gesellschaft feierte hier jede noch so kleine Darbietung.

Heute, am achtzehnten Januar, fanden überall Feierlichkeiten zum Geburtstag von König George III. von England statt. Paraden, Salutschüsse, gehisste Flaggen allerorten. Man hätte meinen können, sich in Irland oder England zu befinden. Im Anschluss an diese offiziellen Veranstaltungen gab der Gouverneur einen großen Empfang, zu dem jeder geladen war, der in der jungen Kolonie Rang und Namen hatte.

Das Gespräch wandte sich jetzt der erstaunlichen Tierwelt von Neusüdwales zu.

»Manchmal glaube ich«, sagte der Gouverneur, der von einigen interessierten Gästen umringt war, »Gott habe auf diesem Kontinent die merkwürdigsten Wesen versammelt. Vor kurzem erst habe ich einen abgezogenen Haarbalg der seltsamsten aller Kreaturen an die Philosophische Gesellschaft in England geschickt.« Er gab einem livrierten Diener ein Handzeichen, der sich entfernte und gleich darauf mit einem Blatt Papier zurückkehrte.

»Ich halte dieses Tier«, der Gouverneur legte die Zeichnung auf den Tisch, »für das Ergebnis eines promiskuitiven Verkehrs der unterschiedlichen Tiergeschlechter.«

Ein allgemeines Raunen war die Folge, als man das Bild eines maulwurfähnlichen Wesens mit Entenschnabel und Biberschwanz betrachtete.

»In der Tat«, bemerkte ein kurz gewachsener Mann mit fliehendem Kinn. »Diese Kreatur besitzt die Merkmale eines Fisches, eines Vogels und eines Vierbeiners. Wie überaus ungewöhnlich.«

»In den verschiedenen Regionen der Erde sind die jeweils lebhaftesten und nützlichsten Vierbeiner um den Menschen geschart«, meldete sich nun auch Dr. Price zu Wort. »Nur in den entfernten Einöden der Welt finden sich die hilflosen, deformierten und monströsen Werke der Natur.«

In dieser Weise ging es noch eine Weile weiter, ab und zu kurz unterbrochen von erstaunten Ausrufen. Moira unterdrückte ein Gähnen und blickte sich um. McIntyre hatte sich abgesetzt; er unterhielt sich mit Dr. Jamison, seinem Bekannten aus Studientagen. Jamison, ein melancholisch wirkender Mann mit fülliger weißer Haartolle, war im gleichen Alter wie McIntyre. Seit er vor zwölf Jahren mit der Ersten Flotte nach Neusüdwales gekommen war, hatte er den Posten des stellvertretenden Arztes der Kolonie inne.

Er war es gewesen, der McIntyre an diesen vergessenen Flecken Erde gerufen hatte.

Moira sehnte sich nach frischer Luft und trat hinaus auf die offene Veranda, wo ein paar Fackeln brannten. Trotz der späten Stunde herrschte noch immer feuchte Schwüle. Sie fächelte sich Luft zu, die erfüllt war von einem ganz besonderen Geruch, einer Mischung aus Eukalyptus und Meeresluft. Schemenhaft konnte sie die Umrisse der Bäume erkennen, die in Gouverneur Hunters Garten standen; Obstbäume von exotischer Pracht, die ihnen heute Abend ein Dessert aus wunderbar süßen Pfirsichen beschert hatten.

Die Residenz des Gouverneurs stand am Ostufer der Bucht auf einer Anhöhe und überblickte Sydney fast wie eine Burg, die über ihren Vasallen thronte. Während Moiras Augen sich an die Dunkelheit gewöhnten, erkannte sie immer mehr Details. Dort unten lag der Hafen und in ihm die *Minerva*. Daneben weitere Schiffe. Einige wenige Laternen wiesen Bug und Heck aus. Von der Schönheit der Natur konnte Moira an diesem Abend nichts mehr sehen, aber das Funkeln der Lichter, die sich im Wasser spiegelten, hatte seinen ganz eigenen Reiz.

Es musste bald Mitternacht sein. Sie legte den Kopf in den Nacken und erblickte die vier strahlend hellen Sterne, die das Kreuz des Südens bildeten; drei bläuliche und einen weißen, auf einem Bett aus schwarzem Samt.

»Wunderschön, nicht wahr?« Ein junger Mann in Offiziersuniform war neben sie getreten. Er hatte ein breites, freundliches Gesicht. »Wusstet Ihr, dass die ersten Seefahrer diese Sternenformation das ›Kreuz des Glaubens‹ nannten, als sie es am südlichen Himmel sahen?«

Moira verneinte höflich.

»Penrith«, stellte sich der Offizier vor, unter dessen roter Uniformjacke sich ein leichter Bauchansatz spannte. »Sergeant William Penrith. Ich bin der Verwalter des Gefangenenlagers von Toongabbie.«

»McIntyre. Mrs Moira McIntyre«, gab Moira freundlich und ein wenig neugierig zurück. Lagerverwalter? Der Mann konnte höchstens Anfang zwanzig sein. »Eine beeindruckende Karriere, Sergeant Penrith. Dann seid Ihr schon lange in Neusüdwales?«

»Oh, bitte nennt mich William. Nein, ich bin noch nicht lange hier. Und ganz im Vertrauen: Hätte mir mein Bruder kein Offizierspatent gekauft, wäre ich wohl noch immer ein kleines Licht in der Armee.« Seine Augen glänzten; so gesprächig, wie er war, schien er dem Alkohol schon reichlich zugesprochen zu haben. »Ich glaube, Ihr hattet bereits das Vergnügen.« Er deutete ins Hausinnere, wo Moira den unangenehmen Major erblickte, der Ann auf der *Minerva* für sich gefordert hatte.

Sie nickte, enthielt sich aber eines Kommentars. Deswegen war ihr sein Name so bekannt vorgekommen. »Dann werden wir uns in Zukunft wohl öfter über den Weg laufen, Ser… William.«

»Ich hoffe doch sehr.« Er zwinkerte ihr unbeholfen zu. Moira fühlte sich an einen tapsigen Bären erinnert. Nett, aber auch ein wenig fade. »Wenn Ihr Hilfe braucht, stehe ich Euch jederzeit zur Verfügung.« Er verabschiedete sich mit einer leichten Verbeugung.

Moira blieb nicht lange allein.

»Ich bin ja so froh, dass die *Minerva* unsere Salzvorräte aufstocken konnte.« Die füllige Mrs Zuckerman gesellte sich zu ihr. In ihrem Kleid in hellem Orange wirkte sie wie eine verkleidete Steckrübe. »Zwischenzeitlich hatte man schon begonnen, die Vorräte zu rationieren. Stellt Euch das einmal vor! Sie sind auf zwei Drittel der üblichen Wochenration hinuntergegangen.«

Moira bemühte sich, ihre aufkommende Gereiztheit nicht zu zeigen. Am Nachmittag war sie noch froh gewesen, so schnell Anschluss gefunden zu haben. Mittlerweile ging ihr die dicke Frau allerdings gehörig auf die Nerven. Mrs Zuckerman hatte ihr bereits ihre gesamte Lebensgeschichte anvertraut und sie zudem mit dem Klatsch der Kolonie versorgt.

»Oh, und Ihr müsst mir unbedingt Eure Modejournale überlassen!« Mrs Zuckerman sah sie erwartungsvoll an. »Wir sind hier doch vollkommen ahnungslos, was die neuesten Schnitte betrifft.«

Moira versprach es und hoffte, nun eine Weile unbehelligt zu bleiben. Natürlich war es eine vergebliche Hoffnung.

»Und?«, wollte Mrs Zuckerman als Nächstes wissen. »Wie gefällt Euch Sydney?«

»Sehr gut«, erwiderte Moira wahrheitsgemäß. »Es ist viel – zivilisierter, als ich erwartet habe.«

Sie hatte mit einem Trampelpfad und ein paar Holzhütten am Rande der Wildnis gerechnet, aber Sydney war längst zu einer kleinen Stadt herangewachsen, mit einer breiten Hauptstraße und einfachen, einstöckigen Gebäuden, die meisten davon aus Holz. Es gab hier nur wenige Häuser aus Ziegelsteinen, was vor allem an der Schwierigkeit lag, geeigneten Mörtel herzustellen. Da der Kalkstein für den Mörtel fehlte, behalf man sich mit zermahlenen und gebrannten Muschelschalen. In Sydney lebten, so hatte sie erfahren, über zweitausend Menschen, ein Großteil davon Sträflinge. Noch einmal so viele verteilten sich auf Parramatta, Toongabbie und die umliegenden Farmen.

Als Moira heute durch die Stadt geschlendert war, war sie an einem Lazarettgebäude und einem Getreidespeicher vorbeigekommen. Sie hatte Windmühlen gesehen, deren tuchbespannte Flügel sich im Wind drehten, eine Werft und sogar ein Theater. Auf der Kuppe oberhalb der Bucht stand ein Militärgebäude, geschützt von zwei Kanonen. Überall wurde gebaut, gesägt und gehämmert. Scharen von Sträflingen waren damit beschäftigt, weitere Lagerhäuser zu errichten und das Fundament einer neuen Kirche zu legen, nachdem die erste, wie man ihr erzählt hatte, von ein paar Bösewichtern niedergebrannt worden war. Und wie grün es hier war! Ein anderes Grün als in Irland, doch nicht weniger wohltuend für das Auge. Überall wuchs und spross es, Eukalyptusbäume und Büsche mit sägezahnartigen Blättern säumten die Straßen.

»Ach, ich freue mich, dass Ihr da seid«, seufzte Mrs Zuckerman. »Es gibt noch viel zu wenige Frauen in der Kolonie. Wenn es stimmt, was man sagt, dann kommen hier vier Männer auf eine Frau! Aber wenigstens sind wir freien Siedler endlich in der Überzahl.« Sie verzog das Gesicht zu einem feisten Grinsen, in dem ihre Äuglein fast verschwanden. »Allmählich wird Neusüdwales zu einem zivilisierten Fleckchen Erde.«

Moira unterließ es, Mrs Zuckerman abermals darauf hinzuweisen, dass McIntyre und sie mitnichten als freie Siedler gekommen waren, sondern der Militärregierung unterstanden. Sie wollte nicht länger als nötig mit dieser Plaudertasche zu tun haben.

»Es hat sich einiges getan«, plapperte Mrs Zuckerman munter weiter. »Zum Glück sind mein Mann und ich ja erst hier angekommen, als das alles schon recht ansehnlich war. Wenn ich bedenke, wie das früher ausgesehen haben muss, mit dem ganzen Busch! Und überall diese schrecklichen Wilden!«

»Sprecht Ihr von mir, Mrs Zuckerman?« D'Arcy Wentworth war an ihrer Seite aufgetaucht, in jeder Hand ein gefülltes Glas Punsch. »Meine Damen.«

Mrs Zuckerman kicherte albern wie ein junges Mädchen und nahm ihr Glas in Empfang. »Von Euch? Ach, Dr. Wentworth, was seid Ihr doch für ein Schelm!«

D'Arcy Wentworth war eine der schillerndsten Persönlichkeiten der jungen Kolonie, wie Mrs Zuckerman Moira gleich zu Beginn des Dinners erzählt hatte. Er war Ire aus verarmtem Adel und der Zwangsdeportation nur dadurch entkommen, dass er sich freiwillig zum Dienst in Neusüdwales gemeldet hatte. In der Kolonie hatte er es bis zum Stabsarzt von Parramatta gebracht. Der große, gutaussehende Arzt war Moira von Anfang an sympathisch gewesen. Mit seinen blauen Augen und den wehenden blonden Haaren war er der Mittelpunkt einer jeden Gesellschaft, in der er sich wohl zu fühlen schien wie ein Fisch im Wasser. Die Frauen rissen sich darum, mit ihm zu tanzen. Niemand hätte vermutet, dass er in Irland als Straßenräuber verurteilt worden war, wie ihr Wentworth vorhin freimütig eröffnet hatte. Jetzt unterhielt er die Frauen mit einer Schilderung über Sydneys Anfänge, als Hungersnöte und Existenzängste das Leben bestimmten und die Siedlung aus nichts weiter bestand als zwei einfachen Straßen mit vier Reihen armseliger Hütten aus Palmblättern.

Er leerte sein Glas. »Ach, Mrs McIntyre, fast hätte ich es vergessen: Im Winter müsst Ihr und Euer Mann natürlich zu meiner Jahrestagsfeier kommen.«

»Gern.« Moira sah ihn fragend an. »Welcher Jahrestag?«

»Der meiner Ankunft in diesem wundervollen Land. Ich feiere ihn jedes Jahr. Am achtundzwanzigsten Juni. Auf meiner Farm in Parramatta.«

»Juni? Aber sagtet Ihr nicht Winter?«

»So ist es. Dann haben wir hier Winter.« Wentworth lachte angesichts Moiras kurzzeitiger Verwirrung. »Ihr werdet Euch schon daran gewöhnen. So manches ist hier anders als in der alten Heimat.«

Von drinnen erklang Gelächter und Stimmengewirr, dann die ersten Takte eines Pianos. Eine Frauenstimme rief Wentworths Namen.

Wentworth warf einen Blick durch das Fenster auf die Gäste, die sich zum Menuett aufstellten, und seufzte theatralisch.

»Mrs Zuckerman, Mrs McIntyre, ich hätte mich gerne noch weiter mit Euch unterhalten, aber ich fürchte, die Pflicht ruft: Ich habe Mrs Watkins den nächsten Tanz versprochen.« Er wandte sich mit einer angedeuteten Verbeugung zum Gehen, drehte sich dann aber noch einmal zu Moira um. »Sobald Ihr Euch eingewöhnt habt, müsst Ihr mich unbedingt besuchen, Mrs McIntyre. Von Toongabbie nach Parramatta ist es keine Stunde Fahrt mit der Kutsche. Wir Iren müssen doch zusammenhalten!«

Er blinzelte ihr vertraulich zu, dann verschwand er in der Menge der Tänzer.

Mrs Zuckerman sah ihm mit einem säuerlichen Lächeln nach. »Er hat drei Kinder!«, erklärte sie wichtigtuerisch, als wäre es ihr eben erst eingefallen. »Mit einer ehemaligen Sträflingsfrau. Sie leben zusammen. Aber sie sind nicht verheiratet!« Sie zog ein Gesicht, das wohl entrüstet sein sollte, das ihr aber aufgrund ihrer runden Wangen eher Ähnlichkeit mit einem Mops verlieh.

Moira stieß einen lautlosen Seufzer aus und suchte nach einer Entschuldigung, um sich von dieser unangenehmen Person befreien zu können.

Mrs Zuckerman rückte schon wieder näher. »Und wann reist Ihr weiter nach Toongabbie?«

»Übermorgen«, erwiderte Moira einsilbig. Sie hatte es ihr schon drei Mal gesagt.

»Ihr Ärmste, wenn ich mir das so vorstelle ...« In Mrs Zuckermans Augen glitzerte Sensationslust. »Habt Ihr denn keine Angst bei der Vorstellung, Euer Leben als einzige Frau neben diesen verkommenen Subjekten fristen zu müssen?«

»Nun, Mrs Zuckerman, zum einen bin ich dort keineswegs die einzige Frau, denn im Ort und auf den umliegenden Farmen leben sicher ein paar Damen. Außerdem haben wir weibliche Bedienstete«, sagte Moira etwas zu scharf. »Und zweitens solltet Ihr nicht vorschnell über diese bedauernswerten Menschen urteilen, die man zu einem Leben an diesem Ort verdammt hat!«

Es war heraus, bevor sie sich zurückhalten konnte. Aber Moira musste immer wieder an das Los der Sträflinge denken. Vor wenigen Tagen hatte sie erstmals die harte Hand der britischen Militärregierung miterlebt. Auf der *Minerva* waren zwei Sträflinge mit je einhundert Peitschenhieben bestraft worden, weil sie mit einem Boot zu fliehen versucht hatten. Moira hatte der Züchtigung zwar nicht beigewohnt, aber sie hatte das Klatschen der neunschwänzigen Peitsche und die Schreie der Verurteilten bis hinunter in ihre Kabine hören können.

Ihre Gedanken gingen zu Ann. Zahlmeister Cox hatte sich um das Problem mit Major Penrith gekümmert und dem Offizier eine andere Gefangene überlassen. Jetzt befand sich das Mädchen mit dem Großteil der anderen Sträflinge auf dem Weg nach Toongabbie.

Falls sie geglaubt hatte, dass Mrs Zuckerman nach ihrer heftigen Antwort eingeschnappt war, hatte sie sich getäuscht.

»Na, na, liebe Mrs McIntyre, aus Euch spricht wohl das sprichwörtliche irische Temperament!«, sagte diese, keineswegs beleidigt, und wiegte ihren Kopf. »Aber wartet nur ab, nach ein paar Wochen in der Einöde werdet Ihr noch an meine Worte denken.« Sie beugte sich vertraulich vor. »Ihr seid neu in diesem Land. Nehmt einen guten Rat an: Ihr dürft den Sträflingen nicht trauen! Keinem von ihnen!«

Ein heller Glockenton aus dem Speisezimmer unterbrach sie; man klingelte zum Mitternachtsdinner.

»Ah, wie herrlich!« Mrs Zuckerman beeilte sich, der Aufforderung Folge zu leisten, und wackelte hinein. »Ich hoffe nur, dass nicht so etwas Scheußliches wie Känguru serviert wird.«

*

Die Schritte der Männer waren so laut, dass es ihr in den Ohren weh tat. Die Weißen konnten einfach nicht leise gehen. Niemand der *Eora* hätte so viele Geräusche gemacht, auch nicht mit diesen metallenen Gliedern, die die meisten der Weißen um die Knöchel trugen und die ihnen nur kurze, ruckartige Schritte erlaubten. Bei einigen zeigten sich wundgeriebene Stellen. Andere saßen auf diesen großen Tieren mit den vier dünnen Beinen, die sie Pferde nannten, und riefen Worte in ihrer misstönenden Sprache.

Ningali blähte die Nasenflügel und nahm die Witterung der Menschen auf, die den schmalen Waldpfad entlangkamen. Es waren viele, einer hinter dem anderen. Alle waren sie mehr oder weniger bekleidet; die Gefesselten in eintönigen Farben, die auf den Pferden in Weiß und der heiligsten aller Farben – Rot.

Inzwischen hatte sie sich an den Anblick dieser seltsamen Menschen gewöhnt, aber noch immer konnte sie nicht verstehen, wieso die eine Gruppe die andere anbrüllte und schlug. Die Ältesten hatten dieses eigentümliche Verhalten damit zu erklären versucht, dass es sich dabei um eine primitive Form der Heilung oder eines Aufnahmeritus handeln musste.

Ningali folgte ihnen, seit sie mit dem Boot angelegt hatten, beobachtete sie versteckt im Schatten der Bäume und des dichten Buschwerks. Neben ihr stieß der Dingo ein leises Knurren aus. Sie legte ihm die Hand auf den pelzigen Nacken, und sofort verstummte das Tier. Mehr brauchte es nicht; er gehorchte ihr auch ohne Worte. Sie hatte ihn aufgezogen, nachdem sie ihn als Welpen gefangen hatte. Seitdem wärmte er nachts ihr Lager und war ihr am Tag ein Gefährte.

Ningali kniff die Augen zusammen und konzentrierte sich. Manchmal konnte sie so die Schattenkörper sehen, auch wenn die Großmutter sagte, sie sei noch zu jung dafür. Erst wenn sie zum ersten Mal geblutet hätte, würde sie das Handwerk der Schamanen lernen.

Für einen kurzen Moment sah sie es tatsächlich. Nahm schimmernde, farbige Umrisse um die verschwitzten Körper wahr, beim einen rötlich trüb wie Wolken bei Tagesanbruch, beim anderen dunkel wie verbrannte Erde. Sie musste blinzeln. Als sie wieder hinsah, war alles wieder so wie vorher.

Die Gruppe ging jetzt an ihr vorbei, so nah, dass sie den Schweiß der Männer riechen konnte. Ningali verharrte regungslos unter den großen, dunklen Blättern eines Terpentinenbaums. Sie wusste, dass man sie nicht sehen würde. Die Weißen sahen nie etwas.

Die Mütter und Tanten hatten ihr Geschichten erzählt von den Tagen vor Ningalis Geburt, als die Weißen zum ersten Mal im Land der Traumzeit eintrafen. Die *Eora* hatten sie für Geister der Toten gehalten, die in ihr altes Land zurückkehrten, sie willkommen geheißen und Zeremonien abgehalten, um ihnen den Weg dorthin zurück zu weisen, wo die Verstorbenen leben. Doch sie hatten sich geirrt. Die Zeremonien brachten die weißgesichtigen Menschen nicht ins Reich des Todes. Sie blieben und begannen, das Land zu verändern.

Die Gruppe war fast an ihr vorüber, als einer der Männer den Kopf wandte. Für einen Augenblick glaubte Ningali, er habe sie bemerkt. Mehr noch: Er schien ihr direkt ins Gesicht zu sehen, mit Augen von ähnlichem Grün wie der Wald bei Dämmerung.

Sie senkte verwirrt den Blick. Sie kannte diesen Mann nicht, und doch hatte sie das starke, das fast unbezwingbare Gefühl von Vertrautheit. War er ein Wesen aus der Traumzeit, einer der Ahnengeister, der sich in menschlicher Gestalt zeigte?

Unschlüssig sah sie der Gruppe hinterher, die sich von ihr entfernte, und zog sich dann zurück, tiefer in den Wald. Sie würde das Träumen und die Ahnen befragen.

5.

»Die kleine Wilde ist ja schon wieder da!« McIntyre
blickte missbilligend über den Rand seiner Brille
aus dem Fenster.

Moira hob ebenfalls den Blick und sah hinaus. Wo die
Wildnis anfing, nur einen Steinwurf vom Haus entfernt,
konnte man die Gestalt eines dunkelhäutigen Mädchens
erkennen. Sie war unbekleidet, und ihr Haar schien zu Moiras Erstaunen golden zu schimmern. Vor ein paar Tagen
hatte sie sich mit William Penrith – dem »netten Penrith«,
wie Moira den Lagerverwalter insgeheim nannte – über die
Eingeborenen unterhalten. Diese, hatte er erzählt, hausten
in den Wäldern, als schwarze Schatten in der Wildnis, die
jederzeit kamen und gingen. Für viele Siedler waren sie ein
Ärgernis, da sie ihnen den mühsam angebauten Mais oder
Kartoffeln stahlen. Dabei war es wohl kein Stehlen im eigentlichen Sinn. Sie hatten lediglich keinen Begriff von Eigentum und nahmen sich, was die Natur ihnen bot. Manche
kamen sogar zu den Häusern der Weißen und erbaten Le-
bensmittel – nie, als würden sie es brauchen, sondern stets,
als wäre es ein Geschenk, das sie huldvoll annahmen. Aber
tief in den Wäldern gab es angeblich auch feindliche Eingeborene, die schon Siedlungen der Weißen überfallen hatten.

McIntyre wandte sich kopfschüttelnd wieder den Papieren zu, mit denen der halbe Frühstückstisch übersät war
und die für Moira unverständliche Kritzeleien enthielten.

Erneut blickte sie zu der bewegungslosen Gestalt hinüber, die fast jeden Morgen hier erschien.

Hier, das war Toongabbie. Der Name kam aus der Sprache der Eingeborenen und bedeutete »Platz am Wasser«. Da die sandige Erde von Sydney keine Landwirtschaft zuließ, wie die ersten Siedler bald hatten feststellen müssen, hatte man gut fünfzehn Meilen westlich im Landesinneren neue Siedlungen gegründet. Über den Fluss hinweg sah man die Sträflingsunterkünfte, einfache Hütten aus Flechtwerk und Lehm, strohgedeckt und mit einem gemauerten Kamin, die sich in zwei Reihen entlang einer staubigen Straße erstreckten. An die dreihundert Häftlinge waren dort untergebracht. Auf der hiesigen Seite des Flusses erhoben sich Lagerhäuser und Vorratsschuppen, die Hütten der Aufseher und die Wohnhäuser ihrer Nachbarn, zumeist aus Holzbohlen hergestellt. Andere Häuser standen weiter außerhalb. Dort hatte man den Bewohnern, größtenteils ehemaligen Sträflingen, ein Stück Land überlassen. Die meisten dieser Besitzungen umfassten nur an die dreißig Morgen, doch manche Farmen in der Kolonie, die freien Siedlern gehörten, waren weitaus größer.

Zu McIntyres Aufgaben zählten regelmäßige Besuche im Lazarett von Parramatta sowie die Versorgung der Bewohner und Sträflinge Toongabbies. Daher enthielt das Haus, das Moira und ihm zur Verfügung stand, neben den Wohnräumen auch ein Behandlungszimmer. Es war ein weiß gestrichener, einstöckiger Ziegelbau, dessen Zimmer nur mit dem Notwendigsten bestückt waren. Moira hatte versucht, die kahlen Räume mit den wenigen Mitteln, die ihr zur Verfügung standen, etwas wohnlicher zu gestalten; auf dem Frühstückstisch und auf der Kommode in der Schlafkammer standen farbenprächtige Blumen, und die Wand zierte ein Bild von König George III.

Sie blickte zu ihrem Mann, der in seine Papiere vertieft war, und entdeckte etwas Rührei an seinem Backenbart. Er schien es nicht zu bemerken. Moira schüttelte sich innerlich, und die Vorstellung, heute Nacht wieder unter diesem alten Bock liegen zu müssen, erfüllte sie aufs Neue mit Ekel. Wenigstens hatte die Häufigkeit seines Beischlafs etwas nachgelassen. Er verlangte jetzt nur noch zweimal in der Woche nach ihr, das aber regelmäßig jeden Mittwoch und Samstag.

Ein lautes Klirren riss sie aus ihren Gedanken; Ann hatte einen Teller fallen lassen.

»Da … da ist etwas!« Ann deutete schreckensbleich auf die Wand, wo sich ein münzgroßer Schatten mit mehreren Beinen rasch bewegte.

McIntyre fuhr mit einem zischenden Laut auf.

»Das ist nur ein Käfer!« Moira erledigte das Tier durch einen gezielten Schlag mit dem Buch, das sie neben sich liegen hatte. Ein bräunlicher Fleck erschien auf der Wand. »Er hätte dich schon nicht aufgefressen.«

»Ja, natürlich, Ma'am«, hauchte Ann. »Verzeihung, Ma'am. Es wird nicht wieder vorkommen!«

Sie kniete nieder und begann, die Scherben des zerbrochenen Tellers einzusammeln. Ihre Finger zitterten.

»Diese ganze fremdartige Natur ist widerlich!« McIntyre packte seine Papiere zusammen und erhob sich. »Ich bin im Studierzimmer und wünsche nicht gestört zu werden.«

Moira atmete auf. Sie fühlte sich stets unbehaglich in seiner Gegenwart und war erleichtert, wenn sie ihn nicht sehen musste. Sofern er nicht gerade Patienten zu behandeln hatte, verbrachte McIntyre den größten Teil des Tages in seinem Studierzimmer, wo er sich meist gleich nach dem Frühstück einzuschließen pflegte. Moira wusste nicht, was er dort trieb. Auf ihre vorsichtige Frage hatte er nur etwas von Forschungen gebrummelt. Eigentlich interessierte es sie auch nicht. Solange er sie nur in Ruhe ließ.

Ann hatte die Scherben weggeräumt; Moira konnte ihr unterdrücktes Schluchzen aus der Küche hören.

Als McIntyre und Moira vor zwei Wochen in Toongabbie angekommen waren, hatte Ann über Schmerzen und Fieber geklagt. McIntyre hatte sie ins Lazarett von Parramatta bringen lassen, von wo sie nach zwei Tagen in leidlich besserer Verfassung zurückgekehrt war.

Ob es klug gewesen war, sie einzustellen? Sicher, Ann bemühte sich, die vielen Pflichten eines Hausmädchens zu erledigen: Essen kochen, bedienen, Wäsche waschen, flicken und putzen. Doch es kam immer wieder vor, dass sie etwas zerbrach, vergaß oder das Essen anbrennen ließ. Sie war fahrig, nervös und hatte Angst vor allem und jedem. Vor Männern, vor Tieren und natürlich auch vor McIntyre. Er musste sie nur ein Mal scharf ansehen, und schon begann sie zu zittern. Bei der kleinsten Rüge brach sie in Tränen aus. Aber das junge Ding wegzuschicken, damit es in einer der Sträflingsunterkünfte arbeitete, brachte Moira nicht übers Herz. Wenigstens konnte sie halbwegs passabel kochen. Und McIntyre war es egal, wer sich um den Haushalt kümmerte, solange nur das Essen pünktlich auf dem Tisch stand.

Moira blickte in ihre Tasse Tee, wo die Milch Wolken bildete. Auf sie wartete wieder ein langer, ereignisloser Tag; es war kaum besser als auf der *Minerva*. Wie gern wäre sie durch die fremden Wälder gestreift, um die Umgebung zu erkunden, wie sie es in Irland oft gemacht hatte. Sie hätte auch die Kutsche, die ihnen zur Verfügung stand, nehmen und den umliegenden Farmen einen Besuch abstatten können. Zum Beispiel Dr. Wentworth; er hatte doch gesagt, sie müsse ihn unbedingt besuchen. Aber wahrscheinlich war Wentworth gar nicht zu Hause, sondern arbeitete im Lazarett oder war mit anderen Pflichten beschäftigt. McIntyre wollte sowieso nicht, dass sie sich ohne Begleitung so weit vom Haus entfernte. Es sei zu gefährlich allein für eine Frau. Und mitkommen wollte er natürlich auch nicht.

Sie schob den Stuhl zurück und trat ans Fenster. Das dunkelhäutige Mädchen war noch da.

Moira überlegte nicht lange. Sie vergewisserte sich, dass ihr Mann tatsächlich in seinem Studierzimmer verschwunden war, dann öffnete sie die Tür und trat hinaus auf die Veranda.

Die hochsommerliche Hitze überfiel sie schlagartig und trieb ihr den Schweiß aus allen Poren, und dabei war es noch früher Morgen. Über den freien Platz, an den ihre Veranda grenzte, konnte sie auf das langgestreckte Gebäude des Kutschenhauses sehen. Nachts waren dort auch die Pferde untergebracht, um zu verhindern, dass die Eingeborenen sie mitnahmen. Schallendes Gelächter ertönte von irgendwo aus dem Busch und ließ sie schmunzeln. Es war der Kookaburra, ein Vogel, der auf diese Weise den Morgen begrüßte. Ein wolkenloser, strahlend blauer Himmel spannte sich über Toongabbie und schien der Bedeutung dieses Ortes als Straflager Hohn zu sprechen. Hinter den Sträflingshütten konnte sie die riesigen, mittlerweile abgeernteten Felder sehen. Auf dem fruchtbaren Boden wurde Mais, Weizen und Gerste angebaut – genug, um auch Sydney und Parramatta zu versorgen. Auf einer großen Weidefläche hielt man Vieh sowie etliche Ziegen und Schweine. Dahinter begann der Busch, wie man hier das waldige Gebiet nannte. Dort würden die Sträflinge auch heute wieder arbeiten, um weiteren Boden urbar zu machen. Moira hörte die Rufe der Aufseher und sah, wie die Sträflinge sich zu einer langen Kolonne aufstellten.

Ihr Blick kehrte zurück zu dem fremden Mädchen, dann gab sie sich einen Ruck und ging auf das Kind zu, langsam, um es nicht zu verängstigen. Aber das schien eine unbegründete Befürchtung zu sein. Es stand ganz ruhig da, ohne einen Ton zu sagen, ohne sich zu bewegen. Auch das Gesicht mit der breiten Nase und der geschwungenen Oberlippe war reglos. Nur die Augen beobachteten Moira.

Die Hautfarbe des Mädchens war nicht ganz so dunkel wie bei den männlichen Eingeborenen, die Moira bisher gesehen hatte, eher von einem hellen Karamellbraun. Bis auf eine schmale Schnur um die Hüfte war sie unbekleidet. An ihren bloßen Füßen sah Moira Erdkrümel und Staub.

Als Moira nur noch zwei Schritte entfernt war, blieb sie stehen. Noch immer fixierten sie diese ruhigen, kohlschwarzen Augen. Jetzt erst bemerkte Moira, dass das Mädchen nicht allein war; neben ihr, fast völlig in den Schatten eines Strauches getaucht, saß ein hundeähnliches, sandfarbenes Wesen. Dingos nannte man diese Tiere, hatte Moira von einem Nachbarn erfahren.

Das Mädchen mochte um die elf, zwölf Jahre alt sein. Ihre Figur war knabenhaft schlank und wies noch nicht die runden Formen einer Frau auf; die Brüste begannen gerade erst, sich zu entwickeln. Ihr dichtes, lockiges Haar hatte tatsächlich fast dieselbe Farbe wie das Fell des Dingos: ein dunkles, ins Gold gehende Blond.

»Guten Morgen«, sagte Moira, plötzlich schüchtern. »Wie heißt du?«

Das fremde Gesicht verzog sich zu einem breiten Lächeln und entblößte dabei zwei Reihen strahlend weißer Zähne.

»Lebst du hier?«, versuchte Moira es erneut. Das Mädchen war sicher nicht alleine gekommen. Womöglich war ihr Stamm, ihre Familie, ganz in der Nähe.

Wieder ein Lächeln, mehr nicht. Offensichtlich verstand die Kleine sie nicht.

Moira deutete mit übertriebener Geste auf sich selbst. »Moira.« Dann wies sie fragend auf das Kind.

Statt einer Antwort griff das Mädchen an die Schnur, die es um die schmale Taille trug, löste ein kleines Tier davon ab und reichte Moira den Kadaver einer kleinen Echse mit dickem, grün und braun gestreiftem Schwanz. Das Tier war noch warm in ihrer Hand. Das Mädchen führte die Hand zum Mund, als würde es essen.

»Ein Geschenk? Zum Essen? Oh – danke.« Moira versuchte, das tote Tier möglichst unauffällig von sich wegzuhalten. Das Mädchen würde doch hoffentlich nicht erwarten, dass sie das Tier hier und jetzt verspeiste?

»Also.« Moiras Stimme klang ihr seltsam laut in den Ohren. »Einen Namen brauchst du. Was hältst du davon, wenn ich dich … wenn ich dich July nenne?«

Der Name war ihr spontan eingefallen, vermutlich wegen der extremen Hitze, die sie eher mit Monaten wie Juli oder August verband. »July, in Ordnung?«

Das Kind sah an ihr vorbei. Moira folgte seinem Blick und sah, dass die Kolonne der Sträflinge verschwunden war. Als Moira sich wieder umwandte, hatte das Unterholz das Mädchen und den Dingo verschluckt.

Moira ging zurück zum Haus und legte die tote Echse neben die Veranda; Ann würde sie später beseitigen. Sie schloss die Tür und stand eine Weile im Flur, unschlüssig, was sie nun tun sollte. Es war alles so still. Fast leblos, ausgestorben.

Dann hörte sie ein leises, kratzendes Geräusch. Es kam aus der Schlafkammer. Ob es wieder so ein unerwünschtes Tier war? Auf Zehenspitzen schlich sie um die Ecke – und sah, dass ihre Truhe offen stand! Ann kniete davor und war dabei, die kleine Schachtel, in der Moira ihr Haushaltsgeld aufbewahrte, wieder unter die Kleidung zurückzuschieben.

Als Ann Moira bemerkte, erstarrte sie und wurde totenblass. Sie versuchte nicht einmal, die Münzen in ihrer Hand zu verbergen.

Es war Moira, die das Schweigen brach. »Wieso?«, fragte sie tonlos. Sie wunderte sich selbst darüber, wie ruhig sie war. »Sorgen wir nicht anständig für dich? Hast du nicht genug zu essen? Geht es dir nicht besser als den meisten anderen Sträflingen?«

Sie hätte es wissen müssen. Wie hatte Mrs Zuckerman gesagt? Sie durfte niemandem vertrauen. Schon gar nicht einem Mädchen, das in Irland wegen Diebstahls verurteilt worden war. Auch wenn Ann immer beteuert hatte, dass sie noch nie etwas gestohlen hatte.

Endlich bewegte Ann sich, doch statt einer Antwort brach sie in Tränen aus. Die Hand mit den Münzen sank zu Boden, die Finger fest darum geschlossen.

Wut kochte in Moira hoch. Sie drängte das Mädchen, das noch immer vor der Truhe kniete, zur Seite und langte selbst hinein. »Warum nimmst du nicht auch noch das? Und das?« Sie warf ihr bestes Kleid aufs Bett, dann eine Brosche und ein Paar Seidenstrümpfe.

Ann weinte lauter. Sie bebte am ganzen Körper, aber sie sagte nichts.

»Ich dachte, du wärst so glücklich, hier arbeiten zu dürfen? Willst du lieber Dienst in den Sträflingshütten tun? Oder dein Leben als Freudenmädchen fristen?« Moira redete sich immer mehr in Rage. »Weißt du, was mit Leuten passiert, die ihre Dienstherren bestehlen? Sie werden ausgepeitscht und anschließend aus dem Haus gejagt! Wolltest du das?«

Ann schüttelte verzweifelt den Kopf, ihr Gesicht war tränenüberströmt. »Nein! Bitte, Ma'am, habt Mitleid!«

»Was wolltest du mit dem Geld?«

Ann schüttelte erneut den Kopf und schluchzte. »Ich kann nicht.«

»Ach, du kannst also nicht? Aber bestehlen kannst du uns?«

»Es ist nicht für mich!«, brach es aus Ann heraus.

»Dann stiehlst du also für andere?«

»Nein! Ich ... ich brauche es für ... für ...«

»Für?« Allmählich verlor Moira die Geduld.

»Ich muss es einer Frau geben. In Parramatta.«

Moiras Wut fiel so plötzlich in sich zusammen, als hätte man die Luft aus einem Beutel gelassen. »Wirst du erpresst? Hat dir jemand gedroht?«

Ann brach schon wieder in lautes Weinen aus. »Nein ... Es ist ... es ... es ist, um das Kind wegzumachen!«

»Oh.« Moira schwieg betroffen. Ann war schwanger? Dann war ihre Angst natürlich zu verstehen. Schwangere Dienstmädchen setzte man in Irland sofort auf die Straße. Doch dann musste sie lächeln. Ann war noch so jung und unerfahren ...

»Hör mal, Ann, du bist nicht gleich in anderen Umständen, nur weil dich jemand geküsst hat ...« Sie brach ab, weil sie nicht wusste, wie sie es ausdrücken sollte. Sie hatte ja früher selbst geglaubt, durch einen Kuss ein Kind empfangen zu können und war erst in der Hochzeitsnacht eines Besseren belehrt worden.

Ann richtete sich auf und wischte sich die Tränen aus dem Gesicht. »O nein, Ma'am.« Ihre Stimme klang jetzt erstaunlich erwachsen. »Ich weiß, wie Kinder gemacht werden.«

Moira setzte sich auf das Bett. Und dann erzählte Ann mit gesenktem Kopf und so leiser Stimme, dass Moira sie kaum verstand, immer wieder von Schluchzern unterbrochen, was vor mehr als zwei Monaten auf der *Minerva* vorgefallen war. Wie sie eines Nachts auf der Rückkehr vom Abort von einigen betrunkenen Seeleuten angesprochen worden sei, wie man sie gewaltsam hinter eine Seilrolle gezerrt habe und wie sich die Männer dort an ihr vergangen hätten. Sie hatte niemandem etwas verraten, weil man ihr gedroht hatte, sie dann umzubringen.

»Und jetzt«, endete Ann weinend, »trage ich ein Kind in meinem Bauch.«

Moira fehlten die Worte. »Bist du ganz sicher?«, fragte sie schließlich. Ihr Herz zog sich vor Mitgefühl zusammen. Und sie hatte das Mädchen auch noch beschimpft!

Ann nickte. »Ich muss mich jeden Morgen übergeben«, flüsterte sie. »Und meine Brüste tun mir weh.« Sie fiel erneut vor Moira auf die Knie. »O bitte, Ma'am, ich weiß nicht mehr weiter. Ich kann dieses Kind nicht bekommen!«

Das war auch Moira klar. Aber sie konnte Ann nicht zu einer Kurpfuscherin schicken, die womöglich mehr Schaden anrichtete, als dass sie nutzte.

Sie erhob sich. »Komm«, sagte sie. »Ich denke, ich weiß, wie wir dieses Problem lösen können.«

*

Die Lichtstrahlen fielen gleißend hell ins Zimmer. Ann lag mit angezogenen Beinen auf dem Behandlungstisch, ihr abgetragenes braunes Kleid bis knapp über die Scham hinaufgeschoben, und schluchzte. Neben ihr stand Moira und hielt Anns Knie fest, um das Mädchen an heftigen Bewegungen zu hindern, und streichelte beruhigend mit den Daumen über ihre Haut. Ein schwacher Geruch nach Blut und weiblichen Körperflüssigkeiten lag in der Luft.

War es erst eine Stunde her, dass Moira McIntyre um Unterstützung in diesem delikaten Fall gebeten hatte? Im ersten Moment hatte sie geglaubt, er würde rundweg ablehnen, dem Mädchen zu helfen. Moira hatte ihn noch nie um etwas gebeten, und sie hatte sich so klein und hilflos gefühlt, dass sie am liebsten wieder umgekehrt wäre. Über so etwas Heikles wie die Vorgänge im Körper einer Frau hatte sie nicht einmal mit ihrer Mutter geredet. Aber sie hatte schließlich Ann beistehen müssen.

Ann wimmerte laut und versuchte, sich aufzurichten. Moira hatte ihr einen ganzen Becher Rum eingeflößt, von dem sie allerdings einen Großteil bereits wieder ausgespuckt hatte.

»Stillhalten!«, knurrte McIntyre. Er blickte kurz über seine Brillengläser hinweg auf und runzelte die Stirn, dann wandte er sich wieder seiner Arbeit zu. »Wir sind gleich fertig.«

Auch wenn Moira vermied hinzusehen, bekam sie doch genug mit von dem, was er da mit einer Zange und einem löffelartigen Instrument in Anns Unterleib tat. Sie hatte einen schlechten Geschmack im Mund und schluckte krampfhaft. Dennoch konnte sie nicht umhin, die ruhige Arbeit von McIntyres Händen und sein offensichtliches Wissen anzuerkennen.

Ann schrie ein weiteres Mal schrill auf, dann zog McIntyre seine Instrumente zurück.

»So.« Er richtete sich auf. »Das wäre alles. Mehr kann ich nicht tun.«

Er war gerade dabei, seine Gerätschaften zum Säubern wegzulegen, als Ann schluchzend vom Tisch rutschte und vor ihm auf den Boden sank.

»O Sir, ich … ich danke Euch! Das werde ich Euch niemals vergessen!« Sie krümmte sich wimmernd zusammen, dann umklammerte sie seine Beine und küsste ihm die Füße.

83

»Hoch mit dir, Mädchen, was fällt dir ein?« Für einen Moment wirkte er geradezu unsicher. Dann drehte er sich zu Moira um. »Bring sie zu Bett. Dort wird sie für die nächsten zwei Tage bleiben. Ich sehe später nach ihr. Und zu niemandem ein Wort!«

*

Ann ging es bald wieder besser. Nach den ersten Tagen, die sie im Bett verbracht hatte, floss sie über vor Dankbarkeit. Nur ihre Ängste waren unverändert. Sie fürchtete sich sogar vor July. Wenn das Mädchen wie fast jeden Morgen in der Nähe des Hauses auftauchte, verschwand Ann schnell in der Küche und zeigte sich nicht mehr.

Moira hatte sich angewöhnt, nach dem Frühstück, wenn McIntyre in seinem Studierzimmer verschwunden war, hinauszugehen zu dem fremdartigen Kind. Manchmal steckte sie der Kleinen ein Stück Brot zu, und einmal hatte sie July ein altes Tuch gegeben und ihr bedeutet, es um die Hüften zu schlingen. Am nächsten Tag hatte das Kind das Tuch getragen wie eine Auszeichnung, was Moira mit Freude und einem gewissen Stolz erfüllte. July revanchierte sich mit kleinen Geschenken wie Wurzeln oder einer Handvoll Beeren, die Ann zu Kompott oder Brei verarbeitete. Inzwischen vermutete Moira, dass das Mädchen stumm war, denn es sprach nie. Und stets war sie verschwunden, sobald die Gefangenen zur Arbeit aufbrachen.

Nach der Aufregung um Ann war wieder Alltag eingekehrt, öder, schrecklich langweiliger Alltag, der nur dann unterbrochen wurde, wenn jemand zu Besuch kam oder McIntyre einen Patienten zu behandeln hatte. Meist waren es Sträflinge, und stets handelte es sich um die gleichen Vorkommnisse: Hitzschlag aufgrund der glühenden Sonne, in der sie arbeiten mussten; Schlangenbisse, die manchmal tödlich waren; Verletzungen während der Arbeit – und die Versorgung frischer Peitschenspuren.

Es war Nachmittag, die heißeste Zeit des Tages in diesem Spätsommer. Der März hatte noch nicht die ersehnte Abkühlung gebracht, die Veranda lag in der glühenden Sonne – es war viel zu heiß, um sich dort aufzuhalten. Moira saß mit Ann in der Wohnstube und sehnte sich nach der leichten Meeresbrise, die in Sydney wenigstens etwas Erfrischung gebracht hatte. Die Fenster waren geöffnet, die hellen Gardinen zugezogen.

Ann hatte einen Berg Wäsche vor sich und flickte mit Hingabe ein Loch in McIntyres Hemd. Seit der geglückten Abtreibung brachte Ann dem Doktor eine fast abgöttische Verehrung entgegen. Obwohl sie noch immer zusammenzuckte, wenn er den Raum betrat, versuchte sie, seine Wünsche zu erfüllen, noch bevor er sie ganz ausgesprochen hatte. Wenn sie das Essen auftrug, suchte sie ihm das saftigste Stück Fleisch, die größte Scheibe Brot heraus, und seiner Kleidung ließ sie eine besonders sorgfältige Pflege angedeihen.

Auch Moira war mit einer Handarbeit beschäftigt. Sie bestickte lustlos ein Kissen, um überhaupt etwas zu tun zu haben. Der Stoff fühlte sich unter ihren Händen unangenehm warm und feucht an, und die Nadel klebte ihr an den Fingern. Als sie gerade einen neuen Faden einfädeln wollte, hörte sie von draußen eine männliche Stimme; Wilkins, einer der Aufseher.

Gleich darauf pochte es an der Tür. Es war selten genug, dass jemand zu ihnen kam, und sie musste sich zurückhalten, nicht sofort aufzuspringen, um zu öffnen. Dafür hatten sie schließlich Ann, auch wenn diese bloß furchtsam aufsah und nur durch einen Wink von Moira dazu zu bewegen war, zur Tür zu gehen.

Ann kam schnell zurück, knickste und murmelte etwas.

Noch immer war ihre Stimme so leise, dass Moira Mühe hatte, sie zu verstehen.

»Wie bitte? Ann, sprich lauter!«

»Ma'am, ein … ein verletzter Sträfling braucht die Hilfe von Dr. McIntyre. Er hat sich ins Bein gehackt.«

Moira trat einen Schritt ans Fenster und schob unauffällig die Gardine zur Seite. Vor der Veranda standen drei Männer – der Aufseher und zwei Sträflinge. Um den Unterschenkel des einen war ein blutiger Fetzen gewickelt. Den anderen, der ihn stützte, erkannte Moira sofort wieder: Es handelte sich um den jungen Sträfling, der ihr schon auf der *Minerva* aufgefallen war.

»Ich gebe dem Doktor Bescheid«, sagte sie zu Ann und ließ die Gardine langsam sinken. Wieso war sie plötzlich nur so kurzatmig, als wäre sie gerannt?

McIntyre war in seinem Studierzimmer. Moira klopfte, hörte das Rascheln von Papier, dann öffnete er. Seine Augen hinter dem Drahtgestell seiner Brille blinzelten. Abgestandene, warme Luft schlug ihr entgegen. Was trieb er nur den ganzen Tag in diesem engen, ungelüfteten Raum?

»Ihr habt einen Patienten«, erklärte sie. »Einen Sträfling.«

McIntyre nickte, verschloss die Tür von außen und zog den Schlüssel ab. Er ging vor und öffnete die Tür zum Behandlungszimmer, dann trat er auf die Veranda. Moira blieb in der Haustür stehen.

Drei Augenpaare wandten sich ihnen zu. Der Verletzte hatte Mühe, sich auf den Beinen zu halten und stützte sich schwer auf seinen Gefährten. Beide waren mit gelblichem Staub bedeckt, durch die der Schweiß Rinnen zog, und trugen mit einer kurzen eisernen Kette verbundene Handfesseln.

»Was ist passiert?«, fragte McIntyre und kämpfte mit einem Knopf, der sich an seiner Weste geöffnet hatte.

86

Aufseher Wilkins, ein kahlköpfiger, vierschrötiger Mann, deutete auf den Verletzten. »Sir, Henderson war so dämlich und hat sich die Hacke ins Bein geschlagen. Ich hoffe, Ihr bekommt ihn wieder hin.« Er wandte sich an den Verwundeten. »Falls du glaubst, so der Arbeit zu entgehen, dann hast du dich getäuscht, du nichtsnutziger Bastard!«

»Es war ein Unfall«, wandte der andere Sträfling ein. »Er hat nur –«

»Wer hat dir erlaubt zu reden?«, fuhr ihn der Aufseher an und hob seinen Schlagstock. Moira holte erschrocken Luft.

»Nicht in meinem Haus!«, ging McIntyre streng dazwischen. »Bringt lieber den Verletzten hinein.«

»Ich? Nein, Sir, ich mache mir doch nicht die Hände an diesem Abschaum schmutzig. He, O'Sullivan, schaff ihn rein! Und dann sofort wieder raus mit dir!«

Moira trat einen Schritt zur Seite, damit O'Sullivan seinen humpelnden Kameraden ins Haus bringen konnte. Als er eintrat, schlug ihr der Geruch von Holz, Erde und frischem Schweiß entgegen, und sie hatte den Eindruck, als würde er einen winzigen Moment zögern, bevor er an ihr vorüberging. McIntyre und der Aufseher folgten ihnen.

Moira kehrte zurück in die Wohnstube und stand einige Augenblicke gedankenverloren im Raum. Ihre Handarbeit lag achtlos auf einem Stuhl, und sie hatte so gar keine Lust weiterzusticken. Sie hörte Schritte auf der Veranda, lugte an der ein wenig zur Seite geschobenen Gardine vorbei nach draußen – und zuckte zusammen, als der Aufseher O'Sullivan einen Hieb mit dem Schlagstock verpasste, der diesen mit einem dumpfen Laut in die Knie gehen ließ.

»Wage es nicht noch einmal, mir zu widersprechen!«, blaffte Wilkins und öffnete die eiserne Handfessel des Sträflings. Er legte O'Sullivans Hände um einen der hölzernen

Pfeiler der Veranda und schloss die Fessel. Dann ging er zurück ins Haus.

Moira trat ihm im Flur entgegen. »Wollt Ihr den Mann wirklich da angekettet lassen?«

Der Aufseher deutete ihren besorgten Blick falsch. »Keine Angst, Madam, er kann Euch nichts tun. Ich würde mich ja gerne selbst für Euren Schutz verbürgen, aber der Doktor braucht mich.«

Damit verschwand er im Behandlungszimmer.

Moira sah erneut nach draußen. Die Hitze war fast greifbar und ließ die Luft flimmern. O'Sullivan saß auf der obersten Treppenstufe, die gefesselten Hände um den Pfosten gelegt. Angekettet wie ein Tier. Es gab keinen Schatten dort, nicht der kleinste Hauch bewegte seine dunkelbraunen Haare, die ihm verschwitzt ins Gesicht hingen. Dreck und Schweiß bildeten einen schmutzigen Saum um seinen Hemdkragen.

»Ann? Ann, wo bist du?« Sie fand sie in der Küche. »Ann, füll ein Glas mit Wasser und gib es dem Mann dort draußen.«

Ann sah sie an, ihre Augen wirkten riesengroß in ihrem blassen Gesicht. »Oh, Ma'am, bitte, das ... das kann ich nicht!«

Moira seufzte auf. Sie ließ dem Mädchen zu viel durchgehen. Aber bevor sie Ann erst mühsam davon zu überzeugen suchte, dass ihr von einem gefesselten Sträfling keine Gefahr drohte, hatte sie es selbst zehnmal schneller erledigt. Und so füllte sie einen Becher mit kühlem Wasser aus einem Krug.

Als sie auf die Veranda trat, hob der Sträfling den Kopf und machte Anstalten aufzustehen, wurde jedoch sofort von seinen Fesseln gebremst.

»Bleibt sitzen«, sagte Moira, unerwartet befangen. Sie

beugte sich hinunter und reichte ihm den Becher. »Hier. Etwas zu trinken.«

Die Glieder der kurzen Kette klirrten, als er mit der rechten Schulter näher an den Pfeiler rückte und den Ellbogen darum legte, um den Becher in Empfang zu nehmen.

»Danke, Miss.« Er schien verwundert über ihre Fürsorge.

»Mrs«, berichtigte Moira. »Mrs McIntyre. Der … der Doktor ist mein Ehemann.«

Wieso hatte sie das Bedürfnis, diesen Sachverhalt zu erklären? Und was war es, das da in diesen dunkelgrünen Augen aufblitzte? Erstaunen? Bedauern?

Er neigte den Kopf und senkte seinen Blick wieder. »Ihr seid sehr freundlich, Mrs McIntyre.« Seinem Tonfall nach kam er aus der Gegend von Waterford.

»Ich tue nur meine Christenpflicht.«

Aus dem geöffneten Fenster des Behandlungszimmers hörte sie den verletzten Sträfling schmerzerfüllt aufschreien. Moira blickte nicht einmal auf. Inzwischen hatte sie sich an diese Geräusche, die mit der Arbeit eines Arztes einhergingen, gewöhnt. Sie trat einen Schritt zurück und sah zu, wie O'Sullivan trank, beide Hände mit den gefesselten Handgelenken um den Becher gelegt – gierig wie jemand, der lange nichts mehr bekommen hatte. Als er fertig war, nahm sie den Becher wieder in Empfang.

Wahrscheinlich lag es an der Hitze, dass ihr die ganze Situation so unwirklich erschien, aber sie hatte das Gefühl, als würde sein Blick sich direkt in ihr Inneres brennen. Wie loderndes Feuer. Dunkelgrünes Feuer. Ein eigenartiges Ziehen breitete sich in ihrem Unterleib aus, ganz und gar nicht unangenehm. Schweiß sammelte sich auf ihrer Oberlippe, sie schmeckte Salz, als sie darüberleckte. Ihr Herz schien plötzlich langsamer, aber umso kräftiger zu schlagen, sie konnte den Puls in ihren Fingerspitzen spüren.

Der Becher war leer, es gab keinen Grund, sich noch länger hier aufzuhalten. Dennoch zögerte sie. Sie hätte gern mit dem Gefangenen geredet, ihn gefragt, ob er eine Familie hatte, die zu Hause auf ihn wartete, ob –

»Ma'am?« Ann erschien in der Tür und warf dem Sträfling einen angstvollen Blick zu. »Ich bin fertig mit der Wäsche. Soll ich jetzt den Boden wischen?«

»Was? Nein, Ann, das kann warten.« Moira kam sich vor, als habe Ann sie bei etwas Verbotenem ertappt. Hocherhobenen Hauptes wandte sie sich um und ging mit dem Mädchen zurück ins Haus, während sie der Versuchung widerstand, sich noch einmal umzudrehen. Sie wusste, dass er ihr nachsah.

*

Duncan schlug die Augen auf. Was war es, das ihn geweckt hatte? Er lauschte in die Nacht hinein, nach dem todesähnlichen Schlaf der Erschöpfung plötzlich hellwach. Seine Sinne waren angespannt wie die eines Tieres auf der Jagd. Die Dunkelheit war erfüllt von Tausenden Geräuschen; dem Zirpen einer Grillenschar, den entfernten Rufen fremder Nachttiere, dem Rauschen des Windes im Strohdach und dem Schnarchen der achtzehn anderen, die mit ihm in dieser Hütte lebten. Er horchte erneut, dann entspannte er sich wieder. Da war nichts. Er konnte weiterschlafen.

Doch der Schlaf wollte sich nicht wieder einstellen. Jeder Knochen in seinem Leib schmerzte, und sein Magen knurrte. Kein Wunder bei diesen mageren Rationen: pro Tag und Sträfling ein Pfund Pökelfleisch und ein Pfund Mehl aus Weizen oder Mais, aus dem sie *damper* herstellten, ein einfaches Brot, das man in der Asche des Herdfeuers buk. Zu trinken gab es nur Wasser und sonntags vielleicht einen kleinen Becher Rum.

Um sich von dem bohrenden Hungergefühl in seinen Eingeweiden abzulenken, begann Duncan, lautlos einen Rosenkranz zu beten, so, wie Vater Mahoney es ihn gelehrt hatte. Der eintönige Rhythmus würde ihn hoffentlich müde machen.

»Gegrüßet seist Du, Maria, voll der Gnade. Der Herr ist mit Dir. Du bist gebenedeit unter den Weibern …«

Das Bild einer anderen Frau schob sich vor sein inneres Auge. Das Bild der jungen Mrs McIntyre.

Drei Tage lag es nun zurück, dass sie mit ihm gesprochen hatte, und noch immer ließ ihn die Erinnerung an diese Begegnung nicht los. Ein seltsames Gefühl machte sich in seiner Brust breit, als er daran dachte, wie sie ihm Wasser gebracht hatte. Mrs McIntyre. Dann war sie also nicht die Tochter des Doktors, sondern seine Frau. Er verstand nicht, wieso ihn das so bedrückte. Hatte er ernsthaft geglaubt, er könne sie eines Tages für sich gewinnen? Als Sträfling?

Der Schlaf wollte sich einfach nicht einstellen, und dabei brauchte er seine Kraft so dringend für den nächsten Tag. Er drehte sich auf dem harten Boden auf die andere Seite. Vielleicht sollte er es mit Zählen versuchen. Oder mit Rechnen. Wie lange war es noch bis zum Ende seiner Strafe? Seit der Urteilsverkündung waren sieben Monate vergangen – vier Wochen im Gefängnis von Cork, viereinhalb Monate Überfahrt und sechs Wochen hier in Toongabbie. Blieben noch sechs Jahre und fünf Monate. Dann wäre er dreißig. Eine ziemlich ernüchternde Vorstellung.

Aber wenn man sich ordentlich benahm und sich nichts zuschulden kommen ließ, standen die Chancen gut, schon vorher freizukommen. Er hatte gehört, dass viele ehemalige Sträflinge vor Ablauf ihrer Zeit begnadigt worden waren und jetzt ihr eigenes Land bebauen durften.

Ein eigenes Stück Land. Das war auch Duncans Ziel. Sofern er die nächsten Wochen und Monate überstand. Den ganzen Tag, vom frühen Morgen bis zum Sonnenuntergang, mussten sie in der glühenden Hitze Bäume fällen, Wurzelstöcke entfernen, Äste abhacken und den Boden umgraben, nur unterbrochen von einer kurzen Mittagspause. Neben der Hitze, der schweren Arbeit und der mageren Verpflegung machten ihnen auch die Aufseher zu schaffen, meist ehemalige Sträflinge, die ihre neu erworbene Macht mit aller Härte demonstrierten. Wer vor Schwäche umfiel, den trieb ein unbarmherziger Aufseher sofort wieder mit dem Stock an. Vor einigen Jahren musste es noch schlimmer gewesen sein, wie er gehört hatte. Damals waren in Toongabbie nicht selten sieben bis acht Gefangene an einem Tag vor Hunger und Erschöpfung gestorben. Ein Ort des Grauens inmitten prachtvoller Natur.

Doch er, Duncan, würde sich daran gewöhnen. Er konnte sich an alles gewöhnen, und wenn es noch so lang dauerte.

Was war das? Ein Laut, so fein wie ein Mäusewispern, drang an sein Ohr. Ob das die kleine Schwarze war? Stets stand sie in sicherer Entfernung von den Männern am Rand des Buschs, begleitet nur von ihrem sandfarbenen Dingo. Und immer schien sie nur ihn, Duncan, zu beobachten. Nie die anderen. Denen war sie auch schon aufgefallen. Wilson behauptete, sie hätte es auf Duncan abgesehen. Die Eingeborenen hier seien schließlich alles Wilde, da würden es sicher auch schon die Kinder treiben.

Duncan hatte von Sträflingen gehört, die sich mit den Schwarzen einließen. Er hatte nicht vor, irgendetwas mit dem Mädchen anzufangen, und es erfüllte ihn eher mit Trauer als mit Freude, womöglich das Objekt ihrer Begierde zu sein. Sie war ein Kind, wahrscheinlich noch keine zwölf Jahre alt. Wer wusste schon, was sie wirklich in ihm sah?

Das Geräusch wiederholte sich. Vielleicht war sie einfach nur neugierig? Aber wenn sie allein im Lager herumschlich, konnte ihr weiß Gott was zustoßen. Und sei es, dass sie von einem der wenigen Wachtposten entdeckt wurde. Die meisten Weißen betrachteten die Schwarzen nicht als vollwertige Menschen, und Vergehen an ihnen wurden fast nie gesühnt.

Duncan erhob sich. Seine Augen waren inzwischen gut an die Dunkelheit gewöhnt, er sah die Körper der Leidensgenossen ausgestreckt auf dem Boden liegen. Im Vergleich hierzu war ihre Unterkunft auf der *Minerva* geradezu luxuriös gewesen. Hier hatten sie nicht einmal Decken und mussten auf dem blanken Boden schlafen, bis zu zwanzig Mann in jeder der ärmlichen Hütten. Eine ältere Frau, die nachts in einer Hütte mit den anderen weiblichen Sträflingen wohnte, kochte ihnen das Essen und sorgte für Ordnung. Manchmal teilte sie auch das Lager mit einem der Männer.

Lautlos stieg er über die schlafenden Körper hinweg und achtete vor allem darauf, Fitzgerald nicht zu berühren, der in der Nähe des Eingangs schnarchte. Trotz des beengten Raumes hatte der Riese genug Platz um sich herum, da sich alle anderen einen Schlafplatz gesucht hatten, der weit genug von dem Hünen entfernt lag. Niemand wollte sich mit ihm anlegen. In den vergangenen Wochen war Duncan noch zweimal mit ihm aneinandergeraten; beide Male wegen Kleinigkeiten. Fitzgerald war der Einzige, der auch nachts Ketten tragen musste. Schon am zweiten Tag hatte man ihn wegen Aufsässigkeit ausgepeitscht, und er war seitdem kaum einsichtiger geworden. Das letzte Mal hatte man ihm vor vier Tagen das rote Hemd angezogen, wie sie die Bestrafung mit der Peitsche hier nannten.

Am Rand des Lagers sah er einen einzelnen Wachtposten. Wenn er wollte, könnte er jetzt fliehen. Niemand würde ihn aufhalten. Anfangs hatte es ihn erstaunt, wie wenig Wachtposten es hier gab. Aber wohin sollten sich die Sträflinge schon wenden? »Gefängnis ohne Wände« nannte man die Straflager. Denn da draußen gab es nichts als Dickicht, Eingeborene und wilde Tiere. Duncan hatte von Flüchtigen gehört, die Tage nach ihrer Flucht halb wahnsinnig vor Hunger zurückgekommen waren.

Die Luft war mild und warm, der heisere Schrei eines Vogels drang durch die Nacht, irgendwo quakte ein Frosch. Vor Duncan erhoben sich die Reihen der Sträflingshütten. Am äußeren Ende, dort, wo ein einzelner Vorratsschuppen stand, bewegte sich etwas. Ob es das Mädchen war? Gebückt schlich er zum Schuppen und versteckte sich dahinter. Hier waren die Vorräte und die Fässer mit Rum gelagert, von denen die Sträflinge selten genug etwas bekamen. Ein Licht glomm im Inneren auf. Das war sicher nicht das Mädchen! Er spähte vorsichtig durch eine Lücke in der Bretterwand und sah Quigley und Walsh, zwei Sträflinge, die mit ihm auf der *Minerva* gewesen waren. Walsh war dabei, ein Fass Rum anzustechen; Quigley leuchtete ihm mit einem brennenden Kienspan.

»Mach schon!«, hörte Duncan Quigley flüstern. »Ich brauch was zu saufen, und wir haben nicht die ganze Nacht Zeit!«

Duncan hatte genug gesehen. Erleichtert, dass es nicht das Mädchen war, zog er sich lautlos wieder zurück. Was die anderen taten, ging ihn nichts an. So rasch und leise, wie er gekommen war, eilte er zurück zu seiner Hütte und legte sich wieder auf seinen Schlafplatz. Alles war unverändert, niemand hatte sein Wegbleiben bemerkt. Sein rasch klopfendes Herz beruhigte sich allmählich wieder, und die Müdigkeit griff mit langen Armen nach ihm.

*

Am Morgen wurde er unsanft geweckt. Wilkins, der Aufseher, hatte die Tür ihrer Hütte aufgerissen und brüllte die Sträflinge aus dem Schlaf. Duncan kämpfte sich hoch und streifte sich sein zerschlissenes Hemd über, das von Schweiß und Salz schon ganz steif war. Noch nicht ganz wach, mussten sich alle vor ihrer Behausung aufstellen. Auch die Insassen der anderen Hütten wurden von ihren Aufsehern ins Freie getrieben, bis sie alle in vier langen Reihen Aufstellung genommen hatten.

Holligan, der Oberaufseher, kam heran und begann, die vierfache Reihe langsam abzuschreiten und jeden Einzelnen prüfend anzusehen.

»Ihr Bande nichtsnutziger Tagediebe!«, begann er mit donnerndem Bass. »Ihr Haufen diebischer Schmeißfliegen. Hängen und Vierteilen müsste man euch, alle miteinander!« Dann wurde seine Stimme ganz leise. »Heute Nacht«, fuhr er fort, »ist jemand in den Vorratsschuppen eingebrochen. Allein das ist ein schweres Vergehen. Aber der Täter hat auch noch die Hälfte des Rumvorrats auslaufen lassen.« Er blieb stehen und schlug seinen kurzen Schlagstock mehrere Male in seine Handfläche. »Ich verlange sofort zu wissen, wer der Schuldige ist!«

Totenstille. Niemand rührte sich. Niemand wagte auch nur, sich zu räuspern oder sich im goldenen Licht der Morgendämmerung den Schlaf aus den Augen zu reiben.

Holligan schritt die Reihe erneut ab und blieb dann vor Fitzgerald stehen. Der Hüne überragte ihn um mehr als Haupteslänge.

»Du! Vortreten!« Der Oberaufseher deutete mit dem Schlagstock auf ihn. »Du warst es!«

Fitzgerald trat einen Schritt vor. »Nein.«

»Nein, was?«

»Nein, Sir. Ich war es nicht. Ich habe geschlafen.«

»Habe ich dich nach deiner Meinung gefragt? Natürlich warst du es! Du bist es immer!«

Der Aufseher trat ganz nah an ihn heran, bis er dem Hünen ins Schlüsselbein hätte beißen können. Dann schien ihm der Größenunterschied aufzufallen, und er trat wieder einen Schritt zurück.

»Das war einmal zu viel, Fitzgerald. Wilkins, Farelly, dieser Unverbesserliche wird mit hundert Peitschenschlägen bestraft und anschließend nach Norfolk Island gebracht.«

Alle Farbe wich aus Fitzgeralds Gesicht. Norfolk Island war etwas, das alle Gefangenen fürchteten. »Hölle ohne Wiederkehr« wurde die Insel im Pazifik genannt. Dorthin verbannte man nur die unverbesserlichen Verbrecher, die dort bei Widerstand mit drakonischen Strafen zu rechnen hatten.

Duncan kämpfte mit sich. Hatte er nicht vorgehabt, ein vorbildlicher Häftling zu sein? Aber alles in ihm sträubte sich dagegen, dass jemand zu Unrecht verurteilt wurde. Auch wenn es sich dabei um Fitzgerald handelte. Hieß es nicht: »Wer in Not ist, dem soll geholfen werden«?

»Sir!« Er trat einen Schritt vor. »Fitzgerald war es nicht.«

Der Hüne drehte überrascht den Kopf zu ihm.

Langsam kam der Oberaufseher zu Duncan geschlendert und stellte sich vor ihn, nur einen Fingerbreit von seinem Gesicht entfernt. »Ach, sieh mal einer an. Und wer sagt das?«

»Ich, Sir.«

Aufseher Wilkins trat an Holligans Seite. »Das ist O'Sullivan, Sir. Einer der Rebellen.«

»O'Sullivan, so, so. Dann willst du dich also als Schuldigen bekennen?«

In Duncans Eingeweiden wurde es kalt. »Nein, Sir!«

»Und wie kommst du dann darauf?«

»Ich habe gesehen, wer es war. Und es war nicht Fitzgerald.«

»Tatsächlich?« Holligan ging langsam um ihn herum und musterte ihn von oben bis unten. »Hättest du dann vielleicht die Güte, mir den Namen zu verraten?«

Duncan spürte sein Herz pochen. Ein Blick aus dem Augenwinkel zeigte ihm, dass Quigley und Walsh blass und starr nach vorne sahen, er konnte Walshs Adamsapfel hüpfen sehen, als dieser schluckte. »Nein, Sir.«

»Nein?!« Der Aufseher war stehen geblieben. »Du wagst es, mich mit dieser Behauptung zu belästigen, und dann weigerst du dich, den Namen zu nennen?«

Duncan schwieg. Er würde seine Kameraden nicht verraten.

»Nun?«

Duncan schüttelte den Kopf.

Der Oberaufseher drehte sich wütend auf dem Absatz um. »Holt das Dreibein, und dann gebt ihm das Botany-Bay-Dutzend! Das wird ihm seinen Sturkopf schon austreiben.«

Die anderen standen stumm dabei, als man ihm das Hemd auszog und ihn, die Arme über dem Kopf, an das hölzerne Dreigestell band. Das hatte er nun von seinem Großmut. Aber es war besser, sich frühzeitig daran zu gewöhnen, schließlich erwartete diese Tortur früher oder später fast jeden. Und Christus war auch gegeißelt worden. Er schloss die Augen und wappnete sich für das berüchtigte Dutzend. Wenn es wenigstens nur zwölf gewesen wären. In Wahrheit bedeutete es fünfundzwanzig Schläge mit der Neunschwänzigen.

Schon der erste Hieb brannte wie Feuer, und die nächsten fühlten sich an, als würde man mit einem glühenden Eisen über seine Haut fahren. Er packte die Stricke, die ihn hielten, fester, biss die Zähne zusammen und versuchte, sich auf einen Psalm zu konzentrieren, doch die Worte wollten ihm nicht einfallen. Dann erschien das Bild der jungen Mrs McIntyre vor seinen geschlossenen Lidern, und er hielt sich fest an der Erinnerung an ihre ungewöhnlich hellen, kristallblauen Augen. Augen, so klar und rein wie Quellwasser …

Fünfundzwanzig Schläge. Es schien ewig zu dauern. Danach band man ihn los und warf ihm sein Hemd vor die Füße.

Bei den Hütten waren die meisten Sträflinge bereits dabei, sich ihr karges Morgenmahl einzuverleiben. In wenigen Minuten würde es wieder in den Busch gehen. Auch für Duncan. Sie würden ihn nicht schonen, nur weil er bestraft worden war. Wenn er nicht schnell genug auf die Beine kam, würde man ihn gleich noch einmal wegen Arbeitsverweigerung auspeitschen.

Er bückte sich schwerfällig nach seinem Hemd und wäre dabei fast gefallen. Als er sich wieder aufrichtete, sah er Fitzgerald auf sich zukommen.

»Tut weh, was?«

Duncan stieß einen unwilligen Laut aus. Konnte der Mann ihn nicht endlich in Ruhe lassen?

»Wieso hast du das getan?«

»Weil ich gesehen habe, wer es war.« Duncans Zunge fühlte sich an, als sei sie doppelt so dick wie sonst. Er hatte während der Schläge daraufgebissen, um keinen Laut von sich zu geben. »Und du warst es nicht.«

»Danke. Sehr anständig von dir.« Fitzgerald reichte ihm seine riesige Pranke, in der Duncans Hand fast verschwand. »Mein Name ist übrigens Samuel.«

»Duncan. Keine Ursache.«

Der Hüne nickte. »Knie dich hin!«

»Wieso? Willst du mich zum Ritter schlagen?«

»Nicht ganz.« Samuel stieß ihn leicht an, so dass er in die Knie ging, und trat hinter ihn. Ein paar Augenblicke später spürte Duncan, wie sich ein warmer Strahl über seine geschundenen Schultern ergoss. Es brannte höllisch in den offenen Striemen.

»Was …?«, wollte er auffahren. Wieso demütigte Samuel ihn auch noch? War sein Dank nur hohles Geschwätz gewesen?

»Bleib unten und warte ab!«, wies der Hüne ihn an und fuhr fort, auf seinen Rücken zu urinieren. Tatsächlich ließ der wütende Schmerz auf Duncans Rücken allmählich nach.

»Besser, was?«, sagte Samuel, als er fertig war, und reichte ihm die Hand, um ihm aufzuhelfen. »Das ist das Einzige, was hilft. Und jetzt komm.«

6.

Der Weg von Parramatta nach Sydney war nicht mehr als ein breiter, holpriger Pfad, notdürftig von Gestrüpp und Baumwurzeln befreit und mit Schlaglöchern übersät. Da, schon wieder eines! Alistairs Hinterteil, das auf dem Kutschbock des einfachen Karrens hin und her geworfen wurde, würde am Abend sicher grün und blau sein. Aus jedem Baum entlang des Weges zirpte es oder erklang nervtötendes Vogelgezwitscher. Die Geräusche schienen ihn zu verfolgen, sich einen Spaß daraus zu machen, ihn zu verhöhnen. Das unbequeme Gefährt unter ihm schickte dumpfe Stöße durch seine Eingeweide. Am liebsten hätte er jetzt in seinem Studierzimmer gesessen, aber diese Fahrt ließ sich nicht länger hinauszögern.

Alistair seufzte erleichtert auf, als der Wald endlich den Blick auf die ersten weißgetünchten Häuser Sydneys freigab. Er hätte keine Minute länger auf diesem scheußlich harten Kutschbock zubringen mögen. Mit dem Karren hatte er einen erkrankten Einwohner von Toongabbie ins Lazarett von Parramatta gebracht und sich anschließend auf den Weg nach Sydney gemacht.

So beschwerlich die Reise auch war, es war eine Wohltat, endlich wieder in der Zivilisation angekommen zu sein. Auf der Anhöhe über die Bucht die Residenz des Gouverneurs, umgeben von einem streng geometrisch angelegten Rasen, dahinter eine Windmühle. Um den Hafen herum, in dem heute zwei Schiffe ankerten, die roten Ziegel- und braunen Schilfdächer der niedrigen Häuser mit ihren außenliegenden Schornsteinen. Weiter hinten die gleichförmigen Hütten der Sträflinge, daneben Gärten und Nutzflächen. Für seinen Geschmack war hier immer noch zu viel Grün, zu viel Natur. Überall wucherte Gras, erhoben sich hohe Bäume mit fedrigen Blättern.

Er lenkte den Karren in die Hauptstraße, dorthin, wo die Häuser der Offiziere standen. Schnell fand er, wonach er suchte: Das Haus von Major Penrith war ein elegantes, weiß gestrichenes Gebäude aus Ziegelsteinen, das Dach bedeckt mit blauen Schindeln, die fast aussahen wie feine Schieferplatten.

Die Räder knirschten über die ungepflasterte Straße. Alistair lenkte sein Gefährt neben das Haus, kletterte steifbeinig vom Kutschbock und band das Pferd an. Dann wischte er sich den Staub von Rock und Hosenbeinen und klopfte an der Tür.

Er musste so lange warten, dass er schon befürchtete, die Fahrt könnte umsonst gewesen sein. Doch dann öffnete sich die Tür. Eine Dienstmagd stand im Eingang, ihr rechtes Auge war geschwollen und von einem bläulichroten Bluterguss umgeben.

»Dr. McIntyre«, sagte er. »Aus Toongabbie. Ist Major Penrith zu sprechen?«

Die Magd nickte, ließ ihn herein und bat ihn, in der großen Eingangshalle zu warten. Wenig später kam sie zurück. »Der Major lässt bitten. Bitte, Sir, die Treppe hinauf und dann rechts.«

Alistair stieg die mit einem Teppich belegten Stufen hinauf und wandte sich nach rechts in einen breiten Flur. Die Dielen quietschen unter seinen Schritten. Von dem Flur gingen einige Räume ab; als er durch eine geöffnete Tür spähte, sah er Bücherregale und einen Schreibtisch, davor einen geschwungenen Stuhl, Sitz und Lehne überzogen mit hellbraunem Leder.

»Nur herein!«, hörte er eine Stimme aus einem Raum weiter vorne.

Alistair trat näher und fand sich in einem Zimmer wieder, in dem Major Penrith offenbar der Leibesertüchtigung nachzugehen pflegte. Bei Alistairs Eintreten stieg der Major von einem mit Leder überzogenen Reitbock herunter; er war nur mit Kniehose, Stiefeln und einem weiten Hemd angetan. Auf seiner hohen Stirn glänzte es feucht, seine Wangen waren gerötet.

»Immer herein, guter Mann!« Der Major griff nach einem Handtuch, trocknete sich Stirn und Hände und schüttelte dann Alistairs Hand mit festem Druck. »Man muss in Form bleiben, sage ich immer. Die Frauen mögen schmale Hüften und stramme Schenkel.«

»Dr. McIntyre«, stellte Alistair sich vor. Er kam sich etwas fehl am Platz vor. »Aus Toongabbie. Ich bin vor einigen Wochen mit der *Minerva* eingetroffen.«

»Ah, McIntyre.« Der Major schleuderte das Handtuch achtlos in eine Ecke. »Mit der *Minerva*? Dann wart Ihr also derjenige, der mir das Sträflingsmädchen streitig gemacht hat?«

»Sir?«

»Auf dem Schiff. Ich denke, es war Eure Frau, die behauptet hat, ältere Rechte an dem Mädchen zu haben.«

»Das tut mir leid, Sir. Davon wusste ich nichts.«

»So, so, davon wusstet Ihr also nichts.« Major Penrith streifte sich sein verschwitztes Hemd über den Kopf und griff nach einem neuen. Er war gut gewachsen, schlank und groß, und sein blondes Haar lichtete sich an Stirn und Schläfen.

»Ihr solltet besser auf Eure Frau achtgeben, McIntyre. Sie scheint mir ein eigensinniges Ding zu sein, das eine strenge Hand braucht.«

»Sir, ich bedauere es außerordentlich, wenn sie Euch verärgert haben sollte ...«

Der Major winkte ab und stopfte sich den Hemdsaum in die Hose. »Kommt, lasst uns nach unten in den Salon gehen. Dann reden wir darüber, was Euch zu mir führt.«

Im Salon, einem mit dunklem Holz getäfelten Raum, der nach Leder und Pfeifenrauch roch, riss der Major an einem Klingelzug.

»Setzt Euch. Betty! Wo bleibt die Dirne nur?« Die Magd, die Alistair geöffnet hatte, erschien. Der Bluterguss um ihr Auge verlieh ihr ein erbärmliches Aussehen. »Bring Rum und Gläser. Schnell! Oder hat dir eine Tracht Prügel nicht gereicht?« Betty verschwand eilig, bevor Alistair einwenden konnte, er trinke nicht. »Diesem katholischen Geschmeiß darf man nichts durchgehen lassen! Wisst Ihr, es gibt hier nur zwei Arten von Frauen: die Ehefrauen und die Dirnen. Zu Letzteren zähle ich alle, die nicht rechtmäßig vor der Kirche Englands verheiratet sind. Oder glaubt Ihr etwa, dass ein Katholik jemals ein vollwertiges Mitglied dieser Gemeinschaft werden könnte?«

Alistair wurde einer Antwort enthoben, als Betty mit einem Tablett hereinkam und zwei Gläser sowie eine Flasche Rum auf den Tisch stellte.

»Und an den Dirnen kann man sich schadlos halten«, beendete der Major seine Ausführungen. »So habe ich immer etwas zum Stoßen, wenn es mich zwischen den Beinen juckt. Nicht wahr?« Er versetzte Bettys Hinterteil einen Schlag. Die Magd sah gequält auf, sagte aber nichts. »Und wenn ich ihrer überdrüssig bin, setze ich sie einfach auf die Straße und hole mir die nächste.«

Die Magd entfernte sich. Der Major goss ihnen ein und reichte Alistair ein Glas.

»Danke«, lehnte Alistair ab. »Ich trinke nicht.«

Der Major hob erstaunt eine Braue und musterte ihn aus wässrig blauen Augen. Alistair fühlte sich unbehaglich unter diesem stechenden, wie sezierenden Blick. »In der Tat? Gibt es dafür einen besonderen Grund?«

»Ich verstehe nicht …«

»Wie auch immer. Damit beraubt Ihr Euch allerdings eines der größten Vergnügen, die es für einen Mann hier gibt. Abgesehen natürlich von körperlichen Freuden. Ich kann mir vorstellen, Euer widerspenstiges Frauchen hält Euch ganz schön auf Trab. Wie sieht's aus, McIntyre? Schon Nachwuchs in Sicht?«

»Wir haben erst kurz vor der Abfahrt geheiratet«, erwiderte Alistair ausweichend.

Widerspenstig. Das war das richtige Wort, um Moira zu beschreiben. Widerspenstig und eigensinnig. Alistair hatte sich von der Heirat ein leichteres Leben versprochen, vor allem aber einen Erben. Doch bis auf die Tatsache, dass er wieder eine Ehefrau vorzuweisen hatte, war nichts davon eingetreten. Moira machte ihm keine Freude, und schwanger war sie auch noch nicht. Offenbar hatte er das Pech, immer an unfruchtbare Frauen zu geraten. Aber noch war nicht alles verloren. Noch war Zeit, auch wenn er sich jede Woche mehr zum Beischlaf zwingen musste. Dass Moira nachts wie ein kalter Fisch unter ihm lag, machte es auch nicht einfacher. Und das, was er wirklich wollte, durfte er nie wieder zulassen …

»Rum«, riss ihn die Stimme des Majors aus seinen Gedanken. »Die Währung der Macht. Wisst Ihr, wie man uns hier nennt?« Er beugte sich vor. »Das Rum-Corps. Ha!«

Alistair verzog höflich das Gesicht zu einem angedeu-

104

teten Lächeln. Der Name war treffend gewählt. Das Monopol auf den Rumhandel verschaffte den Offizieren des New South Wales Corps Einfluss und sorgte für ihre führende Rolle.

»Was kann ich für Euch tun, McIntyre?«

Doktor McIntyre, wollte Alistair berichtigen, schluckte es aber hinunter. Der Mann war immerhin sein Vorgesetzter. »Sir, ich brauche einen Berechtigungsschein für weiteres Material.«

»Wofür genau?«

»Metall, Draht. Auch Papier.«

»Metall?« Der Major hob eine Braue und lehnte sich in seinem Sessel zurück. »Das ist hier sehr kostbar. Wie Ihr sicher wisst, müssen wir all diese Materialien, die wir noch nicht selbst herstellen können, aus England einführen. Wozu braucht Ihr das alles?«

»Für meine Forschungen. Ich bin dabei, ein Gerät zu entwickeln. Eine neue Erfindung. Auf medizinischem Gebiet.«

»Also etwas fürs Renommee? Habt Ihr es nötig?« Der Major sah ihn scharf an, erwartete aber offenbar keine Antwort. »Erzählt mir mehr davon. Was ist das für ein Gerät?«

Alistair zögerte. Er hatte gehofft, nicht zu viel darüber preisgeben zu müssen. So knapp wie möglich beschrieb er sein Vorhaben und legte auch mehrere Zeichnungen vor. Querschnitte durch den menschlichen Oberkörper, Detailansichten von Kehlkopf und Speiseröhre sowie ein paar skizzenhafte Entwürfe des *oculus introspectans*.

»Sehr interessant, wenn auch reichlich theoretisch«, unterbrach ihn der Major, als Alistair gerade eine weitere Zeichnung erläutern wollte. »Wisst Ihr, dass auch ich forsche? Kommt mit, das muss ich Euch zeigen!«

Alistair packte seine Unterlagen zusammen und erhob

sich, erleichtert, nicht länger Rede und Antwort stehen zu müssen. Allerdings schien der Major auch den Berechtigungsschein vergessen zu haben.

Das Zimmer, in das der Major Alistair führte, lag direkt neben dem Salon und hatte die Ausmaße eines normalen Wohnraums, allerdings ohne die übliche Einrichtung. Rechts und links der beiden Fenster türmten sich Regale mit Einmachgläsern in unterschiedlichen Formen und Größen. Die restlichen Wände waren bedeckt mit Sammlungen von aufgespießten Insekten, Schmetterlingen und Spinnen in gerahmtem Glas. In der Mitte des Raums stand ein Tisch, auf dem sich ein weiterer, vorbereiteter Rahmen befand.

»Sehr … beeindruckend«, murmelte Alistair.

Der Major wies auf das linke Regal. »Hier habe ich einige der giftigsten Kreaturen dieses Kontinents versammelt.«

Alistair war gezwungen näher zu treten, um die Gläser zu begutachten, in denen in Alkohol eingelegte Schlangen und Spinnen zu sehen waren. Er spürte ein säuerliches Brennen im Hals und musste schlucken.

»Zum größten Teil habe ich diese Kreaturen selbst gefangen«, erklärte der Major voller Stolz. »Andere wurden mir lebend gebracht. Wie dieser hier. Seht her«, er nahm einen kleinen Glasbehälter vom Tisch, in dem ein schwarzer Käfer mit leuchtend grüner, symmetrischer Strichzeichnung versuchte, seinem gläsernen Gefängnis zu entkommen. Mit einer raschen Bewegung öffnete der Major das Glas und stülpte es auf den Tisch, in die Mitte des Rahmens. Er stellte das Glas weg und hinderte den Käfer mit Daumen und Zeigefinger der linken Hand am Davonlaufen. Alistair vermeinte einen schwachen Geruch nach Eukalyptus und Honig zu riechen, den das Tier in seiner Bedrängnis ausströmte.

»Reicht mir eine Nadel, McIntyre! Dort, in der Schachtel.«

Ein leises Knacken ertönte, als der Major die Nadel durch den Chitinpanzer des Insekts stieß. Langsam und mit präziser Erbarmungslosigkeit. Alistair hätte am liebsten die Augen geschlossen, weniger aus Mitleid mit dem Tier als aus Ekel, aber das konnte er sich nicht erlauben. Der Käfer ruderte in Todesnot mit seinen Beinen, die schabende Geräusche auf dem Untergrund machten. Dann erstarrte er mitten in der Bewegung. Aufgespießt ruhte er auf dem Papier.

»Ist es nicht wundervoll, wenn man zusehen kann, wie sie langsam zugrunde gehen?« Der Major richtete sich auf und trat an die rechte Seite des Regals. »Aber mein größter Schatz ist das hier.«

Ohne Vorwarnung hielt er Alistair ein kürbisgroßes Glas hin. Alistair fuhr zurück, als ihn ein aufgerissenes Augenpaar anstarrte. Sie gehörten zu dem am Hals abgetrennten Kopf eines Eingeborenen, der in einer konservierenden Flüssigkeit schwamm, die dunklen Züge im Schmerz erstarrt.

»Das«, erklärte der Major triumphierend, »war der erste Wilde, den ich eigenhändig geschossen habe. Vor drei Jahren, am Parramatta River, als wir gegen die *Eora* vorgingen. Es ist einer von Pemulwuys Kriegern, dieser Bestie, die unsere Siedler überfällt.«

Alistair unterdrückte mit Mühe ein Schaudern. Die Bedrohung durch die Schwarzen war ein Problem. »Hat der Gouverneur nicht verfügt, dass mit den Wilden human zu verfahren sei?«

Der Major stieß ein verächtliches Schnauben aus. »Gouverneur Hunter hat hier nichts zu sagen. Seine Ablösung ist schon unterwegs, und England ist fern. Die Macht gehört den Offizieren des Corps. Nein, mit diesen ganzen liberalen Gedankenfürzen kann ich nichts anfangen. Das ist das Geschwür, auf dem Rebellion wächst. Ich rate Euch sehr, Euch nicht auch von diesem humanistischen Firlefanz anstecken zu lassen. Die weiße Rasse ist und bleibt die Krone der Schöpfung.« Er stellte das Glas zurück ins Regal. »Diese Wilden sind keine Menschen im eigentlichen Sinne. *Aborigines* nennt man sie auch. Wisst Ihr, was das heißt? Von Beginn an. *Ab origine.* Passend für diese Horde Affen, die unbekleidet im Busch umherrennen, ohne das geringste Gefühl für Anstand und Sitte. Das Beste ist, sie mit Stumpf und Stiel auszurotten und die natürliche Ordnung wieder einzusetzen.«

Der Major hatte sich in Fahrt geredet. Jetzt drehte er sich zu Alistair um. »Was habe ich davon, wenn ich Euch den Berechtigungsschein ausschreibe?«, fragte er unvermittelt.

»Sir?«

»Ihr habt mich sehr genau verstanden, McIntyre. Welchen Nutzen habe ich davon?«

»Nun, Sir«, Alistair begann zu stammeln. Mit einer solchen Frage hatte er nicht gerechnet. »Ihr würdet … damit eine gute Sache unterstützen. Eine Neuerung, die die Medizin revolutionieren wird. Euer Name würde als der eines Förderers der Wissenschaft gewürdigt werden.«

»Förderer der Wissenschaft? Das gefällt mir. Hat so einen edlen Klang.« Der Major lachte und schlug ihm auf die Schulter. »Hört zu, McIntyre: Ihr bekommt Euren Berechtigungsschein. Unter der Bedingung, dass Ihr mich auf dem Laufenden haltet, was Eure Forschungen angeht. Und dass Ihr mir schnellstmöglich eine Demonstration Eurer Erfindung gewährt.«

*

Das Schaf blökte zum Gotterbarmen. Es war mit dem Kopf in das hölzerne Gitter geraten, das die Weide vom restlichen Farmland abgrenzte, und versuchte nun vergeblich, sich zu befreien. Moira legte beide Hände um den oberen Balken und zog.

»Ja, so ist es gut. Könnt Ihr noch etwas mehr Kraft aufbringen?«

Elizabeth Macarthur kniete in ihrem geblümten Sommerkleid auf der Erde und drehte den wolligen Schafskopf sanft zurück durch das Zaungitter. Mit einem lauten Blöken kam das Schaf auf die Beine und lief zurück zur Herde, die sich über eine riesige Fläche von saftigem Gras verteilt hatte. Es mussten mehrere Hundert Tiere sein, schätzte Moira – große Schafe mit dichter, fein gekräuselter Wolle, dazwischen auch etliche Lämmer, die lebhaft neben den Muttertieren umhersprangen.

»Gut gemacht!« Mrs Macarthur erhob sich und klopfte sich den gelblichen Staub aus dem Kleid. Unter ihrem Sonnenhut, den sie mit einer großen Schleife unter dem Kinn festgebunden hatte, war ihr feines Gesicht vor Anstrengung und Hitze gerötet.

»Wie gut, dass Ihr hier wart. John muss den Zaun an dieser Stelle unbedingt enger setzen. Das ist schon das zweite Schaf, das sich hier eingeklemmt hat.«

Sie blinzelte in die Ferne und verscheuchte eine Fliege, die ihr zu nah kam, dann winkte sie. Moira folgte ihrem Blick. Dort hinten konnte sie einen Mann zu Pferd, wahrscheinlich Mr Macarthur, erkennen. John Macarthur war ein Offizier des New South Wales Corps, der sich mittlerweile fast vollständig der Schafzucht widmete. Vor ihm im Sattel saß ein Junge, der freudig zurückwinkte. Ein weiterer folgte ihm auf einem Pony – die beiden ältesten der Macarthur-Jungen.

»Der kleine John kommt immer mehr nach meinem Mann«, sagte Mrs Macarthur nicht ohne Stolz in der Stimme. »Er ist schon sehr selbständig. Und jetzt lasst uns zurückgehen. Von all den Dingen, die ich an diesem Land schätze, gehört die Hitze nicht dazu.«

Das Haus der Macarthurs, die *Elizabeth Farm*, war ein großer Ziegelsteinbau mit breitem, überhängendem Dach. Es erinnerte Moira entfernt an Bilder, die sie einmal von indischen Bungalows gesehen hatte. Als sie auf der schattigen Veranda Platz genommen hatten, von der aus sie auf das glänzende Band des Parramatta River sehen konnten, kam eine junge Frau im einfachen braunen Kleid der weiblichen Sträflinge aus dem Haus. Ihr folgte ein kleines Mädchen von vielleicht acht Jahren, das ein Tablett mit zwei Gläsern und einem Krug Limonade balancierte, die Zunge vor Konzentration zwischen die Zähne geschoben.

»Lizzie wollte es unbedingt selbst versuchen«, sagte die junge Frau entschuldigend, während das Kind das Tablett auf dem kleinen Holztisch abstellte.

»Ich habe nicht einen Tropfen verschüttet, Mutter!«

»Vielen Dank, Lizzie.« Mrs Macarthur strich dem Kind über den blonden Schopf.

Das Mädchen blickte Moira neugierig an. »Wer ist das?«

»Das ist meine liebe Freundin Mrs McIntyre, die Frau von Dr. McIntyre aus Toongabbie. Sie besucht mich. Und jetzt geh mit Megan wieder hinein.« Sie sah den beiden nach. »Ist sie nicht ein Goldstück?«

Moira nickte und griff nach ihrer Limonade. »Ich wünschte, ich hätte auch ein Kind«, entfuhr es ihr zu ihrem eigenen Erstaunen. Es war das erste Mal, dass sie diesen Gedanken bewusst formulierte. Bisher waren ihre Überlegungen in dieser Richtung hauptsächlich dem Umstand geschuldet gewesen, dass sie dann erst einmal Ruhe vor

McIntyre haben würde. »Etwas, das zu mir gehört und um das ich mich kümmern könnte. Aber offenbar bin ich nicht dazu geschaffen.«

Elizabeth sah sie mitfühlend an. »Ich glaube, ich habe etwas für Euch. Entschuldigt mich für einen Moment.«

Sie erhob sich, ohne auf Moiras Antwort zu warten, und verschwand im Haus.

Moira trank ihre Limonade und ließ den Blick schweifen, über den in der Sonne glitzernden Fluss bis hin zu den grünen Schafweiden. Daneben schlossen sich Getreidefelder und Obstwiesen an, und dahinter erhoben sich frisch angelegte Terrassen für Weinstöcke; eine Farbenpracht in Grün, Gelb und Purpur. Ein leichter Wind trug strengen Schafsgeruch zu ihr, das stetige Zirpen der Grillen tat ihren Ohren wohl. Hier fühlte sie sich zu Hause. So zu Hause, wie sie es in Toongabbie noch nie getan hatte.

Ihr Blick fiel auf die hölzernen Treppenstufen, die zu Elizabeths Veranda führten. An der gleichen Stelle auf Moiras Veranda hatte der Sträfling gesessen. O'Sullivan. Bei diesem Gedanken stieg plötzliche Wärme in ihr auf. Sie schüttelte den Kopf. Der Mann war ein verurteilter Rebell, ein Verbrecher, der ihresgleichen vielleicht tot sehen wollte. Und dennoch ...

Als Elizabeth nach wenigen Minuten zurückkehrte, reichte sie Moira ein kleines verschnürtes Päckchen. »Das ist eine Kräutermischung, die die Empfängnis begünstigt. Himbeerblätter, Salbei und Frauenmantel. Macht Euch täglich einen Tee daraus und trinkt ihn. Zumindest bei mir hat er gute Dienste geleistet.« Eine leichte Röte überzog ihr Gesicht. »Wenn mich nicht alles trügt, dann bin ich bereits wieder guter Hoffnung. – Noch etwas Limonade?«

»Danke, nein. Ich kann nicht mehr lange bleiben.«

Elizabeth setzte sich wieder. »Oh, aber Ihr müsst mir

versprechen, mich wieder zu besuchen, so schnell wie nur möglich. Ich kann hier so schlecht weg, und ich dürste nach weiblicher Gesellschaft!«

»Versprochen«, lächelte Moira, dann wurde sie wieder ernst. »Wird es Euch nicht leid, dieses ... Leben hier?«

»Ich möchte nicht verhehlen, dass ich ab und an einen Anflug von Erschöpfung verspüre. Aber ich wollte immer eine große Familie haben. Und dieses Land ist so wundervoll, so ursprünglich – ich werde nicht müde, seine Schönheit zu preisen.« Elizabeth blickte auf. »Aber das ist es nicht, was Ihr meint, nicht wahr? Was bedrückt Euch, Moira?«

Moira hob die Schultern. »Wenn ich mir vorstelle, mein ganzes Leben hier verbringen zu müssen – mit ... mit meinem Mann ...« Mit dem alten Bock, hätte sie fast gesagt, konnte sich aber im letzten Moment zurückhalten.

»Ihr seid noch so jung, Moira. Ihr seid noch dabei, Euren Platz im Leben zu finden. Lasst Euch Zeit damit.« Elizabeth griff gedankenverloren nach ihrem Glas, trank aber nicht. »Als John und ich hierherkamen, war ich dreiundzwanzig Jahre alt und hatte bereits ein Kind geboren. Auf der Reise, in einem Pub in England, man stelle sich das einmal vor! Und Lizzie kam in Sydney zur Welt, als dort kaum mehr als ein paar schäbige Hütten standen.« Sie ließ das Glas los. »Ihr hattet einen besseren Start. Versucht nicht, etwas herbeizuzwingen. Es ist wie mit dem Löwenzahn; er biegt sich, aber er bricht nicht. Und durchdringt so das härteste Gestein.«

Sicher, dachte Moira. Aber das gilt wohl kaum für meinen Fall.

»Aus kleiner Knospe erwächst volle Frucht. John und ich haben mit einer Handvoll Schafen begonnen, und seht Euch jetzt unsere Herde an. Es gibt so viele Möglichkeiten, seine Ziele zu erreichen, man muss nur wissen, wie man es anstellt. Lenkt Euren Gemahl mit sanfter Hand, ohne dass er es merkt. Überlasst ihm die Führung, aber zieht hinter den Kulissen die Fäden. Ich bin sicher, dass dann ein wundervolles Leben vor Euch liegt.«

Die Sonne schimmerte durch die Bäume am Flussufer und färbte das Wasser rosig. War es denn schon so spät? Moira wäre liebend gern noch geblieben, aber vor ihr lag eine knapp einstündige Fahrt mit der Kutsche, mit keiner anderen Begleitung als der schreckhaften Ann neben sich.

Sie erhob sich. »Ich danke Euch von Herzen, Elizabeth, aber ich fürchte, es wird Zeit. Könntet Ihr Ann Bescheid geben lassen, dass wir aufbrechen?«

»Müsst Ihr wirklich schon wieder fort?«

»Ja, leider. Ich möchte zu Hause sein, bevor mein Mann aus Sydney zurückkehrt.«

»Dann weiß er gar nicht, dass Ihr hier seid?«

Moira schüttelte den Kopf. »Er muss nicht alles wissen.«

Elizabeth runzelte die Stirn. »Mir ist nicht wohl bei dem Gedanken an diese Geheimniskrämerei. Ich bitte Euch, sprecht mit ihm. Und dann besucht mich, so oft Ihr könnt. Bitte, kommt wieder, so schnell es Euch möglich ist. Am liebsten gleich morgen!«

Moira lächelte. »Mit dem größten Vergnügen.«

*

Es gab Tage, an denen wusste man schon beim Aufstehen, dass sie nicht gut werden würden. Heute war ein solcher Tag.

Es fing damit an, dass July nicht auftauchte. Das war schon öfter vorgekommen und an sich nichts Ungewöhnliches, aber gerade heute sehnte Moira sich nach dem Eingeborenenmädchen. Und die nächsten Stunden boten auch wenig Grund zur Freude.

Das Mittagessen verlief schweigend. McIntyre sah wie immer kaum hin, während er Fleischstücke in sich hineinschaufelte, den Blick auf seine Papiere gerichtet. Moira stocherte lustlos auf ihrem Teller herum und schob die Erbsen von einem Tellerrand zum anderen. Ihr war viel zu heiß, um Hunger zu verspüren.

»Ivy hat geschrieben«, sagte sie schließlich in die Stille hinein.

McIntyre hob den Kopf und griff nach seinem Wasserglas. »So? Geht es deiner Familie gut?«

Moira nickte. »Mutter will Dorchas verkaufen«, presste sie hervor.

»Dorchas?«

»Meine Stute. Sie hat im März letzten Jahres gefohlt, und –«

»Ann!« McIntyre wandte sich suchend nach dem Mädchen um. »Wo steckt sie nur? Ann! Noch mehr Wasser!«

Eilfertig erschien das Mädchen an seiner Seite und füllte sein Glas neu.

»Ihr hört mir überhaupt nicht zu! Ihr sitzt nur da und beschäftigt Euch mit … mit Euren langweiligen Papieren!« Moira schob aufgebracht ihren Stuhl zurück. »Ann«, wandte sie sich nun ihrerseits an das Mädchen. »Ann, lauf hinüber zum Kutschenhaus und lass das Pferd anschirren.«

McIntyre sah sie konsterniert an. »Du wirst gefälligst sitzen bleiben!«

»Ich denke ja nicht daran«, widersprach Moira. »Ihr könnt mich hier nicht festhalten. Wenn Ihr Euch schon nicht dafür interessiert, was ich zu sagen habe, dann suche ich mir eben selbst Gesellschaft. Ann, lass die Kutsche vorbereiten!«

McIntyre schlug mit der Handfläche auf den Tisch. »Ann wird nichts dergleichen tun! Und du auch nicht!«

Das Mädchen stand in der Stube, den Kopf gesenkt, und rührte sich nicht.

»Ihr … Ihr könnt mir nicht verbieten, zu Elizabeth zu fahren!«

»Wer ist Elizabeth?«

»Mrs Macarthur. Sie schätzt meine Gesellschaft. Im Gegensatz zu Euch.«

»Woher kennst du Mrs Macarthur?«

Moira warf den Kopf in den Nacken, obwohl sie ihr Herzklopfen bis in den Hals spüren konnte. Aber sie hatte nicht vor, sich einschüchtern zu lassen. »Ich habe sie besucht. Gestern. Als Ihr in Sydney wart.«

McIntyre funkelte sie aus tiefliegenden Augen an und erhob sich. »Du warst allein mit der Kutsche unterwegs? Ohne meine Einwilligung?«

Moira schluckte. »Ich war nicht allein. Ich habe Ann mitgenommen.«

Mit wenigen Schritten war er bei ihr. Moira hätte nicht erwartet, dass er sich so schnell bewegen konnte.

»Habe ich dir nicht verboten, so etwas zu tun? Da draußen ist es gefährlich!« Seine Hand schnellte vor und traf ihre Wange. Moira schrie auf, mehr vor Zorn als vor Schmerz, ihr Gesicht brannte. »Du wirst mir gehorchen, hast du das verstanden?«

»Ihr seid widerlich!« Moira sprang auf und stürmte hinaus, vorbei an der verschüchterten Ann, die in eine Ecke der Stube gewichen war.

»Bleib hier!« McIntyres Stimme schallte hinter ihr her, aber sie hörte nicht auf ihn.

Er hatte sie geschlagen! Wie konnte er nur so gemein, so kaltherzig sein? Sie musste weg von hier, fort von diesem Unhold, mit dem man sie verheiratet hatte, der ihr jede Freude missgönnte und der sie jetzt auch noch schlug! Nie wieder würde sie hierher zurückkommen, nie wieder konnte sie mit so einem Menschen unter einem Dach leben!

Tränenblind eilte sie über die Straße und immer weiter, vorbei an den Häusern der Nachbarn, den einfachen Flechthütten der Aufseher und den Lagerhäusern. Wo das mühsam der Natur abgetrotzte Stück Zivilisation endete, begann die ursprüngliche Wildnis des Buschs. Der Herbst war nah, doch noch war davon nichts zu spüren. Die Luft flirrte, es sah aus, als brenne der Boden. Es roch nach reifen Früchten, Eukalyptus und dem betäubenden Duft sommerwarmer Blätter, die schwüle Hitze ließ Moira kaum richtig atmen. Keuchend riss sie an ihrer Haube, ließ sie achtlos zu Boden fallen und zerrte an ihrem Ausschnitt. Ein warmer Windhauch traf auf ihre erhitzte Haut.

Im nächsten Moment fuhr sie mit einem Aufschrei zurück. Wie ein dunkler Geist erschien plötzlich ein Eingeborener vor ihr, nackt und mit einem Speer bewaffnet. Er stand reglos neben der Straße, ein Bein auf der Erde, das andere mit der Fußsohle am Oberschenkel abgestützt, und blickte sie schweigend an. Feindselig. Von seiner lackschwarzen Haut hoben sich furchterregende, gewölbte Narben ab. Moira hatte von einem Eingeborenenstamm gehört, der die Siedlungen der Weißen überfiel und Frauen und Kinder tötete. War das einer dieser Krieger?

Kopflos bog sie nach links ab und raffte mit beiden Händen ihr langes Kleid, um besser laufen zu können. Sie blickte sich nicht um, sah nicht nach, ob der unheimliche Schwarze ihr folgte, hetzte einfach immer nur weiter, weg von der Straße, hinein in den Busch. Sie sah kaum, wohin sie lief, ihre Beine flogen wie von selbst über den trockenen Waldboden. Ranken zerrten an ihrem Rock, unter dem leichten Korsett klebte ihr das Hemd am Leib, Zweige streiften ihre nackten Arme.

Die Bäume standen hier nicht allzu dicht. Von manchen der schlanken Stämme hing die Rinde in langen Streifen herab, als hätte man sie ihrer Kleidung beraubt, das helle Holz darunter lag schutzlos. Die Sonne warf ein flirrendes Lichtspiel auf den farnbedeckten Boden.

Ihre Füße jagten über den Untergrund, sie hörte ihren eigenen, keuchenden Atem. War er ihr gefolgt?

Für einen winzigen Moment wagte sie es, sich umzudrehen. Sie sah den Mann nicht mehr, aber das hatte nichts zu bedeuten. Diese Wilden konnten urplötzlich aus dem Unterholz auftauchen und wieder verschwinden.

Ein harter Gegenstand kam ihr zwischen die Füße, sie stolperte, versuchte, sich mit den Händen abzufangen, fand aber keinen Halt und schlug mit einem Aufschrei der Länge nach hin.

Für einige Augenblicke lag sie benommen da, dann wälzte sie sich auf den Rücken. Ihr Herz raste, ihr Atem ging schwer. Weit über sich sah sie die hohen Baumkronen in einen wolkenlosen Himmel ragen, ein Schwarm bunter Vögel stieg kreischend auf.

Sie war nicht allein. Etwas schob sich in ihr Blickfeld, das Gesicht eines hageren Mannes, dem das verschwitzte Haar am Kopf klebte. Ein Sträfling. Zwei Fliegen summten hinter seinem Ohr.

»Ma'am?« Er grinste sie einfältig von oben an, mit offenem Mund, in dem einige Zähne fehlten.

»Guten Tag«, murmelte Moira. Sie rappelte sich auf, bewegte vorsichtig ihren Fuß und seufzte erleichtert auf, als sie ihn problemlos bewegen konnte. Ein Baumstumpf, knapp über der Wurzel abgetrennt, hatte sie zu Fall gebracht. Jetzt sah sie auch die gefällten Bäume, die man erst zum Teil von ihren Zweigen befreit hatte. Sie strich über ihren Rock, um Blattreste und Aststücke zu beseitigen. Der helle Stoff ihres Kleides wies an der Schulter einen großen Riss auf.

Aus dem Schatten der Bäume und Büsche erhoben sich jetzt weitere Gestalten; sie war in eine Arbeitsgruppe von Sträflingen geraten, die hier ihre Mittagspause abhielt. Fünf, nein, sechs Mann zählte sie. Hastig kreuzte sie die Arme vor der Brust und versuchte, den Riss an der Schulter zu bedecken. Diese Männer waren verurteilte Verbrecher, und die meisten trugen nur die mit einer kurzen Kette verbundene Handfessel, die man ihnen in der Arbeitspause anlegte. Lediglich zwei schleppten auch noch Fußeisen mit sich herum. Wo war bloß der Aufseher?

»Na, was haben wir denn da für ein hübsches Vöglein?« Ein feist grinsender Sträfling mit schweißglänzendem Gesicht trat auf sie zu. Ein zweiter kam von links. Sie wich erschrocken zurück und stieß dabei mit einem weiteren Mann zusammen. Nahm dieser Alptraum denn gar kein Ende?

»Hört auf! Das ist Mrs McIntyre, die Frau des Doktors!«

Sie kannte diese Stimme! Moira blickte auf, und ihr Herz tat einen erleichterten Sprung. Es war O'Sullivan, der Sträfling, der auf ihrer Veranda gesessen hatte.

Er nahm sie am Arm, fast grob, und führte sie ein paar Schritte weiter, fort von den anderen.

»Was ist los, O'Sullivan? Willst du sie für dich alleine haben?«, rief ihm einer hinterher.

»Was macht Ihr hier, Mrs McIntyre?«, fragte er leise. »Geht es Euch gut?«

»Ja. Ja, ich … ich habe mich nur verlaufen.« Es klang reichlich dürftig, aber irgendeine Erklärung musste sie schließlich anbieten.

Er blieb stehen, ohne seinen Griff zu lockern, und musterte sie. Obwohl ihm die kurze Kette zwischen seinen Handfesseln nur wenig Spielraum ließ, fühlte sie sich verunsichert. Sogar ausgesprochen verunsichert.

Er trug kein Hemd; unter der bronzefarbenen Haut seines Oberkörpers spannten sich sehnige Muskeln. So viel schiere Körperlichkeit war Moira nicht gewöhnt, und in ihrem Bauch stieg ein eigenartiges Kribbeln auf. Die einzigen Männer, die sie je dermaßen leicht bekleidet gesehen hatte, waren die Eingeborenen gewesen. McIntyre zeigte sich ihr auch nachts nie anders als im Nachthemd, und sie hatte wahrlich kein Verlangen, noch mehr von ihrem Mann zu sehen.

O'Sullivans Griff um ihren Arm war fest. So fest, dass es weh tat.

»Lasst mich los«, befahl sie und versuchte, ihren Arm zu befreien.

Er tat es nicht. »Es ist gefährlich … hier«, sagte er langsam. »Ihr solltet nicht hier sein.«

»Das hatte ich auch nicht vor!« Ihre Stimme war schärfer, als sie beabsichtigt hatte. Hatte sie sich in ihm getäuscht?

Er beugte sich näher zu ihr, schien ihren Duft einzusaugen wie ein Tier auf Beutezug. Moira spürte ihr Herz klopfen. Fürchtete sie sich etwa vor ihm? Nein, es war nicht nur Furcht, es war –

»Nimm sofort deine dreckigen Hände von der Lady!«

Die Stimme eines Aufsehers. Er drängte sein Pferd zwischen sie, und obwohl O'Sullivan Moira losgelassen hatte, zog der Aufseher ihm mit dem Knüppel eins über. Als der Sträfling keuchend in die Knie ging, sah Moira kaum verheilte Peitschenspuren auf seinem Rücken. Der Aufseher sprang vom Pferd, hob erneut den Knüppel und ließ ihn niedersausen. Ein zweiter Aufseher kam zu Fuß angelaufen.

»Du dreckiger Bastard, was hast du der Lady angetan?«

»Aufhören!«, schrie Moira erschrocken. »Er hat mir nichts getan. Er wollte nur helfen!« Noch immer glaubte sie den festen Griff seiner Finger um ihren Arm zu spüren.

Der Aufseher hielt inne und bedachte den Riss in ihrem Kleid mit einem zweifelnden Blick. »Tatsächlich?«

»Es ist wahr!« Moiras Anspannung fiel in sich zusammen. O'Sullivan kniete noch immer am Boden, er blickte nicht auf. Langsam gewann sie ihre Fassung wieder. »Besten Dank, Mister ...«

»Holligan. Oberaufseher Holligan.« Der Mann tippte sich an den speckigen Hut. »Ihr seid die Frau von Dr. McIntyre, nicht wahr? Kommt, Madam, ich bringe Euch zurück. Hier seid Ihr nicht sicher.«

Moira nickte erleichtert, die Zunge klebte an ihrem Gaumen. Der Mann war ihr nicht sonderlich sympathisch, aber er hatte recht: Sie brauchte eine Begleitung. »Könnte ich vorher etwas trinken?«

Er nahm den Hut ab, wischte sich mit dem Ärmel über das verschwitzte, rotgeäderte Gesicht und setzte ihn wieder auf.

»Aber gerne, Madam. Nicht weit von hier steht das Wasserfass. Ich bringe Euch hin.«

»Ist denn kein Wasserträger in der Nähe? Es reicht, wenn –«

»Vergesst den Mann! Ihr wollt doch nicht die gleiche Brühe trinken wie dieser verlauste Abschaum? Nein, Madam, das lasse ich nicht zu!« Er drehte sich um. »He, Wilkins, ich bringe die Lady zurück. Und ihr: Die Pause ist vorbei! Zurück an die Arbeit!« Er stieß O'Sullivan mit der Stiefelspitze an. »Hoch mit dir. Um dich kümmere ich mich später. Wir sind noch nicht fertig!«

Moira schüttelte den Kopf. »Ich versichere Euch, Mr

Holligan, er hat mir nichts getan.« So war es doch gewesen? Sie war sich plötzlich nicht mehr sicher. Ihr Blick ging erneut zu O'Sullivan. Sein Gesicht war völlig ausdruckslos, als er sich aufrichtete, nur seine Augen schienen lebendig.

»Und wenn schon. Diese räudigen Hunde kann man nicht oft genug bestrafen.« Holligan steckte den Schlagstock in den Gürtel und griff nach dem Zügel. »Ich würde Euch ja das Pferd überlassen, Madam, aber ich fürchte, Ihr würdet Probleme mit dem Sattel bekommen.«

Moira nickte, schließlich konnte sie nicht erwarten, hier einen Damensattel vorzufinden. Und sich wie ein Mann auf das Pferd zu setzen, wie sie es zu Hause manchmal gemacht hatte, wenn niemand zusah, wagte sie dann doch nicht. Sie raffte ihren Rock, verkniff sich einen letzten Blick zurück und folgte Holligan.

»Die sind wie Tiere«, hob er erneut an, kaum dass sie ein paar Schritte gegangen waren. »Wisst Ihr, wie lange die schon keine Frau mehr gesehen haben? Vor allem keine so junge, hübsche?«

Moira antwortete nicht. Konnte der Mann nicht einfach den Mund halten?

»Wie weit ist es noch, Mr Holligan?«

»Wir sind gleich da. Seht Ihr? Da vorne!«

Sie atmete auf und beschleunigte ihre Schritte. Am Waldrand, im Schatten eines großen Baumes, stand ein hölzernes Wasserfass. Holligan band das Pferd an den Baum, dann nahm er den Deckel ab, wobei einige Fliegen aufstoben, tauchte eine daneben hängende Schöpfkelle ein und reichte sie Moira.

Durstig trank sie das Wasser, das zwar nicht mehr ganz frisch war, aber erstaunlich kühl.

Holligan sah sie mit einem unangenehm lüsternen Ausdruck an. »Ihr seid eine schöne Frau, Mrs McIntyre.«

Moira ließ die Schöpfkelle sinken und tat, als habe sie diese Bemerkung nicht gehört. Sie legte den Deckel wieder auf das Fass. »Vielen Dank. Und jetzt würde ich gerne zurück nach Hause.«

»Auch ich habe nicht viele schöne Frauen gesehen in letzter Zeit«, fuhr der Aufseher fort.

»Mr Holligan«, sagte Moira bestimmt. Das Ganze nahm allmählich eine unschöne Wendung. »Bringt mich jetzt bitte nach Hause. Mein Mann erwartet mich.«

»Ihr könntet Euch erkenntlich zeigen.«

»Wie bitte?«

»Nur einen Kuss!«

»Was fällt Euch ein?« Sie wandte sich empört ab.

Holligan griff nach ihrer Schulter. »Ein Kuss!«

Moira hob abwehrend die Arme und schob ihn von sich. »Wagt es nicht, mich anzufassen!« Sie war eher wütend als ängstlich. Was bildete sich dieser dahergelaufene Aufseher ein?

Holligan packte sie um die Taille, diesmal fester. »Wer wird sich denn so sträuben, meine Schöne?« Er presste seinen Mund auf ihren. Moira schmeckte abgestandenen Atem und spürte Bartstoppeln auf ihren Lippen. Mit aller Kraft gelang es ihr, ihn von sich fortzustoßen. Angeekelt fuhr sie sich mit dem Handrücken über die Lippen, um den salzigen Geschmack abzuwischen, dann ohrfeigte sie den Mann. »Was erlaubt Ihr Euch?!«

»So nicht, meine Schöne, so nicht!« Holligan drehte ihr brutal den Arm auf den Rücken und erstickte ihren Schrei mit seiner flachen Hand. Moira bekam einen verschwitzten Finger zwischen die Zähne und biss zu, so fest sie konnte. Holligan heulte auf, dann fasste er in ihre Haare und stieß ihren Kopf gegen den Baumstamm. Sie taumelte, vor ihren Augen drehte sich alles. Halb benommen spürte sie, wie er sie packte und mit dem Bauch über das Wasserfass warf. Er machte sich hinten an ihrem Rock zu schaffen, dann hörte sie das Reißen von Stoff und spürte Luft an ihren bloßen Schenkeln.

Mit dröhnendem Kopf richtete sie sich auf, aber Holligan packte sie erneut und stieß sie zurück, hielt sie fest. Sie drehte den Kopf und sah, wie er mit einer Hand an seiner Hose nestelte. Er grunzte auf, dann war er über ihr.

Panik überkam sie. Sie schrie auf, trat nach hinten und versuchte, sich zu befreien.

Holligan griff in ihr Haar. »Wenn du noch einmal einen Ton von dir gibst, bringe ich dich um!«, zischte er speichelsprühend in ihr Ohr, dann drückte er sie zurück auf die Tonne. Sie spürte das Stochern von etwas Hartem, Heißem an ihrem Hinterteil. »Mach gefälligst die Beine breit, so komm ich ja nicht rein!« Er gab ihrem linken Knöchel einen Tritt, der sie noch mehr vornübersacken ließ.

Dann flog ein Schatten an ihr vorbei – und mit einem Mal war sie von der Last seines Körpers befreit.

Es dauerte einige Sekunden, bis sie die Situation erfasste. Neben ihr wälzten sich zwei Männer auf dem Waldboden. Holligan hatte seinen Hut verloren, die heruntergelassene Hose hing ihm in den Kniekehlen und behinderte ihn beim Kampf. Der andere war O'Sullivan, der dem Aufseher die kurze Eisenkette zwischen seinen gefesselten Händen von hinten um den Hals gelegt hatte.

Für eine Weile war nur das Keuchen der beiden Männer zu hören. Dann gelang es dem Aufseher, sich aus dem Würgegriff zu befreien. O'Sullivan wurde nach hinten geschleudert und auf den Rücken geworfen. Holligan sprang auf und zog sich die Hose hoch, dann packte er seinen Schlagstock.

»Das wirst du mir büßen, du verdammter Hurensohn!«, brüllte er.

Holligan hatte eindeutig die besseren Karten; der Sträf-
ling hatte keine Waffe, und seine Hände waren gefesselt.
O'Sullivan kämpfte sich auf die Beine und schaffte es, das
Wasserfass zwischen sich und den Aufseher zu bringen, als
Holligan auch schon auf ihn zustürmte.

»Bleib stehen, verdammt noch mal!« Holligan versuchte,
den Sträfling über das Fass hinweg mit seinem Schlagstock
zu treffen.

O'Sullivan warf Moira einen Blick zu. »Los!«, keuchte
er. »Holt Hilfe!«

Sie zögerte nur kurz. Mit wenigen Schritten war sie beim
Pferd des Aufsehers, einem kräftigen Falben. Sie löste den
Strick, raffte ihren zerrissenen Rock und setzte sich rittlings
auf den breiten Pferderücken. Jetzt war sie dankbar dafür,
dass sie in Irland manchmal heimlich im Herrensitz geritten war. Sie spürte ihr Herz hämmern, dennoch kam sie
sich vor, als stünde sie fast unbeteiligt neben sich.

Ohne auf den unebenen Untergrund zu achten, hieb sie
dem Pferd die Fersen in die Seiten und preschte durch den
Busch, bis sie den Weg erreicht hatte. Wohin? Wo konnte
sie schnell Hilfe bekommen? Sie sah nirgends Soldaten,
und die meisten Sträflinge waren mit den Aufsehern im
Busch. Wie von selbst lenkte sie das Pferd zu dem kleinen
Haus, das sie mit Ann und McIntyre bewohnte. Noch fast
im Ritt sprang sie aus dem Sattel.

Ann erschien auf der Veranda, hinter ihr McIntyre. Er
warf einen ungläubigen Blick auf ihre zerrissene Kleidung.
»Wie siehst du aus, du liederliches Weib? Komm augenblicklich –«

»Ihr müsst nach Hilfe schicken, sofort! Der Aufseher,
Holligan, er … er …« Sie musste Luft holen und verstummte.
Plötzlich fehlten ihr die Worte zu beschreiben, was geschehen war. Dann zwang sie sich zum Weitersprechen. »Er hat

versucht, mich … mit Gewalt zu nehmen!« Zum ersten Mal seit dem Vorfall entfuhr ihr ein Schluchzen.

McIntyres Gesicht wurde zu einer verzerrten Maske. »Er hat dich … vergewaltigt?«

»Dazu ist es nicht gekommen. Ein … ein Sträfling kam mir zur Hilfe … und … Und jetzt prügeln sie sich. Schnell, er wird ihn noch umbringen!« Erst jetzt, da sie es aussprach, überfiel sie die Angst – so stark, dass es ihr die Kehle zuschnürte.

McIntyre ging direkt zu William Penrith, dem Lagerverwalter, und es dauerte nur wenige Minuten, bis dieser höchstpersönlich mit einem kleinen Trupp Soldaten bei ihnen auftauchte. Dennoch vibrierte Moira, die sich rasch umgezogen hatte, vor Sorge und Ungeduld. Ob der Kampf schon entschieden war? O Gott, bitte lass nichts Schlimmes passiert sein …

McIntyre saß wie ein nasser Sack auf dem Pferd, das man ihm gegeben hatte, und trug einen grimmig-entschlossenen Ausdruck zur Schau. Wieso kam er überhaupt mit? Dann verstand sie. Niemand durfte sich ungestraft an McIntyres Besitz vergreifen. Und zu seinem Besitz zählte schließlich auch sie.

Niemand außer Moira, die darauf bestanden hatte mitzukommen, und McIntyre hatte es wirklich eilig. Auch William schien diesen Vorfall lediglich als willkommene Unterbrechung seines eintönigen Tagesablaufs zu sehen, schließlich ging es für ihn nur um eine Prügelei zwischen einem Häftling und einem Aufseher. Von dem, was außerdem vorgefallen war, wussten bisher nur McIntyre und Ann.

Sie war sich im Klaren darüber, was O'Sullivan erwartete, falls er den Aufseher getötet hätte. Dann würde sie noch so oft erklären können, was geschehen war – man würde ihn trotzdem hinrichten. Und wenn der Aufseher umgekehrt O'Sullivan – nein, darüber wollte sie lieber nicht nachdenken.

Als sie am Wasserfass eintrafen, rann ein Schauer der Erleichterung durch ihren Körper: Beide Kontrahenten lebten. Eine kleine Schar von Aufsehern und Soldaten war bereits zur Stelle, offenbar war der ungleiche Kampf auch von anderen bemerkt worden. O'Sullivan hatte man in schwere Ketten gelegt und an einen Baum gefesselt, aus einer Platzwunde über seinem rechten Auge lief Blut. Als er Moira sah, straffte sich sein zusammengesunkener Körper. Oberaufseher Holligan stand ein paar Schritte entfernt und sah reichlich verbeult aus. Bei Moiras Anblick trat er unruhig von einem Bein auf das andere.

»Was ist hier los?«, verlangte der Lagerverwalter zu wissen.

»Sergeant«, sagte einer der Soldaten, »dieser Sträfling hier hat Oberaufseher Holligan angegriffen.«

»Der Mistkerl wollte mich umbringen!«, fiel Holligan ihm ins Wort.

»Das ist nicht wahr!«, stieß Moira hervor. Sie wollte noch mehr sagen, aber dann fing sie O'Sullivans Blick auf und verstummte. Er schüttelte leicht den Kopf und machte dann eine winzige Bewegung hin zu McIntyre.

»Aber wir haben alles unter Kontrolle«, fuhr der Soldat fort. »Der Übeltäter wird seiner gerechten Strafe zugeführt werden. Wir werden ihn morgen nach Parramatta bringen, um ein Urteil fällen zu lassen. Solange wird er in Gewahrsam gehalten.«

In Moira schrie alles danach vorzutreten, mit dem Finger auf Holligan zu weisen und ihn anzuklagen. Doch O'Sullivan hatte recht; sie war hier die einzige Frau unter mehreren Dutzend Männern. Sie konnte nicht davon ausgehen, dass man ihr glaubte. Und selbst wenn – was würde man erst danach von ihr denken? Ihr Daumen fuhr wie von selbst zum Mund, nervös knabberte sie an ihrem Nagel herum.

O'Sullivan versuchte, sich in seinen Fesseln aufzurichten und wandte sich an den Doktor. »Dr. McIntyre, ich muss –«

Der andere Aufseher, Wilkins, schlug ihn mit seinem Schlagstock. »Halt dein Maul! Du hast hier nichts zu sagen!«

Moira war bei dem Schlag zusammengezuckt, als hätte er sie selbst getroffen. Entschlossen drehte sie sich zu McIntyre um. »Sprecht mit ihm, bitte. Er kennt die Wahrheit.«

»Das hatte ich auch vor. Sir?« Er trat zu William. »Kann ich einen Augenblick allein mit dem Gefangenen reden?«

Der Lagerverwalter schien erleichtert, dass ihm jemand die Verantwortung abnahm. Er wies die Soldaten an, sich etwas von dem Baum, an den O'Sullivan gekettet war, zurückzuziehen.

McIntyre beugte sich zu dem Sträfling hinab, sie redeten eine Weile im Flüsterton. Dann richtete er sich wieder auf und trat neben Lagerverwalter Penrith. »Der Mann hat aus gutem Grund gehandelt. Meine Frau kann das bestätigen«, hörte Moira ihn mit gedämpfter Stimme sagen. »Dennoch möchte ich vorschlagen, diese Angelegenheit etwas weniger öffentlich zu regeln.« Wieder wurde er so leise, dass sie seine Worte nicht verstehen konnte. Moira konnte lediglich die Bestürzung in Williams Gesicht sehen. Dann nickte er mehrmals und zog seine Uniformjacke stramm.

»Abführen. Den Sträfling – und Oberaufseher Holligan.« Holligan setzte zum Protest an, wurde aber ebenfalls gefesselt. »Diese Sache erfordert weitere Klärung.«

An diesem Abend kam McIntyre erst spät von einer Unterredung mit dem Lagerverwalter zurück. Oberaufseher

Holligan würde in den nächsten Tagen vor den Friedensrichter nach Parramatta gebracht werden. Wahrscheinlich würde Moira dort als Zeugin aussagen müssen, eine Aussicht, die ihr nicht sonderlich behagte.

Sie strich sich über ihren Haaransatz, an dem sich mittlerweile eine gewaltige Beule entwickelt hatte. »Und ... der Sträfling?«

McIntyre lächelte. Er wirkte gar nicht mehr so griesgrämig wie sonst. »O'Sullivan? Ein anständiger Kerl, der Junge. So viel Einsatz muss belohnt werden. Er wird ab morgen für uns arbeiten. Sergeant Penrith hat meinem Antrag schon stattgegeben. Wir haben schließlich Anrecht auf einen weiteren Sträfling. Er wird im Kutschenhaus schlafen und sich um alle anfallenden Arbeiten außer Haus kümmern. Außerdem kann er mir bei meinen Forschungen zur Hand gehen.«

7.

Vieles hatte sich geändert.

Die Geister der Ahnen schwiegen. Es lag nicht lange zurück, dass Ningali mit ihnen hatte sprechen, ihre geheimen Gedanken wahrnehmen, ihren verborgenen Wegen nachspüren können. Aber jetzt waren sie verstummt. Als hätten sie beschlossen, Ningali nicht mehr teilhaben zu lassen am großen Ganzen.

Die Männer, die Ningali fast jeden Tag beobachtete, rissen die Bäume aus, die für alle Zeiten die Pfade der Ahnen begleitet hatten, schufen neue Wege und neue Flächen. Aus der Erde wuchsen dann fremde Pflanzen. Ningali verstand die Weißen nicht. Dieses Land ernährte sie doch auch so. Wer Hunger hatte, der jagte oder grub nach Wurzeln und sammelte Beeren. Niemand musste dafür das Land verändern.

Der Vater war jetzt oft weg, öfter noch als sonst. Die Großmutter sagte, er sei einer derjenigen, die sich dem großen Krieger Pemulwuy angeschlossen hatten, um die Fremden zu vertreiben. Ningali wusste nicht, ob es richtig war, was der große Krieger tat. Aber in der letzten Zeit hatte sie vieles gesehen. Vieles, was sie erschreckte. Die Weißen waren ein barbarisches Volk. Vielleicht war es wirklich besser, wenn sie wieder gingen.

Aber nicht alle Fremden waren so. Mo-Ra war freundlich. Mo-Ra, deren reine, weiße Haut so anders war als ihre eigene. Sie hatte Ningali etwas zu essen geschenkt und sogar einen neuen Namen. Die Weißen mussten immer allem einen Namen geben.

Niemand wusste von Ningalis Ausflügen hierher. Nicht einmal die Großmutter, die doch eine weise Frau war. Und wenn sie es doch wussten, dann kümmerten sie sich nicht darum. So hielten sie es seit Urzeiten. Wen der Drang zu gehen überkam, der musste ihm nachgeben. Aber Ningali wollte nicht gehen. Sie wollte zu ihm, dem Mann mit den Augen wie der Wald bei Dämmerung.

Sie hatte ihn beobachtet, seit er hier angekommen war, hatte ihm aus dem Schutz der Bäume heraus zugesehen, wie er mit den anderen den Boden bearbeitete. Manchmal hatte sie sich ihm gezeigt, nur um zu sehen, was geschehen würde. Hatte gewartet, dass er sich ihr offenbarte. Aber er tat es nicht. Sollte sie sich getäuscht haben? War er doch keiner der Ahnengeister? Aber was war es dann, was ihn mit diesem Land verband? Oder zumindest mit ihr, Ningali?

Doch die Geister der Ahnen schwiegen.

*

»Der Schuft kann von Glück reden, dass er einen so milden Richter gefunden hat«, knurrte McIntyre und lehnte sich in dem offenen Zweisitzer zurück. »Im Gericht von Sydney hätte man ihn möglicherweise zum Hängen verurteilt!«

In Sydney machte man wenig Federlesens mit Verbrechern. Noch immer sprach man von jenem Tag vor zwei Wochen, als Gouverneur Hunter zwei wegen Raubes Verurteilte zum Galgen hatte führen lassen. Erst mit der Schlinge um den Hals hatten sie von ihrer Begnadigung erfahren – ein heilsames Exempel für alle zukünftigen Straftäter.

Die Kutsche rollte über die sandige Straße, die von Parramatta nach Toongabbie führte. Der Himmel war ein wolkenloses tiefes Blau, die Luft flimmerte vor Hitze. Auch wenn der Anlass eine so unerfreuliche Sache wie die Verhandlung gegen Oberaufseher Holligan gewesen war, so genoss Moira doch die kurze Fahrt.

McIntyre fuhr sich mit einem Taschentuch über das rote, verschwitzte Gesicht und steckte es wieder in seinen Rockärmel. »Ich will nur hoffen, dass der neue Gouverneur ähnlich streng vorgeht gegen dieses Gesindel.«

In der Tat sprach jeder von der Ankunft des zukünftigen Gouverneurs. Vor wenigen Tagen war Philip Gidley King in Sydney gelandet. Der amtierende Gouverneur Hunter war abberufen worden und würde demnächst nach England zurückkehren.

»Der neue Gouverneur soll seine Familie mitgebracht haben. Seine Frau und seine jüngste Tochter«, sagte Moira und brachte damit ihr neuestes Wissen an, das sie aufgeschnappt hatte, während sie auf die Verhandlung warten mussten. »Wie es Mrs King hier wohl gefallen wird? Immerhin ist sie die erste Frau eines Gouverneurs, die ihren Gemahl begleitet.«

»Sie wird sich hier einleben, genau wie alle anderen Frauen auch«, brummte McIntyre. Er klappte seine silberne Schnupftabaksdose auf, nahm eine Prise zwischen Daumen und Zeigefinger und beförderte sie in sein Nasenloch.

Moira lauschte seinen nachfolgenden Tiraden nur mit halbem Ohr. Trotz – oder vielleicht auch wegen – des aufregenden Vormittags fühlte sie sich ungewohnt beschwingt. Verstohlen blickte sie an McIntyre vorbei auf den Sträfling vor ihr auf dem Kutschbock. Er trug ein neues Leinenhemd und fuhr den Einspänner mit sicherer Hand. Seit einigen

Tagen war er jetzt bei ihnen. Duncan O'Sullivan. Duncan. Ein Name, der sie an die dunklen Moore und Torffeuer der alten Heimat erinnerte. Moira bekam ihn nur selten zu Gesicht. Seit er bei ihnen war, hatte sie kaum ein Wort mit ihm gesprochen. Dazu hatte sich einfach noch nicht die Gelegenheit ergeben.

Er lenkte die Kutsche schweigend, den Blick nach vorne gerichtet. Moira musste lächeln, als sie an seinen Auftritt vor dem Friedensrichter dachte. Man hatte ihm nicht angesehen, wie unwohl er sich fühlen musste, als er seine Aussage machte. Ganz im Gegensatz zu Holligan, der von seinem anfänglichen Hochmut bald zu verzweifeltem Leugnen gewechselt war. Dem Oberaufseher erneut gegenüberstehen und seine Lügen anhören zu müssen hatte ihr Blut zum Kochen gebracht. Angeblich sei er Moira behilflich gewesen. Er habe ihr gerade Wasser gereicht, als ihn der Sträfling hinterrücks und in der Absicht, ihn umzubringen, angegriffen habe. Nur mit Mühe hatte Moira sich während dieser infamen Behauptungen zurückhalten können. Erst danach hatte sie erklären dürfen, was wirklich zwischen ihr und dem Mann vorgefallen war. Da O'Sullivan ihre Aussage bestätigte, wurde Oberaufseher Holligan degradiert und zu hundert Schlägen und einer Gefängnisstrafe verurteilt. Die körperliche Züchtigung würde man in den nächsten Tagen in Parramatta vollziehen.

Der in dieser Verhandlung zuständige Laienrichter, von Beruf eigentlich Schuhmacher, war ein gerechter Mann. Auch O'Sullivan wurde zur Verantwortung gezogen. Da er sich unerlaubt von der Arbeit entfernt hatte, verurteilte man ihn zu einer geringen Geldstrafe, die McIntyre als sein Dienstherr für ihn zahlen musste. Damit war der Fall erledigt.

*

Das Haus wirkte verlassen. McIntyre war wieder in seinem Studierzimmer, und Ann war zu dem kleinen Laden gegangen, der die Dinge des täglichen Bedarfs ausgab. Moira stand vor der Küchentür. Sie zögerte. Dann gab sie sich einen Ruck. Sie hatte etwas zu erledigen. Etwas, was sie längst hatte tun wollen.

Die Küche war der einzige Raum im Haus, den O'Sullivan betreten durfte. Hier nahm er seine Mahlzeiten ein. Sonst hatte er sich draußen oder im Kutschenhaus aufzuhalten.

O'Sullivan war tatsächlich da. Ihn ohne Fesseln und in einem sauberen Hemd zu sehen war noch immer ungewohnt für sie, aber das war es nicht, was sie erstaunte. Er saß an dem einfachen Küchentisch, einen leeren Teller vor sich, und hielt ein aufgeschlagenes Buch in der Hand, in das er völlig versunken war. Sie erkannte das Buch sofort: Es war ihre Bibel.

Er bemerkte sie erst, als sie die Tür hinter sich schloss, und sah auf; nicht wirklich erschrocken, eher, als hätte sie ihn aus einem Traum gerissen. Er legte das Buch der Bücher auf den Tisch und erhob sich schnell. »Ma'am.«

»Das ist meine Bibel.« Sie bemühte sich, ihrer Stimme einen festen Klang zu geben, denn plötzlich war sie von einer seltsamen Scheu ergriffen. Ihre Kopfhaut prickelte, als wäre sie ohne Hut zu lange in der Sonne gewesen.

»Das wusste ich nicht«, gab er zurück. »Sie lag hier auf der Bank.«

Richtig, jetzt erinnerte sie sich wieder. Nach einigen vergeblichen Versuchen, sich am heutigen Morgen mit der Lektüre der Heiligen Schrift abzulenken, war sie ziellos durch das Haus gewandert. Sie hatte das Buch wohl in der Küche liegenlassen.

»Ihr könnt lesen?« Die meisten Sträflinge konnten nicht

einmal ihren Namen schreiben, geschweige denn ein Buch lesen.

Er öffnete den Mund zu einer Erwiderung, dann schloss er ihn wieder, als hätte er seine Antwort im letzten Moment heruntergeschluckt, und nickte. »Was kann ich für Euch tun, Ma'am?«

»Was Ihr ... Oh, nichts.« Sie nahm die Bibel in die Hand, um ihre Befangenheit zu überspielen. Der weiche Einband fühlte sich warm unter ihren Fingern an.

»Ich wollte mich bei Euch bedanken. Für ... Ihr wisst schon. Die Sache mit Holligan. Ihr habt Euch meinetwegen in Gefahr begeben. Ihr habt viel riskiert. Dafür ... dafür wollte ich Euch von Herzen danken, Mr O'Sullivan.«

»*Mister* O'Sullivan?« Auf seinem Gesicht zeigte sich ein winziges Lächeln. »So hat mich schon lange niemand mehr genannt.« Er neigte den Kopf. »Es war mir eine Ehre, Mrs McIntyre.«

Mrs McIntyre. Nicht *Ma'am*.

»Nur eines verstehe ich nicht«, fuhr Moira hastig fort. »Wieso? Wieso habt Ihr mir geholfen? Und woher wusstet Ihr, was Holligan vorhatte?«

Er hob die Schultern, das Lächeln war verschwunden. »Ich wusste es nicht. Nicht wirklich. Es war eher ein ... Gespür. Etwas, das mir sagte, ich müsse Euch beschützen.«

Moira sah ihn verblüfft an. Wenn jemand anderes das zu ihr gesagt hätte, hätte sie wahrscheinlich laut aufgelacht. Aber aus seinem Mund klang das ganz natürlich. So, als wäre er tatsächlich dafür bestimmt gewesen, ihr beizustehen.

»Und das habt Ihr getan.« Sie streckte die Hand aus. »Vielen Dank. Ich stehe in Eurer Schuld.«

Er sah sie an und ergriff ihre Finger. Seine Hand war warm und rau, der Druck fest. Dann ließ er sie wieder los. Ihre Finger kribbelten.

Mit einem kleinen Lächeln wies sie in den Raum. »Na ja, immerhin sollte diese Umgebung jetzt mehr nach Eurem Geschmack sein.« Ihre Beine fühlten sich etwas wackelig an. Rasch setzte sie sich auf die einfache Holzbank. »Es ist ziemlich warm heute.«

In seinen Augen glaubte sie ein amüsiertes Funkeln zu sehen. Dann war es wieder fort.

»Bitte«, sie wies auf die Bank ihr gegenüber. »Setzt Euch. Und erzählt mir etwas von Euch.«

Er nahm Platz, so langsam, als wäre das Holz plötzlich lebendig geworden. »Was wollt Ihr wissen?«

»Woher kommt Ihr? Wo seid Ihr zur Schule gegangen?«

Er schüttelte den Kopf. »Keine Schule.«

»Wer hat Euch dann lesen gelehrt?«

»Vater Mahoney aus Dunmore. Er hat mich aufgezogen, seit ich zwölf Jahre alt war.«

»Was ist aus ihm geworden?«

»Er ist tot.«

»Und er hat Euch aufgezogen? Dann habt Ihr keine Verwandten? Was ist mit Euren Eltern?«

»Meine Mutter starb früh. Mein Vater wurde ... getötet, als ich ein Kind war. Und Grainne O'Sullivan, die einzige Cousine, von der ich weiß, ist bei der Schlacht von Vinegar Hill gefallen.«

Vinegar Hill. Die Schlacht am Essighügel, bei der Tausende von Rebellen unter der Übermacht der englischen Soldaten ihr Leben ließen.

»Dann habt Ihr also niemanden, der auf Euch wartet?«

Er zögerte kurz. »Nein«, sagte er dann. »Niemanden.«

»Wie traurig. Wart Ihr auch auf Vinegar Hill?«

Er schüttelte den Kopf.

»Aber Ihr seid als Rebell verurteilt. Was habt Ihr angestellt?«

»Nicht mehr und nicht weniger als viele andere. Ich habe Pikenspitzen hergestellt. Aus eingeschmolzenem Ackergerät. Man hat sie im Strohdach meiner Hütte entdeckt.«

»Deshalb hat man Euch deportiert? Wegen ein paar Pikenspitzen?!« Moira konnte es nicht fassen.

»Was hattet Ihr denn gedacht, weshalb ich hier bin?«

»Nun, vielleicht …« Sie kam ins Stocken und ärgerte sich darüber. »Ich dachte, Ihr hättet zumindest einen Rotrock verprügelt.« Ihr Blick fiel auf die Bibel, die noch immer auf dem Tisch lag. Sie deutete darauf. »Was habt Ihr gelesen?«

»Etwas aus dem Neuen Testament. Aus den Briefen des Paulus.«

»Wieso gerade diese Stelle?«

»Weil ich sie beim Bibelstechen getroffen habe.«

»Ihr stecht nach der Bibel? Mit einem Messer?« Ein kleines Lachen bildete sich in ihrer Kehle. Sie schluckte es hinunter – nicht, dass er dachte, sie würde ihn verspotten. Auch in seinen Augen sah sie ein Lächeln. Sie waren tatsächlich dunkelgrün. Wie Moos nach dem Regen.

»Mit dem Finger. Vater Mahoney hat es mir gezeigt. Man nimmt die Bibel, schlägt sie an einer beliebigen Seite auf und deutet blindlings auf eine Zeile.« Das winzige Lächeln wurde breiter. »Es klappt sogar mit einer protestantischen Bibel.«

Moira sah ihn herausfordernd an. »Zeigt es mir!«

Er streckte die Hand aus, und sie reichte ihm die Bibel. Ohne den Blick von Moira zu nehmen, schlug er das Buch mit beiden Händen auf, hielt es mit der Linken geöffnet und fuhr mit dem rechten Zeigefinger auf der Seite entlang. Dann erst blickte er nach unten.

»›Alle, die vorübergehen, klatschen in die Hände, pfeifen und schütteln den Kopf über die Tochter Jerusalem: Ist das die Stadt, von der man sagte, sie sei die allerschönste, an der sich alles Land freut?‹« Er las langsam, so wie jemand, der es erst spät gelernt hat.

»Das ist schön«, sagte Moira. »Gebt sie mir. Ich will es auch versuchen.«

Sie sah ihn an, dann schloss sie die Augen. Schlug die Bibel blind auf, tippte auf eine Stelle und öffnete die Augen wieder. »›Meinem –‹«, begann sie, dann brach sie ab. Ihre Wangen glühten. Hastig schlug sie das Buch zu.

»Das gilt nicht!« O'Sullivans Augen glitzerten. »Ihr müsst schon alles vorlesen!«

»Ich glaube nicht, dass Ihr in der Position seid, mir Vorschriften machen zu können«, gab Moira zurück. Sie spürte, wie die Röte bis zu ihrem Haaransatz kroch. »Nein, das ist meine Bibel, und ich darf es noch einmal versuchen.« Sie schlug eine andere Stelle auf und tippte erneut. »Hier. Das ist besser: ›Dies ist das Brot, das vom Himmel gekommen ist. Es ist nicht wie bei den Vätern, die gegessen haben und gestorben sind. Wer dies Brot isst, der wird leben in Ewigkeit.‹«

Sie hob den Blick. Hatte er sie etwa die ganze Zeit beobachtet?

»Was wolltet Ihr nicht vorlesen?«

»Das geht Euch nicht das Geringste an«, verkündete sie bestimmt und zwang das übermütige Glucksen zurück, das in ihrem Hals aufsteigen wollte. Sie schob die Bibel über den Tisch. »Ihr seid dran.«

Moira musste später noch lange an diesen Mittag denken. Wie O'Sullivan sie angesehen hatte mit diesen moosgrünen Augen. An die unbeschwerte Leichtigkeit, die sie in seiner Gegenwart empfunden hatte. Aber auch, dass er eine ihrer Fragen nicht beantwortet hatte: Wieso hatte er so viel riskiert, um ihr zu helfen? Und als sie in dieser Nacht die Augen schloss, um McIntyres Beischlaf über sich ergehen zu lassen, kehrten ihre Gedanken zu den Zeilen aus dem Hohelied Salomons zurück. Jenen Zeilen, die sie nicht vorgelesen hatte und die ihr Herz selbst jetzt noch flattern ließ wie ein aufgeregtes Vögelchen: »Meinem Freund gehöre ich, und nach mir steht sein Verlangen. Komm, mein Freund, lass uns aufs Feld hinausgehen und unter Zyperblumen die Nacht verbringen.«

*

Das Geräusch schlich sich wie ein Dieb in seinen Schlaf, ein Laut wie ein feines Kratzen. Duncan hielt an seinem Traum fest, wollte ihn nicht gehen lassen, wollte wieder zurückfallen in den wohligen Schlummer.

Dann war er mit einem Mal hellwach. Das Geräusch kam von unten, wo die Pferde standen. Die Tiere schnaubten unruhig. Er richtete sich im knisternden Stroh auf und lauschte. Jemand hatte die Tür des Kutschenhauses geöffnet. Einer der Eingeborenen? Das war einer der Gründe, weshalb man die Pferde nachts einschloss und ihn hier schlafen ließ. Als Aufpasser, damit die Schwarzen sich nicht daran vergriffen. Oder war es jemand anderes? Für einen winzigen Moment malte er sich aus, es wäre sie, Mrs McIntyre mit den kristallblauen Augen ...

»Duncan?«, flüsterte es in die Stille.

Fitzgerald!

Schnell kletterte Duncan die schmale Leiter hinunter, die vom Heuboden nach unten führte. Durch die offene Tür konnte er den zunehmenden Mond am Himmel sehen. Nein, er nahm ab – die Mondphasen waren hier auf der Südhalbkugel umgedreht. Hütten und Häuser lagen in bläulichem Schimmer, vor ihm ragte ein riesenhafter dunkler Schemen auf, die Haare im Mondlicht ein fahles Rot.

Die kurze Kette aus Eisengliedern, die seine Handfesseln verband, war durchtrennt worden.

»Was tust du hier?« Duncan zog den Hünen hinein und schloss die Tür.

Samuel bleckte triumphierend die Zähne; sie schimmerten im schwachen Licht, das durch die Fensteröffnungen drang. »Wonach sieht es denn aus? Es hat verdammt lange gedauert, aber jetzt ist die Kette endlich durch. Ich haue ab. Kommst du mit?«

»Wenn sie dich erwischen, werden sie kurzen Prozess mit dir machen.«

Samuel schnaubte verächtlich. »Sollen sie es doch versuchen. Alles ist besser als so ein Leben. Ich habe nicht so ein Glück wie du. Für mich heißt es weiter schuften und sich schikanieren lassen. Bis ich tot umfalle. Und wieso sollte ich mir das antun, wo ich doch in ein paar Tagen in China sein kann?«

»Du willst nach China?«

Samuel nickte. Fast jeder Gefangene sprach von dem wundersamen Land, das nur wenige Tagesmärsche entfernt im Westen liegen sollte, gleich hinter den Blue Mountains. Es hieß, eine Straße führe direkt dorthin, man müsse sie nur finden. Manche nannten es China, andere das gelobte Land. Dort lebe man wie im Paradies, ohne arbeiten zu müssen. Und wer konnte ausschließen, dass sie recht hatten?

»Glaubst du wirklich daran?«

»Du nicht? Andere haben es auch geschafft!«

»Wer sagt dir, dass sie nicht einfach im Busch umgekommen sind? Oder von den Eingeborenen getötet wurden?«

»Wer nicht wagt, der nicht gewinnt.« Samuel verzog sein Gesicht zu einer Grimasse, die wohl ein Grinsen darstellen sollte. »Hör mal, Duncan, ich habe nicht vergessen, was du für mich getan hast. Nur deshalb bin ich hier. Also, was ist? Kommst du mit?«

Duncan sah die unbedingte Entschlossenheit in den Augen des anderen. Samuel würde sich nicht umstimmen lassen. Und wenn einer es schaffen konnte, dann dieser Bär von einem Mann. Vielleicht gelang es ihm tatsächlich, China zu erreichen oder eine andere Siedlung weißer Männer und Frauen, wo man ihn mit offenen Armen aufnehmen würde. Es war ein Wagnis, aber was hatte Samuel schon zu verlieren? Er selbst dagegen …

Er schüttelte den Kopf. »Nein. Ich bleibe. In wenigen Jahren bin ich frei.«

Falls der Hüne enttäuscht war, dann sah man es ihm nicht an. »In Ordnung. Dann sind wir quitt.« Er wandte sich zur Tür.

»Viel Glück«, sagte Duncan. »Möge Gott dir auf deinem Weg beistehen.«

»Amen«, gab Samuel zurück. Dann verschwand er in der Nacht.

Duncan sah ihm nach, bis er ihn nicht mehr erkennen konnte. Für einen Augenblick erdrückte ihn die Sehnsucht nach Freiheit fast. Dann fiel sein Blick auf das Haus des Doktors, weiß in der Dunkelheit, und die Sehnsucht brannte etwas weniger heftig. Er schüttelte den Kopf und schloss die Tür des Kutschenhauses.

Ein Pferd schnaubte. Duncan strich ihm beruhigend über die Flanke, klopfte leicht auf sein Fell. Der scharfe Geruch des warmen Pferdeleibes rief Erinnerungen an seine Kindheit zurück. Der Duft von Gras und Erde. Die Gemeinschaft der Gruppe beim Feiern. Sein Vater, der zu den Klängen der Geige tanzte. Pferde, die über Wiesen stoben. Auch damals war es seine Aufgabe gewesen, sich um die Pferde zu kümmern, die Tiere, die ihnen allen so wichtig waren. *Tinker* nannte man sie, Kesselflicker, fahrendes Volk. Den meisten Menschen waren sie ein Dorn im Auge, nirgends waren sie gern gesehen, nur geduldet, da sie sich darauf verstanden, den Leuten ihre beschädigten Töpfe und Pfannen zu reparieren.

Er war es gewohnt, ein Ausgestoßener zu sein. Und jetzt hatte es ihn hierher verschlagen, auf einen Kontinent am Rande der Welt, erneut ausgeschlossen von der Gesellschaft. Ein Sträfling. Doch in den vergangenen Tagen hatte sein Leben eine erstaunliche Wendung zum Besseren genommen. Bislang war die Arbeit nicht schwer, und es gab genug zu essen. Er kümmerte sich um die Pferde und um sonstige anfallende Arbeiten außer Haus. Der Doktor war erfreut gewesen, als er gehört hatte, dass er, Duncan, mit Metall umgehen konnte.

»Sehr gut«, hatte er gesagt und sich dabei über seinen breiten Backenbart gestrichen. »Sehr gut.«

Der Doktor war kein schlechter Mensch. Vielleicht ein wenig wunderlich, aber Duncan würde ihm nie vergessen, dass er ihn aus dem Straflager geholt hatte. Und dann war da noch die reizende Mrs McIntyre. Moira. Ihr Name klang süß wie Honig, mit einer scharfen Note dahinter. Wann immer er an sie dachte, wurde ihm warm ums Herz, und gleichzeitig legte sich Traurigkeit darüber. Sie tat ihm leid. Es gab keine Liebe zwischen den Eheleuten, das hatte er sofort gespürt. Die Vorstellung, wie sich der Mann, den er bis vor kurzem für ihren Vater gehalten hatte, zu ihr legte, hinterließ ein seltsames Gefühl bei ihm. Wie er sie bestieg. Tat er es jetzt?

Er zwang sich, diesen Gedanken fortzuschieben wie ein lästiges Insekt. Solche Überlegungen waren gefährlich. Er durfte sich nicht erlauben, so an Mrs McIntyre zu denken. Niemals.

Er wandte sich um und kletterte zurück auf den Heuboden.

8.

Der Biss sah nicht sonderlich gefährlich aus. Die Handwurzel war leicht geschwollen und gerötet, die Bissstellen wirkten wie zwei nebeneinandergesetzte große Stiche. Alistair rückte seine Brille auf der Nasenspitze zurecht und bedachte den Gefangenen mit einem prüfenden Blick. »Eine Spinne, sagst du?«

Der Mann, ein ausgezehrter älterer Sträfling, nickte. Die Muskeln um seinen Mund zuckten, als führten sie ein Eigenleben. Er musste große Schmerzen haben.

»Schwarz und haarig. Sie saß unter einem Stein«, nuschelte er. Alistair hatte Mühe, ihn zu verstehen.

»Er will sich nur vor der Arbeit drücken!«, warf der Aufseher ein, der ihn begleitete.

Alistair schüttelte den Kopf. »Das zu beurteilen, Mr Grover, lasst doch bitte meine Sorge sein.«

Der Sträfling simulierte nicht. Sein ganzer Körper sonderte Flüssigkeit ab; Schweiß strömte ihm über die Stirn, Tränen liefen ihm aus den Augen, und er schluckte in schneller Folge, als wäre auch der Speichelfluss erhöht.

»Meine Zunge fühlt sich ganz komisch an«, stöhnte er. »Und mir ist –«

Er drehte sich zur Seite und erbrach sich in eine Schüssel, die O'Sullivan ihm geistesgegenwärtig untergeschoben hatte. Der junge Sträfling war heute zum ersten Mal bei einer Behandlung dabei.

»Das ist ja ekelhaft!« Angewidert wandte sich der Aufseher ab.

Der Verletzte krümmte sich.

»Bitte, Doktor«, flehte er, »helft mir! Lasst mich nicht sterben!«

»Niemand wird hier sterben«, brummte Alistair.

Allerdings war er nicht ganz sicher, wie in diesem Fall zu verfahren war. In Irland gab es keine Schlangen. Neusüdwales hingegen war voller unbekannter Gefahren. Das hatten vor allem die Gefangenen auf schmerzhafte Weise erfahren müssen.

Alistair wusste bereits von drei Todesfällen unter den Sträflingen, die auf Schlangenbisse zurückzuführen waren. Von giftigen Spinnen allerdings hörte er heute zum ersten Mal. Am besten würde er vorgehen wie bei einem Schlangenbiss.

Über dem Ellbogen des Sträflings hatte er bereits eine feste Bandage angebracht, um die Blutzufuhr zu unterbinden. Jetzt fixierte er Ellbogen und Handgelenk mit einer Schiene und holte ein Skalpell aus seiner ausgebeulten Arzttasche.

»Was tut Ihr? Wollt Ihr mir die Hand abschneiden?« Der Gefangene keuchte erschrocken auf und entwickelte mit einem Mal Kräfte, die Alistair ihm gar nicht mehr zugetraut hätte. Er begann, sich auf dem Behandlungstisch zu winden und zu krümmen, bis O'Sullivan beide Hände auf seine Schultern legte.

»Jetzt hör schon auf, Murphy. Der Doktor will dir helfen!«

»Wenn er sich weiter so anstellt, überlege ich mir das noch mal«, fluchte Alistair. »Halte ihn gut fest!«

Das Skalpell schnitt an der ersten Bissstelle in das Handgelenk. Und noch einmal, so dass eine kreuzförmige Wunde entstand. Bei jedem Schnitt stöhnte Murphy auf, Blut ergoss sich über seine Hand. Die gleiche Prozedur ein weiteres Mal, an der zweiten Bissstelle.

Alistair ließ die Wunden bluten, bis der Strom versiegte, dann verband er die Schnitte. Er überlegte nur kurz, dann stand seine Entscheidung fest. Im Lazarett von Parramatta würde man auch nicht mehr für den Mann tun können. Er, Alistair, würde diesen Fall selbst beobachten. Mit einem Spinnenbiss würde er schon umgehen können.

»Bringt ihn zurück ins Lager, in die Krankenhütte«, wandte er sich an Grover. »Und stellt einen Mann ab, der bei ihm bleibt. Ich komme in einer Stunde vorbei und sehe noch einmal nach ihm.«

»Doktor, ich kann keinen Mann erübrigen!«, protestierte der Aufseher. Und dann, leiser, damit die beiden Sträflinge es nicht hören konnten. »Letzte Nacht ist einer der Gefangenen geflohen. Er wird nicht weit kommen, aber –«

»Das interessiert mich nicht, Mr Grover. Dieser Mann benötigt Betreuung!«

Der Aufseher verstummte, eingeschüchtert, wie Alistair hoffte, von seiner ärztlichen Autorität.

Alistair wartete ungeduldig, bis der Aufseher mit dem Verletzten verschwunden war, dann wusch und trocknete er sich die Hände, zupfte seine Rockärmel zurecht und trat in den Flur.

»Ann? Ann, verdammt noch mal, wo … Ah, da bist du ja. Ann, mach hier sauber. O'Sullivan, du kommst mit mir.«

Alistair führte ihn ins Studierzimmer und schloss von innen ab. Eine Mischung aus Erwartung und Aufregung erfüllte ihn; es war ungewohnt, zu zweit in diesem Raum zu sein, den er sonst nur für sich nutzte. Aber von jetzt an konnte er nicht mehr alleine weitermachen. Eine halbe

Stunde musste reichen, um herauszufinden, ob O'Sullivan sich eignete.

Er ließ sich schwer in seinen Stuhl fallen und musterte den jungen Sträfling, in dessen Augen er einen Hauch von Neugier zu sehen glaubte. Bisher war er zufrieden mit ihm, er hatte sich gut gemacht in den vergangenen Tagen.

Alistair strich sich mit der Rechten über die rauen Haare seines Backenbarts. »Noch über sechs Jahre.« Er wog seine Worte genau ab. »Das ist eine lange Zeit. Was hieltest du davon, wenn ich mich beim Gouverneur für deine Begnadigung einsetzte? Dann könntest du früher freikommen. Stell dir das vor: ein freier Mann!«

O'Sullivan hob den Kopf, doch so einfach ließ er sich nicht ködern. »Wieso solltet Ihr das tun?«

»Du bist misstrauisch. Das kann ich verstehen. Keine Leistung ohne Gegenleistung. Nun, ich brauche Hilfe. Bei meinen Forschungen.«

O'Sullivans Blick ging kurz und suchend durch das kleine Zimmer, um sich dann wieder auf Alistair zu richten. »Ihr würdet Euch wirklich für meine Begnadigung einsetzen?«

»Ja, das würde ich.«

O'Sullivan zögerte nur kurz. »Was muss ich tun?«

Gut so. Der erste Schritt war gemacht. Alistairs Anspannung stieg. »Zuerst brauche ich dein Versprechen: Von meinen Forschungen darf kein Wort nach draußen dringen! Zu niemandem! Ich muss mich darauf verlassen können!«

O'Sullivan nickte. »Wenn Euch das Wort eines Sträflings etwas wert ist, dann habt Ihr es.«

Alistair erhob sich, mit wenigen Schritten hatte er die Tür erreicht. Erneut versicherte er sich, dass sie abgeschlossen war, dann kramte er in seiner Westentasche nach einem Schlüssel. Das Vorhängeschloss seiner Truhe ließ sich nicht gleich öffnen – es brauchte dringend ein wenig Öl, aber Alistair vergaß es jedes Mal, sobald er sich wieder seinen Forschungen widmete. Er klappte die Truhe auf. Ordentlich geschichtet lagen dort Zeichnungen, Auszüge aus medizinischen Zeitschriften und eine dicke Ansammlung seiner eigenen Notizen und Ausarbeitungen. Er entnahm der Truhe ein Futteral aus rotem Samt und legte es auf den Tisch.

»Gut. Dann also … Hast du«, er räusperte sich, um den Kloß in seiner Kehle wegzubekommen, »hast du schon einmal einen Schwertschlucker gesehen?«

»Ja, Sir. In Waterford. Bei den Gauklern.«

»Gut. Sehr gut.«

O'Sullivan sah ihn fragend an. Alistair zögerte. Aber bis auf Major Penrith hatte er noch niemandem von seinen Plänen und Ideen erzählt; es drängte ihn danach, sich endlich jemandem mitzuteilen.

»Ich bin dabei«, er schnürte das Futteral auf, »ein Gerät zu entwickeln, mit dem man in das Innere des Körpers sehen kann. Etwas wie dieses hier, nur länger, das man über den natürlichen Weg, den auch die Speise nimmt, bis in den Magen führen kann. Wie ein Schwertschlucker sein Schwert. Verstehst du, was ich meine?«

O'Sullivan nickte zögernd. »Und was soll ich dabei tun?«

»Du bist derjenige, der es herstellen wird.« Alistair öffnete das Futteral und holte das fingerdicke, knapp einen Fuß lange Röhrchen aus Zinn hervor, das er in Cork von einem Silberschmied hatte anfertigen lassen. Neben einer der Öffnungen befand sich ein kleines Loch, an dem eine Schnur befestigt war. »Außerdem brauche ich eine Versuchsperson.« Er reichte ihm das Röhrchen. »Sieh es dir ruhig an. Es ist natürlich noch zu kurz, und da ist das Problem mit der Beleuchtung. Aber für den Anfang wird es reichen.«

»Die Schnur ist zum Zurückholen?«

Alistair hob erstaunt eine Braue. »Du begreifst schnell.«
Er hüstelte nervös. »Ich würde gerne einen Versuch mit dir
durchführen.«

»Jetzt?« O'Sullivan sah auf. Alistair hatte den Eindruck,
als wäre der junge Sträfling ein wenig blasser geworden.

»Ja. Aber ich muss wissen, ob du es dir zutraust. Ich kann
dich nicht dazu zwingen.«

»Nicht? Ihr könntet es einfach anordnen.«

»Ich brauche dennoch dein Einverständnis. Wenn du
dich wehrst, könntest du dich verletzen.« Alistair musste
trotz des beengten Platzes ein paar Schritte tun. »Bedenke
deine Antwort gut. Wenn du dich zu meiner Zufriedenheit
verhältst, könntest du bald frei sein. Aber das ist es nicht
allein. Du könntest teilhaben an einer großen Erfindung, an
einer neuen, großartigen Entwicklung. Ein Blick in die verborgenen Geheimnisse des Körpers. Stell dir die Möglichkeiten vor, die diese Erfindung der Medizin eröffnet! Man
wird die Ursache von Krankheiten direkt herausfinden
können und wird nicht mehr angewiesen sein auf blinde
Mutmaßungen.«

Schwer atmend hielt er inne. Für ein paar Augenblicke
hatte er sich gehenlassen, sich davontragen lassen von seiner Begeisterung und zu dem Sträfling wie zu einem Gleich-
rangigen gesprochen. »Was sagst du?«

O'Sullivan hatte seinen Ausführungen stumm und fast
ohne erkennbare Regung zugehört. Jetzt hielt er Alistair
das Röhrchen hin. »Versucht es.«

»Gut.« Alistair atmete auf. Die erste Hürde war genommen. Jetzt kam der wirklich schwierige Teil, schließlich
hatte er bislang nur mit toten Tieren experimentiert. Er
schob den Stuhl in die Mitte des Raums. »Setz dich.«

Alistair trat hinter die Stuhllehne. Das Metall fühlte sich
eiskalt in seiner Hand an, und dabei war es warm im Zim-

mer, so warm, dass er für einen Moment glaubte, keine Luft mehr zu bekommen. Feiner Schweiß sammelte sich auf seinen Handflächen, seine Hände zitterten leicht. Er wischte sie an seinem Rock ab und zwang sich zu einem tiefen Atemzug. Er musste unbedingt ruhiger werden.

»Den Kopf in den Nacken. Noch mehr. Ja, gut so.« Alistair legte seine linke Hand unter das Kinn des Sträflings. So nah war er dem jungen Mann noch nie gewesen. Er sah die feuchte Haut von O'Sullivans Halsbeuge und das Pochen seiner Halsschlagader. »Schau zur Decke. Und jetzt entspann dich. Mach den Mund auf und versuch, den Würgereiz so lange wie möglich zu unterdrücken.«

Es war vorbei, bevor es richtig begonnen hatte. Als er das Röhrchen durch O'Sullivans Rachen schieben wollte, verkrampfte sich der junge Sträfling und fing an zu husten und zu würgen, als wäre er am Ersticken. Die Gefahr, dass er sich ernsthaft verletzte, war zu groß. Alistair zog das Röhrchen schnell wieder zurück.

»Es tut mir leid«, murmelte O'Sullivan, als er wieder reden konnte. Er hustete erneut und wischte sich die Tränen aus den Augen.

»Lass dir bloß nicht einfallen, dich hier zu übergeben!« Nagende Frustration machte sich in Alistair breit. Mit einem so frühen Rückschlag hatte er nicht gerechnet. War alles umsonst gewesen? All seine Forschungen, all die lange Zeit?

»Du enttäuschst mich«, sagte er kalt und wischte das Zinnröhrchen mit einem Lappen ab. »So wird das wohl nichts mit der Begnadigung. Wie es aussieht, muss ich mir einen anderen Kandidaten suchen.«

O'Sullivan war aufgestanden. Er unterdrückte ein Husten und räusperte sich. »Sir, das müsst Ihr nicht. Ich … ich bin sicher, dass ich es schaffen werde. Ich brauche nur etwas Zeit. Gebt mir … gebt mir zehn Tage … oder eine Woche. Dann wird es funktionieren!«

Alistair verstaute das Röhrchen wieder im Futteral und sah ihn zweifelnd an. »Wirklich?«

»Lasst es mich einfach versuchen. Wenn es dann nicht klappt, könnt Ihr … könnt Ihr mich zurückschicken ins Straflager.«

Alistair sah ihn an, sah die Entschlossenheit in diesen grünen Augen und etwas, das ihn glauben lassen wollte.

»Also gut«, sagte er. »Eine Woche.«

*

McIntyre hatte O-Beine. Während Moira jetzt hinter ihm herlief, fiel es ihr wieder einmal auf: Er watschelte wie eine große Ente.

»Wie lange seid Ihr jetzt schon in Neusüdwales, Mrs McIntyre?« Anna King, die Frau des zukünftigen Gouverneurs, hatte sich bei ihr eingehakt.

»Vier Monate«, gab Moira zurück. »Aber es kommt mir vor wie eine kleine Ewigkeit.«

Anna King hob den Saum ihres hellen Musselinkleides und setzte grazil den Fuß über eine Schlammpfütze. Einen Sonnenschirm in der Hand, der an diesem trüben Tag allerdings nicht vonnöten sein dürfte, und mit einem Hütchen neuester Mode angetan, war sie der Inbegriff englischen Landadels. Sie war eine der schönsten Frauen, die Moira je gesehen hatte, und strahlte eine natürliche Würde aus.

»Ich hoffe, Ihr werdet Euch ebenso schnell hier einleben wie wir.« Moira fielen nur Plattitüden ein. Und McIntyre war ihr auch keine Hilfe.

Erneut warf sie einen besorgten Blick auf die vielen Soldaten und Konstabler, die mit dem Ehepaar King an diesem Vormittag in Toongabbie erschienen waren. Was dieser Auflauf wohl zu bedeuten hatte? Irgendetwas lag in der Luft, eine Spannung, die man fast mit Händen greifen konnte. Ein Großteil der Soldaten war ausgeschwärmt, Moira konnte die roten Uniformröcke überall leuchten sehen. Bei den Verwaltungsgebäuden standen weitere Offiziere; neben Mr King konnte Moira Lagerverwalter William Penrith erkennen und die hochgewachsene Gestalt von dessen Bruder, Major James Penrith.

McIntyre hatte gerade den Sträflingen in der Krankenhütte einen Besuch abstatten wollen, als die Eheleute King in Toongabbie erschienen waren. Sie machten hier kurz Station, bevor sie nach Parramatta und zu den Siedlungen am Hawkesbury weiterreisten.

»Sagt, Dr. McIntyre«, hatte Mrs King mit Blick auf McIntyres zerbeulte Arzttasche gefragt, »würde es Euch etwas ausmachen, wenn Eure Frau und ich mitkämen? Ich bin sicher, diese armen Gestalten würden sich über zwei mitfühlende Seelen freuen.«

»Oh, nun … ja, warum auch nicht?« McIntyre war mindestens so überrascht wie Moira selbst gewesen. Sie begleitete ihren Mann sonst nie bei seinen Konsultationen, aber diese Bitte hatte sie schwerlich ablehnen können. Und so hatten sie sich zu dritt auf den Weg gemacht. Mrs King war eine angenehme Begleitung. Moira hatte so wenig weibliche Gesellschaft – noch weniger, nachdem McIntyre ihr die Besuche bei Elizabeth untersagt hatte –, dass der kurze Weg ins Straflager viel zu schnell vorüber war.

Die Sträflinge waren bei der Arbeit. Nur die Krankenhütte am Rande des Lagers war belegt; hier waren die Gefangenen untergebracht, die nicht so schwer erkrankt waren, als dass man sie ins Lazarett von Parramatta hätte bringen müssen.

»Ihr erlaubt?« McIntyre öffnete die geflochtene Tür und ging als Erster hinein. Die Frauen folgten ihm. Durch ein winziges Fenster drang gedämpftes Licht. Zwei Männer befanden sich in der Hütte, in der Luft hing der Geruch von Fieber und Krankheit. Moiras Blick fiel auf die halb aufrecht schlafende Gestalt auf der rechten Seite. Es war der hünenhafte Gefangene, den sie auf der *Minerva* gesehen hatte. Schwere Fesseln umschlossen seine Hand- und Fußgelenke, und Verbände zogen sich um seinen Oberkörper.

»Der arme Mann!« Mrs King schüttelte den Kopf. »Was hat er verbrochen, dass man ihn dermaßen bestraft?«

»Fluchtversuch«, erwiderte McIntyre lakonisch, sah sich einen Augenblick suchend um und stellte seine Tasche dann auf den nackten Boden.

»Das ist … barbarisch!«

McIntyre hob die Schultern. »Wir sind hier in einem Straflager, Eure Exzellenz.«

»Bitte, Dr. McIntyre, sagt Mrs King zu mir. Noch ist mein Gemahl nicht Gouverneur.«

»War er auch dabei?« Moira deutete auf den anderen Gefangenen, der unter der verschlissenen Decke kaum auszumachen war.

»Nein, das war ein Spinnenbiss«, erklärte McIntyre. »Inzwischen müsste es ihm bessergehen.«

Die schweren Ketten klirrten, als der Hüne sich bewegte. »Wasser«, stöhnte er. Seine Lider flatterten, dann öffnete er die Augen.

Mrs King raffte ihr Kleid und beugte sich zu ihm hinunter.

»Bitte«, sagte Moira rasch, »Mrs King, Ihr solltet nicht …«

»Aber warum denn nicht?« Anna King griff nach der Schöpfkelle, die in einem Wassereimer stand, füllte einen Becher und reichte ihn dem Gefangenen. »Hier, trinkt.« Sie half ihm, als sie merkte, dass er Mühe hatte, den Becher zu halten. »Wie ist Euer Name?«

»Fitzgerald«, murmelte er und sah von seinem Becher auf. »Samuel Fitzgerald, Ma'am. Seid Ihr ein Engel?«

»Frag nicht so etwas Dummes!«, fuhr McIntyre ihn an. »Die Lady ist Mrs Anna King, die Frau des zukünftigen Gouverneurs von Neusüdwales!«

»Für welches Verbrechen hat man Euch in dieses Land geschickt, Mr Fitzgerald?«

Der Hüne blinzelte sie an. »Raub, Ma'am. Und Angriff auf einen Konstabler. Er hat mich –«

Er verstummte, als ein Aufseher hereinkam.

»Doktor, auf Anordnung von Lagerverwalter Penrith muss ich Euch und die Damen bitten, diesen Platz zu verlassen. Die Hütten werden durchsucht. Es heißt, einige Gefangene würden einen Aufstand planen.«

Moira sah den Aufseher entsetzt an. »Einen Aufstand?«

McIntyre hingegen besann sich auf seine ärztlichen Pflichten. »Ich muss mich um diese Gefangenen kümmern. Sie –«

»Gebt Euch keine Mühe mit Fitzgerald!«, fiel ihm der Aufseher ins Wort. »Wenn der abkratzt, ist es nicht schade um ihn. Nicht wahr, du Ratte?« Er gab dem Hünen einen Tritt in die Seite.

»Wie könnt Ihr nur so über einen Menschen reden?«, empörte sich Mrs King. Sie war aufgestanden und klopfte sich den Staub vom Kleid. »Niemand verdient es, so behandelt zu werden!«

Der Aufseher hob die Schultern. »Nun, der hier schon, Ma'am. Wenige Meilen von hier haben wir ihn wieder eingefangen. Er hat sich gewehrt wie ein Verrückter. Drei Konstabler hat er dabei verletzt. So einem gehört es nicht besser.«

»Könnt Ihr einem Mann absprechen, dass er sich nach Freiheit sehnt?«, gab Mrs King zurück. »Was geschieht mit ihm?«

»Sobald er wieder stehen kann, kommt er nach Norfolk Island. Dort wird man ihm die Flausen schon austreiben.«

»Norfolk Island? Dieser Mann soll auf die Teufelsinsel?« Mrs King schüttelte den Kopf und drehte sich noch einmal zu dem gefesselten Gefangenen um. »Mr Fitzgerald, es hat mich gefreut, Euch kennenzulernen. Und seid versichert: Ich werde mich Eures Falls annehmen. Über Norfolk Island ist das letzte Wort noch nicht gesprochen. Kommt, Dr. McIntyre, wir wollen den Ordnungshütern nicht länger im Wege stehen.«

»Sofort«, gab McIntyre zurück. »Ich bin gleich fertig.«

Mrs King ging hinaus. Moira, die mit McIntyre in der Hütte geblieben war, sah, wie Fitzgerald ihr nachblickte. Auf seinem Gesicht lag ein Ausdruck fast religiöser Verklärung.

»Und sie ist doch ein Engel«, hörte sie ihn flüstern.

Von draußen konnte man Stimmen und Rufe vernehmen. Dann steckte ein Soldat den Kopf zur Tür herein. »Ist Dr. McIntyre hier?«

Dieser drehte sich unwirsch um. »Was ist denn? Könnt Ihr nicht sehen, dass ich beschäftigt bin?«

»Doktor, Major Penrith wünscht Euch zu sprechen. Sofort.«

McIntyre trat zu dem anderen Kranken. »Lasst mich nur kurz–«

Er zog die Decke zur Seite. Moira schlug sich die Hand vor den Mund, um einen Schrei zu ersticken. Der Gefangene, der da vor ihnen lag, war tot, sein Gesicht schwärzlich angelaufen, die Züge verkrampft und im Schmerz erstarrt.

Der Soldat warf nur einen kurzen Blick auf die Leiche. »Sir, wenn Ihr Major Penriths Aufforderung nicht augenblicklich Folge leistet, könnte man Euch verdächtigen, gemeinsame Sache mit den Sträflingen zu machen!«

»Was?« McIntyre sah abwesend auf. Der Tod des Gefangenen schien ihn erschüttert zu haben. »Ja«, murmelte er. »Ja, ich komme.«

*

Bis vor kurzem hätte Moira gedacht, dass ihr kaum ein Mensch mehr zuwider sein konnte als ihr eigener Mann, aber es gab eine Steigerung. McIntyre war einfach nur eklig, Major Penrith dagegen war von einem ganz anderen Kaliber. Dabei konnte sie gar nicht wirklich benennen, was es war, das sie an diesem aalglatten Major so sehr störte. Und jetzt musste sie auch noch eingehakt neben ihm laufen. Er hatte ihr galant seinen Arm angeboten, als sie aus der Krankenhütte gekommen war, und was war ihr anderes übriggeblieben, als anzunehmen?

McIntyre trottete gedankenversunken neben ihnen her, während Mrs King bereits von einem anderen Offizier zurück eskortiert wurde; der zukünftige Gouverneur wünsche abzureisen, hatte man ihr mitgeteilt. Moira konnte die beiden in einiger Entfernung vor sich sehen. Hinter ihnen stürmten die Soldaten und Aufseher die Hütten der Sträflinge und durchsuchten sie. Sie bezwang sich, um sich nicht schon wieder umzudrehen. Ihre Gedanken jagten sich. Planten die Sträflinge tatsächlich einen Aufstand? Was hatten sie vor? Wer war daran beteiligt? Und war womöglich ihr eigenes Leben in Gefahr?

»Ihr seid so schweigsam, Mrs McIntyre«, sagte Major Penrith. »Fürchtet Ihr Euch?«

»Nein!«, gab sie patzig zurück – um sofort wieder einzulenken. Sie konnte sich nicht erlauben, dermaßen unfreundlich zu sein. »Nein, Major, das tue ich nicht. Ich bin höchstens etwas besorgt.« Sie zwang sich zu einem flüchtigen Lächeln, das sofort wieder von ihrem Gesicht verschwand, als der Major sie nicht mehr ansah.

»Das müsst Ihr nicht. Es ist gut, dass wir frühzeitig informiert wurden. So können wir den Funken des Aufruhrs im Keim ersticken.«

»Dann glaubt Ihr, dass etwas dran ist an diesen Gerüchten über einen Aufstand?«

Penrith nickte. »Aber natürlich! Diese Sträflinge setzen sich größtenteils aus der untersten Klasse der irischen Nation zusammen. Und die Iren sind bekanntermaßen eine der wildesten, ungebildetsten und primitivsten Nationen, die je vom Licht der Zivilisation gestreift wurden.«

»Dann ist es also eine große Ehre für uns, dass Ihr Euch mit dem Doktor und mir abgebt«, konnte Moira sich nicht zurückhalten. »Schließlich gehören auch wir zu jenem primitiven Menschenschlag.«

Der Major lachte. »Versteht mich nicht falsch, Mrs McIntyre, ich spreche natürlich nur von den irischen Katholiken. Seid Ihr nicht auch der Meinung, dass sie frei sind von jedem Prinzip der Religion oder Moral? Und da sie nie über Konsequenzen nachdenken, sind sie fähig, kaltblütig die schändlichsten Akte zu begehen. Stets sind sie offen für Rebellion und Mutwillen – das dürftet Ihr doch selbst in Eurem Heimatland gemerkt haben. Wisst Ihr, wie viele verurteilte Rebellen in den vergangenen Monaten hier eingetroffen sind? Mehr als einhundertfünfzig! Und da glaubt Ihr, dieses Gesindel würde hier nicht das Gleiche versuchen wie in seiner Heimat?«

»Sie haben nur ihre Rechte verteidigt«, konnte Moira sich nicht zurückhalten.

»Da habt Ihr wohl eine kleine Revolutionärin geheiratet, McIntyre«, wandte sich der Major mit einem spöttischen Lächeln an ihren Mann. »Gebt nur acht, dass sie eines Tages nicht gegen Euch aufbegehrt!«

Sie hatten ihr Haus erreicht. Aber falls Moira gehofft hatte, nun von der Anwesenheit des Majors erlöst zu sein, hatte sie sich getäuscht.

»Wie sieht es aus, McIntyre?«, fragte er. »Gewährt Ihr mir Eure Gastfreundschaft, bis wir die Schuldigen gefunden haben?«

»Selbstverständlich«, erwiderte McIntyre. »Es wäre mir eine Ehre, Major.«

Ein wenig befriedigte es Moira, dass er sich in der Gegenwart von Major Penrith genauso unwohl zu fühlen schien wie sie selbst.

»Ich habe von dem Vorfall mit dem Aufseher gehört, Mrs McIntyre«, sagte der Major, während sie die drei hölzernen Stufen zu ihrer Veranda hinaufstiegen. »Das muss ein großer Schock für Euch gewesen sein.«

Wie schnell sich diese Nachricht doch verbreitete! Moira hätte am liebsten ein Tuch des Vergessens darüber gebreitet. Aber natürlich – der Major musste von seinem Bruder William davon erfahren haben.

»Das war es«, gab sie einsilbig zurück.

»Ich hörte auch, dass einer der Sträflinge Euch beigestanden hat. Wie war noch gleich sein Name? O'Sullivan?«

Moira nickte. Es behagte ihr nicht, mit welcher Hartnäckigkeit der Major auf dieser Sache herumritt. Und dass er offenbar genau Bescheid wusste.

»Und jetzt arbeitet er für Euch? Ist Euch bewusst, dass es sich bei dem Mann um einen verurteilten Rebellen handelt?«

»Er hat eine Chance verdient. Und unser Vertrauen.«

»Welch hehre Worte. Ich wäre an Eurer Stelle allerdings

nicht zu vertrauensselig.« Der Major blieb stehen, um Moira den Vortritt ins Haus zu lassen.

Sie gingen in die Wohnstube, wo Ann gerade mit einem Tuch den Eckschrank säuberte. Ihre Augen wurden vor Schreck kugelrund, als sie den Major erblickte.

»Ah, da ist ja die Dirne, die Ihr mir auf der *Minerva* abspenstig gemacht habt.« Der Major ließ sich ungefragt auf einem Stuhl nieder.

»Bring uns etwas zu Trinken«, forderte McIntyre Ann auf. »Und dann –«

»Lasst nur, McIntyre, das hat Zeit.« Der Major blickte das Mädchen scharf an. »Wie heißt du?«

Ann ließ vor Schreck das Tuch fallen und wich langsam zurück, bis sie hinter einem Stuhl stand. »Ich, Sir?«

»Natürlich du. Rede ich etwa das Kauderwelsch der Wilden?«

»Nein, Sir. Ann. Ann … Hutchinson.«

»Komm her, Ann. Ich will dich ganz sehen!«

Ann trat langsam zur Seite, die Finger um die Stuhllehne gekrallt. Ihre Knöchel waren weiß.

»Wo schläfst du, Ann?«

Ann sah ihn verschreckt an. »In … Hinter …« Ihre Stimme brach.

»Lauter, Mädchen, ich verstehe dich nicht!«

»Sie hat eine kleine Kammer hinter der Küche«, sprang Moira ein. Auch sie war von einer vagen Unruhe erfüllt.

»Es ist sehr liebenswürdig, Mrs McIntyre, dass Ihr Euch bemüßigt fühlt, der Dirne beizustehen, aber ich will es von ihr selbst hören. Also, was hast du mir zu sagen?«

Ann deutete mit einem zitternden Finger in die entsprechende Richtung. »Dort, Sir.«

»Sag mir, Ann, was weißt du von Plänen für einen Aufstand der Sträflinge?«

»N… nichts, Sir.«

»Versteckst du vielleicht Waffen in deiner Kammer? Oder Diebesgut?«

»N… nein, Sir.« Anns Stimme war kaum mehr als ein Hauch.

»Wie bitte?«

»Nein, Sir, ich … das tue ich nicht.«

»Ich glaube dir nicht. Weißt du, welche Strafe dir blüht, wenn du mich belügst?«

Ann schüttelte stumm den Kopf. Es tat Moira weh zuzusehen, wie der Major das Mädchen mit seinen Fragen quälte, aber ein winziger Teil in ihr war unsicher, ob er nicht doch recht hatte. Ann hatte sie schließlich bestehlen wollen.

»Die Neunschwänzige wird dir den Rücken gerben.« Der Major erhob sich. »Dann wollen wir uns diese Kammer doch einmal ansehen.«

Anns Kammer zu durchsuchen erwies sich als schnelle Angelegenheit. Es gab nicht viel: eine einfache Schlafstatt mit einer Decke, einen Tisch, einen Stuhl, drei Haken an der Wand, an denen ein Schultertuch und ein langes Hemd hingen. Dennoch bestand der Major darauf, dass Ann jedes einzelne Teil in die Hand nahm und ihm zeigte. Als er endlich zufrieden war, war das Mädchen kreidebleich und bebte wie ein Blatt im Wind.

»Nun«, sagte er. »Ich will dir fürs Erste glauben.«

»Wollt Ihr vielleicht auch noch unsere Schlafkammer durchsuchen?«, konnte Moira sich nicht verkneifen.

»Wenn Ihr es wünscht …« Der Major lächelte sie anzüglich an.

Zurück in der Wohnstube, trat er ans Fenster, schob den Vorhang zur Seite und blickte hinaus, als wartete er auf jemanden. Moira wünschte inständig, er würde wieder gehen.

158

»Was machen Eure Forschungen, McIntyre?«

»Oh, sie … sie sind zurzeit etwas ins Stocken gekommen, Sir. Aber ich bin sicher, dass ich bald fortfahren kann.«

»Sicher.« Der Major trat vom Fenster weg und sah Moira an. »Mrs McIntyre, was sagt Ihr zu den Plänen Eures Gatten? Sind sie nicht höchst revolutionär?«

Fast hätte Moira schnippisch erwidert, dass ihr Gatte sie leider nicht in seine Arbeit einzuweihen pflege. Diese Blöße aber wollte sie sich nicht geben. Nicht vor diesem unangenehmen Menschen. Und so sagte sie nur: »In der Tat, Major, das sind sie. Ich bin sehr stolz auf ihn.«

Sie fing einen erstaunten Seitenblick von McIntyre auf. Bis jetzt hatte sie nicht herausfinden können, was er eigentlich tat, wenn er sich stundenlang in sein Studierzimmer zurückzog. Forschte er an einem neuen Heilmittel? Oder beschäftigte er sich mit etwas Verbotenem? Nein, das konnte sie sich nicht vorstellen. Nicht bei diesem verknöcherten alten Bock. Aus den hingekritzelten Notizen, auf die sie manchmal einen kurzen Blick werfen konnte, wurde sie nicht schlau.

Der Major sah sie skeptisch an. »Dann ist Euch sicher auch bekannt, dass er mich um Unterstützung bei seinen Forschungen gebeten hat?«

»Natürlich«, gab Moira kühl und ohne mit der Wimper zu zucken zurück, obwohl sie nichts dergleichen wusste. »Und? Kann er damit rechnen?«

Der Major lachte auf. »Ihr seid ein gewitztes Frauchen, Mrs McIntyre. Wie steht Ihr zu dieser Erfindung?«

In Moiras Kopf wirbelten die Gedanken. Sollte sie das Spiel weitertreiben? Alles oder nichts, beschloss sie. »Es ist ein großartiges Geschenk an die Menschheit. Schon bald wird niemand mehr darauf verzichten wollen«, behauptete sie ins Blaue hinein.

»Tatsächlich?« Die Belustigung des Majors war nicht zu übersehen. Er wackelte mit dem Zeigefinger. »Mrs McIntyre, hört auf, mich zu foppen. Ihr wisst nicht das Geringste darüber!«

Moira schwieg pikiert, während sich der Major wieder dem Fenster zuwandte. »Ah, na also.«

Wenig später klopfte es laut an der Tür. Ein Soldat erschien auf der Schwelle und salutierte vor Penrith, dann zogen sie sich auf die Veranda zurück. Moira beobachtete, wie der Soldat Meldung machte, wie der Major nickte und den Mann schließlich entließ. Er sah nicht sonderlich zufrieden aus.

Moira konnte ihre Unruhe nicht länger zügeln. »Hat man etwas gefunden?«, wollte sie wissen, als der Major wieder eintrat.

»Noch nicht. Aber einer der Gefangenen hat geredet.« Der Major machte eine bedeutungsschwere Pause. »Er sagte, einige Sträflinge hätten Piken hergestellt. Wenn wir sie finden, haben wir die Aufrührer.«

Piken? Moiras Herz begann laut zu pochen, ihr wurde heiß und kalt zugleich. Hatte man nicht O'Sullivan deswegen verurteilt? Aber er wäre doch wohl nicht so dumm und …

Der Major hatte sie offenbar genau beobachtet. »Habt Ihr jemanden im Verdacht, Mrs McIntyre?«

Obwohl ihr das Herz schier aus dem Brustkorb springen wollte, brachte sie es fertig, die Frage ruhig zu verneinen.

Der Major ließ sich nicht täuschen. »Genug der schönen Worte. Wo ist O'Sullivan?«

Sie kam sich vor, als ginge sie zu einer Hinrichtung, als sie und McIntyre den Major zum Kutschenhaus führten. Die Angst schnürte ihr die Kehle zu. O'Sullivan war auf dem Platz vor dem Kutschenhaus damit beschäftigt, eines der

Pferde zu bürsten. Bei ihrem Anblick legte er den Striegel zur Seite. Moira senkte den Kopf. Der Puls klopfte in ihren Ohren.

»Ah, das ist also der große Held.« Der abfällige Ton in der Stimme des Majors war nicht zu überhören. »Wie ich gehört habe, kommst du aus Irland. Ein weiterer irischer Bastard also. Ich habe mich über dich erkundigt. Man hat dich zum Tode verurteilt wegen Mitgliedschaft in einer rebellischen Vereinigung. Dann wurde das Urteil in sieben Jahre Verbannung umgewandelt.« Der Major trat näher an ihn heran. »Hätten sie dich mal lieber aufgehängt. Dann müssten wir uns hier nicht mit Abschaum wie dir herumschlagen.«

Moira schluckte. O'Sullivans Miene blieb unbewegt.

»Hast du mir irgendetwas zu sagen?«

O'Sullivans Blick begegnete kurz dem des Majors, dann senkte er die Lider. »Nein, Sir.«

»Wo hast du die Waffen versteckt?«

»Major, Ihr verdächtigt diesen Mann völlig grundlos«, ergriff Moira das Wort, bevor O'Sullivan antworten konnte. »Er hat mir geholfen. Er hat mich aus großer Bedrängnis gerettet!«

»Allerdings«, sagte der Major. »Und das wundert Euch nicht? Seid Ihr wirklich so naiv zu glauben, das alles wäre rein zufällig geschehen? Ich denke vielmehr, dass er sich damit ganz bewusst in Euer Vertrauen geschlichen hat. Wahrscheinlich steckte er mit dem Aufseher unter einer Decke.«

»Was?« Moira war viel zu empört, um jetzt noch an sich halten zu können. *Sie* war kein Sträfling. Sie konnte sich gegen diese Unterstellung verwahren. »Ihr könnt nicht einfach solche Sachen behaupten. Ihr habt –«

McIntyre packte sie am Arm und bedeutete ihr mit finsterer Miene, den Mund zu halten. Glaubte er etwa auch, dass O'Sullivan etwas zu verbergen hatte?

Der Major hatte ihren Einwand kaum zur Kenntnis genommen. »Ah, da kommt ja die Verstärkung.« Penrith trat vor, als der Soldat von vorhin mit drei weiteren Gefährten dazukam. »Durchsucht das Kutschenhaus. Gründlich! Auch die Pferdeverschläge und den Heuboden! Er muss die Piken hier irgendwo versteckt haben!«

O'Sullivan hob den Kopf. »Ich habe nichts versteckt!«

Der Major sah ihn an, als wäre der Sträfling ein Insekt, das an seiner Schuhsohle klebte. »Du wagst es, mich ungefragt anzusprechen?« Er zückte seine Pistole und richtete den Lauf wie beiläufig auf O'Sullivans Schläfe. »Auf die Knie mit dir!«

Dieser gehorchte – mit Bewegungen, die wie eingefroren wirkten.

Der Daumen des Majors bewegte sich, spannte den Hahn. »Für diese Impertinenz könnte ich dich jetzt einfach erschießen. Und vielleicht sollte ich das auch.«

Moira hatte das Gefühl, als würden sich ihre Adern mit Eis überziehen. Das Herz schlug ihr bis zum Hals. »Das dürft Ihr nicht, Major!«

»Nein? Wer verbietet es mir? Der Gouverneur?« Er lachte auf. »Gouverneur Hunter ist nicht hier, und der zukünftige Gouverneur ist unterwegs zum Hawkesbury. Niemand kümmert sich um einen erschossenen Sträfling!«

»Ihr müsst etwas tun«, wandte sich Moira verzweifelt an ihren Mann. »Sagt doch etwas!«

McIntyre stand da wie erstarrt. In seinen Augen las sie Erschrecken. »Sir, Major, bitte, ich … ich brauche ihn noch«, sagte er lahm.

»Tatsächlich?« Der Major rührte sich nicht einen Zoll. »Ihr bekommt einen anderen.«

162

Eine quälend lange Zeit verging, in der sich niemand zu rühren wagte. Dann endlich löste der Major den Hahn und senkte die Pistole.

Moira fühlte sich, als hätte man sie geprügelt. Erst jetzt merkte sie, dass sie die ganze Zeit die Luft angehalten hatte. Ihr Herz klopfte zum Zerspringen, sie zitterte, in ihren Augenwinkeln tanzten Flecken. Sie wagte nicht, O'Sullivan anzusehen. Er hatte nichts versteckt. Ganz sicher nicht. O bitte, lieber Gott … Durch die geöffnete Tür sah sie, wie die Soldaten im Kutschenhaus Satteldecken hervorzerrten, die Pferdeverschläge durchsuchten und auch vor den Kutschen nicht haltmachten. Schließlich versammelten sich die Soldaten wieder auf dem Platz vor dem Gebäude.

»Major, Sir, wir haben nichts Verdächtiges gefunden.«

Moira atmete unhörbar aus.

Penrith schien enttäuscht. »Nichts? Wirklich gar nichts?«

»Nein, Major, nichts. Er scheint unschuldig zu sein.«

»Wenn ich Eure Meinung hören will, Sergeant, werde ich danach fragen!« Der Major sah O'Sullivan mit zusammengekniffenen Augen an. »Ich traue dir nicht. Nicht das kleinste bisschen.« Er wandte sich an McIntyre. »Habt ein Auge auf ihn. Dieses irische Gesindel ist hinterlistig und durchtrieben.«

Erst jetzt bemerkte Moira die Gruppe von Leuten, die sich um sie herum eingefunden hatten. Und dort, am Buschrand, keine hundert Schritte entfernt, zeigte sich plötzlich eine vertraute Gestalt: July und ihr Dingo. Das war kein guter Zeitpunkt. Moira schüttelte den Kopf und gab ihr ein Handzeichen, das andeutete, sie solle verschwinden.

Der Major folgte ihrem Blick. Im nächsten Moment riss er die Pistole hoch und zielte auf das Mädchen.

»Nein!«, schrie Moira, aber da hatte er schon abgedrückt. Der Schuss knallte durch die Luft wie ein Peitschenschlag. Moira keuchte entsetzt. Alles Leben schien zu ersterben, die Vögel hörten auf zu singen, bleierne Stille legte sich über den Vormittag. Auch die Zuschauer waren vor Schreck zurückgewichen. Das Mädchen und der Dingo waren verschwunden.

»July!«, rief sie und wollte loslaufen.

»Bleib hier!«, zischte McIntyre sie an und hielt sie zurück. »Reiß dich zusammen!«

»Aber er hat auf sie geschossen!«

Ihr Blick fiel auf O'Sullivan, der noch immer auf dem Boden kniete. In seiner Miene fand Moira ihre eigene Fassungslosigkeit gespiegelt.

Der Schuss hatte noch mehr Einwohner von Toongabbie herbeigelockt. Von allen Seiten erhoben sich jetzt neugierige oder bestürzte Stimmen.

»Geht nachsehen«, befahl der Major seinen Soldaten und deutete mit der Waffe auf das Dickicht.

Es drängte Moira, selbst in den Busch zu laufen und nach July zu suchen, doch sie konnte nur stumm dastehen und warten, voller Angst, den schmalen, toten Körper des Mädchens in den Händen eines Rotrocks zu sehen.

Nach kurzer Zeit kehrten die Soldaten zurück.

»Major, Sir, da war nichts«, berichtete einer. »Aber an ein paar Blättern klebt Blut.«

»Wie bedauerlich. Die Wilde hätte sich gut in meiner Trophäensammlung gemacht. So wird sie wohl im Busch verrecken.« Der Major ließ seine Fingergelenke knacken. »Bringt mir mein Pferd!«

Moira konnte es kaum erwarten, bis er endlich aufgestiegen war. Das Rot seines Uniformrocks tat ihr plötzlich in den Augen weh.

»Für heute bist du noch einmal davongekommen«, wandte er sich an O'Sullivan. »Aber ich beobachte dich. Und irgendwann werde ich dich hängen sehen.«

Dann ritt er mit seinen Männern davon.

9.

Geschüttelt von trockenem Würgen ließ Duncan den Löffel sinken, aber da er noch nichts gegessen hatte, kam nur heiße, brennende Galle. Er spuckte die ätzende Flüssigkeit ins Stroh, schloss die Augen und atmete mehrmals stoßartig ein und aus. Er wartete, bis sich sein rasender Herzschlag wieder beruhigte, dann nahm er ein paar kleine Schlucke aus der Wasserflasche, um den widerwärtigen Geschmack wegzubekommen.

Sein Hemd klebte ihm am Körper, die Haare im Nacken waren feucht vor Schweiß, und seine Kehle brannte, als hätte er mit Nägeln gegurgelt. Normalerweise klappte es morgens am besten. Wieso heute nicht? Im gleichen Maß, wie das Zittern nachließ, stieg die Verzweiflung in ihm auf. Es dauerte so viel länger und war so viel mühsamer, als er gehofft hatte. Und jetzt dieser Rückschritt. Er würde es nie schaffen. Dann würde der Doktor ihn zurück auf die Felder schicken. Zurück zu Schlägen, mörderischer Arbeit und halben Rationen. Ohne die Möglichkeit einer frühzeitigen Begnadigung.

Reiß dich zusammen!, sagte er sich und holte tief Luft. Noch war nichts verloren.

Er öffnete die Augen. Ein Sonnenstrahl schien durch die Bretterwände des Kutschenhauses und beleuchtete die Gegenstände, die neben ihm im Stroh lagen: einige lange Riedgräser, ein Löffel und ein Stück Draht mit einer winzigen

Schlaufe am Ende; Dinge, die völlig harmlos wirkten, wenn man nicht gerade versuchte, sie sich in die Kehle zu stecken.

Duncan spürte, wie sich seine Magenwände erneut zusammenzogen, aber es gelang ihm, die Übelkeit zu unterdrücken. Jeden Morgen und jeden Abend übte er, seit fünf Tagen schon. Anfangs hatte er sich einfach nur den Finger in den Hals geschoben. Später probierte er es mit den anderen Sachen. Angehende Schwertschlucker machten es sicher nicht anders. Wenn er nichts im Magen hatte, konnte er den Würgereiz am besten kontrollieren. Ein paar Sekunden hielt er es inzwischen aus. Noch viel zu wenig. Aber immerhin ein Anfang. Jetzt musste es ihm nur noch gelingen, an etwas anderes zu denken.

Etwas anderes. Als hätte er sie gerufen, erschien die zierliche Figur von Mrs McIntyre vor seinem geistigen Auge. Die Strähne schwarzen Haares, die sich immer wieder vorwitzig aus der Haube hervorkämpfte und sich wie eine Liebkosung an ihre Wange schmiegte. Die Bibel in ihren Händen mit den viel zu kurzen Fingernägeln, die aussahen, als hätte sie sie abgekaut. Ihre feinen Züge, die ein Kribbeln in seinem Bauch weckten, wenn er nur an sie dachte. Nein, das war keine gute Idee. Er dachte viel zu oft an sie. Entschlossen drängte er sie aus seinem Kopf.

»Vater unser …«, begann er wortlos. Ja, das würde gehen. Beten hatte bisher fast immer geholfen.

»Der Du bist im Himmel …«

Erneut fasste er den Löffel an der Kuhle und lehnte sich mit dem Rücken an einen Heuhaufen; bei einem seiner ersten Versuche hatte er das versäumt und den Löffel fast verschluckt. Dann legte er den Kopf in den Nacken und probierte es aufs Neue.

So hatte er es schon immer getan. Abhärtung durch Gewöhnung. Duncan hatte früh gemerkt, dass er anders war.

Er empfand vieles intensiver als die meisten Menschen. Wo andere nur Vogelzwitschern hörten, vernahm er die Vielfalt der einzelnen Klänge. Wo andere nur den Wind spürten, konnte er seine Düfte schmecken. Krach oder Missklang waren ihm zutiefst zuwider. Auf der Jagd oder im Umgang mit Tieren war diese erhöhte Sensibilität sicher nützlich, aber nicht bei den Dingen des täglichen Lebens. Dort war es nur von Nachteil, wenn man auf jeden Reiz so stark reagierte.

Er hatte es gehasst. Und das Einzige getan, was ihm übrigblieb: sich daran gewöhnt. Sich abgehärtet, indem er sich den unterschiedlichsten Reizen immer wieder aussetzte. Er hatte beharrlich geübt und sich nicht geschont. Aber an Tagen wie diesen wünschte er sich, aus etwas einfacherem Holz geschnitzt zu sein.

»… und die Herrlichkeit in Ewigkeit. Amen.«

Würgend ließ er den Löffel ins Stroh fallen. Zwei Vaterunser! Es war ihm zwei Vaterunser lang gelungen, den Brechreiz zu unterdrücken und stillzuhalten – auch wenn er ein wenig geschummelt hatte und durch das Gebet gerast war, als wäre der Teufel hinter ihm her. Sein Herz klopfte hart gegen seine Rippen, und seine Kehle fühlte sich an wie aufgescheuert, aber der Triumph wog das wieder auf. So lange hatte er noch nie durchgehalten.

Bis zum Frühstück war noch Zeit. Entschlossen griff er erneut nach dem Löffel. Ob er auch drei Vaterunser schaffte?

*

Es würde bald wieder regnen. Der Sonnenschein des Morgens war hinter dicken Wolken verschwunden, der Weg zu den Sträflingshütten war übersät mit tiefen Pfützen, es roch nach regenschwerer Luft. Duncan trug die Arzttasche und lief schweigend neben dem Doktor, der ihn heute zum Krankenbesuch bei den Sträflingen mitnehmen wollte – angeblich, damit Duncan demnächst selbst ein paar kleinere Aufgaben für ihn erledigen konnte.

Duncans Blick wanderte zu dem mit niedrigen Büschen und Bäumen bestandenen Waldrand, hinter dem dichtes Gestrüpp wuchs. Er machte sich Sorgen um das Eingeborenenmädchen. Große Sorgen. Seit dieser verrückte Major auf sie geschossen hatte, hatte er sie nicht mehr gesehen. Sobald die Soldaten abgezogen waren, hatte er auf Anordnung des Lagerverwalters zusammen mit einigen Aufsehern den angrenzenden Busch durchsucht. Sie hatten nichts gefunden. Das Mädchen war und blieb wie vom Erdboden verschluckt, und auch der Dingo tauchte nicht mehr auf. Ob sie schwer verletzt war? Hoffentlich ging es ihr gut.

July. So hatte Mrs McIntyre das Buschkind gerufen. Ein schöner Name. Mrs McIntyre teilte seine Sorgen. Jedes Mal, wenn sie sich sahen, blickte sie ihn fragend und hoffend an, und jedes Mal musste er den Kopf schütteln.

Wenigstens eine, der das Mädchen etwas bedeutete. Der Doktor dagegen schien das alles schon vergessen zu haben. Bisher hatte McIntyre die Vorfälle mit dem Major mit keinem Wort erwähnt. Weder den Schuss auf July noch die Tatsache, dass er, Duncan, um ein Haar erschossen worden wäre. Mrs McIntyre war die Einzige gewesen, die sich für ihn eingesetzt hatte. In ihren Augen hatte er Angst gesehen. Angst um ihn? Dann war er ihr wohl nicht vollkommen gleichgültig …

»Die Woche ist fast um«, riss ihn McIntyre aus seinen Gedanken. »Wie kommst du voran?«

»Gut«, gab Duncan nicht ganz wahrheitsgemäß zurück. Seine Kehle war so rau, dass er jedes überflüssige Wort vermied.

McIntyre nickte. »Schön. In den nächsten Tagen werden wir es erneut versuchen.«

Jetzt verstand Duncan den Sinn dieses Krankenbesuchs. Es ging nicht nur darum, den Doktor zu entlasten. Duncan sollte sehen, was ihn erwartete, falls er den Doktor wieder enttäuschte. Als ob das nötig gewesen wäre.

Sie hatten die etwas abseits stehende Krankenhütte noch nicht ganz erreicht, als Duncan etwas Unerwartetes vernahm; jemand sang mit dunkler, volltönender Stimme. Er erkannte die Melodie: eine alte irische Weise, ein Liebeslied.

»… wie süß die Stunden doch verrannen mit dem Mädchen, das ich ließ zurück …«

Das war nicht die fiebrige Klage eines Kranken; das war reiner, klarer Gesang, tief und melodisch.

»Wer singen kann, ist bald wieder bereit zur Arbeit«, war McIntyres einziger Kommentar, als sie in das Zwielicht der Hütte traten.

Der Gesang brach ab, und Duncan sah, wem die klangvolle Stimme gehörte: Samuel Fitzgerald! Der Hüne saß gefesselt auf dem Boden und blickte den Eintretenden erwartungsvoll entgegen. Auf der anderen Seite lagen zwei weitere Sträflinge auf dem Bauch und ächzten.

»Guten Morgen, Doktor – Duncan!« In Samuels Stimme schwang freudige Überraschung mit.

So fröhlich hatte Duncan den Hünen noch nie erlebt, und das trotz der schweren Fuß- und Handfesseln. Duncan wusste erst seit kurzem, dass man Samuel nach seiner Flucht wieder eingefangen und hart bestraft hatte. Er hatte erwartet, einen gebrochenen, kranken Mann zu sehen, gepeinigt von Schmerzen und Fieber. Stattdessen sang er.

McIntyre machte sich daran, Samuels Verbände zu lösen. Man hatte den Hünen übel ausgepeitscht – einhundert

Hiebe, hatte es geheißen –, und seine Wunden verheilten nur langsam, aber der große Mann schien sich kaum daran zu stören.

»Streich das hier dünn auf die Striemen.« McIntyre drückte Duncan einen Tiegel mit Salbe in die Hand und wandte sich dann den beiden anderen Sträflingen zu. Sie hatten gestern die Peitsche schmecken dürfen – vermutlich hatten sie in den Augen der Aufseher zu langsam gearbeitet oder gar gewagt, ihnen zu widersprechen.

»So fröhlich?«, fragte Duncan leise. Wenn er im Flüsterton sprach, tat sein Hals nicht gar so weh.

Samuel brummte zufrieden. Viel zufriedener, als es ein Mann in seiner Situation sein konnte; gefesselt, mit zerfetztem Rücken und der niederschmetternden Aussicht auf Verbannung auf die Teufelsinsel.

»Mir ist ein Engel erschienen«, murmelte Samuel.

»Ein Engel?« Duncan sah ihn besorgt an. Hatte der Hüne doch höheres Fieber als gedacht? »Ist schon gut. Du kommst schon wieder auf die Beine.«

Samuel hob den Kopf. »Ich habe Güte gesehen«, sagte er, geheimnisvoll lächelnd. »Ihr Name ist Anna.«

»Anna?« Phantasierte er jetzt?

»Sie war hier«, fuhr Samuel fort. »Hier in dieser armseligen Hütte. Anna. Anna King.«

»King?« Endlich begriff Duncan. »Die Frau des nächsten Gouverneurs?« Er öffnete den Salbentiegel.

Samuel nickte. »Mrs King. Mrs Anna King. Sie –«, er stöhnte auf, als Duncan Salbe auf seine Wunden strich, »sie ist ein Engel. Mein Engel. Sie … sie wird nicht zulassen, dass man mich fortbringt. Eines Tages werde ich sie wiedersehen. Und dann werde ich ihr meine Seele zu Füßen legen.«

Als sie die Hütte verließen, begann Samuel erneut zu singen, sein melodischer Bass schwebte ihnen hinterher. Noch jemand mit einem unerfüllbaren Traum.

*

»Hhm.« Der Wachtposten runzelte die Stirn. Regen lief dem Mann über die Hutkrempe. Wenn er noch länger auf die beiden Ausweise starrte, würde die Tinte verlaufen, befürchtete Duncan. Konnte der Mann überhaupt lesen? Wahrscheinlich schon. Um Soldat zu werden, musste man wohl lesen können.

Offenbar war es verdächtig, wenn zwei Sträflinge allein mit einem Karren unterwegs waren. Das fehlte noch, dass man Ann und ihn hier wegen unleserlicher Papiere festnahm. Seit einigen Wochen benötigte jeder Zivilist, der über Land reiste, sei es nun freier Siedler oder Sträfling, einen von offizieller Stelle ausgestellten Ausweis. Damit wollte man gegen die vielen Landstreicher und entflohenen Sträflinge vorgehen, die allmählich zur Plage wurden und Reisende überfielen. Wer sich nicht entsprechend ausweisen konnte, wurde festgenommen und musste einem Richter Rede und Antwort stehen.

»In Ordnung.« Der Soldat gab Duncan die beiden Ausweise zurück. »Ihr könnt weiterfahren.«

Die Tinte war etwas verlaufen, aber zum Glück noch leserlich. Duncan gab Ann die feuchten Schreiben, die sie unter ihren Umhang nahm, damit sie trocknen konnten, und trieb das Pferd an.

Sie waren einige Meilen vor Sydney, hinter der Steinbrücke über den Duck River, unter der das Wasser träge dahinfloss. Der Weg war schlammig, der Wagen kam nur schwer voran. Regen strömte wie ein feiner Schleier vom Himmel. Das also war der Winter in diesem Teil der Welt. Kaum anders als in Irland. Vielleicht etwas wärmer.

Duncan hob den Kopf und blinzelte in den Regen. Er mochte das Gefühl von Nässe auf seiner Haut, auch wenn ihm inzwischen das Wasser von den Haaren in den Kragen lief. Ann saß links neben ihm, so weit von ihm entfernt wie gerade noch möglich. Sie war in einen dunklen Umhang mit Kapuze gehüllt, den ihr Mrs McIntyre geliehen hatte. Für einen Augenblick versuchte er sich vorzustellen, es sei Mrs McIntyre selbst, die da neben ihm auf dem Kutschbock saß. Aber diese hätte nie so zusammengesunken dagesessen wie Ann, und sie wäre auch sicher nicht so weit von ihm abgerückt. Ann hatte nicht mitfahren wollen, aber ihr war nichts anderes übriggeblieben. Der Doktor hatte darauf bestanden. Seit sie aufgebrochen waren, hatte sie kaum ein Wort gesagt. Hatte sie etwa Angst vor ihm?

»Hoffentlich steht Toongabbie noch, wenn wir zurückkommen«, versuchte er einen schwachen Witz.

Ann blickte kurz auf und verzog ihr blasses Gesicht unter der Kapuze zu einem gequälten Lächeln. Mehr nicht. Na, da hatte man ihm ja eine reizende Begleitung mitgegeben.

Aber Duncan war weit davon entfernt, sich zu beschweren. Zum ersten Mal war er allein – nun ja, fast allein – unterwegs. Der Doktor schickte ihn nach Sydney, um dort eine Sendung Metall abzuholen. Duncan konnte verstehen, dass McIntyre nicht selbst den mühseligen Weg auf sich nahm, wenn er trocken und warm zu Hause in seinem Studierzimmer sitzen konnte. Ihm selbst machte das Wetter nichts aus. Er wäre jede Strecke gefahren, bedeutete das doch, endlich einmal aus Toongabbie herauszukommen.

Aber wieso hatte der Doktor gewollt, dass Ann mitkam? Eine große Hilfe war sie Duncan nicht gerade. Befürchtete McIntyre, dass sein Gehilfe sich absetzen könnte? Doch dafür gab es absolut keinen Grund, schließlich hätte es zurzeit nicht besser für Duncan laufen können. Zwar war der neuerliche Versuch vor wenigen Tagen trotz der vielen Übungsstunden eine ziemliche Tortur für ihn gewesen, die er nur durchgestanden hatte, weil er dabei stumm gebetet hatte. Aber es hatte sich gelohnt: Er hatte McIntyre von seiner grundsätzlichen Eignung überzeugen können. Der Doktor war seitdem regelrecht gut gelaunt, ja, er hatte ihn sogar gelobt. Und für Duncan bedeutete es einen weiteren Schritt auf dem Weg zur Begnadigung.

Ein Geräusch wie ein schrilles Quieken kam aus dem Busch; Ann stieß einen erschreckten kleinen Schrei aus und rückte unwillkürlich etwas näher zu ihm. Sie zitterte am ganzen Körper und duckte sich noch mehr. »Was ... was ist das?«

»Sicher bloß ein Tier. Ein Känguru oder ein Dingo.«

»Und ... und wenn es ein Wilder ist?« Sie ließ sich nicht so leicht überzeugen. »Sie ... sie töten alle Weißen, habe ich gehört.«

»Wer hat dir denn das erzählt?«

»Weiß nicht.«

Immerhin sprach sie endlich. Vielleicht konnte er sie von ihrer Angst ablenken? »Du redest nicht gern, oder?«

»Mir hat nie jemand zugehört«, sagte sie in den Schatten ihrer Kapuze hinein.

»Was hast du angestellt?«

»Was?« Sie sah ihn erschreckt an.

»Weshalb bist du hier? Diebstahl?«

Ein kaum wahrnehmbares Nicken unter der Kapuze.

»Wie viel haben sie dir aufgebrummt? Auch sieben Jahre?«

Ein weiteres stummes Nicken. Dieses Gespräch gestaltete sich reichlich einsilbig. Und doch tat sie ihm leid. Wie alt sie wohl sein mochte?

»Weißt du, dass weibliche Sträflinge freikommen, wenn

sie heiraten?«, versuchte er es ein letztes Mal. »Wer weiß, vielleicht findet sich ja schon bald ein Bewerber für dich, und –«

»Nein!«, stieß Ann aus. Sie wirkte dermaßen entsetzt, als hätte er ihr einen Mord vorgeschlagen. »Nein, ich werde nie heiraten! Lieber warte ich weitere sieben Jahre!«

Gut, dann eben nicht. Duncan hob die Schultern und schwieg nun seinerseits.

»Er hat sie immer geschlagen«, sagte Ann urplötzlich in den nachlassenden Regen hinein.

»Wer?«

»Mein … mein Vater.« Sie sprach so leise, dass Duncan sich vorbeugen musste, um sie zu verstehen. »Er … er hat meine Mutter geschlagen. Immer, wenn er getrunken hatte. Und mich auch. Ich hatte schreckliche Angst vor ihm. Als er starb, war ich dreizehn.« Sie zitterte leicht. »Ich habe dann Anstellung als Magd gefunden, bei einem reichen Mann.«

Der Regen ließ weiter nach. Der Weg erstreckte sich schnurgerade vor ihnen. Rechts vor ihnen lag ein Farmgebäude, umgeben von abgeernteten Getreidefeldern.

»Und dann – er, mein Dienstherr …« Ann stockte, holte Luft, dann fing sie wieder an, als sei es ihr ein tiefes Bedürfnis, davon zu erzählen. »Er … er ist eines Nachts zu mir gekommen. Aber ich … ich wollte das nicht.« Sie senkte den Kopf noch tiefer. »Ich habe angefangen zu schreien. Da … da ist er zum Glück gegangen. Aber am nächsten Tag … da hat er behauptet, ich … ich hätte ihn bestohlen. Ein Tischtuch. Und dann … dann kamen die Konstabler und haben mich mitgenommen.«

Duncan hatte schon viele solcher Geschichten gehört. Sobald ein Dienstmädchen die Gunst seiner Herrschaft verlor, war es ihr schutzlos ausgeliefert. Niemand zweifelte das Wort eines ehrenhaften Bürgers an.

In die regenfeuchte, von Eukalyptusduft durchzogene Luft mischte sich der Geruch von Salz und Fisch.

»Kannst du es riechen?«, fragte Duncan.

»Was?«

»Das Meer. Wir sind gleich da.«

Ann schüttelte den Kopf und versank wieder in brütendes Schweigen. Als ihnen kurze Zeit später ein weiterer Karrenwagen entgegenkam, rückte sie jedoch ein klein wenig näher zu ihm. Duncan verkniff sich ein Grinsen. Andere Menschen waren für sie offenbar noch schlechter zu ertragen als er.

*

»Ein Waisenhaus? Das ist ein wundervoller Plan, Mrs King.« Catherine Crowley bekam leuchtende Augen. »Die armen Kinder haben ja niemanden. Wenn ich mir vorstelle, dass meine drei Jungen ohne Eltern aufwachsen müssten – ein entsetzlicher Gedanke.«

Sie warf einen Blick zum Buffet, wo ihr Ältester, ein aufgeweckter Junge von zehn Jahren, mithalf, die Reste des Essens in große Schüsseln zu packen. Auf den Tellern und Platten türmten sich die Überbleibsel von Kängurubraten und Rinderfilet, von Brot, Kuchen und Früchten. Gerade klaubte die dicke Mrs Zuckerman eine mächtige Scheibe Braten von einem Tablett auf ihren Teller. Man hätte meinen können, dass sie zu Hause nichts zu essen bekam.

»Wir sollten sofort einen Spendenaufruf starten. Meinst du nicht auch, D'Arcy?« Catherine Crowley, ehemalige Strafgefangene und Mutter von Wentworths Kindern, blickte sich zu ihm um. Ihr stupsnasiges Gesicht mit den vereinzelten Sommersprossen war nicht wirklich hübsch zu nennen, aber in ihren blauen Augen blitzte der Schalk. Sie passte gut zu Wentworth, fand Moira.

»Eure Pläne in allen Ehren, Mrs King, aber der Wiederaufbau des Gefängnisses hat zurzeit oberste Priorität.« Der Lagerverwalter von Toongabbie, William Penrith, zog seinen etwas zu eng sitzenden roten Uniformrock gerade. »Und das nur, weil gewissenlose Schurken das Zuchthaus von Sydney niedergebrannt haben. Solange sich so viele Verbrecher auf freiem Fuß befinden, ist unser aller Sicherheit in Gefahr. Die meisten Herren hier sind dafür, zu diesem Zweck ein Komitee zu gründen.«

»Aber Sergeant, wer will denn an einem so schönen Abend über so garstige Dinge nachdenken?« Wentworth schüttelte in gespieltem Tadel den Kopf. Er verströmte einen schwachen Geruch von Pfeifenrauch.

Er hatte nicht zu viel versprochen: Die Dinnerparty, die er alljährlich Ende Juni zum Jahrestag seiner Ankunft in Neusüdwales veranstaltete, war ein gesellschaftliches Großereignis. Alle, die in der jungen Kolonie Rang und Namen hatten, waren hier versammelt, Militär wie Zivilisten, und hatten sich zu diesem Anlass entsprechend herausgeputzt. In einer Ecke des Raums stand Mr King, der künftige Gouverneur, im Gespräch mit einem schmalen, verkniffen wirkenden Männchen: Mr Zuckerman, der Ehemann der heute in helles Flieder gekleideten Steckrübe. Einige Schritte vom Buffet entfernt erblickte Moira ihren eigenen Mann mit Dr. Jamison, und im Hintergrund leider auch Major Penrith, zusammen mit Mr Macarthur und einigen anderen Offizieren.

Wentworths Farm in Parramatta war ein großer Holzbau inmitten eines Fleckens gerodeten Buschs und im Laufe der Zeit um verschiedene kleinere Anbauten erweitert worden. Als sie angekommen waren, hatte es bereits gedämmert. Hinter dem Haus breitete sich eine große Wiese aus, auf der im Sommer sicher Blumen wuchsen, davon abgeteilt ein Gemüsegarten. McIntyre hatte diese Einladung als unwillkommene Störung in seinem Tagesablauf betrachtet, aber selbst er war sich darüber im Klaren gewesen, dass sie nicht fernbleiben durften. Und so hatten sie sich am frühen Abend auf den Weg gemacht, zusammen mit O'Sullivan, der die Kutsche fuhr. Es war ein gewisses Risiko, ihn mitzunehmen, da sich auch Major Penrith angekündigt hatte, aber es war kaum zu befürchten, dass die beiden sich über den Weg laufen würden.

Stimmengewirr. Gelächter. Lichterglanz. Moira genoss es, wieder einmal unter Menschen zu kommen.

»Ist es wahr, Mrs McIntyre, dass man in Toongabbie einen Sträfling verhaftet hat, der katholischer Priester ist?«, wandte sich Catherine an sie.

Moira nickte. »Vater Harold. Er kam mit uns auf der *Minerva*. Angeblich soll er an einer Verschwörung der Sträflinge beteiligt gewesen sein.«

»Angeblich?« Wentworth sah sie aufmerksam an. »Dann glaubt Ihr wohl nicht recht an seine Schuld?«

»Das alles hat sich längst als haltlos herausgestellt«, gab Moira zurück. »Die vermeintlich hergestellten Piken waren nichts als die Erfindung eines verwirrten Sträflings.« Der Mann hatte die Soldaten bis nach Sydney geführt, wo die Piken im Hafenbecken versenkt worden sein sollten; als sich herausgestellt hatte, dass alles nur erfunden war, hatte man den Sträfling mit etlichen Peitschenhieben gezüchtigt.

»Oh, D'Arcy, ich suche Euch schon überall!« Mrs Zuckerman steuerte mit hoch beladenem Teller auf ihre Gruppe zu.

Wentworth zuckte fast unmerklich zusammen und stellte sein Glas ab. »Ich bin untröstlich, Mrs Zuckerman, aber ich muss weiter – die Pflichten des Gastgebers, Ihr versteht? Wir finden sicher später noch Zeit für einen kleinen Plausch.«

» Natürlich …« Moira musste ein Lachen zurückhalten, als Mrs Zuckerman enttäuscht ihr Gesicht unter der Spitzenhaube verzog und dem gutaussehenden Arzt hinterherschaute, der sich nun zu Mr King und zwei Offizieren gesellte.

Mrs Zuckerman balancierte ihren überladenen Teller mit erstaunlich viel Geschick. Sie maß Moiras Figur mit einem prüfenden Blick, dann beugte sie sich vertraulich vor. » Na, immer noch nichts Kleines unterwegs? «

Moira musste sich beherrschen, um ihr nicht den Teller aus der Hand zu schlagen. Elizabeth Macarthur, die zu Moiras großer Freude ebenfalls gekommen war, war wenigstens so taktvoll gewesen, nicht nach dem Erfolg ihres Tees zu fragen. Vorhin erst hatte Elizabeth ihr bestätigt, dass sie erneut ein Kind unter dem Herzen trage. Moira freute sich für sie, auch wenn sie selbst dadurch an ihr eigenes Versagen erinnert wurde. Elizabeths Tee wirkte bei ihr nicht – ganz abgesehen davon, dass McIntyre seine nächtlichen Bemühungen mittlerweile fast gänzlich aufgegeben hatte.

Moira überlegte gerade, wie sie Mrs Zuckerman entkommen konnte, ohne ungehörig zu wirken, als diese sich erneut an sie wandte. » Sagt, Mrs McIntyre, ist das Leben in Toongabbie nicht furchtbar gefährlich? «

Moira öffnete den Mund zu einer Antwort, aber bevor sie etwas erwidern konnte, sprach Mrs Zuckerman schon weiter. » Also, ich könnte das nicht, den ganzen Tag da draußen im Busch. Ich würde nirgendwo anders als in Sydney leben wollen. Dort geht es wenigstens gesittet zu. Aber mitten im Busch wie Ihr, liebe Mrs McIntyre, nein, das könnte ich nicht. Dieses unzivilisierte Land. Die vielen Sträflinge. Und dazu diese ständige Bedrohung durch die Wilden. Wie heißt der gefährlichste von ihnen? Pemboy oder so ähnlich. Diese Wilden habe ja alle unaussprechliche Namen. «

»Pemulwuy«, erklärte Catherine, die ein Lächeln nicht zurückhalten konnte.

»Habt Ihr bereits die Bekanntschaft dieses Menschen gemacht, Mrs Wentworth?«, schaltete sich Mrs King ein. Moira hatte den Eindruck, als wäre sie etwas besorgt.

»Miss Crowley«, berichtigte Catherine lächelnd. »D'Arcy und ich sind nicht verheiratet. Nein, Mrs King, ich kenne Pemulwuy nicht. Aber ihn zu treffen wäre sicher eine interessante Erfahrung.«

»Pemulwuy?« Eine helle Jungenstimme mischte sich in die Unterhaltung; sie gehörte dem jungen William, Catherines und Wentworths Sohn, der die gleichen wachen Augen aufwies wie seine Mutter. »Ich habe gehört, er soll magische Kräfte besitzen.«

»Willy!«, rügte ihn seine Mutter liebevoll.

»Nun ja«, wandte sein Namensvetter, der »nette Penrith«, ein, »das einfache Volk glaubt solche Gerüchte. Nach allem, was man so über ihn erzählt ...«

»Was erzählt man denn?«, fragte Moira, neugierig geworden.

»Habt Ihr noch nicht die Geschichten über ihn gehört? Nein, das könnt Ihr ja nicht, Ihr seid ja erst seit kurzem hier.« William Penrith genoss es sichtlich, endlich einmal im Mittelpunkt zu stehen. »Ein wirklich wilder Geselle, dieser Pemulwuy. Vor einigen Jahren wurde dieser Teufel in Menschengestalt bei einer Schlacht von sieben Kugeln getroffen. Man glaubte ihn tot, aber er war nur schwer verwundet. Soldaten brachten ihn ins Lazarett von Parramatta. Dort schwebte er viele Tage zwischen Leben und Tod, und dann, eines Tages – war er fort.«

»Fort?«

»Er floh. Kein Mensch weiß, wie. Er ließ sogar die schweren Fußketten zurück.«

»Die Wilden sagen, er habe sich in einen Vogel verwandelt!«, mischte sich der Junge wieder ins Gespräch. »Sie sagen, keine Ketten könnten ihn halten und keine Kugel ihn verletzen.«

»Papperlapapp, keine Kugel«, warf William Penrith ein. »Der Kerl ist einfach nur zäh. Er muss inzwischen an die acht oder zehn Unzen Blei in sich tragen. Aber früher oder später erwischen wir ihn, und dann ist es aus mit den Überfällen auf unsere braven Siedler!«

»Er verteidigt nur seine Rechte«, gab Catherine sanft zurück. »Entschuldigt mich.« Sie bahnte sich einen Weg durch die Menge zu Wentworth.

Im nächsten Moment durchdrang ein helles Klingen das Stimmengewirr. Wentworth stand vor dem Buffet und klopfte mit einem Löffel an sein Glas.

»Meine Herrschaften!«, vernahm man seine Stimme. Er räusperte sich und fuhr dann fort. »Bitte, ich möchte einen Toast aussprechen.«

Er wartete, bis das Stimmengewirr erstarb und sich alle Blicke ihm zugewandt hatten. Catherine stand jetzt neben ihm. »Ladies und Gentlemen, verehrte Neuankömmlinge, liebe Alteingesessene, ich danke Euch, dass Ihr so zahlreich hier erschienen seid. Und dass Ihr meinem Buffet so reichlich zugesprochen habt.« Lachen pflanzte sich fort.

»Lasst uns dieses Land feiern, das mich so freundlich aufgenommen und so reich beschenkt hat.« Wentworth hob die Hand, als die Ersten ihm bereits zuprosten wollten. »Als ich heute vor zehn Jahren in Port Jackson landete, war ich ein knapp der Verurteilung entgangener Flüchtling. Und doch hatte ich an Bord der *Neptune* bereits das Glück meines Lebens gefunden.« Er wandte sich zu Catherine und verbeugte sich leicht in ihre Richtung. Eine leichte Röte überhauchte ihr stupsnasiges Gesicht.

»Dir, meine Liebste«, fuhr Wentworth an sie gewandt fort, »widme ich diesen Abend. Und jetzt, verehrte Gäste, lasst uns die Gläser heben und auf diese wundervolle Frau trinken!« Er zog sie an sich und gab ihr ungeniert einen herzhaften Kuss auf den Mund, sein Glas in der Rechten haltend.

»Nein, so etwas!«, hörte Moira Mrs Zuckerman neben sich murmeln. »Schamlos ist das!«

Moira drehte sich zu ihr um, Wut brandete plötzlich in ihr auf. »Was ist so falsch an der Liebe, Mrs Zuckerman?«, warf sie ihr ins Gesicht.

Mrs Zuckerman starrte sie sprachlos und mit offenem Mund an, ihr Doppelkinn wackelte vor Empörung. Dann fiel Moiras Blick auf McIntyre. Er stand schräg hinter der dicken Frau, ein Glas mit Saft in der Hand, und in diesem Moment hätte sie am liebsten geweint. Dort war ihr eigenes Unglück, verkörpert in einem hässlichen, lieblosen Doktor der Medizin, der sie nur als Zuchtstute betrachtete. Und nicht einmal dieser Aufgabe war sie gewachsen. Aber sie war jung! Sie wollte leben und glücklich sein! Sie wollte nicht an seiner Seite versauern.

Ein Gedanke durchfuhr sie wie ein Blitz: War es diese nicht enden wollende Trostlosigkeit, warum Victoria, McIntyres erste Frau, sich umgebracht hatte? Weil sie es an seiner Seite einfach nicht mehr ausgehalten hatte?

»Und jetzt«, Wentworth hob erneut die Stimme, »möchte ich diejenigen nach draußen bitten, die sich meine bescheidene Pferdezucht ansehen wollen.«

Das ließ sich niemand zweimal sagen. Während sich die Gesellschaft nach draußen begab, trugen einige von Wentworths Sträflingen die zusammengeräumten Essensreste nach draußen.

Wentworth war ein leidenschaftlicher Reiter und plante, demnächst eine eigene Pferderennbahn errichten zu lassen.

Ein Gedränge und Geschiebe entstand, als jeder zuerst ins Freie wollte. Vor den Ställen erhellten Fackeln die Nacht. Wentworth nannte ein paar edle Pferde sein Eigen; im Feuerschein glänzten die schwarzen und kupferbraunen Tiere, die von je einem Sträfling gehalten wurden, wie Metall. Ob O'Sullivan auch dort war? In dem Wechselspiel zwischen hell und dunkel konnte Moira kaum Gesichter erkennen.

Ein seltsamer Laut war zu hören, etwas wie ein jammerndes Jaulen. Dann sah Moira, was den Ton verursachte: ein goldfarbener Dingo, ganz ähnlich dem, der July stets begleitete. Das Tier stand vor Major Penrith und benahm sich ausgesprochen merkwürdig. Es jaulte, legte sich auf den Boden, knurrte, sprang auf, legte sich erneut hin und winselte, als sei der Major eine Beute, die zu groß, aber unwiderstehlich war. Oder als wollte es ihn warnen.

Der Major wirkte irritiert. Er fuchtelte mit den Armen und versuchte, das Tier zu treten. »Verschwinde, verdammter Köter!«

Ein Aufschrei unterbrach ihn. »Wilde!«

Allgemeine Panik war die Folge. Die Geschichten über den scheinbar unverwundbaren Schwarzenhäuptling und seine Verbrechen kamen Moira sofort wieder ins Gedächtnis, und das Entsetzen kroch ihr mit Spinnenbeinen über den Rücken.

»Zurück ins Haus!«, ertönte es von irgendwo, und: »Waffen, zu den Waffen!«

Dann sah Moira den Grund des Schreckens, und die Erleichterung erfasste sie gleich doppelt. Einmal, weil es nur ein einzelner Mensch war, und zweitens, weil es sich dabei um July handelte. Sie lebte! Reglos stand sie vor dem Wald, nur wenige Schritte von ihnen entfernt, und blickte die Gesellschaft stumm an. Diesmal erhellte kein Lächeln ihre dunklen Züge. Was tat sie hier, fern von Toongabbie?

»Beruhigt Euch! Ich kenne sie – sie ist harmlos!«, rief Moira. Die allgemeine Aufregung legte sich allmählich, dennoch zogen es die meisten vor, sich zurück ins sichere Haus zu begeben.

Moira wäre am liebsten zu dem Mädchen gegangen, aber irgendetwas hielt sie zurück. July wirkte so anders als sonst, so – unnahbar. Moiras Augen hatten sich an das flackernde Helldunkel gewöhnt; sie sah eine kaum verheilte Wunde wie von einem Streifschuss an Julys linkem Arm.

Auch der Major hatte July erblickt. »Du verdammte Satansbrut!«, schrie er. Seine Hand fuhr an den Degen an seiner Hüfte. »Noch einmal entkommst –«

Urplötzlich stöhnte er auf. Er öffnete den Mund zu einem lautlosen Schrei, dann stürzte er zu Boden. Für einige Sekunden blieb er liegen, steif wie ein Ladestock, mit verzerrtem Gesicht und verdrehten Augen. Dann fing sein ganzer Körper an zu zucken, seine Arme und Beine ruderten in Krämpfen. Moira bekam einen Fußtritt ab, der sie straucheln ließ, und bevor sie sichs versah, fiel sie mit dem Hinterteil auf die Erde.

»Einen Arzt!«, rief jemand. »Schnell, wir brauchen einen Arzt!«

»Verdammt!« William Penrith war neben ihr aufgetaucht, dahinter McIntyre.

»Habt Ihr Euch verletzt?« Auch O'Sullivan war plötzlich an ihrer Seite; er beachtete den wild um sich rudernden Major kaum.

»Nein.« Sie ließ sich von ihm aufhelfen. »Danke.«

Wentworth war ebenfalls herbeigeeilt. »Was ist passiert?«

»Ein Anfall. Haltet seine Arme und Beine fest!«, wies McIntyre die Männer an.

Das war gar nicht so einfach. Heftige Zuckungen schüt-

telten den Körper des Majors wie in einem absurden Tanz.
Sein Kopf fuhr auf und schlug zurück auf den Boden. Aus
seinem Mund kam schaumiges Blut, es sah zum Fürchten
aus. Moira verfolgte das Ganze mit einer Mischung aus
Abscheu und Faszination. Was geschah hier?

William zog sich hastig seinen Uniformrock aus, knüllte
ihn zusammen und legte ihn unter den Kopf seines Bruders.
Offenbar geschah so etwas nicht zum ersten Mal. Zu viert
gelang es ihnen schließlich, den Major festzuhalten; William und O'Sullivan an den Armen, die beiden Ärzte an den
Fußgelenken. Das minderte die Zuckungen etwas.

Nach ein paar Minuten ließen die Krämpfe nach, erschlaffte der Körper. Der Major schnappte röchelnd nach
Atem, dann schien er übergangslos in Schlaf zu fallen. William seufzte auf, lockerte seinem Bruder die Halsbinde und
wischte ihm damit das Blut vom Kinn. Als Moira aufschaute,
bemerkte sie, dass July und der Dingo verschwunden waren.

»Ist es das, was ich denke?«, fragte Wentworth leise.

William sah ihn erschöpft an, dann nickte er.

»Wie oft hat er diese Anfälle?«

»Das weiß ich nicht. Vermutlich nicht allzu häufig. Dr.
Wentworth, ich … mein Bruder und ich wären Euch zu
großem Dank verpflichtet, wenn Ihr über diese Krankheit Stillschweigen bewahren könntet. Ihr ebenfalls, Dr.
McIntyre.«

McIntyre nickte wortlos.

»Selbstverständlich«, sagte Wentworth. »Das fällt unter
die ärztliche Schweigepflicht.« Er erhob sich. »Kein Grund
zur Sorge, Ladies und Gentlemen«, rief er in die Runde, die
sich spürbar verkleinert hatte. »Der Major ist von einer
Schlange gebissen worden, was einen kurzen Krampfanfall
auslöste. Es geht ihm schon wieder besser. Dr. McIntyre wird
sich um ihn kümmern. Bitte, meine Damen, meine Herren,

lasst Euch nicht von diesem kleinen Zwischenfall beunruhigen. Geht zurück ins Haus und vergnügt Euch.«

Spätestens bei der Erwähnung der angeblichen Schlange hatten sich auch die letzten Neugierigen entschlossen, in den Salon zurückzukehren.

»Bringen wir ihn ins Haus«, sagte William schließlich.

Als er und O'Sullivan den Major hochhoben, sah Moira, dass dieser sich eingenässt hatte; auf seiner ehemals blütenweißen, enganliegenden Uniformhose war ein großer feuchter Fleck zu sehen.

»Schlange, dass ich nicht lache!«, hörte sie Mrs Zuckerman sagen, als sie durch die Eingangshalle gingen. »Die kleine Wilde hat ihn verhext! Ich habe doch gesehen, wie sie ihn angestarrt hat!«

*

Moira hatte ihr Schultertuch über das feine hellblaue Kleid gelegt und war wieder nach draußen gegangen. Selbst jetzt war es noch frühlingshaft mild, obwohl es doch Winter war. Den Großteil der Fackeln hatte man weggeräumt, nur noch wenige brannten in den Halterungen vor den Schuppen. Die Pferde standen wieder in ihren Ställen, Männerlachen und Stimmen waren aus einer Ecke zu hören. Dort durften sich die Sträflinge über die Reste des Buffets hermachen.

Aus der geöffneten Verandatür drang Tanzmusik. Einige Gäste waren bereits schlafen gegangen; Wentworth hatte dafür Zimmer im Obergeschoss herrichten lassen. Moira hätte sich auch zurückziehen können, aber sie war kein bisschen müde. Nach Tanzen stand ihr allerdings auch nicht der Sinn, ganz abgesehen davon, dass sie nicht gewusst hätte, mit wem sie hätte tanzen können. McIntyre würde noch einige Zeit bei Major Penrith bleiben.

Ein leichter Wind bewegte die Baumwipfel. Ob July noch da war? Vielleicht wartete das Mädchen auf sie, versteckt im Dunkel der Bäume? Moira nahm sich eine der kleinen Laternen, die die Veranda säumten, und ging langsam auf den Waldrand zu.

»July?«, rief sie leise. »July, bist du hier?«

Sie lauschte, vermeinte ein Knacken zu hören.

»July?«

Sie hob den Saum ihres Kleides und ging weiter, hinein in den Wald. Hinter ihr schloss sich das Gebüsch. Kaum hatte sie den erleuchteten Platz vor Wentworths Haus hinter sich gelassen, spürte sie die Veränderung, als wäre sie in eine fremde Welt eingetreten. Der Lichtkegel ihrer Laterne erhellte nur einen kleinen Flecken, dahinter war Wildnis und Dunkelheit. Geräusche erfüllten die Nacht, wie in einem Märchenwald zirpte und raunte es von allen Seiten.

»July?«

Ein Rascheln. Seitlich neben ihr. Oder – nein, es kam von oben. Erschrocken ging sie ein paar Schritte vorwärts. Wie finster und fremd es hier war. Wenn sie nicht gewusst hätte, dass nur wenige Schritte hinter ihr bewohntes Gebiet war, sie hätte glauben können, völlig allein auf der Welt zu sein.

Wieder ein Rascheln, diesmal hinter ihr. Allmählich wurde es ihr doch unheimlich. Vielleicht sollte sie lieber wieder umkehren, bevor sie sich verlief. Aber sie fühlte sich für das Mädchen verantwortlich, wollte sich vergewissern, dass es ihr gutging.

»July?«

»Sie ist nicht mehr da.«

Moira fuhr herum, als sie hinter sich eine Männerstimme hörte. Dann erkannte sie den Sprecher und seufzte erleichtert auf. Erleichtert und ein wenig aufgeregt. »Ihr seid es! Ich dachte schon, es wäre …«

»Ein Tiger?« Ein Lächeln huschte über O'Sullivans Züge.

»Natürlich nicht. Tiger leben in Indien und sprechen eher selten.« Sie leuchtete ihm ins Gesicht. »Was tut Ihr hier?«

»Ich bin Euch gefolgt.« Er hob geblendet die Hand.

»Das wird allmählich zu einer Angewohnheit von Euch«, gab Moira lächelnd zurück und senkte die Laterne. »Ich bin so froh, dass July wieder aufgetaucht ist. Als der Major auf sie geschossen hat …« Sie ließ offen, was sie sagen wollte.

»Der Major ist ein gefährlicher Mann. Selbst wenn er am Boden liegt. Tut es noch weh?«

»Was denn?«, fragte Moira verwirrt.

»Wo er Euch getreten hat. Es sah ziemlich schmerzhaft aus.«

»Oh, das … nein, nein … allerdings werde ich wohl einen blauen Fleck bekommen.« Sie lachte auf, etwas zu nervös, wie sie fand. »Mrs Zuckerman glaubt, July hätte den Major verhext.«

Er lachte nicht. »Glaubt Ihr das auch?«

»Nein, aber – nun, es sah doch wirklich so aus, als sei ein Dämon in den Major gefahren.«

»Ich hätte Euch nicht für so abergläubisch gehalten.«

So durfte kein Sträfling mit ihr sprechen. Absolut nicht. Aber hier, in dieser unwirklichen Umgebung, war alles anders, schienen diese Grenzen aufgehoben.

»Es ist die Krankheit des heiligen Paulus«, fuhr er fort. »Die Fallsucht. Erinnert Ihr Euch, wie eigenartig sich der Dingo verhalten hat?«

»Ja! Es schien fast, als wüsste er, was mit dem Major nicht stimmt. Als wollte er ihn warnen.«

»Manche Hunde können es spüren. Sie merken, wann ein Anfall droht.«

»Woher wisst Ihr das?«

»Der Doktor hat es vorhin erwähnt«, gab er zu. Ein leichtes Lächeln umspielte seine Lippen. Moira atmete tief ein und wusste nicht, was sie sagen sollte. Sie wusste nur, dass sie schon viel zu lange hier im Wald war, allein mit ihm. Aber sie fühlte sich wohl in seiner Gegenwart. Sie spürte den leichten Wind in ihrem Haar. Im nächsten Moment schrie sie auf und ließ vor Schreck die Laterne fallen. Schlagartig erlosch das Licht.

»Was ist los?« O'Sullivans Stimme klang besorgt.

Moira keuchte, ihre Hände fuhren nach oben. »Ich … ich weiß nicht! Irgendetwas sitzt auf meinem Kopf! In meinem Haar!« Sie flüsterte, obwohl sie am liebsten geschrien hätte. Aber das wagte sie nicht.

Spitze Krallen klammerten sich in ihr Haar, ganz nah an ihrem Ohr quiekte und zirpte es. Vor ihrem geistigen Auge erschienen die schrecklichsten Gestalten der Wildnis.

»Holt es runter! Bitte!« Ihre Stimme wurde schriller.

»Bleibt ganz ruhig stehen! Ihr dürft Euch nicht bewegen!«

»Schnell! Bitte!« Es fiel ihr schwer, seiner Anweisung nachzukommen. Mit angehaltenem Atem und fest geschlossenen Augen stand sie zitternd da. O'Sullivans Hände tasteten sich an ihren Schultern entlang, bis er ihren Kopf erreicht hatte. Seine Finger fassten in ihr Haar.

»Ich glaube nicht, dass es gefährlich ist«, hörte sie dann seine Stimme in der Dunkelheit. »Es fühlt sich ganz weich an. Wie ein … Aua … Aber es hat scharfe Krallen. Und es scheint sich bei Euch wohl zu fühlen.« Er lachte leise und tastete sich weiter in ihr Haar.

»Trotzdem«, bat sie, nun weitaus ruhiger. »Nehmt es fort.«

»Ich glaube, es ist etwas Ähnliches wie eine große Maus«, sagte er ganz nah bei ihr. »Oder eher wie ein Eichhörnchen.

Es hat einen langen, buschigen Schwanz. Und – hier spüre ich ganz viel Haut. Behaarte Haut. Ein seltsames Kerlchen.«

Seine Nähe ließ ihr Herz schneller schlagen, aber ihre Angst war verschwunden. Tief sog sie seinen Geruch nach Stall, Rauch und frischem Schweiß ein und hielt mit geschlossenen Augen still, während er das Tierchen Pfote für Pfote aus ihrem Haar löste.

»Es ist fort«, sagte er schließlich. »Ich habe es in einen Baum gesetzt.«

»Danke«, murmelte Moira, ohne die Augen zu öffnen. Irgendwo über ihr stieß das kleine Geschöpf Töne aus, die entfernt an das Bellen eines Hundes erinnerten. »Aber … könnt Ihr vielleicht noch mal nachsehen? Ich habe das Gefühl, als wäre da noch etwas.«

Seine Finger strichen sanft über ihre Kopfhaut. Ein Kribbeln stieg ihren Rücken hoch und entfachte eine warme Flamme in ihrem Bauch. Unwillkürlich seufzte sie auf.

Sofort hielt er inne. »Tut Euch etwas weh?«

»Nein«, flüsterte sie. »Es … es fühlt sich nur so gut an.«

Das Streichen ging über in ein sanftes Kraulen, ein leichtes Kreisen mit den Fingerkuppen. Die Flamme in ihrem Bauch loderte heller. Moira biss sich auf die Lippen, um nicht aufzustöhnen, als er ihren Hals berührte. Sein Atem streifte ihre Wange. Seine Hand strich die Haare in ihrem Nacken zur Seite, dann spürte sie seine Lippen an ihrem Haaransatz. Ein weiterer wohliger Schauer durchlief sie, ihr war schwindelig. Träumte sie?

»Nicht«, wollte sie sagen, aber es kam kein Laut aus ihrer Kehle. Sie drehte sich um, tastete im Dunkeln nach ihm und hob ihr Gesicht zu ihm empor.

War dies Wirklichkeit? Oder doch ein Traum? Sie konnte nichts sehen, konnte ihn nur spüren, seine Hände auf ihrem

Gesicht, sein Körper so nah bei ihrem. Und wie im Traum ließ sie sich fallen in seinen Kuss, öffnete ihre Lippen, ließ ihn ein. Es war, als hätte sie ihr Leben lang darauf gewartet, so selbstverständlich war es. Und so – zwangsläufig. Dies war es, wonach sie so lange gehungert hatte, das wurde ihr in diesem Moment klar.

»Nein«, keuchte sie, als er sich von ihr lösen wollte. »Nicht aufhören!«

»Das … das dürfen wir nicht!«, stieß er ein wenig atemlos hervor, aber im nächsten Moment hielt er sie schon wieder in seinen Armen, entflammte ihren Körper erneut.

»Wir müssen zurück«, sagte er, als sie schließlich mit wunden Lippen voneinander ließen.

»Ich will nicht«, murmelte Moira. »Lass uns für immer hierbleiben. Halt mich einfach nur fest!«

Für eine Weile standen sie in stummer Umarmung da, selbstvergessen, dem Herzschlag des anderen lauschend. Dann schreckte Moira ein eigenartiges Geräusch auf, ein dunkles, dumpfes Grollen, weit entfernt und doch irgendwie nah.

»Hörst du das auch?«

»Ja.« Duncans Stimme klang eher amüsiert als besorgt.

»Was ist das?«

»Mein Magen«, bekannte er.

»Was?« Die kurzzeitige Anspannung fiel von Moira ab, sie lachte wie ein kleines Mädchen. »Das ist dein Magen, der da so knurrt? Hast du denn noch nichts gegessen?«

»Nein. Ich musste ja hinter jungen Frauen herschleichen, die nachts einen Ausflug in den Busch machen wollen.«

Erneut kicherte sie. Aber der Zauber war gebrochen, die Wirklichkeit hatte sie wieder. Sie räusperte sich. »Wir … Ich sollte jetzt gehen.«

Hand in Hand bahnten sie sich einen Weg durch die Finsternis, zurück in die Zivilisation, vorbei an wisperndem Nachtgetier und duftenden Büschen. Als sie die Laternen des Hauses durch das dichte Laub schimmern sahen, blieb Duncan stehen.

»Gute Nacht«, sagte er leise.

Er blieb im Schatten der Bäume zurück, während sie auf das Haus zuging, süßen Schmerz auf den Lippen.

10.

Ein lauter Schnarcher ihres Mannes riss Moira aus dem Schlaf. Sie schreckte auf, brauchte einige Sekunden, um sich in der Dunkelheit zu orientieren. Wovon hatte sie bloß geträumt? Von Irland? Nur das Echo von etwas Verlorenem hallte in ihren Gedanken wider.

Neben ihr erklang das grunzende Atmen von McIntyre, der sich an diesem Abend wie auch an den zurückliegenden schweigend neben sie gelegt hatte und sogleich eingeschlafen war. Das Fenster war geschlossen – McIntyre wollte es so –, und in der Schlafstube war es warm und stickig. Moira warf die Decke zurück, das Nachthemd klebte verschwitzt an ihrem Körper. So konnte sie unmöglich wieder einschlafen, dabei wäre sie so gerne zurückgekehrt zur verlorenen Heimat. Ob sie den Traum zurückbringen konnte? Leise richtete sie sich auf, öffnete die Schachtel unter ihrem roh gezimmerten Nachttischchen und holte ein in Ölpapier gewickeltes kleines Päckchen hervor.

Auf nackten Füßen ging sie in die Küche. In der gemauerten Feuerstelle glomm etwas rote Glut wie das Auge eines Riesen. Leise, um Ann, die in der Nebenkammer schlief, nicht zu wecken, ging Moira auf die Knie und öffnete das Päckchen. Torf, mitgebracht aus Irland. Die Moorerde fühlte sich gut an unter ihren Händen; dunkel und bröselig, von Fasern durchsetzt. Moira gab die Hälfte davon in die Glut und blies behutsam darauf, sah zu, wie der Torf an den Rändern sanft zu glühen begann, bis der rote Saum eine Ecke erfasste und der Brocken mit kleiner blauer Flamme zu brennen begann.

Sie schloss die Augen und atmete tief ein, als die Küche sich mit dem Geruch der alten Heimat füllte, dem dunklen, würzigen Moorgeruch. Mit einem Schlag war alles wieder da: ihr Zimmer in Dublin. Ivy. Dorchas. Der Stall und das neugeborene Fohlen. Vaters Weinkeller. Der Tee am Nachmittag. Scones mit Erdbeermarmelade.

Die Sehnsucht nach Zuhause wurde plötzlich übermächtig. Sie hatte gehofft, sich besser zu fühlen, diese fiebrige, innere Unruhe besänftigen zu können, aber das Gegenteil war der Fall. Es wurde schlimmer. Das Heimweh legte sich schwer auf ihre Brust und ließ sie kaum atmen.

Sie musste nach draußen. Hier bekam sie keine Luft mehr. Keuchend sprang sie auf, lief zur Eingangstür und stürzte hinaus auf die Veranda.

Der Regen hatte aufgehört, es war erstaunlich kühl. Ein vom Dach herabfallender Tropfen traf sie auf der Nase. Für eine Weile stand sie nur da und versuchte, wieder zur Ruhe zu kommen. In der regenfeuchten Dunkelheit ging ihr Atem wieder leichter, verschwand der Druck um ihren Brustkorb. Sie legte den Arm um einen der hölzernen Pfeiler, die das Vordach trugen, und lauschte hinaus in die Nacht. Es musste weit nach Mitternacht sein. Bis auf ein paar ferne Tierlaute, die vom Busch herüberschallten, regte sich nichts. Auch Ann schien nicht aufgewacht zu sein. Ein leichter Wind kühlte Moiras erhitzte Haut, es roch nach Eukalyptus und feuchter Erde.

Erneut füllte sie ihre Lungen mit der klaren Frische der südlichen Nacht. Sie fröstelte, so dünn, wie sie bekleidet war. Warum hatte sie nicht wenigstens ihr Schultertuch mitgenommen? Immerhin war jetzt Winter, und der zeigte sich hier hauptsächlich in heftigen Regenschauern.

Auf dem Platz vor dem Haus konnte sie im schwachen Licht der Mondsichel Pfützen schimmern sehen. Ihr Blick fiel auf das langgestreckte Kutschenhaus auf der anderen Seite des Platzes, und wie von selbst löste sie sich von dem Pfeiler und trat hinaus in die Nacht.

Kühler Schlamm quoll zwischen ihren nackten Zehen hervor. Es kümmerte sie nicht. Die Tür des Kutschenhauses ließ sich fast lautlos öffnen. Dunkelheit und die scharfen Ausdünstungen der Pferde umfingen sie, als sie zögernd eintrat. Sie zog die Tür wieder zu. Es war stickig hier drinnen. Ihre Beine waren schwach, als wäre sie gerannt.

Sie stieß ein paar beruhigende Laute aus, um die Pferde nicht zu erschrecken. Halb blind tastete sie sich vorwärts, bis sie einen warmen Leib berührte, feuchte Nüstern, die sich ihr entgegenreckten. Das Tier schnaubte.

»Schsch …«, machte sie. »Ganz ruhig, ich will dir nichts tun.«

Sie strich über die weiche Flanke, fühlte sich für einen winzigen Moment fast wieder wie zu Hause. Aber hier war nicht zu Hause. Und sie war nicht wegen der Pferde gekommen.

Sie trat ein paar Schritte zurück. Allmählich gewöhnten sich ihre Augen an die Dunkelheit; sie konnte Decken und die goldblitzenden Beschläge eines Sattels erkennen. Nachts waren hier die Pferde untergebracht, ein jedes in einem eigenen Verschlag, getrennt durch eine halbhohe Bretterwand. Einige der Verschläge schienen leer zu sein. Für die Kutschen war der hintere Teil des Gebäudes vorgesehen.

Sie hörte Holz knirschen, als jemand die Leiter vom Heuboden herabstieg. Duncan.

Seit sie von Wentworths Farm zurückgekehrt waren, hatte sie nicht mehr mit ihm gesprochen. Sie hatte versucht zu vergessen, was vorgefallen war. Ihn zu vergessen. Es war ihr nicht gelungen.

Sie spürte, dass er jetzt dicht hinter ihr stand, aber sie wagte nicht, sich umzudrehen. Ihr Herz klopfte so laut, dass es in ihrem Kopf widerhallte.

»Mrs McIntyre?«, flüsterte er.

Sie schüttelte den Kopf. »Moira. Bitte, nenn mich Moira.«

»Moira«, wiederholte er leise. »Was macht Ihr ... Was machst du hier?«

Sie hob in einer hilflosen Geste die Schultern. »Ich habe es da drinnen nicht mehr ausgehalten. Ich ... ich glaube, ich musste dich sehen.«

Er antwortete nicht sofort. »Hier bin ich«, sagte er dann leise.

Jetzt endlich wagte sie es, sich umzudrehen. Sie konnte ihn kaum erkennen, nur einen vagen Umriss vor einem dunklen Hintergrund.

»Soll ich Licht machen? Irgendwo habe ich eine Laterne, ich muss nur –«

»Nein!«, fiel ihm Moira ins Wort. »Nein, kein Licht. Ich ...« Ihr Herz schien zu stolpern. »Ich brauche dich«, flüsterte sie, dann schloss sie die Augen und wartete, hoffte, wünschte, dass er sie noch einmal so küsste, wie er es bei Wentworth getan hatte.

Aber nichts geschah. Moira öffnete die Augen wieder. Duncan rührte sich nicht. Er stand nur da und sprach kein Wort.

Moira hielt den Atem an, bis Enttäuschung und Scham ihre Wangen brennen ließen und ein Kälteschauer ihren Körper durchlief.

»Entschuldige.« Sie drehte sich um. »Ich werde besser wieder gehen.«

Dann war er plötzlich an ihrer Seite, ganz nah und warm.

»Nein«, sagte er endlich. Sanft und ohne ein weiteres Wort zog er sie in einen leeren Verschlag.

Er hielt sie, küsste sie, und alles war wieder so wie beim ersten Mal. Wie hatte sie nur an ihm zweifeln können? Sie kam sich vor, als schwebe sie ein Stück über dem Boden, sie fühlte sich schwindelig und federleicht zugleich.

Sie presste sich näher an ihn, wollte ihn spüren, ihn berühren. Sein Hemd hing locker über den Bund seiner Hose, so, als hätte er es sich schnell übergestreift. Durch den dünnen Musselin ihres Nachthemds bemerkte sie, wie sich etwas bei ihm regte. Mutig wanderte ihre Hand abwärts, forschte nach und fand lebendige Härte.

Er stöhnte leise auf und löste sich zögernd von ihr. »Bitte, Moira, wir …«

»Sch …«, machte sie. »Nicht reden.«

Er redete auch nicht mehr. Nicht mehr, als er sie erneut küsste, und auch nicht, als er an dem Band zog, das ihr Nachthemd am Hals zusammenhielt. Der dünne Stoff glitt über ihre Schultern und fiel zu Boden.

Sie atmete schwer, aber statt Scham durchwehte sie ein wunderbares Gefühl von Wärme und Glück. Kurzentschlossen zog sie jetzt ihm das Hemd aus. Im nächsten Moment schlossen sich seine Hände um ihre Brüste, stark und doch zärtlich, und in ihr stieg ein Flattern auf, ein köstliches Ziehen in ihrem Unterleib, stärker als je zuvor.

In dem Pferdeverschlag, zwischen Sätteln, Zaumzeug und Decken, sanken sie nieder. Moiras Haut schien zu glühen und verlangte doch nur nach mehr. Mehr von seinen Küssen, von seinen Liebkosungen. Mehr von ihm. Seine Hände erforschten ihren Körper, berührten sie an Stellen, wo sie noch nie berührt worden war. Dann war er über ihr. Willig spreizte sie die Beine, um ihn einzulassen, bereitete sich auf den Schmerz vor, der für sie zu diesem Akt so selbstverständlich dazugehörte wie das Atmen zum Leben. Aber da war kein Schmerz. Als er in sie eindrang, keuchte sie vor Entzücken auf. Gleißende Feuerräder explodierten vor ihren Augen. Sie klammerte sich mit Armen und Beinen an ihn, während er sich in ihr bewegte, erst langsam, dann immer schneller. Mit jedem Stoß führte er sie ein Stückchen höher, trug sie über eine Grenze, die sie nie für möglich gehalten hatte, bis sie vor Lust laut aufstöhnte, und hätte er ihr nicht geistesgegenwärtig den Mund zugehalten, hätte sie im nächsten Moment einen Jubelschrei ausgestoßen. Als er gleich darauf über ihr zusammensank, tat er es beinah lautlos.

Noch immer zitternd vor Glück begann sie plötzlich zu schluchzen.

»O Gott!« Duncan rollte sich neben ihr auf den Rücken. »Es tut mir leid!«

»Nein«, schniefte Moira. »Ich weine doch nicht deswegen. Ich weine, weil … weil … Ich wusste nicht, dass es so schön sein kann!« Sie wischte sich die Tränen aus den Augen. »Danke«, sagte sie leise. »Danke, dass du mir das gezeigt hast.«

»Möge der Herr uns vergeben.« Er setzte sich auf und suchte seine Kleidung zusammen.

Moira durchfuhr ein kühler, aber wohliger Schauer. Fasziniert betrachtete sie, wie er sich wieder anzog, auch wenn sie kaum mehr als einen Schatten sah. »Wieso?«

Er blickte auf, offensichtlich überrascht von ihrer Frage. »Weil es Sünde ist. Weil wir die Ehe gebrochen haben.«

Er reichte ihr das Nachthemd und drehte sich um. Sie streifte sich den dünnen Musselin über, dann trat sie hinter ihn und fasste ganz sacht nach seiner Hand.

»Wie kann etwas, das so schön ist, Sünde sein?«, fragte sie, bevor sie sich widerstrebend zum Gehen wandte.

*

Die flache, mit Zinn beschichtete Eisenplatte ließ sich nicht gut biegen. Duncan stand an einem kleinen Tisch im Kutschenhaus, hatte die lange Seite der Platte um einen Zimmermannsnagel gelegt und folgte der Krümmung mit leichten Hammerschlägen. Ein schmales Holzstück verhinderte, dass das Metall Schaden nahm. Gestern hatte Dr. McIntyre ihm anhand einiger Zeichnungen gezeigt, was genau er sich vorstellte, und ihm das Stück Metallblech gegeben. Die Platte war knapp unterarmlang und damit kürzer, als der Doktor gehofft hatte, aber es würde reichen müssen. Ein größeres Problem war der Durchmesser; mit den wenigen Werkzeugen, die Duncan zur Verfügung standen, würde es schwierig werden, das Rohr höchstens fingerdick zu formen.

Die beiden großen Stalltüren waren geöffnet und ließen Tageslicht und ab und zu einen Schwall regenschwere Luft herein. Die Pferde hatte Duncan schon früh auf die Koppel geführt. Was er von Toongabbie sehen konnte, wirkte wie ausgestorben, niemand von den Einwohnern ließ sich blicken. Die Sträflinge waren wahrscheinlich auf den Feldern, um diese für die nächste Mais-Aussaat vorzubereiten, oder im Busch, um neues Land urbar zu machen. Andere mochten Häuser errichten oder Straßen bauen – kein Vergleich zu der leichten Arbeit, mit der er, Duncan, jetzt betraut war.

Vorhin war der Doktor gekommen, weil er Pferd und Wagen für den Weg nach Parramatta brauchte. McIntyre war erfreut gewesen, ihn so früh bei der Arbeit zu sehen. Ob ihm aufgefallen war, dass Duncan ihm nicht in die Augen hatte blicken können?

Es war sündhaft, was in der vergangenen Nacht geschehen war. Sie hatten das heilige Sakrament der Ehe gebrochen. Um sich davon reinzuwaschen, hätte Duncan eigentlich beichten müssen. Aber der einzige katholische Priester, den er kannte, war Vater Harold, ebenfalls ein Sträfling. Und hatte man Vater Harold nicht festgenommen, um ihn über einen angeblich geplanten Aufstand zu befragen? So oder so, er durfte Moira keinem Risiko aussetzen. Niemand, auch kein Beichtvater, durfte wissen, was geschehen war.

Erneut schlug er mit gleichmäßigen, dumpfen Schlägen auf die Metallplatte. Er hatte den Rest der Nacht im Gebet verbracht, Reue und Buße gelobt und war mit den ersten Sonnenstrahlen aufgestanden. Doch noch immer erfüllte ihn die Erinnerung an Moiras überraschenden nächtlichen Besuch und an das, was danach passiert war, mit tiefem Glück. Ein Gefühl, das sich absolut nicht mit seinen Gewissensbissen vereinbaren lassen wollte. Sooft er nur daran dachte – an sie dachte –, kribbelte es in seinem Bauch, als säße dort ein Bienenschwarm. Warum musste er sich auch unbedingt in eine verheiratete Frau verlieben?

Er würde sich von ihr fernhalten. Sie nie wieder begehrlich ansehen, sie nie wieder berühren. Nur so konnte er sichergehen, dass es nie wieder geschah. Allerdings hatte er keine Ahnung, wie er das anstellen sollte. Er konnte schließlich nicht einfach um seine Versetzung bitten. Der Doktor würde ihn nicht gehen lassen, jetzt, wo Duncan sich als so nützlich erwiesen hatte.

Gott stellte ihn schnell auf die Probe; er hörte Schritte und wusste, dass es Moira war. Insgeheim, musste er sich eingestehen, wartete er schon seit McIntyres Abfahrt auf sie. Schnell legte er einen alten Lappen über seine Arbeit; der Doktor hatte ihm schließlich strengste Geheimhaltung eingeschärft. Als er den Blick hob, stand sie vor ihm, und ihm war klar, dass er seine guten Vorsätze nie würde einhalten können.

In ihrem zitronengelben Kleid sah sie aus wie der junge

Morgen. Ihre Augen glänzten, auf ihrer hellen Haut lag ein rosiger Schimmer, und zum ersten Mal wirkte sie auf ihn fröhlich und unbeschwert. Ihr Lächeln entzündete ein kleines Feuerwerk in seinem Bauch.

»Guten Morgen«, sagte sie leise und blickte sich verstohlen um. »Ist er weg?«

Duncan nickte. »Seit einer halben Stunde. Er wollte nach Parramatta.« Es fiel ihm schwer, seiner Stimme einen neutralen Klang zu geben und sich seine Gefühle nicht anmerken zu lassen. Herr im Himmel, diese Frau konnte ihn allein mit ihrem Lächeln um den Verstand bringen. Am liebsten hätte er sie an sich gezogen und nie wieder losgelassen.

»Ich weiß. Ich wollte nur sichergehen.« Mit einem Schlag wirkte sie verlegen, ihr rosiger Teint vertiefte sich zu einem dunkleren Rot. »Ich … nun … ich habe dich in der letzten Nacht in eine ziemlich … missliche Lage gebracht. Das war äußerst gedankenlos von mir.«

Das klang nicht, als würde sie bereuen, was sie getan hatten. Er sah sie fragend an.

»Nun ja«, sie knetete ihre Finger, während ihre Röte bis hinauf zum Haaransatz kroch. »Du hattest wohl kaum eine Wahl, als … Na, du weißt schon.«

Duncan hob die Schultern. »Ich hätte dich einfach gehen lassen können.«

»Aber das hast du nicht.« Sie kam ein Stückchen näher. »Wieso?«

»Weil ich es genauso sehr wollte wie du.« Wenn sie sich ihm noch weiter näherte, würde er sie küssen. »Hast du das nicht gemerkt?«

»Doch.« Ein glückliches Lächeln ging über ihr Gesicht.

»Aber …« Es ist eine Sünde, wollte er sagen. Es darf nie wieder geschehen. Doch er brachte es nicht über die Lippen. In seinen Lenden zog es – diese Region scherte sich keinen Deut um seine hehren Vorsätze.

Moira trat einen Schritt zurück, sah sich auf dem kleinen Tisch um, an dem er arbeitete, und deutete auf den Lappen, unter dem die verformte Metallplatte lag. »Was machst du da eigentlich?«

»Arbeiten«, antwortete er ausweichend. »Für den Doktor.«

»Und was genau?« Sie versuchte, das Stück Stoff an einer Ecke anzuheben.

Duncan legte seine Hand darauf. »Das darf ich nicht verraten.«

Moira hob erstaunt eine fein geschwungene Braue. »Nicht einmal mir?«

Er schüttelte den Kopf. »Niemandem. Ich habe ihm mein Wort gegeben.«

In Moiras Augen trat plötzlich ein herausforderndes Glitzern. Sie zog ihre Hand fort und griff nach dem Hammer.

»Dann nehme ich eben den hier.« Sie versteckte das Werkzeug hinter ihrem Rücken. »Du bekommst ihn erst wieder, wenn du es mir verrätst.«

»Moira, bitte, das ist … albern.« Dabei fand er es gar nicht albern. Eher … anregend. Aufregend.

Moira grinste ihn spitzbübisch an. »Das soll es ja auch sein. Na los, sag schon.«

Er blieb einen Augenblick bewegungslos stehen und sah sie an, als würde er sich eine Antwort überlegen, dann schoss seine Hand vor. Er war schnell, aber Moira war schneller, und außerdem war ihm der Tisch im Weg. Mit einem jauchzenden Aufschrei sprang sie zurück, drehte sich um und lief in den hinteren Bereich des Kutschenhauses.

An der Leiter, die zum Heuboden führte, holte er sie ein. Sie versteckte den Hammer hinter ihrem Rücken.

»Hol ihn dir, wenn du ihn wiederhaben willst!«

Er umfasste sie von vorn und versuchte, den Hammer zu erwischen. Lachend und keuchend wand sie sich in seinem Griff, dann gab sie plötzlich den Widerstand auf. Ihr Gesicht reckte sich ihm entgegen, und für einen Moment abgelenkt, ließ er den Hammer Hammer sein und küsste sie. Hungrig erwiderte sie den Kuss, doch im nächsten Augenblick wand sie sich aus seiner Umarmung und kletterte schnell die Leiter hinauf.

»So einfach kriegst du ihn nicht! Komm schon! Hol ihn dir!«

Sie warf einen Blick zurück, um zu sehen, ob er ihr folgte, dann rettete sie sich nach oben. Nach wenigen Augenblicken war er bei ihr. Sie lag leise glucksend auf seiner Decke im Heu, den Hammer hatte sie neben sich geworfen.

Sie war wunderschön mit ihrem zerzausten schwarzen Haar. Ihr Brustkorb hob und senkte sich rasch, die zarte Haut ihres Dekolletés war rosig überhaucht. Der Saum ihres Rocks war etwas hochgerutscht und zeigte eine weiß bestrumpfte Wade.

»Komm zu mir.« Sie breitete ihre Arme aus.

Im nächsten Moment war er neben ihr. Sie schlang die Arme um ihn, zog sein Hemd hoch und küsste ihn auf die Brust. Dann hatte sie es plötzlich sehr eilig. Mit fliegenden Fingern nestelte sie an seiner Hose und strampelte sich den Rock nach oben. Als er in ihren warmen Schoß glitt, krallte sie sich in seinen Rücken. Sie reckte sich ihm entgegen, keuchte in sein Ohr und biss ihn schließlich in die Schulter, um ihren Schrei zu ersticken.

Danach lagen sie schweigend nebeneinander. Duncan lauschte seinem Herzschlag nach, der sich allmählich wieder beruhigte, und spürte, wie der Schweiß auf seiner Haut trocknete.

Moira streifte ihren Rock, der ihr bis über die Hüften hochgerutscht war, wieder über ihre Beine.

»Hier oben schläfst du also?« Sie blickte sich auf dem Heuboden um, streifte das aus zwei kurzen Aststücken gefertigte Kreuz, das er an der Bretterwand aufgehängt hatte. »Es ist ziemlich niedrig. Man kann ja nicht einmal stehen.«

Er hob die Schultern. »Es ist tausendmal besser als mit knapp zwanzig Mann in einer Sträflingshütte. Niemand stört mich hier. Nur eine kleine Wildkatze.«

Sie grinste über das Kosewort und versetzte ihm einen kleinen Stoß. Dann rollte sie sich auf die Seite, stützte sich auf einen Ellbogen und betrachtete ihn. Ihre kristallblauen Augen schienen zu leuchten. »Warte«, hielt sie ihn zurück, als er sich aufsetzen wollte. »Wir haben Zeit. Erzähl mir etwas über dich. Ich weiß so gut wie nichts über dich.« Ihre Finger glitten spielerisch über die mit drahtigen Härchen bedeckte Haut unterhalb seines Nabels.

Er schob ihre Hand fort; so schön ihre Berührung auch war, jetzt, direkt danach, war es ihm zu viel. »Es ist nicht richtig, was wir hier tun.«

»Wer soll es schon herausfinden? McIntyre ist weg, und niemand hat mich gesehen.«

»Darum geht es doch nicht. Nicht nur.« Bei der Vorstellung, was mit Moira geschehen würde, wenn ihr Vergehen je herauskommen würde, krampfte sich etwas in ihm zusammen. Ganz abgesehen davon, was ihm selbst blühen würde. »Ehebruch ist eine Todsünde.«

Moira schien nicht sonderlich beeindruckt. »Bei euch Katholiken vielleicht. Aber ich bin nicht katholisch. Und du bist nicht verheiratet.«

Es war eine eigenwillige Logik, und doch war Duncan für einen Moment fast gewillt, sie anzunehmen. »Es steht schon in der Bibel«, wandte er dennoch ein. »Das sechste Gebot. Du sollst nicht ehebrechen.«

»Du hörst dich an wie ein Priester«, gab sie zurück. Dann blickte sie ihn mit einem neckischen Grinsen an. »Aber du benimmst dich nicht wie einer!« Sie legte sich wieder auf den Rücken. »Außerdem ist es das siebte Gebot.«

»Das sechste«, beharrte Duncan.

»Ach, vergiss doch die blöden Gebote. In der Bibel steht auch, dass man Vater und Mutter ehren soll. Bin ich ein schlechter Mensch, wenn ich das nicht tue?« Sie ließ ihm keine Zeit für eine Antwort. »Meine Eltern haben gesündigt, als sie mich gegen meinen Willen verheiratet haben.«

»Gegen deinen Willen? Wieso haben sie das getan?«

»Um mich loszuwerden, natürlich. Damit ich ihnen nicht noch mehr Schande mache. Ich hasse sie!«

»So etwas solltest du nicht sagen. Ich wäre froh, wenn ich meine Eltern noch hätte.«

Sofort wurde Moira wieder ruhiger. »Dein Vater ist tot, nicht wahr?«

»Er war ein Pferdedieb. Sie haben ihn aufgehängt.«

»Oh, das … tut mir leid«, murmelte Moira betroffen. »Wie alt warst du?«

»Zwölf«, gab er leise zurück. »Manchmal habe ich mir vorgestellt, dass das alles nicht passiert ist. Dass er eines Tages zurückkommt und mich holt. Aber das ist nie geschehen.«

»Und dann hat dich dieser Pfarrer, Vater Mahoney, aufgenommen?«

Duncan schüttelte den Kopf. »Zuerst habe ich für einige Monate auf der Straße gelebt. Habe unter Büschen geschlafen und vor Hunger Wachskerzen gegessen. Irgendwann steckte man mich in ein Waisenhaus, wo ich den ganzen Tag arbeiten musste und wo es nur Schläge und Schreie gab. Ich bin weggelaufen, aber sie haben mich wieder eingefangen. Und dann kam Vater Mahoney.«

»Er scheint ein guter Mensch gewesen zu sein.«

»Das war er. Er hat mir viel beigebracht. Und mich gelehrt, die Menschen so zu nehmen, wie sie sind. Keinen Hass zu empfinden.«

Sie richtete sich etwas auf und sah ihm ins Gesicht. »Sag bloß, du hasst niemanden?«

Duncan schüttelte den Kopf.

»Das glaube ich dir nicht«, gab Moira zurück. »Wieso hast du dann Piken hergestellt?«

»Wieso nicht? Man kann doch die Ungerechtigkeit bekämpfen, ohne jemanden hassen zu müssen. Sogar Jesus hat sich gegen die Händler im Tempel aufgelehnt.«

Moira nickte, offenbar nicht sonderlich überzeugt. »Trotzdem. Was ist mit den Männern, die dich festgenommen haben? Oder die deinen Vater hingerichtet haben? Die Aufseher hier?«

»Sie haben bloß ihre Pflicht getan.«

»Du hast wirklich seltsame Ansichten. Du hättest Priester werden sollen.«

Er lächelte. »Vater Mahoney hat tatsächlich gehofft, dass ich in seine Fußstapfen trete. Aber das wäre nicht das Richtige für mich gewesen.«

»Wieso nicht?« Sie grinste. »Vater O'Sullivan. Das hört sich doch sehr ehrwürdig an.«

Er lächelte ebenfalls. »Vater O'Sullivan hätte es aber sicher an Demut gefehlt. Und an Gehorsam.«

»Und an Frauen«, setzte Moira schlagfertig nach. »Müssen sich eure Priester nicht zur Enthaltsamkeit verpflichten?«

»So ist es. Woher weißt du so viel über uns Katholiken?«

»Von einem Freund meines Vaters«, erwiderte sie. »Mr

Curran. Er ist Anwalt und vertritt viele Katholiken.« Sie stöhnte wohlig auf, als Duncan mit einer Hand durch ihre Haare fuhr und begann, ihre Kopfhaut zu massieren.

Ihm war ganz leicht zumute, so gut tat es, mit ihr zu reden. Er hatte lange nicht mehr so viel von sich preisgegeben. Es hatte sich ja auch schon lange niemand mehr für ihn interessiert.

»Du hast magische Hände, weißt du das?«, seufzte Moira. »Dir lagen die Mädchen sicher reihenweise zu Füßen.«

»Das nicht gerade. Mit einem Tinker-Waisenjungen wollte kaum jemand zu tun haben.«

Er hielt die Luft an, als er das Wort aussprach, stand das fahrende Volk doch am Rand der Gesellschaft, geächtet von den anständigen Leuten. Aber zu seinem Erstaunen nickte sie nur.

»Deswegen also bist du so geschickt mit den Pferden.« Sie nahm seine rechte, nicht allzu saubere Hand in ihre und fuhr die Linien auf seiner Handfläche nach.

»Aber …« Moira fiel es sichtlich schwer, ihm diese Frage zu stellen. »Also hast du kein … Mädchen … zu Hause?«

Er seufzte. »Doch. Ich hatte. Wir wollten heiraten.«

»Was ist passiert?«

»Sie hat einen anderen gefunden«, sagte er knapp.

Nelly hatte ihn nie im Gefängnis besucht. Kein einziges Mal in den vier Wochen, während er auf seinen Prozess gewartet hatte. Als sei er mit seiner Verhaftung ein Aussätziger geworden. Erst nach seiner Verurteilung hatte sie ein paar dürre Zeilen geschickt, in denen sie ihm mitgeteilt hatte, dass sie sich nicht in der Lage sehe, noch länger auf ihn zu warten. Und dass sie gedenke, sich demnächst erneut zu verloben. Er hatte den Brief mehrmals gelesen und dann in winzig kleine Fetzen zerrissen.

Der einsetzende Regen, der mit plötzlicher Gewalt auf das Dach prasselte, riss ihn zurück in die Gegenwart. Es hörte sich an, als werfe jemand kleine Steine darauf.

Er zog Moira einen Strohhalm aus dem Haar. »Du solltest jetzt gehen.«

Diesmal sah sie es ein. Er fing sie auf, als sie die letzten Stufen der Leiter hinuntersprang, und hielt sie fest, umschloss sie ein letztes Mal.

»Ich komme wieder«, murmelte sie an seinem Ohr.

Er sah ihr nach, wie sie ihre Kleider ordnete, ein paar Strohhalme wegwischte und schließlich aus dem Kutschenhaus trat, so unbekümmert, als hätte sie nur kurz nach dem Rechten gesehen. Einen Augenblick blieb sie im Regen stehen, richtete ihr Gesicht mit geschlossenen Augen nach oben und lächelte. Er wartete, bis sie aus seinem Sichtfeld verschwunden war. Dann holte er den Hammer aus dem Stroh, ging zurück zu dem kleinen Tisch und machte sich erneut ans Werk.

Das hier würde Teil seiner Buße werden.

*

Ningali verharrte reglos im Schatten des großen Hauses, während der Regen ihre Decke aus Kängurufell benetzte. So nah hatte sie sich lange nicht mehr an die Häuser der Weißen herangewagt. Nicht mehr, seit der Mann, den die Weißen Major nannten, auf sie geschossen hatte. Kurz berührte sie die fast verheilte Wunde an ihrem Arm. Es tat nicht mehr weh, aber sie konnte die wulstige Narbe spüren.

Sie ließ ihren Blick über den schlammigen Platz schweifen, hinüber zu dem langgestreckten Gebäude, in dem die Weißen nachts ihre Pferde stehen hatten. Er war auch oft dort. Zu ihrer Freude trat eben Mo-Ra hinaus. Wie verändert sie wirkte! Als ginge eine Art inneres Leuchten von ihr aus.

Und noch jemand hatte Mo-Ra gesehen; das junge Mädchen, das bei ihr arbeitete. A-Nh hieß sie. Ningali sah, wie sich ihr Gesicht verzog. War sie etwa böse auf Mo-Ra?

A-Nh zog sich zurück, bevor Mo-Ra sie bemerken konnte. Als auch Mo-Ra in ihrem Haus verschwunden war, ging Ningali zurück in den Busch. Sie ging viele Schritte, bis sie die Häuser weit hinter sich gelassen hatte. Der Dingo folgte ihr durch das Dickicht. Erst als sie sicher war, dass niemand sie sehen oder hören würde, ließ sie sich an einer Stelle nieder, wo die Bäume einen natürlichen Regenschutz boten, und löste den aus Gräsern geflochtenen Beutel von ihrem Hüftband. Sie befreite ein Stück Erde von Blättern und schob den Dingo fort, der mit seiner feuchten Nase darin schnüffeln wollte. Dann leerte sie den Inhalt des Beutels auf die freigeräumte Fläche.

Ein blankpolierter kleiner Känguruknochen kam zum Vorschein, daneben ein paar Emufedern und einige Tabakblätter. Und ein golden glänzendes, mit Schnitzereien verziertes Behältnis, so groß wie eine Buschfeige. Es gehörte Major. Er hatte es verloren, als er fern von hier zuckend am Boden gelegen hatte.

Ningali hatte einmal beobachtet, wie die Männer der Weißen in solche Behältnisse hineingriffen, um sich ein dunkles Pulver in die Nase zu stecken. Manchmal mussten sie danach niesen.

Ob gelingen würde, was sie vorhatte? Normalerweise musste die betreffende Person anwesend sein. Aber vielleicht würde es auch funktionieren, wenn sie nur etwas hatte, was der Person gehörte.

Auch wenn sie nur wenig von der Sprache der Weißen verstand, so hatte sie doch begriffen, was die dicke Frau in jener Nacht behauptet hatte: Ningali habe Major verhext. Doch das hatte sie nicht.

Noch nicht.

Sie legte den Knochen so vor das glänzende Behältnis, dass er darauf zeigte, und stieß probeweise einen Summton aus. Sie benutzte ihre Stimme nur selten, aber diesmal brauchte sie sie. Dann kniete sie sich auf den Boden und begann mit dem Totsingen.

*

Ob das Licht ausreichen würde? Alistair warf einen prüfenden Blick aus dem Fenster, dessen Vorhänge heute ausnahmsweise zurückgezogen waren. Der Himmel war bewölkt, die Sonne nicht zu sehen. Nicht die besten Voraussetzungen. Beim ersten Versuch mit dem neuen Rohr war sein Forschereifer jäh gebremst worden, als er beim Hindurchsehen nicht das Geringste hatte erkennen können. Diesmal war er besser vorbereitet. Auf seinem Schreibtisch lag griffbereit sein kleiner runder Reisespiegel. Damit müsste es gelingen, das Tageslicht entsprechend umzuleiten.

»Auf ein Neues.« Alistair lockerte seine Halsbinde, wischte die feuchten Hände an seinem Rock ab und wandte sich dem jungen Sträfling auf dem Stuhl vor ihm zu. O'Sullivan stellte sich inzwischen recht ordentlich an. Mit geschlossenen Augen legte er den Kopf in den Nacken.

»Und jetzt nicht bewegen!« Alistair beugte sich über ihn.

Mit dem linken Zeigefinger drückte er O'Sullivans Zunge nach unten und schob mit der Rechten das Rohr in die Rachenhöhle, bis er einen Widerstand spürte. Der Ringknorpel. O'Sullivans Körper versteifte sich. Er stemmte seine Beine gegen den Boden, stieß einen gequälten Laut aus und kämpfte sichtlich gegen den Würgereiz. Auf der Suche nach einem Halt fuhren seine Hände ziellos durch die Luft, bis er hinter sich griff und Alistairs Weste zu fassen bekam. Seine Finger krampften sich in den Stoff.

Wie nah er ihm war! Eine Kaskade der Erregung flutete über Alistair hinweg, es klopfte heiß in seinen Lenden. Nicht jetzt! Vorsichtig presste er seine Körpermitte gegen die Stuhllehne, um jede verräterische Regung zu unterdrücken, und zwang sich, sich auf seine Aufgabe zu konzentrieren.

Der Anfang war immer der schwierigste Teil, dann, wenn die Muskulatur des Kehlkopfs sich krampfhaft zusammenzog und der Würgereiz am schlimmsten war. Alistairs linke Hand lag unter O'Sullivans Kinn, um ihn an plötzlichen Bewegungen zu hindern. Wahrscheinlich wäre es mit einem Helfer besser gegangen. Aber mit diesem Gedanken konnte Alistair sich nicht anfreunden. Niemand sollte wissen, woran er forschte. Außerdem wäre es für eine dritte Person zu eng in dem kleinen Raum.

Sein Daumen lag an O'Sullivans Halsschlagader, er spürte den Puls hämmern. Es dauerte ein paar Augenblicke, bis er bemerkte, dass er dem jungen Sträfling sanft über die Haut strich. Sofort hörte er damit auf.

Er wartete, bis der Krampf nachließ und O'Sullivan nicht mehr ganz so stoßweise atmete.

»Ganz ruhig«, murmelte er und schob die starre Röhre unendlich vorsichtig weiter. Seine Weste spannte unter O'Sullivans Griff, aber diesmal ließ er sich davon nicht ablenken.

Als er auf ein Hindernis stieß, hielt er inne. Er durfte nicht das Risiko eingehen, den jungen Gefangenen zu verletzen. Vorsichtig griff er mit der Rechten nach dem Spiegel, hielt ihn an die obere Öffnung des Rohrs, drehte ihn zum Fenster und blickte hinein.

Er sah nichts. Oder zumindest fast nichts. Nur eine düstere, verwaschene Fläche. »Es ist immer noch zu dunkel«, brummte er, mehr zu sich selbst als an O'Sullivan gerichtet. »Das Licht ist zu schwach.«

Er drehte den Spiegel noch einmal in alle möglichen Richtungen, dann gab er auf und zog das Rohr vorsichtig wieder zurück.

O'Sullivan hustete und fuhr sich mit dem Ärmel über sein schweißnasses Gesicht, in das nur langsam wieder etwas Farbe zurückkehrte. Dankbar nahm er den Becher mit Wasser, den Alistair ihm reichte, und trank mit kleinen Schlucken.

Alistair beobachtete ihn verstohlen. Wie es wohl wäre, diese feuchte, gebräunte Haut noch einmal zu berühren, diese sehnigen Muskeln zu spüren? Dann ballte er die Faust. Nein! Diesen schändlichen Begierden durfte er nie wieder nachgeben!

Eine weitere Szene kam ihm mit Macht in den Sinn – kein Wunschtraum, sondern Erinnerung. Schimmerndes Kerzenlicht, ein großes Bett voller Kissen, verbotene Gelüste im Schutz der Masken, der herbe Duft eines anderen männlichen Körpers, dann das unbeschreibliche Gefühl, als –

»Sir?«

Alistair zuckte zusammen.

»Sir, könnte man nicht …« O'Sullivan räusperte sich, seine Stimme war rau. »Würde eine Kerzenflamme genug Licht geben? Oder eine Laterne?«

Es brauchte einen Augenblick, bis Alistair zurückfand in die Gegenwart. Wo war seine ärztliche Sachlichkeit? Dann nickte er. »Eine Kerzenflamme?« Er lief ein paar Schritte auf und ab, um wieder klar denken zu können. »Nun, das könnte möglicherweise funktionieren. Sehr gut, O'Sullivan. Du denkst mit. Das gefällt mir.«

Der junge Mann blickte auf. »Wollt Ihr … jetzt gleich noch einmal?«

Alistair sah den Sträfling an, der offensichtlich gewillt war, seinen Vorschlag sofort in die Tat umzusetzen. Was doch die Aussicht auf Begnadigung alles bewirken konnte …

Er ballte erneut die Fäuste, um das Zittern zu unterdrücken, seine Lenden schmerzten vor unterdrücktem Begehren. So konnte er unmöglich weiterarbeiten.

»Nein«, sagte er. »Für heute ist Schluss. Wir machen ein andermal weiter. Morgen.«

11.

Vom Leben in der Kolonie gab es fast täglich etwas Neues zu berichten, und Klatsch und Tratsch verbreiteten sich schnell. In Sydney und Parramatta wurden einige Schafdiebe und Straßenräuber gehängt. Am Hunter River im Süden hatte man Kohle gefunden. In der Nähe von Parramatta wurden eine Schule und ein botanischer Garten eröffnet. Eine Ladung illegal angelandeter Alkohol war beschlagnahmt worden. Und die Gerüchte, die Sträflinge von Toongabbie planten einen Aufstand, wollten nicht verstummen.

All diese Ereignisse waren für Moira so weit entfernt, als fänden sie auf dem Mond statt. Die endlosen Stunden der Tage verbrachte sie in einem traumähnlichen Zustand mit Lesen, Briefeschreiben, Handarbeiten und dem kurzen Plausch mit den Nachbarn, um erst dann wieder aufzuwachen, wenn sie bei Duncan sein konnte. Sie wusste, dass sie mit dem Feuer spielte, und konnte doch nicht davon lassen. Jede Nacht wartete sie ungeduldig, bis McIntyre endlich neben ihr eingeschlafen war, dann schlich sie sich hinüber in das Kutschenhaus.

Sie wagte es selten, tagsüber zu Duncan zu gehen, schließlich konnte man nie wissen, wann McIntyre ihn brauchte. Stets trafen sie sich an Duncans Schlafplatz auf dem Heuboden, und fast immer kamen sie nur für ein paar atemlose, berauschende Minuten zusammen. Und viel zu schnell mussten sie sich danach wieder trennen. Das Risiko, entdeckt zu werden, war zu groß. Auch so war es alles andere als ungefährlich. Als Moira eines Nachts zurück in die Schlafkammer geschlüpft war, war McIntyre wach gewesen. Sie habe nicht schlafen können und sei auf der Veranda gewesen, hatte sie auf seine brummige Frage erklärt und die Decke über sich gezogen.

Manchmal träumte sie von Duncan, von seiner federleichten Berührung auf ihrer Haut, von dem Gefühl, ihn in sich zu spüren. Einmal, als sie aus einem solchen Traum aufgewacht war, hätte sie sich fast verraten. Halb im Schlaf und von einer wilden Sehnsucht getrieben, hatte sie sich wollüstig an McIntyre gerieben. Zum Glück war auch er zu schlaftrunken gewesen, um es richtig zu bemerken, aber Moira hatte noch lange mit klopfendem Herzen in der Dunkelheit gelegen.

Sie war eine lernbegierige Schülerin. Nie hätte sie gedacht, dass der Akt, den sie bei McIntyre stets nur mit Schmerz und Ekel verbunden hatte, solche Freude schenken konnte. McIntyre hatte sie nie an den Stellen berührt, an denen Duncan sie berührte. Sie hatte nicht gewusst, wie sehr ihr Körper nach Zärtlichkeiten dürstete.

Inzwischen kam ihr sogar McIntyre nicht mehr ganz so unerträglich vor. In der kurzen Zeit während der Mahlzeiten, die sie mit ihm zu tun hatte, war er von einer förmlichen Höflichkeit, mit der sie gut leben konnte. Er ließ sich jetzt noch seltener blicken und verbrachte Stunden um Stunden in seinem Studierzimmer. Der Einzige, der diesen Raum außer ihm selbst noch betreten durfte, war Duncan. Moira plagte die Neugier. Eines Tages, als sie beide Männer dort wusste, legte sie das Ohr an die Tür und lauschte. Sie konnte nicht viel hören, nur McIntyres leise Stimme und etwas wie ein Ächzen. Im nächsten Moment kam Ann mit einem Arm voll nasser Wäsche vorbei. Moira fühlte sich, als hätte man sie bei etwas Verbotenem ertappt, und zog sich schuldbewusst zurück, um keinen Deut klüger. Sie hatte sogar schon im Kutschenhaus zwischen dem Werkzeug und den Sachen für die Pferde herumgestöbert und auch auf dem Heuboden nachgesehen, als sie Duncan dort nicht angetroffen hatte. Ohne Ergebnis. Was immer er für McIntyre hergestellt hatte, war nicht mehr dort.

»Wieso willst du mir nicht verraten, was ihr beide da furchtbar Geheimes in seinem Zimmer tut?« Sie schmiegte sich an Duncan, der bäuchlings neben ihr im Stroh lag. Es war später Vormittag, einer der seltenen Momente, in denen sie mehr Zeit füreinander hatten, denn McIntyre war in Parramatta.

Duncan öffnete schläfrig ein Auge. »Weil ich es versprochen habe.«

In Moiras Unterleib pulsierte ein kleines, warmes Feuer. Langsam ließ sie ihre Finger über Duncans Rücken gleiten, von dessen Braun sich ihre weiße Hand abhob. Sie erfreute sich an seinem Anblick, genoss das Gefühl, ihn anfassen zu können, die warme Haut über festen Muskeln und Sehnen zu spüren. Die Peitschenspuren waren fast nicht mehr zu sehen.

»Wieso konnten wir uns nicht kennenlernen, bevor ich diesen ... diesen alten Bock heiraten musste?«, stieß sie plötzlich hervor. »Und bevor du verurteilt wurdest?«

Duncan lachte leise und drehte sich zu ihr. »In Irland? Da hättest du mich doch nicht einmal angesehen!«

»O doch, das hätte ich!«

»Aber deine Familie hätte mich sicher nicht mit offenen Armen aufgenommen.«

Moira konnte ein Grinsen nicht zurückhalten, als sie sich vorstellte, wie ihre Mutter auf Duncan reagiert hätte:

»Ein Mann unter deinem Stand, und dann auch noch ein Papist!« Nein, das wäre ganz und gar nicht in Frage gekommen.

»Ich wäre mit dir weggelaufen«, murmelte sie. Dann setzte sie sich auf, von einer plötzlichen Erregung gepackt. »Und das können wir immer noch! Irgendwohin, wo uns niemand kennt. Nur du und ich. Oder wir suchen uns ein Schiff und fahren nach … nach Amerika. Oder nach Batavia, in Niederländisch-Indien.« Sie konnte Duncans Gesicht nicht sehen, da er den Kopf zur anderen Seite gedreht hatte. »Was sagst du dazu?«

Jetzt setzte auch er sich auf. »Du wirst nicht weglaufen. Du hast hier einen Mann, ein Heim, eine sichere Zukunft.«

»Ich bin hier aber nicht glücklich. Ich bin nur mit dir –«

»Und ich werde auch nicht weglaufen«, unterbrach er sie. Er nahm einen Strohhalm in die Hand und drehte ihn zwischen seinen Fingern. »Der Doktor hat mir zugesagt, sich für meine Begnadigung einzusetzen.«

»Und das glaubst du ihm?«

»Wieso sollte ich an ihm zweifeln?«

Sie hob die Schultern. »Ich weiß nicht. Ich kann mir einfach nicht vorstellen, dass er so etwas tun würde.«

»Der Doktor ist kein schlechter Mensch. Höchstens ein bisschen eigenartig.«

»Du kennst ihn nicht so, wie ich ihn kenne.«

Duncan sah sie ruhig an. »Kennst du ihn denn wirklich?«

»Nein«, gab Moira achselzuckend zu. »Aber das will ich auch gar nicht. Und ich will jetzt auch nicht länger über ihn reden. Eigentlich«, sie nahm ihm den Strohhalm aus der Hand, »will ich gar nicht mehr reden.«

»Ganz wie Ihr wünscht, Mrs McIntyre.«

Duncans Hand glitt an ihrem Bein hinauf und legte sich

auf die zarte Haut ihres Schenkels. Moira seufzte wohlig auf und ließ sich zurück ins Stroh sinken. Und dann war nur noch eines wichtig.

*

Die Schläge prasselten auf den entblößten Rücken des Sträflings. Man hatte ihn mit ausgebreiteten Armen an den breiten Stamm der großen Tanne gebunden, die auf dem Versammlungsplatz stand. Zwei Männer, der eine rechts, der andere links von ihm, schwangen abwechselnd die Peitsche. Wie zwei Drescher die Gerste, so schlugen sie im Wechsel auf ihr Opfer ein. Der Boden war rot von Blut.

Der junge Mann – sein Name war Paddy Galwin, wie Alistair sich zu erinnern glaubte – war schon der zweite, der dieses Martyrium erdulden musste. Sein Leidensgenosse vor ihm hatte die dreihundert Schläge mit stoischem Gleichmut ertragen – eine bemerkenswerte Leistung angesichts des barbarischen Akts. Anschließend hatte er jede Hilfe abgelehnt und war allein in den Karren geklettert, der ihn ins Lazarett bringen würde.

Alistair ließ seinen Blick über die Menge der Zuschauer schweifen. Alle waren sie hier versammelt: Reverend Marsden aus Parramatta, einige Konstabler, Lagerleiter Sergeant William Penrith, der sich sichtlich unwohl fühlte, und dessen Bruder, Major James Penrith, der die ganze Aktion angeordnet hatte.

Alistair wäre der unerfreulichen Szene am liebsten ferngeblieben, aber bei Auspeitschungen mit mehr als fünfzig Schlägen musste ein Arzt anwesend sein. In diesem Augenblick bedauerte er zutiefst, nicht doch mit seiner Frau und den Wentworths nach Sydney gefahren zu sein. Wer hatte denn wissen können, dass an diesem Frühlingsvormittag das Militär in Toongabbie auftauchen würde? Alle männlichen Sträflinge hatten hier erscheinen müssen, um dem unschönen Spektakel beizuwohnen. Man hatte sogar den Papistenpriester Harold herbeigebracht und ihn gezwungen, seine Hand gleich neben die von Galwin an den Stamm zu legen. Er musste jeden einzelnen Schlag spüren. Und auch Joseph Holt, der Rebellengeneral, war anwesend und musste nah bei dem Verurteilten stehen. Wie Alistair gehört hatte, war er vor wenigen Tagen verhaftet worden, weil man ihm, genau wie dem Priester, vorwarf, mit den Rebellen gemeinsame Sache zu machen.

Die ersten hundert Schläge hatte Galwin auf seine Schultern erhalten, bis man die hellen Knochen der Schulterblätter sehen konnte. Der Major hatte daraufhin angewiesen, tiefer zu schlagen. Inzwischen war auch dort rohes Fleisch zu sehen. Dennoch kam kaum ein Laut aus dem Mund des schmächtigen Gefangenen. Als Arzt war Alistair den Anblick von Blut gewöhnt, aber diese Demonstration militärischer Willkür widerte ihn an.

Die Schergen hielten inne und schüttelten ihre Peitschen aus. Der starke Wind wehte dem Rebellengeneral Blut und Hautfetzen ins Gesicht. Holt holte ein Tuch aus seiner Tasche und wischte sich über das Gesicht, ohne eine Miene zu verziehen.

James Penrith trat neben den Gefangenen, schneidig wie eh und je. Als Alistair den Major das letzte Mal gesehen hatte, hatte er in der tiefen Bewusstlosigkeit, die dem *Grand Mal* stets folgte, bei Wentworth auf einem Kanapee gelegen. Jetzt erinnerte nichts mehr an diese Schwäche.

»Wirst du nun endlich reden?«, herrschte er den Gefangenen an. »Wo sind die Piken versteckt?«

Galwin hob den Kopf und versuchte vergebens, sich in seinen Fesseln aufzurichten. »Ich weiß es nicht«, brachte er stoßweise hervor. »Und wenn ich es wüsste, würde ich es nicht verraten. Ihr könnt mich hängen, wenn Ihr wollt. Aber aus meinem Mund werdet ihr nichts hören.«

Der Major trat zurück und gab Alistair ein Zeichen. Dieser befand den Sträfling nach kurzer Prüfung für fähig, die letzten hundert Schläge zu erhalten.

Während Galwin jetzt auf die Rückseite seiner Oberschenkel geschlagen wurde, versuchte Alistair, jedes Mitleid in sich zu ersticken. Es war gut und richtig, was hier geschah. Der in letzter Sekunde vereitelte Aufstand hätte sie alle das Leben kosten können. Ihm lief ein Schauer über den Rücken, als er sich vor Augen hielt, was gerade noch verhindert worden war. Die papistische Rebellenbrut hatte geplant, nach Parramatta zu gehen, dort Reverend Marsden zu ermorden, die Soldaten in ihren Betten zu erstechen, deren Musketen zu nehmen und dann weiter nach Sydney zu marschieren. Und was hätten sie wohl in Toongabbie mit ihm, Alistair, angestellt?

Sein Blick fiel auf O'Sullivan, der bei der Gruppe der Sträflinge stand und das blutige Schauspiel mit unbewegtem Gesichtsausdruck verfolgte. Ob er etwas über den Aufstand wusste? Nein, sicher nicht. Der junge Mann hatte sich in den vergangenen Wochen weiterhin als wertvoller Gehilfe erwiesen. Nicht nur, dass er sich bereitwillig für die Versuche zur Verfügung stellte, er kam sogar mit eigenen Ideen und hatte Alistair auf so manchen weiterführenden Gedanken gebracht. In solchen Momenten kam es ihm fast so vor, als wäre O'Sullivan der Sohn, den er sich immer gewünscht hatte.

Das größte Problem mit dem *oculus introspectans*, dem »hineinblickenden Auge«, wie Alistair seine Erfindung genannt hatte, war nach wie vor die Beleuchtung. Auch eine Kerzenflamme gab zu wenig Licht. Er musste das Prinzip verändern. Wenn es nicht auf direktem Weg ging, dann eben indirekt. Wie bei der *camera obscura*. Dafür brauchte er eine konvex geschliffene Linse, die das Licht bündeln würde. Aber wie fast alles in dieser Kolonie war auch das nicht so einfach zu bekommen. Wahrscheinlich würde ihm nichts anderes übrigbleiben, als nach England zu schreiben und auf eine entsprechende Lieferung zu warten. Aber das konnte über ein Jahr dauern.

Plötzlich war Stille. Die Schläge waren vorüber. Der halb ohnmächtige Galwin wurde losgebunden und neben seinen Leidensgenossen in den Karren geschafft. Der kupfrige Geruch von Blut stach unangenehm in der Nase.

»Man muss diesem Abschaum gegenüber Härte zeigen. Das kleinste bisschen Mitleid ist da zu viel«, sagte der Major, dann schlug er Alistair jovial auf die Schulter. »Und nun, McIntyre, was haltet Ihr von einem Glas Rum und einem Gespräch unter vier Augen bei Euch?«

»Oh, gerne«, stammelte Alistair, der gehofft hatte, sich endlich wieder seinen Forschungen widmen zu können.

»Sehr schön. Ich habe hier noch etwas zu erledigen. Geht schon vor, ich komme gleich zu Euch.« Der Major drehte sich um, ohne auf eine Antwort zu warten, und ging mit seinem Bruder und den Konstablern in Richtung der Verwaltungsgebäude. Auch den Sträflingen erlaubte man, sich zu zerstreuen.

Alistair dachte nicht lange nach. Er musste verhindern, dass der Major und O'Sullivan sich begegneten.

Der junge Sträfling sprach gerade mit einem hünenhaften Gefangenen, der schwere Ketten trug, die ihm nur ein paar schwerfällige Schritte erlaubten. Alistair erinnerte sich an ihn; er hatte den Mann bereits mehrmals versorgt, nachdem man ihn ausgepeitscht hatte. Als Alistair zu ihnen trat, verstummte ihr Gespräch.

»O'Sullivan, du wirst ihn«, er deutete auf den Wagen mit

den beiden Verletzten, auf dessen Kutschbock bereits ein Mann saß, »nach Parramatta ins Lazarett begleiten und dafür sorgen, dass man die Wunden gut behandelt.«

Der junge Sträfling sah ihn kurz an, dann nickte er. »Ja, Sir.«

Ob der unerwartete Befehl ihn überrascht hatte? Zumindest würde es ihn lange genug von Toongabbie fernhalten. Lange genug, bis der Major fort war. Alistair wartete, bis auch O'Sullivan auf den Kutschbock geklettert war. Als die beiden Männer aufbrachen, eilte er auf schnellstem Weg nach Hause.

Dort rief er nach Ann. »Major Penrith kommt gleich. Lauf schnell hinüber zum Proviantmeister und besorge eine Flasche Rum.«

Für einen Moment schien Ann vor Schreck zu erstarren. »Aber Sir ... müsste das nicht Duncan, ich meine, O'Sullivan ...«

»O'Sullivan hat eine andere Aufgabe erhalten. Und jetzt schnell! Beeil dich!«

Alistair blieb unschlüssig vor der Tür zu seinem Studierzimmer stehen, dann drehte er sich um, ging in die Schlafkammer und warf einen Blick in den kleinen Spiegel, der auf Moiras einfacher Frisierkommode stand. Ja, seine Halsbinde saß ordentlich. Er neigte dazu, seiner äußeren Erscheinung zu wenig Aufmerksamkeit beizumessen. Dann trat er einen Schritt näher und betrachtete sich genauer.

Er wurde alt. Die tiefen Tränensäcke zeugten von zu wenig Schlaf und seine fahle Gesichtsfarbe von zu wenig frischer Luft. Er war jetzt siebenundvierzig Jahre alt und sah aus wie sein eigener Großvater.

Entschlossen zog er seinen Rock stramm. Was konnte Major Penrith von ihm wollen? Ob es um O'Sullivans mögliche Beteiligung an dem Aufstand ging? Nein, dann hätte der Major sich anders verhalten. Vielleicht wollte er sicherstellen, dass Alistair nichts über jenen Vorfall bei Wentworth verlauten ließ. Aber als Arzt würde Alistair die ärztliche Schweigepflicht natürlich nicht verletzen. Oder wollte er sich nur über den Fortgang der Forschungen informieren? In diesem Fall würde Alistair ihm seine neuesten Zeichnungen zeigen und seine Überlegungen erläutern. Möglicherweise konnte er den Major sogar wegen einer geschliffenen Linse ansprechen.

Es dauerte eine Weile, bis Ann zurückkehrte, atemlos vom Laufen, aber tatsächlich mit einer Flasche Rum unter dem Arm.

»Wieso hat das so lange gedauert?«, fragte er, nicht ganz so ärgerlich, wie er sich anhören musste. Immerhin war der Major noch nicht eingetroffen.

»Entschuldigung, Sir.« Anns Stimme war wie immer kaum zu hören. »Ich habe den Proviantmeister nicht gleich gefunden. Und dann –«

»Ja, ja, schon gut. Du hast ja das Richtige mitgebracht.«

Der Major ließ nicht mehr lange auf sich warten. Er war kaum eingetreten, als er sich auch schon schwungvoll auf einem Stuhl in der Wohnstube niederließ. Ann schenkte ihm mit sichtlich zitternden Fingern Rum ein und zog sich dann in eine Ecke der Stube zurück.

»Nun, McIntyre«, der Major griff nach seinem Glas, »wie kommt Ihr voran mit Eurer bahnbrechenden Erfindung?«

Alistair seufzte unhörbar auf. Ging es tatsächlich nur darum? »Oh, bestens, Sir.«

Der Major nahm einen Schluck, dann lehnte er sich zurück und schlug ein Bein über das andere. Seine wohlgeformten Waden kamen in den eng geschnittenen Stiefeln bestens zur Geltung. »Zeigt es mir!«

»Was?«, fragte Alistair irritiert.

»Das Instrument oder wie immer Ihr das Ding nennt. Ich will es sehen. Und beeilt Euch, ich habe nicht viel Zeit!«

Alistair erhob sich zögernd und deutete eine Verbeugung an. »Ich bin sofort zurück.« Er ging hinaus und nestelte an dem Band seiner Westentasche, an dem er die Schlüssel trug. Die Tür zu seinem Studierzimmer war schnell aufgeschlossen. Da, die Kiste. Herrgott, das Schloss klemmte schon wieder!

»McIntyre!« Die Stimme des Majors. »Was dauert das so lange?«

»Sofort, Sir, ich bin gleich zurück.« Er war doch kaum eine Minute fort! Der Major genoss es wahrhaftig, seine Macht herauszukehren und seine Untergebenen zu schikanieren.

Endlich, das Schloss war offen. Alistair griff nach dem *oculus introspectans*, dann auch nach dem Futteral mit dem kurzen Röhrchen, seinem ersten Prototypen. Er ließ den Kistendeckel zurückfallen. Jetzt nur noch zuschließen – Herr im Himmel, der Schlüssel wollte sich einfach nicht drehen lassen.

»Habt Ihr Euch in Luft aufgelöst, McIntyre?«

»Ich komme, Sir!« Er würde sich später um das Schloss kümmern. Hastig eilte er aus dem Zimmer, warf die Tür hinter sich zu und war zurück in der Wohnstube.

Der Major bedachte ihn mit einem abschätzigen Blick und streckte die Hand aus. »Ah, na endlich! Und das ist Euer geheimnisvolles Gerät?« Er wiegte das *oculus* in der Hand. »Höchst interessant. Damit könnt Ihr also ins Innere des Körpers sehen?«

»Leider noch nicht«, bekannte Alistair. »Es fehlt noch an einer geeigneten Technik zur Beleuchtung.«

Der Major reichte ihm das Instrument. »Wie wäre es mit einer Vorführung?«

»Sir?«

»Wieso so begriffsstutzig, McIntyre? Ich will eine Demonstration, das habe ich Euch schon einmal gesagt.«

Alistair schluckte. Er war noch nicht so weit. Und vor allem nicht vor dem Major. »Sicher, Sir, ich erinnere mich. Es ist nur so – ich habe niemanden, an dem ich es vorführen könnte.«

Wenn er jetzt fragte, an wem er es sonst ausprobierte, hatte Alistair ein echtes Problem. Aber der Major hielt sich mit solchen Fragen gar nicht erst auf. Mit einer lässigen Handbewegung deutete er in die Zimmerecke, wo Ann stand. »Nehmt sie!«

Alistairs Beine wurden weich. »Sir, das ... das geht nicht.«

»Wieso nicht?«

»Weil ... es ist eine schwierige Sache. Nicht jeder ist dafür geeignet. Ich könnte sie verletzen, wenn –«

»McIntyre!«, unterbrach ihn der Major. »Das interessiert mich nicht! Ich versorge Euch mit allem, was Ihr für Eure medizinische Bastelei benötigt. Und jetzt will ich Ergebnisse sehen. Sofort!«

Ann, die die Diskussion mit schreckgeweiteten Augen verfolgt hatte, stand stocksteif da.

»Was muss sie tun?«, fragte der Major ungeduldig. »Sich hinlegen?«

Alistair schluckte erneut, dann räusperte er sich. »Nein, hinsetzen«, sagte er mit belegter Stimme.

Der Major ergriff einen Stuhl und stellte ihn in die Mitte des Raums. »Du da! Setz dich!«

Ann sah die beiden Instrumente auf dem Tisch an. Ihr Blick flatterte, wie ein gefangenes Tier auf der Suche nach einer Fluchtmöglichkeit.

»Ann, setz dich.« Alistair wich ihrem Blick aus. Schließlich gehorchte sie.

Er atmete tief durch. Seine Hand verharrte über dem langen Rohr, dann griff er nach dem kurzen. »Ich werde dieses hier nehmen.« Er versuchte, seiner Stimme einen festen Klang zu geben. »Das ist einfacher.«

Der Major zuckte mit den Schultern. »Wie Ihr meint.«

Alistair trat hinter Ann und erklärte dem Mädchen kurz, was sie tun sollte. Fast wünschte er sich, O'Sullivan wäre hier.

Ann war ein einziges Bündel Angst. Als sie zitternd den Mund öffnete, schlug ihm fauliger Atem entgegen; bei Gelegenheit musste er einmal nach ihren Zähnen sehen.

Er kam nicht einmal bis in die Nähe des Kehlkopfs. Ann wehrte sich sofort, würgte, hustete und schlug mit Armen und Beinen um sich.

»Weiter, McIntyre, ich halte sie fest!« Der Major war aufgesprungen und packte Anns panisch um sich schlagende Hände. Mit einer Hand umklammerte er ihre Handgelenke, mit der anderen zwängte er ihren Kiefer auseinander. »Versucht es noch einmal!«

Doch es blieb ein Ding der Unmöglichkeit. Anns Schlundmuskulatur war vollständig verkrampft, der Kehlkopf verengt. Sie bekam kaum Luft, ihr Gesicht war rot angelaufen und die Augen vor Angst geweitet.

Alistair legte das Röhrchen zurück auf den Tisch. »Es geht nicht«, konstatierte er, schwankend zwischen Erleichterung und Furcht. Der Major war immerhin sein Vorgesetzter. »Sir, es tut mir leid, aber ich muss diesen Versuch abbrechen. Die Gesundheit und vielleicht sogar das Leben des Mädchens sind sonst in Gefahr.«

»Wen kümmert es?« Der Major hielt Ann noch immer fest. Sie wimmerte in seinem Griff, Tränen liefen ihr über das Gesicht und in den geöffneten Mund. »Wiederholt es. Ich will sehen, was Ihr da ausgeheckt habt.«

Alistair nahm all seinen Mut zusammen. »Bedaure, Sir, das kann ich leider nicht tun. Der hippokratische Eid gebietet, niemandem zu schaden.«

Der Major hob eine Augenbraue und ließ endlich Ann los, die schluchzend und keuchend vor dem Stuhl zusammensank.

»Sieh an, sieh an, der Herr Doktor hat ein Gewissen. Ich hoffe nur, dass Ihr nicht vergessen habt, wer Euch das alles hier erst ermöglicht hat!«

»Nein, Sir, das habe ich nicht vergessen.«

Der Major setzte sich wieder. »An wem probiert Ihr es sonst aus? Und wo ist eigentlich Euer zweiter Sträfling, dieser O'Sullivan?«

Bevor Alistair etwas sagen konnte, hob Ann den Kopf. »Sir, ich ...« Sie hustete, schnappte nach Luft, aber zu Alistairs Erstaunen wandte sie sich nicht an ihn, sondern an den Major. »Darf ich ... darf ich etwas sagen?«

»Geht es um O'Sullivan?«

Ann nickte scheu, noch immer auf dem Boden kniend.

»Dann sprich.«

Allmählich ließ Anns würgender Husten nach. »Ich ... ich weiß nicht, ob es wichtig ist, aber ...«

»Was? Komm schon, Mädchen, du kannst offen sprechen.«

»Ich ... ich will niemanden anschwärzen, aber ... ich glaube, ich habe etwas gesehen.«

»Was denn, in drei Teufels Namen? Muss man dir denn jedes Wort einzeln aus der Nase ziehen?«

»Sir, ich habe gesehen, wie O'Sullivan etwas im Kutschenhaus versteckt hat«, brach es aus Ann hervor. »Vielleicht Waffen. Oder ... oder Proviant. Und wo Ihr doch nach Aufrührern sucht, da dachte ich ...« Sie verstummte so plötzlich, wie sie begonnen hatte.

Alistair war der kalte Schweiß ausgebrochen. Was erzählte Ann da bloß? Konnte es wirklich sein, dass O'Sullivan einer der Aufrührer war?

»Das hast du gut gemacht, Mädchen.« Der Major fixierte sie prüfend, dann erhob er sich. »Und jetzt wirst du mich und den Doktor zum Kutschenhaus begleiten.«

*

Es hatte viel geregnet in den vergangenen Tagen, der Busch, der den Weg zwischen Parramatta und Toongabbie säumte, glänzte feucht. Dennoch kam die Kutsche mit den drei Insassen, die Moira nach Hause brachte, gut voran. Auch wenn es bedeutet hatte, eine Nacht lang Duncan nicht sehen zu können, war es eine schöne kleine Reise gewesen. Wahrscheinlich lag es daran, dass McIntyre nicht mitgekommen war. Er hatte im letzten Moment mit einer fadenscheinigen Begründung abgesagt, und so war Moira alleine mit D'Arcy Wentworth und Catherine Crowley zu den Balmains nach Sydney gereist. Seine Kinder hatte Wentworth in der Obhut eines Kindermädchens gelassen.

Dr. Balmain war Magistrat und oberster Arzt der Kolonie, ein Mann der ersten Stunde, der vor zwölf Jahren mit der Ersten Flotte nach Neuholland gekommen war. Genau wie Dr. Wentworth lebte auch Dr. Balmain unverheiratet mit einer ehemaligen Sträflingsfrau zusammen. Bei so vielen Gemeinsamkeiten war es nicht verwunderlich, dass die beiden Ärzte befreundet waren.

Catherine Crowley, die Moira gegenübersaß, lächelte ihr verschwörerisch zu. Moira wusste, was dieses Lächeln zu bedeuten hatte. Heute Morgen, im Haus der Balmains, hatte sie sich vor dem Frühstück heftig übergeben müssen. Kurz darauf war Catherine bei ihr erschienen – und das vielsagende Glitzern in ihren Augen hatte Bände gesprochen. Sie hatte nichts auf Moiras Beteuerungen gegeben, lediglich das üppige Abendessen nicht vertragen zu haben. »Ich habe drei Kinder geboren. Glaubt mir, ich sehe es, wenn eine Frau guter Hoffnung ist«, hatte sie gesagt.

Ein widersprüchliches Gefühl, schwankend zwischen Furcht und Freude, regte sich in Moira. Aber nein, sie war nicht dafür geschaffen, Kinder zu empfangen, das hatte sie schließlich in den langen Monaten ihrer Ehe feststellen können. Und doch – falls es tatsächlich zutraf, dann gab es keinen Zweifel, wer der Vater des Kindes war, schließlich hatte McIntyre seine Aktivitäten im ehelichen Schlafgemach seit einiger Zeit vollkommen eingestellt.

Als sie sich Toongabbie näherten, konnte Moira das ockerfarbene Band des Flusses erkennen. Durch die häufigen Regenfälle der vergangenen Wochen führte er viel Wasser. Dahinter erstreckte sich die Reihe gleichförmiger Sträflingshütten. Eine Kutsche kam ihnen entgegen, flankiert von berittenen Soldaten. Man grüßte sich mit kurzem Kopfnicken und fuhr aneinander vorbei.

Moira wandte sich um. Sie kannte den Mann, der dort neben einem anderen in der Aufmachung eines katholischen Priesters saß, doch sie brauchte eine Weile, um ihn einordnen zu können. Dann fiel es ihr wieder ein. Holt! Joseph Holt, der Rebellengeneral, der mit ihnen auf der *Minerva* gereist war. Soweit sie wusste, war er von Zahlmeister Cox als Verwalter auf dessen Farm in Parramatta eingestellt worden. Es sah nicht so aus, als wäre er freiwillig in Toongabbie gewesen. Was hatte er dort gemacht? Ein ungutes Gefühl ergriff sie.

Als die ersten Häuser auftauchten, verabschiedete sie sich von Wentworth und Catherine, die nach Parramatta zurückfuhren. Catherine drehte sich noch einmal um und winkte ihr aufmunternd zu, dann fuhren sie weiter. Moira wollte gerade den Weg zu ihrem Haus einschlagen, als sie verharrte.

Etwas war anders als sonst. Über dem großen Platz, der für Versammlungen genutzt wurde, lag eine angespannte Stille, und bei den Verwaltungsgebäuden sah sie die rotweißen Uniformen der Soldaten des New South Wales Corps. Der Boden unter dem Baum, an dem man die Sträflinge öffentlich züchtigte, war blutgetränkt, der Geruch von Blut und Schweiß hing in der Luft. Ihr Magen zog sich zusammen. Duncan …

Sie hielt einen Soldaten an, der soeben aus einem der Gebäude kam. »Sir, könnt Ihr mir sagen, was hier vorgefallen ist?«

Der Mann musterte sie und kam offenbar zu dem Schluss, dass sie vertrauenswürdig war. »Man hat in letzter Minute einen Aufstand verhindert, Madam. Einige Sträflinge wurden ausgepeitscht. Der Major hat eine Überprüfung angeordnet.«

»Der Major?« Ihr Magen war ein eisiger Kloß. »Meint Ihr Major Penrith?«

»So ist es, Madam.« Der Soldat grüßte kurz und ging davon.

Sie wartete, bis er um eine Ecke verschwunden war, dann lenkte sie ihre Schritte in Richtung Kutschenhaus. Sie zwang sich dazu, nicht zu laufen, auch wenn ihr Herz vor Angst hart gegen ihre Rippen klopfte. Duncan. Hoffentlich war ihm nichts zugestoßen, hoffentlich hatte der Major ihn nicht gesehen, hoffentlich …

Das Kutschenhaus war leer. Weder Tier noch Mensch war anwesend. Doch über den Ausdünstungen von Pferd und Stall lag noch etwas anderes. Ein Geruch nach Fleisch und Rauch, der ihr plötzlich Übelkeit verursachte.

In einer der vorderen Unterstände summte es leise. Fliegen? Lag dort etwa eine Leiche ...?

Langsam trat sie näher, bereitete sich auf den Anblick vor, um nicht aufzuschreien.

Ein Schwarm Fliegen stob auf, als sie näher trat. Zwischen Zaumzeug und Striegeln hing – ein halber Schinken. Keine Leiche. Für einen Moment fühlte sie sich so schwach, dass sie fast umgefallen wäre und sich an der Wand festhalten musste.

Nach dem ersten Schock der Erleichterung begannen ihre Gedanken zu rasen.

Was hatte ein Schinken hier zu suchen? Hier, bei Duncan im Kutschenhaus? Hatte er ihn hier versteckt? Was hatte er damit vor? Plante er eine Flucht und sammelte Verpflegung? Aber hatte er nicht gesagt, er würde nicht weglaufen wollen? Oder hing es mit dem vereitelten Aufstand zusammen, von dem der Soldat erzählt hatte? Dann schüttelte sie den Kopf. So dumm, einen Schinken ausgerechnet hier aufzuhängen, wo ihn jeder sofort entdecken würde, wäre wohl kaum jemand. Am allerwenigsten Duncan.

Sie sah sich das Fleisch genauer an. Ein solches Stück Schinken hing auch in ihrer eigenen Speisekammer. Nein, es *war* genau dieser Schinken!

Moira zögerte nicht länger. Für Fragen war später noch Zeit, jetzt war Handeln gefragt. Niemand durfte diesen Schinken hier, bei Duncan, entdecken.

Kurzentschlossen holte sie einen kleinen Schemel, der ganz in der Nähe stand, und nahm das geräucherte Fleisch vom Haken.

Sie war kaum aus dem Kutschenhaus getreten, als ihr Herz zum dritten Mal an diesem Tag wild zu schlagen begann. Der Major! Er kam mit McIntyre und Ann – wirklich Ann? – direkt auf sie zu. Moira atmete tief durch. Jetzt bloß keine Panik! Sie packte den Schinken fester und ging hocherhobenen Hauptes weiter.

»Mrs McIntyre, welch unverhofftes Vergnügen!« Der Major blieb stehen und musterte den Schinken. »Und welch ungewöhnliches Gepäck.«

»Das ist unser Abendessen«, würgte Moira mühsam hervor. Ihre Kehle war wie zugeschnürt. »Aus … Sydney.«

»Tatsächlich? Hoffentlich habt Ihr ihn zu einem guten Preis bekommen.«

»Das habe ich«, erklärte Moira kühl. Allmählich fühlte sie sich wieder sicherer. Ihr Blick fiel auf Ann, die abwechselnd rot und blass wurde. Sie sah aus, als wäre sie krank. »Ist dir nicht gut?«

Ann schreckte auf. »Nein, Ma'am, alles in Ordnung«, flüsterte sie und schaute zu Boden.

Was ging hier vor? Selbst McIntyre wirkte beunruhigt.

Der Major blickte über ihren Kopf hinweg. »Ich sehe, Ihr seid in Eile, genau wie wir. Lasst Euch nicht aufhalten, Mrs McIntyre.«

Moira sah dem seltsamen Dreiergespann nach, wie es in Richtung Kutschenhaus verschwand. Das war gerade noch gutgegangen. Sie fasste das Fleisch fester und eilte, so schnell es der Anstand erlaubte, zurück ins Wohnhaus.

Der Haken in der Speisekammer war leer. Sie hängte den Schinken auf und ging in die Wohnstube. Wo war Duncan?

Das Haus atmete noch die Gegenwart des Majors, sie konnte sein würziges Rasierwasser riechen. Auf dem Tisch in der Stube stand ein benutztes Glas und eine Flasche Rum, daneben lagen zwei Rohre, fast so dick wie ein Finger und von unterschiedlicher Länge. Für einen Moment vergaß Moira ihre Sorge und nahm das längere Rohr in die Hand. Hatte Duncan das hier hergestellt? Und wozu diente es?

Wenn McIntyre schon so ungewöhnlich nachlässig mit

seinen Sachen war, vielleicht konnte sie dann einen Blick …
Sie ging zum Studierzimmer und drückte probeweise die
Klinke hinunter. Die Tür öffnete sich.

Sie war nur ein einziges Mal, am Tag ihrer Ankunft, hier
drinnen gewesen. Neben dem Schreibtisch stand McIntyres
Kiste. Das Schloss war offen.

Moira schnappte nach Luft. Sollte es tatsächlich möglich sein, endlich einmal einen Blick in die geheime Kiste
zu werfen, die McIntyre bislang gehütet hatte wie seinen
Augapfel? Sie lehnte die Tür an, kniete sich vor die Kiste
und klappte den Deckel auf.

Papiere, Zeichnungen, medizinische Zeitschriften. Sie
nahm einen Stapel Papiere in die Hand und blätterte sie
durch. Blätter voller engbeschriebener Zeilen, dazwischen
Skizzen. McIntyre war kein unbegabter Zeichner. Andeu-
tungsweise war der Umriss eines Menschen abgebildet, mal
in der Quersicht, mal von vorne. Und war das das Innere
eines Organs? Sie sah Skizzen von dünnen Rohren in unterschiedlicher Länge und Ausführung, von Spiegeln, gläsernen Linsen in verschiedenen Formen und Größen, Kerzen
in metallenen Umhüllungen. Die Zeichnung einer *camera
obscura* mit Unmengen von gekritzelten Berechnungen.
Wozu sollte das gut sein? Kurz horchte sie auf. Nein, niemand kam. Dann legte sie die Papiere beiseite und wühlte
tiefer in der Kiste. Das Jagdfieber hatte sie gepackt.

Da – unter einem Stapel Zeitschriften lag etwas verborgen, ein Brief. Sie zog ihn hervor. »Für Alistair«, stand in
einer geschwungenen, leicht zittrigen Frauenhandschrift
darauf. Er duftete ganz schwach nach Rosen. Hatte Victoria, McIntyres erste Frau, ihn geschrieben? Vor Aufregung
schlug ihr Herz schneller, und für einen kurzen Moment
überkamen sie Gewissensbisse. Durfte sie so einfach in den
Sachen ihres Mannes wühlen, Victorias Briefe lesen? Dann

schüttelte sie den Kopf. Die Neugierde war stärker. Eine solche Gelegenheit würde sich wahrscheinlich nie wieder ergeben.

Das Siegel war erbrochen; hastig entfaltete sie den Brief. Es waren nur wenige Zeilen.

»Verehrter Alistair«, entzifferte sie. »Wieso nur? Was du getan hast, hat mir das Herz gebrochen. So kann ich nicht mehr weiterleben. Aus dieser Schande kann mich nur –«

»Was fällt dir ein? Leg das sofort wieder hin!« McIntyre stand in der Tür, seine Stimme drohte überzukippen. Mit wenigen Schritten war er bei ihr und zerrte den Brief aus ihrer Hand. Er zerriss mit einem hässlichen Laut. »Wie kannst du es wagen? Das ist …«

»Victorias Abschiedsbrief.« Moira erhob sich. Ihr Herz hämmerte, aber weniger aus Furcht als vor Schreck über sein plötzliches Erscheinen. Sie hatte keine Angst mehr vor ihm, wurde ihr in diesem Moment bewusst. Anklagend hielt sie ihm die abgerissene Hälfte des Briefes entgegen. »Was habt Ihr getan? Was habt Ihr so Furchtbares getan, dass sie sich das Leben genommen hat?«

McIntyres Gesicht verzog sich zu einer Grimasse aus Trauer und Wut. Sie sah seinen Schlag kommen, trotzdem war der Schmerz ein Schock.

»Habt Ihr sie auch geschlagen?«, flüsterte sie, die Hand an der brennenden Wange. »Hat Victoria sich deshalb umgebracht?«

»Ich habe sie nie geschlagen!«, keuchte McIntyre. »Ich habe sie geliebt!«

Moira lachte auf. »Ihr könnt doch überhaupt nicht lieben!«, warf sie ihm entgegen, ließ den Papierfetzen fallen und stürmte aus dem Zimmer.

12.

Duncan griff nach dem Becher mit Wasser und trank in kleinen Schlucken. Das half am besten gegen den krampfhaften Husten, der ihn jedes Mal im Anschluss an McIntyres Versuche überfiel.

»Ich sende euch wie Schafe unter die Wölfe«, hatte Jesus einst seine Jünger gewarnt. Diese Stelle hatte Duncan gestern in Moiras Bibel aufgeschlagen, die sie bisweilen für ihn in der Küche liegen ließ – den einzigen Ort im Haus, zu dem er freien Zutritt hatte. Es half, sich diese Worte immer wieder vorzuhalten. Duncan hatte gehofft, sich irgendwann an den Würgereiz und das scheußliche Gefühl des Rohrs in seiner Kehle zu gewöhnen. Aber nach wie vor forderte es seine ganze Selbstbeherrschung. Er nahm es hin als Teil seiner Buße. Und als Schritt näher zur Freiheit.

Er ließ den Becher sinken und beobachtete den Doktor, der am Schreibtisch saß und bereits wieder eifrig schrieb – Versuchsberichte und Überlegungen, gespickt mit kleinen Zeichnungen. Duncan wurde nicht schlau aus seinem Dienstherrn. Er schätzte McIntyres Hingabe an seine Sache, aber manchmal hatte er den Eindruck, der Doktor würde ihn öfter zu sich rufen, als nötig wäre.

»Wo setze ich die Biegung an?«, murmelte McIntyre.

Duncan war sich nicht sicher, ob der Doktor mit ihm sprach oder nur Selbstgespräche führte. Er stellte den Becher auf die Fensterbank und erhob sich. »Sir?«

»Ja, ja.« McIntyre winkte mit der Feder. »Du kannst gehen.«

Duncan blieb stehen. »Sir, darf ich Euch etwas fragen?«

McIntyre hob kaum den Kopf. »Worum geht es? Einen freien Tag?«

Duncan zögerte. Von dieser Frage hing so viel ab. »Sir, ich … seid Ihr mit mir zufrieden? Und mit meiner Arbeit?«

Jetzt legte McIntyre die Feder weg und sah ihn aus zusammengekniffenen Augen hinter der Brille an. Der Ausdruck auf seinem Gesicht spiegelte abwartendes Misstrauen. »Wieso willst du das wissen?«

Duncan gab sich einen Ruck. »Wisst Ihr noch, was Ihr mir versprochen habt?«

»Ich habe dir etwas versprochen?«

»Sir, Ihr habt mir zugesichert, Euch für meine Begnadigung einzusetzen.«

»Ach, das. Und?«

»Habt Ihr schon etwas erreicht?«

McIntyre verschränkte die Arme vor der Brust. »Du bist gerade mal ein paar Monate hier, O'Sullivan. Als ich davon sprach, meinte ich nicht, dass es so schnell gehen würde.«

Duncan hatte Mühe, seine Enttäuschung zu verbergen. »Dann habt Ihr dem Gouverneur noch nicht geschrieben? Oder mit ihm gesprochen?«

»Wie stellst du dir das vor? Ich kann nicht einfach so beim Gouverneur vorsprechen und um deine Begnadigung bitten. Abgesehen davon kann ich dich im Moment unmöglich gehen lassen. Nicht jetzt, wo ich kurz vor dem Durchbruch stehe.« McIntyre nahm die Arme wieder herunter. »Und was willst du denn mit deiner Freiheit? Du hast kein Geld und keine Heimat. Du solltest froh sein, dass du hier bei uns leben darfst. – Wir werden demnächst nach Sydney reisen. Ich möchte einigen Leuten meine Erfindung vorstellen. Und du wirst mitkommen. Dafür bekommst du dann zwei freie Tage und eine Extraportion Rum. Na, was hältst du davon?«

»Sir«, sagte Duncan mühsam beherrscht, »es wäre mir lieber, wenn Ihr Euch um meine Begnadigung bemühen würdet. So, wie Ihr es versprochen habt.«

McIntyres Miene gefror zu Eis. »Wie redest du mit mir? Wenn ich wollte, könnte ich dich dafür auspeitschen lassen!«

Für einen endlos langen Moment starrten sie sich schweigend an. Duncan schluckte schwer an der Wut und den Worten, die sich in seiner Kehle stauten. »Wie lange?«, würgte er schließlich hervor. »Wie lange muss ich noch warten?«

McIntyres angespannte Haltung fiel in sich zusammen. Er hob die Schultern, nahm die Feder und tauchte sie erneut ins Tintenfass. Seine Hand zitterte leicht. »Das kann ich dir nicht sagen. Ein paar Monate, vielleicht auch ein paar Jahre. So, und jetzt geh und schirr das Pferd an, ich muss gleich ins Lazarett.«

*

Vor seinem endgültigen Aufbruch machte Alistair noch kurz halt bei einem Nachbarn wegen eines Krankenbesuchs. Als er danach erneut auf den Kutschbock stieg, regnete es in Strömen. Das war ja zu erwarten gewesen. Immer traf es ihn, bei diesem grässlichen Wetter nach Parramatta fahren zu müssen. Die Arbeit im dortigen Lazarett gehörte nicht eben zu seinen Lieblingsaufgaben, aber sie war nun einmal Teil seines Dienstvertrags. Alle drei bis vier Tage hatte er einige Stunden dort zu arbeiten. Verlorene Zeit, wie er fand. Wie viel lieber würde er jetzt in seinem Studierzimmer sitzen und sich seinen Forschungen widmen. Er zog den Kopf ein, als eine Regenbö über ihn hinwegzog, gab dem Pferd die Zügel und ließ seine Gedanken schweifen.

Auf eine geschliffene Linse würde er wohl weiter warten müssen. Nachdem Major Penrith ausgesprochen ungehalten gewesen war, als er das Kutschenhaus schon zum zweiten Mal hatte verlassen müssen, ohne etwas zu finden, hatte Alistair nicht mehr gewagt, ihn darum zu bitten.

Als Nächstes würde er O'Sullivan damit beauftragen, ein weiteres Rohr herzustellen. Eines, das an seinem unteren Ende ganz leicht abgeknickt war, um die natürliche Biegung der Speiseröhre zu überwinden. Dann würde man vielleicht auch ohne Linse mehr erkennen können als das verwaschene Durcheinander, das er bisher gesehen hatte.

O'Sullivan hatte ihn heute enttäuscht. Trotz seines Eifers war es ihm wohl nie um den wissenschaftlichen Fortschritt gegangen, sondern nur um seine Begnadigung. Der zornige Blick aus dunkelgrünen Augen hatte Alistair für einen Moment hinter die Fassade scheinbaren Gleichmuts sehen lassen – und ihm Angst gemacht. Das also waren O'Sullivans wahre Gefühle. Man durfte den Katholiken nicht vertrauen. Das Aufrührerische steckte diesen Menschen im Blut. Und O'Sullivan war schließlich wegen Rebellion verurteilt worden. Vielleicht hatte der Major doch nicht ganz unrecht mit seinen Verdächtigungen.

»Sir!« Eine helle Stimme ertönte neben dem Geplätscher des Regens und den Fahrgeräuschen. »Dr. McIntyre, Sir!«

Er blickte auf. Durch den strömenden Regen sah er eine verhüllte Gestalt, die neben seinem Karren herrannte.

»Sir«, rief sie erneut, und jetzt erkannte er Ann. »Sir, bitte!«

Mürrisch zügelte er das Pferd. »Was ist jetzt schon wieder?« Das närrische Ding raubte ihm in letzter Zeit oft die Geduld. Aber man musste behutsam mit ihr umgehen, schließlich hatte der Major ihr bei dem missglückten Versuch mit dem Röhrchen ziemlich zugesetzt.

Sie war völlig außer Atem, die nassen Haare klebten ihr strähnig am Kopf. In ihrem Unterkiefer konnte er die neue Zahnlücke erkennen. Er hatte mehrere Tage gebraucht, bis er sie so weit gehabt hatte, dass er ihr zumindest einen von zwei schadhaften Zähnen hatte ziehen können.

»Gott sei Dank, Sir!« Sie knetete ihre Hände, dann verzog sie das Gesicht und begann zu weinen.

»Jetzt hör schon auf, Mädchen!« Weinende Frauen konnte er nicht ausstehen. »Sag mir sofort, was los ist!«

Ann richtete sich auf, das Gesicht nass von Tränen und Regen. »Sir, Ihr … Eure Frau … sie … sie …«

»Moira? Was ist mit ihr?« Aus diesem Gestammel konnte ja kein Mensch klug werden. »Ist etwas passiert? Wo ist sie?«

Ann blickte ihn bebend an, dann deutete sie unbestimmt hinter sich. »Im Kutschenhaus«, schluchzte sie. »Auf dem Heuboden. Schnell!«

*

Das leise Trommeln des Regens hüllte sie ein wie eine schützende Decke. Der Raum unter dem hölzernen Dach des Kutschenhauses mit seinem Bett aus Stroh war ihrer beider Refugium, ihr Rückzugsort von der Welt. Noch nie hatte jemand nach Duncan verlangt, wenn er mit Moira hier oben war. In diesem Fall, so hatten sie vereinbart, würde er einfach hinunterklettern, während sie sich mucksmäuschenstill verhalten und so lange warten würde, bis sie ungesehen verschwinden konnte.

Moira liebte es, neben ihm in den warmen Halmen, deren Duft sie an die glücklichen Tage ihrer Kindheit erinnerte, zu liegen. Selbst heute. Eigentlich wollte sie ihm ihre Befürchtung mitteilen, sie könnte schwanger sein. Aber jetzt war nicht der passende Moment. Sie hatte Duncan noch nie so wütend gesehen.

»Soll ich mit McIntyre reden? Vielleicht hört er auf mich?« Sie bezweifelte es, aber sie wollte es wenigstens anbieten.

»Nein.« Duncan warf eine Handvoll Stroh in die Luft. »Ich kann schon noch für mich selbst reden.«

Moira drehte sich auf die Seite. Ein vages Schuldgefühl über die eigene Erleichterung regte sich in ihr. Denn was würde aus ihr und Duncan werden, wenn er tatsächlich begnadigt werden würde? Würde er zurückkehren nach Irland? War das überhaupt möglich?

»Willst du etwas Kuchen haben?« Ann hatte Früchtekuchen gebacken, von dem Moira ihm ein Stück mitgebracht hatte. »Oder eine Scheibe Schinken …?«

Es war zu einem galligen Scherz zwischen ihnen geworden. Duncan verzog das Gesicht zu einem gequälten Lächeln. Noch immer wussten sie nicht, wer den Schinken im Kutschenhaus aufgehängt hatte. Wer immer Duncan hatte schaden wollen, musste den Moment abgepasst haben, als er fortgeschickt worden war.

»Später vielleicht.«

Moira zuckte die Schultern, räumte den kleinen Packen hinter einen aufgetürmten Strohhaufen und schmiegte sich mit einem wohligen Seufzer wieder an ihn. Es war schön, einfach nur hier neben ihm zu liegen und dem Regen zuzuhören, der laut und gleichmäßig auf das Dach über ihnen prasselte.

Dann spürte sie, wie sich Duncans Körper straffte. Er setzte sich auf. »Was war das?«

Auch Moira horchte. »Es ist nichts. Nur der Regen.« Sie zupfte an seinem Ärmel.

Duncan lauschte noch einen Moment, alle Glieder angespannt wie eine lauernde Raubkatze. Dann ließ er sich wieder zurücksinken.

Ihre Hand glitt unter sein Hemd, fuhr über seine warme Haut, bis seine Muskeln sich allmählich lockerten und er sich ihr zuwandte. Sanft, aber bestimmt drängte sie ihn nach unten.

Er verstand die stumme Aufforderung nur zu gut. »Du bist ein böses Mädchen«, flüsterte er und schob ihren Rock nach oben. Sie sah ein Funkeln in seinen Augen, bevor er sich dem geheimen Reich zwischen ihren Schenkeln widmete.

Von ihrem Schoß stieg ein immer stärker werdendes Ziehen auf, dann erfüllte ein heißes Prickeln ihren Körper. Als die Lust sie überflutete, krallte sie eine Hand in Duncans Haar und biss sich in die Faust, um ihr Stöhnen zu unterdrücken. Es war so herrlich, was er da tat, so –

Aus dem Augenwinkel nahm sie eine Bewegung wahr. Sie drehte den Kopf – und schrie auf.

Wie in einem wahrgewordenen Alptraum erblickte sie McIntyre auf der Leiter. Er starrte sie beide an, als sähe er einen Geist. Alle Farbe war aus seinem Gesicht gewichen. Lautlos schnappte er nach Luft, ruderte mit den Armen, verlor das Gleichgewicht und kippte mitsamt der Leiter aus ihrem Blickfeld.

Für einen entsetzlichen Moment herrschte Stille. Moiras Herz schien für einen Augenblick auszusetzen. Dann stürzte erst Duncan und gleich darauf Moira an den Rand des Heubodens und blickten hinunter.

Ihr Atem stockte, sie spürte, wie ihr am ganzen Körper der Schweiß ausbrach: McIntyre lag rücklings auf dem Boden des Kutschenhauses, über sich die Leiter, und rührte sich nicht.

Duncan keuchte auf. Im nächsten Moment war er die mehr als doppelte Mannshöhe hinuntergesprungen. Behutsam hob er die Leiter an, stieß sie zur Seite und kniete sich neben McIntyre.

»Ist er ... tot?«, fragte Moira verstört.

Duncan legte seine Hand auf McIntyres Brust, dann seufzte er auf. »Nein. Er atmet.«

»Ich komme.« Ein Teil ihrer Gedanken funktionierte erstaunlich klar und losgelöst von dem rasenden Schreck, der durch ihre Adern pulsierte. Sie setzte sich an den Rand des Heubodens. Ob sie auch springen sollte? Es war ziemlich hoch.

»Warte.« Duncan erhob sich und stellte die Leiter auf. Im nächsten Moment war er wieder bei McIntyre.

»Er hat sich den Kopf aufgeschlagen«, sagte er hilflos, als Moira neben ihn trat. Zum ersten Mal sah sie flackernde Panik in seinen Augen. Er atmete mehrmals rasch ein und aus und ballte die Fäuste, dann blickte er auf. »Ich muss verschwinden.«

»Was? Nein!«

»Doch.« Er schüttelte heftig den Kopf. »Niemand würde mir glauben, dass es ein Unfall war.«

»Ich kann es bezeugen!«

»Und du meinst, man würde dir glauben? Nach allem, was er« – er deutete auf McIntyre – »gerade gesehen hat?«

»Ich lasse dich nicht gehen!« Ein Gefühl, als hätte sie einen Ziegelstein verschluckt, füllte ihren Magen aus.

»Wenn ich bleibe, werden sie mich hängen. Willst du das?«

»Wie kannst du so etwas sagen?« Sie funkelte ihn zornig an. »Wo willst du denn hin?«

»Was weiß ich. Nur weg.«

Ein aberwitziger Gedanke raste durch Moiras Kopf.

Im nächsten Moment hatte sie ihn ausgesprochen: »Ich komme mit!«

»Jetzt sei nicht verrückt.« Duncan schüttelte erneut den Kopf, und doch sah sie in seinen Augen einen Funken Hoffnung aufleuchten. »Du kannst nicht mitkommen.«

»Was glaubst du denn, was mich erwartet, wenn ich hierbleibe? Er hat gesehen, was zwischen uns ist. Er wird mich zum Teufel jagen!«

Ein tiefes, langgezogenes Stöhnen ließ sie zusammenfahren. Es kam von McIntyre.

»Was machen wir mit ihm?«, fragte Moira erschrocken. »Hier kann er nicht bleiben.«

»Wir bringen ihn in einen Pferdeverschlag.« Duncan griff McIntyre unter den Achseln und begann, den schlaffen Körper über den Boden zu ziehen.

McIntyres rötlich braunes Haar war voller Blut. Auch auf dem Boden, wo er aufgeschlagen war, konnte man einen feuchtglänzenden Fleck sehen. Mit zittrigen Fingern streute Moira etwas Stroh über den Blutfleck, dann klaubte sie den Dreispitz auf, der McIntyre bei seinem Sturz vom Kopf gefallen war, und nahm ein Zaumzeug vom Haken. Duncan hatte McIntyre in die hinterste Ecke des Verschlags gebracht und auf eine Pferdedecke gelegt und war jetzt dabei, ihm den schweren dunklen Mantel auszuziehen. Er arbeitete schweigend, verbissen, wie jemand, der nichts mehr zu verlieren hat.

Als er fertig war, reichte er ihr den feuchten Mantel. »Willst du wirklich mitkommen?«

Sie nickte stumm. Der Ziegelstein in ihrem Magen war zu kleinen runden Brocken geworden.

»Dann zieh das an.«

»Wieso?«

»Du bist jetzt er. Wir werden seinen Karren nehmen. Er

muss irgendwo in der Nähe sein. Und mit der Verkleidung fällst du nicht sofort auf.« Er legte sein Ohr an McIntyres Brustkorb und lauschte.

»Geht es ihm gut?« Moira biss sich auf die Lippen. Auch wenn sie McIntyre schon oft verflucht hatte – seinen Tod wollte sie natürlich nicht.

Duncan nickte. »Er kommt sicher bald wieder zu sich.« Es klang, als wollte er sich selbst damit beschwichtigen. »Wir brauchen sein Halstuch. Kannst du es losbinden?«

Während Moira sich mit dem Tuch abmühte, band Duncan McIntyres Arme mit dem Zaumzeug auf dem Rücken zusammen. Dann fesselte er auch seine Fußgelenke.

Moira war kaum fertig, als ein neuerliches Stöhnen durch McIntyres Körper ging. »Schnell, er wacht auf!«

Duncan riss ihr das Halstuch aus der Hand und band McIntyre den hellen Stoff als Knebel um den Mund.

McIntyre öffnete die Augen. Für einen Moment wirkte er verwirrt, dann richtete sich sein Blick auf sie. Ein stierer Blick mit so viel Hass, dass es Moira schauderte. Er versuchte etwas zu sagen, aber durch den Knebel hörte sie nur unverständliche Laute.

Duncan trat neben sie. »Es tut mir leid«, hörte sie ihn flüstern.

Der Regen war ihr Verbündeter. Kaum ein Mensch war zu sehen, als sie zu dem Karren gingen, den McIntyre auf dem Platz hatte stehen lassen. Nur für einen Augenblick glaubte Moira, eine Gestalt von dem Gefährt weghuschen zu sehen. McIntyres Dreispitz tief ins Gesicht gezogen, ging sie neben Duncan her, der vom Heuboden schnell noch seinen Rock und das eingewickelte Stück Kuchen geholt hatte. Ihr Ehemann war nicht sonderlich groß gewachsen, so dass der Mantel auch für Moira die richtige Länge hatte.

Ein irres Lachen drängte sich in ihre Kehle, als sie versuchte, McIntyres krummbeinigen Gang nachzuahmen. Mit aller Macht zwang sie es zurück. Das Herz hämmerte in ihrem Brustkorb. Wenn sie jetzt jemand ansprach, waren sie verloren.

»Heb die Hand!«, flüsterte Duncan, ohne sich zu ihr umzudrehen. »Der Mann da drüben grüßt dich!«

Hastig erwiderte Moira den Gruß aus der Ferne und betete darum, dass der flüchtige Beobachter sie tatsächlich für McIntyre halten würde.

Offenbar tat er es. Niemand sprach sie an. Niemand kümmerte sich um sie.

Der Kutschbock war nass vom Regen. Obwohl Moira vor Ungeduld und Angst vibrierte, nahm Duncan sich die Zeit, den Sitz trockenzuwischen und eine Decke darauf zu legen. Alles andere wäre verdächtig gewesen. Sie wussten schließlich nicht, wer ihnen zusah.

»Wohin?«, fragte Duncan, als sie mit dem Karren Toongabbie endlich verließen.

Moira lächelte ihn mit mehr Zuversicht, als sie wirklich empfand, unter dem Dreispitz an. »Nach Parramatta. Ich weiß, wer uns helfen wird.«

13.

In dem strömenden Regen konnte Moira kaum ein paar Schritte weit sehen. Wenigstens schützten sie McIntyres Mantel und sein Dreispitz. Sie warf einen flüchtigen Blick auf Duncan, der mittlerweile bis auf die Haut durchnässt sein musste, und bezwang den Wunsch, sich an ihn zu schmiegen. Seine Fingerknöchel waren weiß, so fest umklammerte er die Zügel. Sie sprachen kaum miteinander. Zu ungeheuerlich war das, was vorgefallen war, als dass sie das Geschehene in Worte hätten fassen können. Und so saßen sie nur schweigend nebeneinander auf dem Kutschbock des einfachen Karrens und lauschten dem gleichförmigen Hufschlag des Pferdes und dem Reiben der Geschirrgurte.

So schnell hatte sich alles geändert. Mit einem Schlag war sie herausgerissen worden aus der vermeintlichen Sicherheit ihres bisherigen Lebens. Was bislang nur ein abwegiger Wunschtraum gewesen war, war tatsächlich eingetroffen: Sie lief fort. Mit Duncan.

Sie merkte erst, dass sie an den Fingernägeln knabberte, als sie rohes Fleisch spürte. Sie zwang sich, ruhig zu atmen. Die Panik nicht zuzulassen. Wie lange es wohl dauern würde, bis man den gefesselten McIntyre entdeckte? Hoffentlich erst in einigen Stunden, wenn jemand die Pferde von der Koppel ins Kutschenhaus brachte. Sie brauchten so viel Vorsprung wie möglich.

Der Regen ließ allmählich nach, ging in ein schwaches Tröpfeln über und versiegte schließlich ganz. Als sie ein abgeerntetes Maisfeld passierten, riss Moira sich angewidert den Dreispitz vom Kopf, öffnete die Knopfleiste und begann, den schweren Mantel auszuziehen.

Duncan beobachtete sie wortlos. Erst als sie den Mantel vom Karren schleudern wollte, fiel er ihr in den Arm. »Nicht! Was soll das?«

»Ich stinke nach ihm!«

»Wir werden den Mantel noch brauchen.«

Im ersten Moment wollte Moira widersprechen, dann lenkte sie ein. Er hatte ja recht. Als sie den zusammengelegten Mantel unter den Kutschbock schob, entdeckte sie dort McIntyres Arzttasche. Noch etwas, das sie brauchen konnten?

»Bist du sicher, dass Dr. Wentworth uns helfen wird?« Duncan strich sich mit einer Hand die nassen Haare aus dem Gesicht.

Moira nickte. »Ganz sicher. Er hat mir seine Unterstützung mehrfach angeboten. Und Dr. Wentworth steht zu seinem Wort. Außerdem bin ich mit seiner Frau befreundet.« Sie lächelte schwach. »Catherine war selbst ein Sträfling, als sie hierherkam.«

Möglicherweise wusste Wentworth ein Versteck, in dem sie für die nächste Zeit bleiben konnten und wo man sie nicht suchen würde. Und sicher würde er ihnen Geld geben – das sie natürlich zurückzahlen würden, sobald sie dazu in der Lage wären.

Als sie sich Wentworths Anwesen näherten, kamen sie durch ein Waldstück. Beim Anblick der regennassen Bäume stiegen Erinnerungen in Moira auf. Nicht allzu weit von hier entfernt, mitten im stockdunklen Busch, hatten Duncan und sie sich zum ersten Mal geküsst. Das war jetzt drei Monate her. Inzwischen war es Frühling, und alles stand in voller Blütenpracht.

Die Bäume öffneten sich und gaben den Blick auf Wentworths Farmhaus frei, vor dem orange und rot leuchtende Blumen in fantastischen Formen wuchsen. Duncan fuhr den Karren vor die Ställe und band das Pferd an einen Pfosten, dann stiegen sie vom Kutschbock.

Alles war ruhig. Zu ruhig. Niemand fragte sie nach ihrem Begehr, niemand erbot sich, ihnen zu helfen. Kaum ein Laut war zu hören, kein Kinderlachen ertönte. Die Mittagszeit war bereits vorüber, es hätte reges Treiben herrschen müssen. Hatten Eingeborene die Farm überfallen? Nein, nirgends gab es Spuren von Gewalt, der Hof war sauber gefegt, und jetzt sah sie auch zwei Sträflinge, die mit der Reparatur eines Zauns beschäftigt waren.

Was war hier los? Waren Wentworth und seine Familie womöglich gar nicht da? Aber wieso stand dann seine Kutsche neben den Ställen? Zögernd trat sie näher, ging auf die Veranda und öffnete die Tür.

»Dr. Wentworth?«, rief sie ins Haus hinein. Und noch einmal, etwas lauter.

Keine Antwort. Eine unbestimmte Furcht kroch in ihr hoch wie eine Schlange. Duncan trat neben sie.

»Irgendetwas stimmt hier nicht«, sagte sie leise. »Komm.«

Er zögerte. Als Sträfling durfte er das Haus nicht ohne weiteres betreten. Dann gab er sich einen Ruck und trat hinter ihr ein.

Der Salon war leer. Sie hörte ein Geräusch, wie ein Scheppern von Gläsern. Duncan deutete nach rechts.

»Dr. Wentworth? D'Arcy?« Moira spähte in den Raum zur Rechten.

Er stand mit dem Rücken zu ihnen, vor einer Anrichte

mit verschiedenen Getränkekaraffen, und goss sich gerade ein Glas ein. Moira fiel ein Stein vom Herzen.

»Gott sei Dank! Dr. Wentworth, entschuldigt unser Eindringen, aber wir –«

Er drehte sich langsam um. Sein Blick war so glasig, dass sie nicht sicher war, ob er sie überhaupt erkannte. Schwankend stützte er sich an der Kante der Anrichte ab. Dann begann er zu weinen.

Erschrocken ging sie zu ihm. »D'Arcy! Was ist denn los?«

»Catherine«, murmelte er.

»Was ist passiert? So redet doch!«

Wentworth ließ seinen Arm sinken. Das Glas fiel aus seiner Hand und zerschellte auf dem Boden. Er beachtete es nicht.

»Sie ist vom … Pferd gefallen«, flüsterte er weinend. »Heute Morgen. Sie ist … tot. Catherine ist tot!«

Moira stand da wie gelähmt. Das konnte, das durfte nicht sein! Nicht Catherine, nicht diese vor Leben sprühende Frau, die so gerne gelacht hatte. In diesem Moment war Moiras eigene Not vergessen, war sie nur erfüllt von Trauer und Mitgefühl.

»O D'Arcy, das … das ist ja furchtbar! Es tut mir so leid.« Ob sie irgendetwas für ihn tun könne, hätte sie fast gefragt, schluckte es aber im letzten Moment herunter. Und jedes Wort des Trostes hätte hohl in ihren Ohren geklungen. Sie konnte gar nichts für ihn tun. Und er auch nichts für sie.

Wentworths unsteter Blick richtete sich auf sie, glitt dann hinüber zu Duncan, der an ihre Seite getreten war. Er kniff die geröteten Augen zusammen. »Was … was macht Ihr hier, Mrs … McIntyre? Und wer … ist der Gentleman in Eurer Begleitung?« Er mochte betrunken sein, aber er hatte noch genug Verstand, um die ungewöhnliche Situation zu erkennen.

Moira zögerte. »Das hat Zeit. Ich … ich komme ein anderes Mal wieder. Bitte, Dr. Wentworth«, sie ging ganz nah an sein Ohr. »Wir sind nie hier gewesen!«

Er sah sie an. Sein verschleierter Blick ging erneut von ihr zu Duncan, und für einen Moment blitzte Verstehen in seinen Augen auf. Er nickte mehrmals kurz.

»Möge Gott Euch in Seiner Hand halten«, flüsterte er einen irischen Segen, dann drehte er sich wieder zur Anrichte um.

»Und Euch, Sir«, gab Duncan zurück und zog Moira aus dem Zimmer. Sie sah gerade noch, wie Wentworths Schultern wieder zu zucken begannen, als er mit brüchiger Stimme ein Trauerlied anstimmte.

»Er hat Catherine sehr geliebt«, murmelte Moira, als sie Wentworths Farm verließen. »Was soll bloß aus seinen drei Kindern werden? Die Ärmsten müssen jetzt ohne Mutter aufwachsen!« Ein langgezogenes Schluchzen brach aus ihr heraus, sie schlug die Hände vors Gesicht. Catherine war ihre Freundin gewesen, der einzige Mensch neben Duncan, dem sie sich bedingungslos anvertraut hätte. Sie weinte hemmungslos.

Wortlos lenkte Duncan den Karren, bis er in dem kleinen Waldstück hinter Wentworths Farm anhielt und sie in den Arm nahm. Ein Vogel mit grauem Gefieder und roter Brust beäugte sie von einem Ast herab. Allmählich versiegten Moiras Tränen, und die Tragweite des Todesfalls drang auch zu ihr durch.

»Was sollen wir denn jetzt tun?« Schniefend wischte sie sich die Tränen aus dem Gesicht.

»Es ist nicht weit bis Toongabbie. Wenn du dort« – Duncan wies auf einen schmalen Pfad – »entlanggehst, wirst du bald auf eine Straße stoßen. Dann kannst du noch vor Einbruch der Dämmerung –«

»Was soll das?«, unterbrach Moira ihn. »Ich gehe nicht wieder zurück!«

Er sah sie traurig an. »Doch, das wirst du. Wenn du Glück hast, wird McIntyre sich nicht daran erinnern, was geschehen ist. Sag ihm einfach, ich hätte dich zu dieser … dieser Sache gezwungen.« Er wandte den Blick ab. »Es war ein schöner Traum. Aber jetzt musst du gehen.«

»Wieso sagst du so etwas?«, fragte Moira fassungslos. »Willst du mich loswerden? Bin ich plötzlich zur Last für dich geworden?«

Duncan blickte stur vor sich hin. »Ich bin ein Sträfling. Jetzt sogar ein entflohener Sträfling. Sie werden schon bald nach mir suchen. Und wenn sie mich erwischen –«

»Das werden sie nicht!«, fiel Moira ihm ins Wort.

Seine Finger verkrampften sich um die Zügel, dann öffneten sie sich wieder. Tief sog er die Luft ein, als hätte er vorher vergessen zu atmen. »Du bist also immer noch entschlossen mitzukommen?«

Sie nickte wortlos, mit zusammengebissenen Zähnen.

Endlich sah er sie an. »Ich liebe dich«, sagte er leise.

Moira schluckte, ihre Augen brannten. Sie wollte etwas erwidern, aber sie fand keine Worte. Für einen kurzen, innigen Moment trafen sich ihre Finger, schlangen sich ineinander. Seine Finger waren genauso kalt wie ihre. Dann holte die Wirklichkeit sie wieder ein.

»Kennst du noch jemanden, der uns helfen könnte?«, fragte er.

Moira dachte nach. Elizabeth Macarthur? Nein. Für Elizabeth war die Ehe heilig. Sie würde nie gutheißen, dass Moira ihren Mann verlassen hatte und mit einem Sträfling durchgebrannt war. Mutlos schüttelte sie den Kopf und legte ihn an Duncans Schulter. »Hast du denn keine Idee?«

»Doch«, sagte er, »zwei. Wir könnten nach Sydney fahren, zum Hafen, und dort versuchen, auf ein Schiff zu gelangen. Eines nach Europa. Ich habe allerdings keine Ahnung, wie wir das anstellen sollen, ohne entdeckt zu werden. Und ohne Geld.«

Moira hob den Kopf. »Nein!«, erwiderte sie bestimmt. »Das kommt überhaupt nicht in Frage. In Sydney und auf dem Weg dorthin wimmelt es von Rotröcken! Und was soll ich denn in Europa? Zurück zu meinen Eltern? Ganz sicher nicht! Was ist die zweite Möglichkeit?«

»Es sind schon einige Sträflinge geflohen«, sagte er statt einer Antwort. »Und nicht alle von ihnen wurden wieder eingefangen.«

»Soll das heißen, du weißt, wohin sie gegangen sind?«

Duncan zögerte kurz. »Nach China.«

»China? Marco Polos China? In Asien? Dann brauchen wir aber auch ein Schiff.«

»Nein, nicht dieses China.«

»Gibt es noch ein anderes?«

»Samuel und die anderen nannten es so. Eine Siedlung weißer Menschen, im Westen, gleich hinter den Blue Mountains. Angeblich ist es nicht weit, nur wenige Tagesreisen, sobald man die Straße gefunden hat. Samuel wollte immer dorthin.«

»Samuel? Dein riesenhafter Freund, der aussieht, als könnte er einen Schädel mit einer Hand zerquetschen?«

Duncan nickte. »Er meinte, er hätte die Straße schon gesehen.«

»Eine Siedlung weißer Menschen ...« Wieso eigentlich nicht? Dies hier war neues, unerforschtes Land. Was sprach dagegen, dass hinter den Bergen solch ein Ort lag? Sie brauchten ein Ziel. Und diese vage Hoffnung war zumindest besser als nichts.

»Gut«, sagte sie, neuen Mut schöpfend. »Auf nach Westen.«

*

Die Nacht verbrachten sie unter dem Karren, leidlich geschützt vor dem erneut einsetzenden Regen und eng aneinandergeschmiegt unter McIntyres Mantel. Trotzdem fror Moira entsetzlich. Sie hätte nicht erwartet, dass es im Frühling noch so kalt sein würde. Aber wenn das der Preis für ihrer beider Freiheit war, dann wollte sie ihn gern bezahlen. Es wäre schließlich nur eine vorübergehende Unannehmlichkeit.

Sie kamen nicht so schnell voran, wie Moira gehofft hatte. Einmal mussten sie umdrehen und eine ganze Strecke zurückfahren, weil ihnen ein paar umgestürzte Bäume, auf denen dichtes Moos wuchs, den Weg versperrten. Dann tauchte ein breiter Fluss vor ihnen auf – der Hawkesbury, vermutete Moira. Den halben Tag fuhren sie auf der Suche nach einer möglichen Furt am Ufer entlang und mieden dabei die wenigen, weit voneinander entfernt liegenden Farmen, die in der Nähe des Flusses errichtet worden waren. Auf dem Flickwerk der abgeernteten Felder stand der Mais nur noch einen Fuß hoch in breiten, geraden Reihen.

Der Weg war uneben und schlammig, und manches Mal mussten sie einen Umweg fahren, um überhaupt weiterzukommen. Nie verloren sie jedoch die Berge aus dem Blick, die sich im Westen erhoben, umhüllt von jenem dunstigen, blauen Schimmer, der ihnen den Namen gegeben hatte. Dahinter lag ihr Ziel. Sie mussten nur die Straße finden, die dorthin führte.

Am Vortag hatten sie McIntyres bauchige Arzttasche durchsucht, aber außer einem kleinen Skalpell und Verbandmaterial nichts Brauchbares gefunden. Auch nichts zu essen oder wenigstens ein Zunderkästchen. Das Stück Kuchen, das Duncan mitgenommen hatte, war längst verzehrt. Dennoch fühlte Moira sich zum ersten Mal seit langer Zeit wirklich frei. Und manchmal kam sie sich vor wie in der Kulisse eines Theaterstücks – als passiere das alles gar nicht ihr, sondern einer anderen Person, der sie nur dabei zusah.

Die einzigen Menschen, die sie erblickten, waren Eingeborene. Einmal glaubte Moira, in einem Schatten zwischen den Bäumen Julys blonden Haarschopf erkannt zu haben, aber dann entpuppte es sich nur als bräunliches Blattwerk. Ob Julys Stamm hier irgendwo wohnte? Nein, das wohl nicht. July würde sich nicht so weit von den Ihren entfernen, die doch sicher irgendwo in der Nähe von Toongabbie ihr Lager hatten.

*

»Da hinüber sollen wir?« Moira blickte skeptisch auf die breite Wasserfläche, die sich vor ihnen erstreckte. Aber wenn sie in die Berge wollten, mussten sie den Fluss überqueren, das war auch ihr klar. Und hier, in dieser breiten Mulde, schien das Wasser niedrig genug zu sein, um den Übergang zu wagen. Der Regen hatte aufgehört, aber schon standen wieder dunkle Wolken am Himmel. Der Wasserpegel würde bald steigen.

Sie saß auf dem Kutschbock, die Zügel in der Hand, und trotz des schweren Mantels überlief sie ein Schauer. Wie gerne hätte sie jetzt etwas Warmes gegessen oder wenigstens eine heiße Tasse Tee getrunken. Außer ein paar Schlucken kaltes Wasser aus einem der zahlreichen Bäche hatte sie nichts im Magen. Duncan, der abgestiegen war, drehte sich um und schickte ihr ein kurzes Lächeln, und sofort fühlte sie sich besser. Dann führte er das Pferd in den Fluss. Der Karren rumpelte schwerfällig hinterher.

Schon nach wenigen Schritten reichte das Wasser dem Pferd bis zum Bauch, die Räder des Karrens verschwanden zur Hälfte in den Fluten.

»Hier ist eine starke Strömung«, stellte Duncan kurz darauf fest, bis zur Taille im Wasser.

Moira spürte es auch; das Wasser drückte gegen den Karren, als wollte es versuchen, die unwillkommenen Eindringlinge flussabwärts zu treiben. Sie griff die Zügel fester. Plötzlich ging ein heftiger Ruck durch den Karren. Moira wurde fast vom Kutschbock geworfen und konnte sich im letzten Moment festhalten.

»Wir stecken fest!«, rief sie.

Duncan blickte zurück, dann trieb er das Pferd erneut an. Das Tier zog, stemmte sich mit seinem ganzen Gewicht ins Geschirr, bis die harten Muskelstränge an den Flanken hervortraten. Der Karren bewegte sich nicht.

Schließlich gab Duncan auf, ließ das Pferd los und watete ein paar Schritte zurück.

»Was hast du vor?«

»Nachsehen.« Im nächsten Moment war er untergetaucht.

Moira hatte nie schwimmen gelernt, aber das traf offenbar nicht auf Duncan zu. Die Sorge um ihn ließ sie ganz zappelig werden. Ob sie vom Karren klettern sollte? Nein, besser nicht. Und so blieb sie sitzen und zählte gegen die Angst an. Einundzwanzig. Zweiundzwanzig. Wo blieb er nur?

Sie hatte sich gerade entschieden, doch herunterzuklettern, als er lautlos wie ein Wassergeist wieder auftauchte.

»Ich fürchte, wir müssen den Karren aufgeben. Die vordere Achse ist gebrochen.«

»Kann man das nicht irgendwie reparieren?«

»Wenn du mir verrätst, wie du den Karren ans Ufer

bringen willst.« Duncan schüttelte das Wasser aus seinen dunklen Haaren, ein Schauer ging durch seinen Körper. »Komm. Wir müssen das Pferd ausschirren.«

Er reichte ihr die Hand und half ihr vom Wagen. Sie schnappte nach Luft, als das kalte Wasser ihre Kleidung durchdrang und Beine und Bauch umspülte. Sich am Karren festhaltend, folgte sie Duncan zitternd nach vorne und hielt das Pferd fest, während er das Tier von seinem Geschirr befreite. Dann kämpften sie sich Schritt für Schritt gemeinsam weiter durch die eisigen Fluten. Die Strömung zerrte an ihr und ließ ihren langen Mantel wie Flügel treiben.

Als sie endlich das andere Ufer erreicht hatten, ließen sie sich zu Boden sinken – erschöpft, mit nassen Kleidern und durchgefroren bis ins Mark.

Moira warf einen Blick zurück auf den Karren in der Flussmitte. Die kräftige Strömung hatte ihn umgekippt und schwemmte ihn nun langsam davon. Sie hätte beinah geweint. Dieser Rückschlag war fast mehr, als sie ertragen konnte. Weiter hinten sah sie McIntyres Dreispitz davontreiben.

Duncan zog sie an sich. »Geht es dir gut? Deine Lippen sind ganz blau.«

Sie versuchte ein kleines, zittriges Lächeln und nickte. »Deine auch.«

»Ein Gutes hat die Sache wenigstens. Die Strömung trägt den Karren flussabwärts. Niemand wird wissen, wo man nach uns suchen soll.«

Moiras Zähne klapperten unkontrolliert. »Vielleicht werden … sie denken, wir … sind ertrunken.«

»Aber das sind wir nicht.« Auch Duncan unterdrückte nur mit Mühe ein Zittern. »Und wir haben immer noch das Pferd.«

*

Ohne den Karren kamen sie nur langsam voran. Manchmal ritt Moira auf dem Pferd, das als Kutschpferd natürlich keinen Sattel hatte, aber die meiste Zeit mussten sie es führen, da das Gelände zum Reiten zu uneben war. Ihre nassen Sachen trockneten am Körper, in ihren Schuhen stand die Nässe, ihre Füße waren fast taub. Moira hatte ihren langen Rock minutenlang ausgewrungen, aber am Ende tropfte er immer noch und lag unangenehm feucht und kalt auf ihren Schenkeln.

Je näher sie den Bergen kamen, umso felsiger wurde der Untergrund. Die Bäume standen dicht, der würzige Geruch von Eukalyptus mischte sich mit dem süßlichen Duft der Akazie, deren goldgelbe Köpfe aus Bündeln kleiner duftiger Blüten bestanden. Überall wuchsen Blumen. Moira hatte noch nie Pflanzen von solcher Form und Pracht gesehen – Sträucher mit schwertähnlichen Blättern und handtellergroßen, kugelförmigen Blüten von flammendem Scharlachrot. Doch so schön es war, so kalt war es auch. Und noch schlimmer als die Kälte war der Hunger. Seit zwei Tagen hatten sie kaum etwas gegessen. Immer wieder kehrten Moiras Gedanken sehnsüchtig zu ihrer gut gefüllten Speisekammer zurück. Zu dem Gemüse, den Eiern und dem Brot. Und zu dem Schinken.

Am Abend machten sie unter einem kleinen Felsüberhang Rast. Das Pferd, das sie an einem Baum angebunden hatten, zupfte an etwas Gras, was Duncan darauf gebracht hatte, ebenfalls ein paar Gräser zu sammeln. Was für ein Pferd gut war, konnte dem Menschen wohl nicht schaden. Moira kaute vorsichtig. Es schmeckte scheußlich, aber zumindest vertrieb der bittere Pflanzensaft das nagende Hungergefühl aus ihren Eingeweiden.

Als die Kälte des Abends vom Boden aufstieg, erfüllten fremdartige Laute die Luft, klangen aus den Wipfeln der

Bäume; ein furchterregendes Schreien, dann Töne wie ein Schmatzen, Surren, Schnarren …

Sie schmiegte sich dicht an Duncan. »Ob es hier gefährliche Tiere gibt?«

»Nein«, gab er prompt zurück.

»Woher willst du das wissen? Du kennst dieses Land doch genauso wenig wie ich.«

»Warum fragst du mich dann?«, fragte er in mildem Vorwurf. »Hast du Angst?«

»Nein. Nicht, wenn du bei mir bist.«

Ein Schauer überrann sie. Die Nacht würde wieder kalt werden. Sie sehnte sich nach einem Feuer, aber sie hatten weder Feuerstein noch Zunder. Duncan hatte schon versucht, wie die Eingeborenen mit zwei Stöckchen Feuer zu machen, aber es war ihm nicht gelungen.

»Morgen suchen wir nach neuen Ästen.« Er schien ihre Gedanken zu lesen. »Das Holz muss trockener sein. Und dann mache ich uns ein schönes Feuer. So.« Er griff von hinten über sie, nahm ihre Hände in seine und rieb sie. »Ich wüsste etwas, womit meiner kleinen Wildkatze warm wird«, flüsterte er in ihr Ohr und küsste die kleine Kuhle dahinter. Bartstoppeln kratzten über ihre Haut.

Sie schüttelte den Kopf. Danach war ihr jetzt wirklich nicht zumute. Überhaupt fühlte sie sich nicht besonders gut. In ihrem Rücken zog es, und in ihren Gliedern saß ein Reißen. Ihre Kleidung war nach dem unfreiwilligen Bad noch immer klamm – wahrscheinlich bekam sie eine ausgewachsene Erkältung.

»Lass mich einfach nur so bei dir sitzen.« Sie lehnte sich an ihn.

Für eine Weile blickte sie in den Himmel, der wie mit Flammen gemalt war, mit Pinselstrichen in leuchtendem Rot, Orange und Safrangelb. In der Ferne konnte sie gerade noch den Fluss durch die Bäume schimmern sehen. Es war so schön friedlich hier; ein Moment, in dem die Zeit stillstand. Und plötzlich erschien ihr auch der Gedanke willkommen, womöglich ein Kind von Duncan in sich zu tragen. Aber noch wollte sie ihm nichts davon sagen. Erst dann, wenn sie in Sicherheit waren.

»Woran denkst du?«, fragte sie, den Kopf an seiner Schulter.

»An den Doktor.«

Sie stieß ein Knurren aus. »Vergiss ihn doch endlich!«

»Er muss furchtbar enttäuscht von mir sein. Hoffentlich hat er sich nicht schwer verletzt.«

»Du machst dir Sorgen um ihn?«

»Du nicht? Er war gut zu mir. Meistens jedenfalls. Ich würde es mir nie verzeihen, wenn er … zu Schaden kommen würde. – Diese Schuld habe ich schon einmal auf mich geladen«, fügte er leise hinzu.

»Schon einmal?« Moira drehte den Kopf und sah ihn von schräg unten an. »Was ist passiert?«

Er gab lange Zeit keine Antwort. So lange, dass sie schon glaubte, er wolle nicht darüber sprechen. Dann stieß er einen tiefen Seufzer aus. »Vater Mahoney, mein Ziehvater. Er … er ist gestorben, als sie mich verhaftet haben.« Duncan zog vorsichtig ein Bein an, ohne dass Moira ihre Position verändern musste. »Er hätte die Hand für mich ins Feuer gelegt. Immer wieder hat er die Rotröcke beschworen, seinem Wort zu trauen und mit der Durchsuchung aufzuhören. Er hat bis zuletzt geglaubt, dass ich unschuldig sei. Bis sie die Pikenspitzen bei mir entdeckten und mich verhafteten. Ich habe noch gesehen, wie er zusammengebrochen ist. Dann haben sie mich weggebracht.«

»Aber dann kannst du doch gar nicht wissen, ob er tot ist.«

»Doch. Emily, Vater Mahoneys Haushälterin, hat es mir erzählt. Nach Tagen, als die Wärter sie endlich zu mir ließen.« Er stockte kurz. »Vater Mahoney ist noch am selben Tag gestorben. Der Schlag hatte ihn getroffen.«

»Das ist eine traurige Geschichte«, murmelte Moira. »Dein Ziehvater war also keiner von den Rebellen?« Sie wusste von Mr Curran, dem Freund ihres Vaters, dass auch viele Priester zu den Aufständischen gehört hatten, die sich vor zwei Jahren gegen die englische Herrschaft in Irland aufgelehnt hatten.

Duncan schüttelte den Kopf. »Nein, davon wollte er nichts wissen. Er hielt nichts von Gewalt. Ich habe das etwas anders gesehen. Und das hat ihn schließlich umgebracht.«

*

Die Kühle des frühen Morgens weckte Duncan. Ohne Decke war es empfindlich kalt. Moira lag an seiner Seite. Sie hatte sich unter dem Mantel des Doktors zusammengekrümmt und schlief, ihr schwarzes Haar war genau wie seines struppig und zerzaust. Dennoch hatte sie sich kein einziges Mal beklagt. Er hätte ihr diese Strapazen gerne erspart, auch wenn es ihm manchmal vorkam, als würde sie das alles nur für ein großes Abenteuer halten. Vielleicht besaß sie aber auch lediglich die beneidenswerte Fähigkeit, für den Augenblick zu leben.

Seine Blase drückte. So leise wie möglich stand er auf, ging einige Schritte und erleichterte sich hinter einem Strauch. In den gelben Blüten der Akazie summten Bienen. Eine von ihnen landete, die Hinterbeine beladen mit dicken gelben Pollenpaketen, neben ihm auf der Erde, putzte sich, vollführte eine kurzen wackelnden Tanz und flog wieder davon.

Auf dem Rückweg fiel sein Blick auf einen kleinen Felsen,

auf dem ein paar würfelförmige Gebilde lagen, dunkel wie Torf und mit einer Kantenlänge von vielleicht knapp über einem Zoll. Vorsichtig roch er daran. Das war nichts Essbares, sondern das genaue Gegenteil. Irgendein Tier musste hier seinen Kot hinterlassen haben. In eckiger Form. Damit er nicht herunterrollen konnte? Ein wahrhaft wundersames Land mit wundersamen Geschöpfen, das Gott hier geschaffen hatte.

Ein Laut wie ein verärgertes Luftausstoßen ließ ihn innehalten. Ganz langsam sank er zu Boden, ging hinter einem Strauch in Deckung und verhielt sich still. Und wirklich; es dauerte keine Minute, bis der Verursacher des Geräuschs herangewackelt kam. Duncan hätte fast gelacht, als er das Tier erblickte. Es sah aus wie eine Mischung aus Dachs und Schwein, mit kurzen Stummelbeinen und platter Nase. Sein Fell war von dunklem Braun, und sein Gebiss zeigte kräftige Nagezähne. Dieses schwerfällige Geschöpf würde sich leicht fangen lassen. Vielleicht gelang es ihm heute sogar, Feuer zu machen? Vor seinem geistigen Auge tauchte bereits ein saftiger Braten auf, der ihm das Wasser im Munde zusammenlaufen ließ.

Duncan verharrte regungslos hinter dem Strauch. Erst als das Tier begann, an einem Grasbüschel zu rupfen, sprang er auf und stürzte sich auf seine Beute.

Das Tier war keinesfalls so schwerfällig, wie sein Aussehen glauben ließ. Mit einem heiseren Quieken preschte es los, rannte gegen Duncans Beine und schoss dann durch die Büsche davon. Die Wucht des Aufpralls brachte Duncan zu Fall. Dieses kleine Vieh hatte ihn glatt umgerannt! Schnell kam er wieder auf die Füße und setzte ihm nach.

Er war kein schlechter Läufer, aber für diese Jagd war er zu langsam. Das fremdartige Tier flüchtete schnell wie der Wind, rannte über das unebene Gelände und eine grasbewachsene Lichtung, bis es plötzlich wie vom Erdboden verschluckt war. Duncan blieb stehen, wütend und keuchend, bis er etwas zu hören glaubte: ein leises, amüsiertes Lachen. Hatte ihn etwa jemand bei dieser unrühmlichen Hatz beobachtet?

»Moira?«

Niemand antwortete. Kein neues Lachen ertönte. Resigniert hob er die Schultern und machte sich auf den Weg zurück.

*

Die Berge waren gewaltig. Obwohl sie seit dem frühen Morgen unterwegs waren, schien es Duncan, als wären sie kaum vorangekommen. Über ihnen ragten steile Abhänge auf. Jeder Schritt war schwerer als der davor, die Füße fühlten sich an, als wären sie aus Blei. Der Hunger nagte in ihnen. Während Duncan das Pferd führte, gaukelte ihm seine Phantasie Bilder von Tischen mit gebratenen Hühnern vor, Tellern voller Kartoffeln und Mais, Brot und Karotten.

Wärme und Nahrung. Wie wichtig doch diese beiden Grundbedürfnisse werden konnten. Wovon ernährten sich eigentlich die Eingeborenen, die hier lebten? Irgendwie musste es ihm gelingen, mit ihnen in Kontakt zu treten. Vielleicht kannten sie sogar diese geheimnisvolle Straße durch die Berge.

Moira, die sich vor ihm herschleppte, blieb stehen. »Warte«, sagte sie erschöpft. Er konnte sehen, dass sie am Ende ihrer Kräfte war. »Ich brauche eine kurze Pause.«

Sie hatten kaum das Pferd angebunden und sich unter einem Baum niedergelassen, als Moira schon wieder aufstand. »Ich bin gleich zurück.« Eilig verschwand sie hinter einem Gebüsch.

Duncan lehnte sich an einen Baum und ließ das Pferd

grasen. Moira bereitete ihm zunehmend Sorgen. Die ungewohnte Anstrengung, vor allem aber Hunger und Kälte setzten ihr zu. Außerdem würde das Wetter bald wieder umschlagen. Über den Bergen hingen dunkle Regenwolken, und ein kalter Wind ging durch die Bäume. Wann würden sie endlich die Straße finden? Gab es diese Straße und das sagenhafte Land hinter den Bergen überhaupt, oder war das alles nicht doch nur Wunschdenken, erdacht von freiheitshungrigen Sträflingen? Zum ersten Mal erlaubte Duncan es sich, den Zweifeln nachzugeben. Sie würden es nicht schaffen. Nicht, wenn sie nicht bald etwas zu essen fanden und Feuer machen konnten.

Dann hörte er Moira seinen Namen rufen. Voller Angst. Sofort stürzte er zu ihr.

Moira kauerte hinter dem Strauch. Sie war leichenblass und hatte die Arme um den Leib geschlungen.

»Eine Schlange? Oder Spinne?« Er begann, die Umgebung abzusuchen.

Sie schüttelte den Kopf. »Ich fühle mich ganz komisch«, flüsterte sie mit schmerzverzerrtem Gesicht.

»Das ist der Hunger.« Duncan ging neben ihr in die Hocke und legte einen Arm um sie.

Moira beugte sich vor und erbrach einen kleinen Haufen Schleim. Als sie sich stöhnend zusammenkrümmte, rutschte ihr Rock hoch. Auf ihren ehemals weißen Strümpfen konnte Duncan rote Spuren erkennen. Und unter ihr, auf dem Boden, breitete sich langsam ein dunkler Fleck aus. Blut.

14.

Ihr war heiß. Ihr war kalt. Dann spürte sie, wie es warm und feucht ihre Schenkel herunterrann. Warm wie Blut. Moira blickte unter sich und sah eine blutige Lache. Entsetzt keuchte sie auf, als sie auch schon der nächste Krampf zusammenfahren ließ.

»Was ist los? Was fehlt dir denn?«, stieß Duncan erschrocken hervor.

»Das Kind«, stöhnte sie. »Ich glaube, ich verliere das Kind!«

»Welches Kind?« Dann glomm Verstehen in seinen Zügen auf, und für einen winzigen Augenblick glaubte sie, einen Anflug freudiger Überraschung über sein Gesicht huschen zu sehen. Gleich darauf wurde er von Sorge überlagert. »Unseres?«

Moira nickte unter Schmerzen. »Es ... es tut mir leid. Ich ... ich wollte es dir sagen, aber –«

»Es ist gut«, sagte er leise und kniete sich neben sie. »Was soll ich tun?« So hilflos hatte sie ihn noch nie erlebt.

»Ich weiß es nicht! Ich bin doch kein Arzt!«

Sie fürchtete sich. Aber sie verbot sich, es auszusprechen. Wenn sie es nicht aussprach, würde alles gut werden. Und für einen kurzen, aberwitzigen Moment wünschte sie sich tatsächlich zurück nach Toongabbie, zurück zu McIntyre, der sicher am besten wusste, was in einer solchen Situation zu tun war.

»Es hört bestimmt gleich wieder auf«, murmelte sie, um sich Mut zuzusprechen. Sie fasste nach Duncans Hand. »Bleib bei mir!«

Er half ihr, McIntyres Mantel auszuziehen, und legte den schweren Stoff schützend um sie. Ein weiterer Krampf durchschoss sie. Stöhnend wand sie sich, dann spürte sie, wie etwas Winziges von innen, nach unten gegen sie drängte. Sie presste die Beine zusammen, wollte es zurückhalten, es hindern, ihren warmen, schützenden Körper zu verlassen. Mit aller Macht versuchte sie, sich dagegen zu stellen. Sie wollte dieses Kind nicht verlieren! Schluchzend legte sie die Arme um den Leib und krümmte sich zusammen, als könnte sie es damit festhalten. Doch mit jeder neuen krampfartigen Welle wurde der Drang stärker, warf sie herum, schüttelte sie, bis sie erschöpft nachgab, ihre Beine öffnete und wimmernd einen kleinen Klumpen Fleisch gebar.

Sie wagte nicht, Duncan anzusehen. »Es ist vorbei«, flüsterte sie mit trockenen Lippen.

Sie zitterte. Langsam ließ sie sich zur Seite sinken. Ihr war kalt, und sie war dankbar, als Duncan noch etwas Warmes über sie breitete. Es dauerte, bis sie erkannte, dass es sein Rock war. Wo war sie hier? Ach ja, in den Bergen.

»Ruh dich aus«, hörte sie seine Stimme wie aus weiter Ferne.

Ihr war ein wenig schwindelig, aber sie war froh, dass die Schmerzen bis auf ein leichtes Ziehen aufgehört hatten. Warm floss es aus ihr heraus. Sie schloss die Augen. Nur einen kleinen Augenblick. Sie wollte nur einen kleinen Augenblick ausruhen, dann würde sie wieder aufstehen. Sie war so müde, so müde ...

*

So schwach hatte er Moira noch nie gesehen. Wenigstens hatten die Krämpfe nachgelassen. Still lag sie unter seinem Rock und McIntyres Mantel. Ihr Gesicht unter dem schwarzen Haarschopf war bleich und wirkte ein wenig spitz. Sie hatte die Augen geschlossen und schlief. Gut so. Sie musste wieder zu Kräften kommen. Sanft strich er über ihre Stirn und wischte die feinen Schweißtröpfchen ab.

In der rötlichen Lache lag ein kleiner Klumpen aus geronnenem Blut. Duncan konnte etwas wie eine Art Haut erkennen, einen Sack, der etwas umschloss. Er nahm einen Zweig vom Boden und tippte das Säckchen vorsichtig an. Das hautähnliche Gespinst zerriss und gab den Blick auf den Inhalt frei.

Duncan wurde die Kehle eng. Das kleinste Kind, das er je gesehen hatte, war ein wenige Tage alter Säugling gewesen, den Vater Mahoney getauft hatte. Damals war er fasziniert gewesen von den kleinen Händen und Füßen, dem verknitterten Gesicht. Doch das war nichts gegen das, was er jetzt sah. Ein winziger, unfertiger Körper lag da vor ihm, gerade so lang wie sein kleiner Finger, mit einem im Verhältnis zu seiner Größe riesigen Kopf und kümmerlichen Gliedmaßen, die aussahen, als hätten sie sich bis eben noch bewegt. Sein Kind. Ein Teil von ihm, der nicht leben durfte. Es tat weh, und doch konnte er den Blick nicht abwenden von der winzigen Gestalt mit den gekrümmten Beinchen. Dieses Kind hatte in Moira gelebt.

Ob er es berühren konnte? Er streckte die Hand aus, strich unendlich behutsam über die durchscheinende Haut des toten Wesens. Für einen Moment glaubte er, das leblose Körperchen hätte sich bewegt. Aber es war nur sein eigener Atem gewesen.

Hatte ein so kleines Kind bereits eine unsterbliche Seele? Duncan glaubte sich zu erinnern, dass die Seele mit dem vierzigsten Tag in ein Ungeborenes fuhr. Wie alt war dieses Kind? Wohl höchstens drei Monate. Alt genug, um eine Seele zu haben. Die Seelen ungetaufter Kinder kamen in den Limbus, eine Art Vorhölle, wo sie Gott nie sehen würden. Hatte Vater Mahoney ihm nicht einmal erzählt, in einer Notlage dürfe ein jeder Christ die Taufe vornehmen? Nun, dies war eine Notlage. Er warf einen Blick auf die schlafende Moira. Sie hatte sicher nichts dagegen.

In der Ferne grollte Donner, dann fielen die ersten Tropfen. Wasser. Gut, das würde für seine Zwecke reichen müssen. Behutsam legte er den winzigen Klumpen Mensch auf seine linke Handfläche und hielt ihn in den Regen. Dann schlug er feierlich das Kreuzeichen darüber.

»Ich taufe dich im Namen des Vaters, des Sohnes und des Heiligen Geistes«, murmelte er. Ob er dem Kind auch einen Namen geben sollte? Nein. Gott würde es sicher auch ohne aufnehmen.

Er grub mit bloßen Händen ein Loch in die weiche Erde. Dann packte er ein paar von den dunklen Blättern eines Busches hinein, legte den kleinen Körper darauf und bedeckte ihn wieder mit Blattwerk und Erde.

Der Regen nahm zu, prasselte nieder wie Sandkörner. Duncans Blick ging wieder zu Moira. Er würde sie unter die Bäume bringen. Hier war sie dem Regen zu sehr ausgesetzt.

Bewegungslos wie eine Puppe lag sie da. Der Regen mischte sich mit der blutigen Lache neben ihr, bildete Rinnsale. Der kupfrige Geruch des Blutes verursachte ihm Übelkeit.

»Moira?« Sie rührte sich nicht, zeigte mit keiner Regung, dass sie ihn gehört hatte. Er rüttelte sie sanft. »Moira?«

Sie lag so schrecklich still da. Und der Geruch nach Kupfer war stärker geworden. Er schlug Rock und Mantel über ihr zurück.

Sie schwamm in Blut.

»O nein, nein!« Entsetzt schüttelte er sie. »Moira, bitte! Bleib bei mir!«

Lähmende Angst kroch in seine Eingeweide. Bitte, Gott ... Sie atmete, wenn auch nur schwach und leicht wie ein Vögelchen. Er kniete sich neben sie, richtete ihren Oberkörper auf, umarmte sie. Sie rührte sich nicht.

Dann nahm er im Augenwinkel eine Bewegung wahr. Aus dem Schatten der Bäume löste sich eine Gestalt.

*

Nachdem die Ahnen die Welt geschaffen hatten, verwandelten sie sich in Berge, in Wasserlöcher und in Sterne. Jetzt lebten sie in den Bäumen, den Felsen, sogar in dem Regen, der gerade vom Himmel fiel.

Seit Tagen folgte Ningali den beiden, Mo-Ra und dem Mann, der sich Dan-Kin nannte. Die Großmutter hatte Ningali Geduld gelehrt. »Deine Zeit wird kommen«, hatte sie gesagt. Die Großmutter war weise. Aber jetzt war etwas passiert, was sie nicht vorhergesehen hatte. Das Geistkind, das sich in Mo-Ras Körper eingenistet hatte, war zurückgekehrt in den Teich der Seelen und hatte nur seine tote Hülle zurückgelassen.

Versteckt von dem dichten Blattwerk hatte Ningali zugesehen, wie Dan-Kin ein kurzes Ritual über dem toten Körper ausgeführt und ihn anschließend im heiligen Boden begraben hatte. War auch er ein Schamane, wie die Großmutter? Doch jetzt stand Mo-Ras Geist nah an der Grenze zur Welt der Toten.

Ningali wusste, was sie tun musste. Sie legte dem Dingo, der sie stets wie ein Schatten begleitete, die Hand auf den Rücken zum Zeichen, sich nicht von der Stelle zu bewegen.

Er gehorchte ihr trotz des Blutgeruchs. Es war an der Zeit, sich zu zeigen.

Als sie aus den Büschen hervortrat, schreckte Dan-Kin auf, die Augen weit vor Überraschung.

»July?« So nannte Mo-Ra sie. Es war ein guter Name, auch wenn es nicht ihr eigener war.

Als sie Worte formte, reagierte er mit weniger Verblüffung, als sie erwartet hatte. Sie sprach nur selten. Sprechen war lästig. Aber diesmal war es notwendig.

»Komm mit«, sagte sie in der Sprache der *Eora* und winkte auffordernd. Mit Gesten und Worten versuchte sie ihm zu erklären, dass sie ihn zu den Ihren bringen wollte. Dort würden sie Mo-Ra helfen. Die Großmutter. Der Vater. Die anderen Mütter und Väter.

Er schien begriffen zu haben, denn er erhob sich, so langsam, als drücke ihn eine schwere Last nieder. Ningali blickte ihm nach. Er ging zu dem großen braunen Tier mit den dünnen Beinen, dem Pferd, und blieb dort stehen, den Kopf mit geschlossenen Augen gegen den Hals des Tieres gelehnt, mit einem Ausdruck, den Ningali nur schwer deuten konnte. In seinen fremdartigen Zügen konnte sie nicht so gut lesen wie in denen ihres Volkes. Regen lief ihm über das Gesicht. Dann straffte er sich, band das Tier los und führte es zu Mo-Ra.

So nah war Ningali einem Pferd noch nie gewesen. Das Tier war groß, aber es schien friedlich zu sein. Ningali streckte ihm vorsichtig die Hand hin und ließ es daran schnüffeln. Es hatte dunkle Augen wie ein Känguru, lange Wimpern und weiche Lippen. Kurz stampfte es mit einem Bein, dann hielt es still, als Dan-Kin versuchte, Mo-Ra so auf den Rücken des Tieres zu legen, dass sie nicht herunterrutschte. Es gelang ihm erst, als Ningali ihm dabei half. Mit Schnüren aus Gras und Fasern, von denen Ningali stets ein paar bei sich trug, banden sie Mo-Ra auf dem Tier fest. Als sie fertig waren, nickte sie und bedeutete Dan-Kin, ihr mit dem Pferd und Mo-Ra zu folgen, dann wandte sie sich dem Wald zu.

Sie blickte sich erst um, als sie seine Schritte nicht hinter sich hörte – und sah fassungslos, dass er in die entgegengesetzte Richtung ging, dem Fluss zu. Nein! Was tat er da?

Zum ersten Mal durchströmte sie Verzweiflung. Hatte er sie denn nicht verstanden? Sie lief ihm hinterher, zog an seinem Hemd, um ihn zum Anhalten aufzufordern, und deutete in Richtung Wald.

»Nein!«, stieß sie eines der wenigen Worte aus, die sie von der Sprache der Weißen kannte. Es schmeckte fremd in ihrem Mund. Und es hatte nicht die geringste Wirkung. Er machte sich von ihr los und schüttelte den Kopf. Dann sagte er etwas, von dessen Inhalt Ningali kaum etwas begriff. Nur so viel verstand sie: Er würde nicht mit ihr kommen.

*

Moira war nicht bei Bewusstsein, ihr schmales Gesicht weiß wie ein Bettlaken. War das, was hier passierte, die Strafe für ihrer beider Sünden? Immer wieder hielt Duncan an, vergewisserte sich, dass sie noch atmete. Schlaff hing sie über dem Pferderücken, und nur die Pflanzenschnüre verhinderten, dass sie herunterrutschte. Er hatte ihre Beine fest zusammengebunden, doch noch immer verlor sie tröpfchenweise Blut. Sicher war diese Position sehr unbequem für sie. Aber es gab keine andere Möglichkeit, schließlich konnte er sie in ihrem Zustand nicht rittlings auf das Pferd setzen.

Er hatte keine Wahl. Er musste sie so schnell wie möglich zurück nach Toongabbie bringen. Zu McIntyre. Der Doktor würde ihr helfen können. Was immer ihn, Duncan, anschließend erwartete, er würde es willig auf sich nehmen. Wenn nur Moira gerettet würde.

Als er an einem der vielen kleinen Bachläufe kurz Rast machte, um das Pferd trinken zu lassen, bewegte sich Moira schwach, stöhnte und versuchte, den Kopf zu heben. Sofort war er bei ihr. Er wagte nicht, sie vom Pferd zu nehmen. Mit beiden Händen schöpfte er Wasser und benetzte ihre Lippen, bis er merkte, dass sie zu schlucken begann.

»Hast du Schmerzen?«, fragte er leise, ohne auf Antwort zu hoffen. »Wir sind bald da.«

»Wo …?«, murmelte sie mit schwerer Zunge.

Duncan strich ihr das Haar, das ihr schwarz und verfilzt in die Augen hing, aus dem Gesicht. »Alles wird gut. Ich bringe dich zurück nach Toongabbie.«

»Nein«, stöhnte sie. »Nein!« Im nächsten Moment sank sie zurück in die Bewusstlosigkeit.

Er musste sich beeilen. Kurz überlegte er, ob er sich hinter sie auf das Pferd schwingen sollte, und genauso schnell verwarf er diese Überlegung wieder. Das Pferd war ein Kutschtier und einen Reiter nicht gewohnt; das zusätzliche Gewicht würde es nur schneller ermüden. Besser, wenn er es führte.

So allein und mutlos hatte er sich seit langer Zeit nicht mehr gefühlt. Nicht mehr, seit sie ihn in Irland in den Kerker gesteckt hatten. Ob das Mädchen, July, ihnen noch folgte? Sie war wohl im Busch zurückgeblieben, nachdem er nicht mit ihr gegangen war. Wohin hatte sie ihn bringen wollen? Zu ihrem Stamm? Aber dort gab es sicher nichts und niemanden, der Moira hätte helfen können. Hatte July überhaupt den Ernst der Lage begriffen?

Am Abend kamen sie an den Fluss. Duncan folgte dem Wasser, bis er eine Stelle fand, die schmal genug war. Das dunkle, schäumende Wasser stand hier höher als dort, wo sie den Fluss vor wenigen Tagen überquert hatten, aber es half nichts. Wenn er jetzt wartete, konnte es für Moira zu spät sein. Er vergewisserte sich erneut, dass sie gut auf dem Pferderücken festgebunden war, dann führte er das Tier in den Fluss. Das Wasser reichte dem Pferd bis über den Bauch, Moiras Hände und Füße wurden nass und auch die Spitzen ihrer schwarzen Mähne. Sie regte sich nicht, dabei war es kalt, viel kälter, als es ihm damals vorgekommen war.

Die Dunkelheit brach schnell herein. Die dicken Wolken hatten sich verzogen und mit ihnen auch der Regen, ein fast voller Mond leuchtete ihnen. Wie lange lief er schon? Er zitterte vor Kälte, und einige Male stolperte er über seine eigenen Füße – immer mehr machte sich bemerkbar, dass er seit Tagen nichts gegessen hatte.

»Und ob ich schon wanderte …« Wie ging der Psalm weiter? Sein Kopf war wie leergefegt, er erinnerte sich nicht mehr. Stattdessen hielt er sich an ein paar anderen Worten fest. *Sie wird nicht sterben. Sie wird wieder gesund.* Immer wieder wiederholte er diese Worte, schob sie in seinem Kopf hin und her, bis sie ein Muster mit seinen Schritten ergaben, das ihn aufrecht hielt. *Sie wird nicht sterben.*

*

Er ging wie in Trance, setzte einen Fuß vor den anderen, stetig, unbeirrbar. Auch das Pferd schien wie im Schlaf vor sich hin zu stapfen, Moira hin und her wiegend. Am Morgen, mit den ersten Strahlen der Sonne, begann der Regen erneut, ein leichter Schauer, der ihn aus seiner Betäubung riss. Duncan blinzelte in das fahle Morgenlicht, aus dem sich die Umrisse der ersten Sträflingshütten schälten. War er tatsächlich angekommen? Rauch stieg auf – es war kurz nach dem Morgenmahl. In einer Seitengasse konnte er eine Gruppe Sträflinge erkennen, die einen Schuppen errichteten. Auf der lehmgestampften Straße, die durch Toongabbie verlief, waren einzelne Leute unterwegs.

Er stolperte einfach geradeaus, seine kostbare Fracht hinter sich führend, bis eine vertraute Stimme an sein Ohr drang: »Duncan?«

Aufgeschreckt blieb er stehen und schaute auf. Im nächsten Moment wäre er fast gefallen, weil das Pferd ihm den Kopf in den Rücken stieß. Vor ihm stand Ann, die Augen vor Erstaunen – oder war es Entsetzen? – weit aufgerissen. Sie hielt einen Korb mit Brot in der Hand.

»Wieso … wieso bist du zurückgekommen?« Dann erst sah sie, was er mit sich führte. Ein leiser Schrei entfuhr ihr. »O mein Gott – Mrs McIntyre! Ist sie … tot?« Sie wich vor ihm zurück, als er auf sie zutrat, und sah sich erschrocken um. »Hilfe!«

»Nein! Hör mir zu!« Seine Stimme schien kaum mehr zu ihm zu gehören. »Bring sie … bring sie zum Doktor. Sag ihm, sie … sie hat ein Kind verloren. Bitte!«

Mit letzter Kraft drückte er ihr den Strick des Pferdes in die Hand. Ann wollte sich erst weigern, doch dann nickte sie zögernd und entfernte sich mit hastigen kleinen Schritten, das Pferd mit Moira hinter sich herführend.

Duncan sah ihnen nach, bis sie um eine Hausecke verschwanden. Er hatte es geschafft. Er hatte Moira zurückgebracht. Es war Zeit zu verschwinden. Jetzt. Sofort. Aber er hatte keine Kraft mehr. Ihm war schwindelig vor Hunger und Erschöpfung, und er konnte sich kaum noch auf den Beinen halten.

Leute kamen. Aufseher. Er würde sich nicht wehren. Wenn er sich nicht wehrte, wären sie vielleicht etwas gnädiger.

Der erste Schlag traf ihn mitten in den Magen. Er beugte sich vor, japste nach Atem, als auch schon die nächsten Schläge auf ihn niederprasselten – eine Kaskade von Schlagstöcken und Fausthieben, wieder und wieder, bis er eingehüllt war in einen Nebel von Schmerzen. Er krümmte sich zusammen, schützte seinen Kopf mit den Armen und ließ es geschehen, nahm den Schmerz an als seine Buße.

Danach brachte man ihn in eine Hütte und kettete ihn fest. Als sich die Tür hinter ihm schloss, wurde Duncan klar, dass er zum letzten Mal für lange Zeit die Freiheit geschmeckt hatte.

15.

Nach der Erschöpfung war das Fieber gekommen, heftig wie ein Gewittersturm. Moiras Haut glühte, ihre Lippen waren trocken und aufgesprungen. Kleine Schweißtropfen glitzerten auf Stirn und Oberlippe, ihre Brust hob und senkte sich hastig. Alistair saß neben dem Ehebett und betrachtete die Frau, mit der er nun seit über einem Jahr verheiratet war. Unter der Decke zeichneten sich die Konturen ihres Körpers ab – die schmalen Hüften, die kleinen Brüste. In den vergangenen Stunden war er kaum von ihrer Seite gewichen, allerdings weniger aus Sorge oder Liebe, sondern weil er nicht wusste, wohin mit seiner Wut. Und weil ihr Zustand so kritisch war, dass sie jederzeit ärztliche Hilfe benötigen konnte.

Sie hatte ein Kind verloren. Wessen Kind? Wohl kaum seines, so lange, wie sie schon nicht mehr unter ihm gelegen hatte. Er hatte bereits vor Monaten die Hoffnung auf einen Nachkommen aufgegeben – und damit auch die wenig befriedigende Tätigkeit des körperlichen Aktes. Wie lange war sie schon in anderen Umständen gewesen? Er hatte keine Anzeichen einer Schwangerschaft bei ihr bemerkt, aber das hatte nicht viel zu bedeuten. Frauen sah man mitunter lange nichts an, und es war eine ganze Weile her, seit er seine Frau unbekleidet gesehen hatte. Eigentlich noch nie, wenn er es recht bedachte.

Konnte es an ihm liegen? Konnte er derjenige sein, dessen

Same zu schwach war, um ein Kind zu zeugen? Dieser Gedanke gesellte sich zu den anderen, die ihn seit Tagen quälten. Die Platzwunde an seinem Hinterkopf begann wieder zu pochen und rief ihm erneut jenen unsäglichen Moment ins Gedächtnis, als seine Welt zusammengebrochen war. Was er auf dem Heuboden gesehen hatte, bevor er von der Leiter fiel, war so unglaublich, so unfassbar gewesen, dass er einige Augenblicke gebraucht hatte, um die ganze Tragweite zu begreifen. Aber es war tatsächlich Moira, die dort oben im Heu gelegen hatte, den Rock bis über die Hüften hinaufgeschoben, O'Sullivans Kopf zwischen ihren entblößten Schenkeln.

Wie lange ging das schon mit den beiden? Wie lange betrogen sie ihn schon? Und wieso hatte er nie etwas davon bemerkt? Weil er blind gewesen war, gab er sich selbst die harte Antwort. Und weil er in seiner Vernarrtheit in O'Sullivan die Wahrheit nicht hatte sehen wollen.

Der junge Sträfling hatte ihn bitter enttäuscht, und das, nachdem er so große Stücke auf ihn gehalten hatte. Sobald Moira vernehmungsfähig wäre, würde man O'Sullivan verurteilen und dann angemessen bestrafen. Doch selbst jetzt, nach all dem, was sein Gehilfe ihm angetan hatte, regte sich Verlangen in Alistairs Lenden. Angewidert von sich selbst ballte er die Fäuste.

Seit jeher hatte er seine Schwäche für junge hübsche Männer verdammt. Aber nie hatte er sich erlaubt, dieser schändlichen Neigung nachzugeben. Nicht auszudenken, was geschehen wäre, hätte man ihn bei sodomitischen Umtrieben erwischt: Gefängnis, hohe Geldstrafen, Pranger oder sogar die Hinrichtung. Ganz zu schweigen davon, dass sein Ruf als angesehener Arzt, den er sich nach dem Studium aufgebaut hatte, vollkommen ruiniert gewesen wäre. Und so hatte er ein unauffälliges Leben geführt, hatte tagsüber Patienten in seiner Praxis empfangen und war abends manchmal in den Club gegangen. Aber meist war er zu Hause geblieben und hatte sich der Korrespondenz und seinen medizinischen Zeitschriften gewidmet.

Lange hatte er nicht die Notwendigkeit einer Vermählung gesehen. Erst als sein kinderloser Onkel überraschend starb und nichts von ihm blieb als ein Name auf einem Grabstein, kam Alistair ins Grübeln über sein eigenes Leben. Er wollte einen Erben. Einen Sohn, der sein Lebenswerk weiterführen würde. Schnell fand sich sogar eine heiratswillige Kandidatin: Victoria, die Schwester eines Bekannten aus dem Club, eine ehemalige Gouvernante von freundlicher, zurückhaltender Erscheinung.

Zu seiner großen Erleichterung gefiel Alistair das Leben als Ehemann. Frauen erregten ihn zwar nicht, aber er war durchaus in der Lage, geschlechtlich mit ihnen zu verkehren. Und so vollzog er die ehelichen Pflichten zwar ohne Leidenschaft, doch mit Ausdauer. So lange, bis er feststellen musste, dass seine Bemühungen keinen Erfolg hatten. Nach Victorias erster großer Enttäuschung, dass sie offenbar zu alt für die Mutterschaft war, fügte sie sich in die Umstände und in ihre Rolle als Ehefrau eines Arztes. Sie widersprach ihrem Mann selten und schien ihn trotz seines Hangs zur Eigenbrötelei zu schätzen, ja gar zu lieben. So hätte es weitergehen können, wenn Alistair nicht eines Tages jenen verhängnisvollen Fehler begangen hätte.

Wäre er doch nie auf diesen Maskenball gegangen! Er war ohnehin kein Freund leichter Unterhaltung, und die frivole Freizügigkeit solcher Veranstaltungen reizte ihn normalerweise nicht. Aber an diesem Abend hatte er sich der Einladung eines einflussreichen Clubmitglieds nicht entziehen können. Victoria, die sich genauso wenig aus diesen Feiern machte, hatte sich ihm zuliebe ein Kostüm nach Art eines weißen Schwans besorgt. Am Abend des Balls war sie jedoch unpässlich, so dass sich Alistair, angetan mit einer dunklen Pfauenmaske, allein auf den Weg zum Ball machte.

Dort, unter maskengeschmückten Gesichtern und verkleideten Gestalten, hatte er ihn kennengelernt. Bis heute wusste Alistair nicht, wie der andere hieß oder wer er war. Es war Verstehen auf den ersten Blick aus jenen stahlblauen Augen hinter der Maske gewesen. Noch nie hatte er bei einer Frau Ähnliches empfunden. Sie hatten kaum miteinander gesprochen, so sehr war Alistair von diesen Augen, diesem sinnlichen Mund angezogen. Er trank sich satt am Anblick des anderen, wagte einen wortlosen Flirt, genoss das Spiel mit dem Feuer, bis sie sich schließlich in einen der oberen Räume zurückzogen, die für Vergnügungen jeglicher Art vorgesehen waren.

Er hatte getrunken. Zu viel. Nur so konnte Alistair es sich später erklären, dass er zum ersten und einzigen Mal in seinem Leben seinen Neigungen nachgegeben hatte. Und welche Wonnen es ihm bereitete, den herben Moschusduft zu riechen, männliches Fleisch unter sich zu spüren, den anderen stöhnen zu lassen! Dann wechselten sie, atemlos, erhitzt vom verbotenen Spiel, und diesmal war es Alistair, der seine Lust ins Kissen schrie, als sein Gespiele ihn eroberte. Während der andere sich in ihm bewegte, glaubte Alistair, etwas aus dem Augenwinkel zu sehen, einen weißen Schatten in der Türöffnung. Aber in diesem Moment legten sich die Finger seines Partners um sein Geschlecht, und vergessen war alles andere.

Als sie sich danach wieder ankleideten, bemerkte Alistair, dass die Tür nicht verschlossen war. Auf der Schwelle lag eine weiße Schwanenfeder.

Der Abend schmeckte plötzlich schal. Er wollte nur

noch nach Hause. Lange musste er auf eine Kutsche warten, und als sie endlich kam, trieb er den Fuhrmann an, sich zu beeilen. Noch im Wagen riss er sich die Maske vom Gesicht, stolperte, kaum dass sie angekommen waren, ins Freie, zahlte dem Fuhrmann einen unerhörten Lohn und öffnete die Haustür mit zitternden Fingern. Victorias Rosenduft schwebte in der Luft, die weiße Schwanenmaske mit den vielen Federn lag im Hausflur. Die Tür zu seinem Sprechzimmer war offen. Angstvoll trat er ein, sah die aufgeklappte Medikamentenkiste, das leere Fach, in dem er sonst die Flaschen mit dem Laudanum verwahrte.

Sie lag im Schlafzimmer auf dem Ehebett, noch im Schwanenkostüm, eine Hand auf der Brust, die andere war herabgeglitten. Die Droge hatte schnell gewirkt. Victorias Haut wies bereits jene Blässe auf, die nur der Tod verursachte. Auf dem Nachttisch lag ein Brief, an ihn adressiert. Alistair hatte ihn mittlerweile so oft gelesen, dass er die wenigen, hastig hingekritzelten Zeilen voller Anklagen und Vorwürfe auswendig aufsagen konnte. Den Rest reimte er sich selbst zusammen.

Offenbar war sie ihrem Mann, dem diese gesellschaftliche Verpflichtung so wichtig gewesen war, gefolgt. Als sie ihn bei den Feiernden nicht gefunden hatte, war sie wohl nach oben gegangen. Und dort musste sie ihn bei seiner widernatürlichen Unzucht gesehen haben, musste ihn an dem großen Muttermal an seinem Knöchel erkannt haben.

Wieso war sie doch noch auf den Ball gegangen? Wieso hatte sie ihn gesucht? Aber diese Fragen führten zu nichts, auch wenn Alistair sie sich immer wieder gestellt hatte. Es zählte einzig und allein, was sie gesehen hatte. Und dass sie lieber den Tod gewählt hatte, als mit der Schande leben zu müssen, jemanden zum Ehemann zu haben, der jener schrecklichen Sünde der Sodomie frönte.

Wenigstens war es ihm gelungen, Victorias Selbstmord als ein Versehen hinzustellen. Sie habe etwas gegen ihre Kopfschmerzen nehmen wollen und sich in der Dosierung vertan, behauptete er. Die Zeitungen zweifelten nicht an seiner Version der Geschichte. Dafür haftete ihm jetzt der Makel an, seine Medikamente zu nachlässig zu verwahren und damit ein furchtbares Unglück heraufbeschworen zu haben. Sein guter Ruf war dahin.

Und nun spielte das Schicksal erneut sein Spiel mit ihm. Hatte er nicht etwas ganz Ähnliches ansehen müssen wie Victoria damals? Aber er war nicht Victoria. Und so einfach ließ sich ein Dr. Alistair McIntyre keine Hörner aufsetzen. Er würde sich nicht zum Gespött der Leute machen lassen, indem es hieß, seine Frau sei mit einem Sträfling durchgebrannt. Zum Glück wussten nur vier Menschen davon: er selbst, Moira, O'Sullivan und Ann. Und die gute Ann war ihm treu ergeben. Sie war es gewesen, die ins Kutschenhaus gekommen war und ihn befreit hatte, keine fünf Minuten, nachdem die beiden Ehebrecher ihn dort gefesselt und geknebelt zurückgelassen hatten.

Und dafür würden sie büßen. Alle beide.

*

Die Welt war eine Flasche, angefüllt mit Qual. Moira schwebte haltlos darin umher, Wogen von Schmerz flossen über sie, durch sie hindurch wie die Gezeiten eines fremden Meeres. Dahinter Stimmen, undeutlich, wie durch Glas.

Schlaf.

»Nicht aufgeben, Moira. Wir sind bald da!« Diese eine Stimme war anders. Klarer. Oder existierte sie nur in ihrer Erinnerung?

Duncan ...?

Der Geruch des Pferdeleibs, auf dem sie lag. Ein sanftes Schaukeln, weiches Fell unter ihrer Wange. Wasser auf ihrer Haut.

Kälte. Hunger. Duncan. »Ich bringe dich zurück.«

Das entsetzliche Gefühl von Verlust. Sie hatte etwas verloren. Aber was? Wann immer sie den Gedanken zu erhaschen versuchte, entglitt er ihr.

Schlaf.

Hitze, die sie von innen heraus zu verbrennen schien. Durst. Schmerzen.

»Geht es ihr besser?«

Eine lange Pause. Oder war sie wieder eingeschlafen?

»Etwas.«

Schlaf.

Gemurmelte Stimmen. Eine weibliche. Ängstlich, fast panisch. Eine männliche, erst beruhigend, dann zunehmend ungehalten. Ein Schrei, erst leise, wie weit entfernt, dann anschwellend, bis er sich zu einem schrillen Kreischen steigerte, um plötzlich wimmernd abzubrechen. Der Schrei einer Frau. Ann?

Schlaf.

Hände, die sie anfassten, die sie wuschen, die sie abtrockneten.

Wieder Schlaf.

*

»Sir! Sir, sie wacht auf!«

Ein Becherrand berührte ihre Lippen. »Ma'am, trinkt das, das wird Euch guttun.« Sie schluckte, erst mühsam, dann immer leichter. Es war warm und schmeckte nach Brühe.

»Ich habe geträumt...« Schwerfällig kamen ihr die Worte über die Lippen. Mit geschlossenen Augen versuchte sie dem Traum nachzuspüren. »Ich träumte, ich hätte ein Kind ... verloren. Und ich wäre zurück in ... Toongabbie.«

»Das war kein Traum, Ma'am.« Sie kannte die leise Stimme neben ihr, auch wenn sie sich leicht verwaschen anhörte.

Als sie langsam die Augen öffnete, blendete sie helles Licht. Sie blinzelte, bis sich ihre Augen an die Helligkeit gewöhnt hatten. Neben ihr stand Ann, eine Suppentasse in der Hand. Ihre rechte Gesichtshälfte war geschwollen. Vage erinnerte Moira sich an einen Schrei. Vom Zahnziehen?

»Kein Traum?«, murmelte sie benommen. Ihr Blick fiel auf eine weiß getünchte Wand, eine Tür. Sie war in ihrer Schlafkammer, in ihrem Ehebett.

Ein Schatten betrat den Raum. »Geh! Lass uns allein!«

McIntyre. Moira fröstelte. Noch begriff sie nur schemenhaft, was geschehen war. Doch dann, plötzlich, war alles wieder da. Die Flucht. Die Entbehrungen. Die Fehlgeburt. Eine kalte Hand griff nach ihrem Herz.

McIntyre blieb neben dem Bett stehen. Mit zwei Fingern rieb er sich die Augen, die tief in den Höhlen lagen, dann setzte er seine Brille auf.

»Schmerzen?« Er schlug die Decke zurück.

»Ein wenig«, flüsterte Moira. Ihr war kalt, jetzt, da die warme Decke fort war. Ihre Brustwarzen zogen sich zusammen, Gänsehaut lief über ihren Körper, als McIntyre begann, ihren Unterleib durch das Nachthemd hindurch abzutasten.

»Du hattest einen *abortus incompletus*. Es sind Teile der *placenta* im *uterus* zurückgeblieben, die die Blutung verursacht haben. Ich habe eine *abrasio* durchgeführt. Damit ist die Gefahr einer weiteren Blutung gebannt. Allerdings ist unsicher, ob du weitere Kinder bekommen kannst.«

Moira schluckte. Sein sachlich-kalter Tonfall mit den vielen unverständlichen Ausdrücken verunsicherte sie mehr, als wenn er sie angeschrien hätte. Und was hatte er da von Kindern gesagt?

Endlich deckte er sie wieder zu. Er nahm einen Becher mit Wasser vom Nachttisch, gab ein paar Tropfen hinein und reichte ihn ihr. »Trink das. Für die nächsten zwei Tage ist absolute Bettruhe angesagt.«

Sie wollte etwas sagen, wollte ihn auffordern, auszusprechen, was er dachte, aber sie fühlte sich unglaublich schwach und klein. Und so nahm sie nur den Becher und trank die bittere Medizin.

Sie würde alles ertragen können. Jeden Vorwurf, jede Strafpredigt. Am Ende würde McIntyre wahrscheinlich die Scheidung verlangen oder sie zumindest verstoßen. Damit würde sie irgendwie leben können. Wenn sie ihn nur nicht länger ertragen musste.

Wieso sagte er nichts? Wieso schrie er sie nicht an oder machte ihr zumindest Vorwürfe? Und wieso sagte er kein Wort über Duncan?

»Wo ist er?«, brachte sie stockend hervor.

»Wer?«

»Duncan.« Ihre Stimme drohte zu brechen. »O'Sullivan. Was ist mit ihm?« Angst kroch kalt in ihrem Magen hoch.

McIntyre nahm den einzigen Stuhl im Raum und setzte sich. »Man hat ihn nach Parramatta gebracht. Ins Gefängnis.« Ihm war keine Regung anzusehen. »Nächste Woche findet die Verhandlung statt.«

Ein Schauer überlief sie. Sie wollte etwas sagen, wollte mehr wissen, aber noch bevor sie auch nur eine Silbe herausbrachte, war sie schon wieder weggedämmert.

Als sie erneut zu sich kam, saß Ann auf dem Stuhl und nähte an einem Hemdsaum. Moira blinzelte kurz und schloss dann wieder die Augen. Mit einem scharfen Stich der Angst kehrte die Erinnerung an McIntyres Worte zurück.

Duncan war im Gefängnis. Nächste Woche sollte die Verhandlung stattfinden. Wenn es eine Verhandlung gab, würden sie es nicht bei ein paar Peitschenhieben belassen. Größere Delikte durften nicht willkürlich bestraft, sondern mussten vor Gericht verhandelt werden. Was würde Duncan für den Fluchtversuch erwarten? Fitzgerald, den rothaarigen Hünen, hatten sie ausgepeitscht und um ein Haar nach Norfolk Island geschickt. Aber Fitzgerald war ein Unruhestifter und Lebenslänglicher. Bei Duncan lag der Fall ganz anders, und hier zählten doch sicher auch mildernde Umstände. Schließlich hatte er sie zurückgebracht und ihr damit das Leben gerettet.

»Ann«, flüsterte sie. »Hol den Doktor.«

Sofort ließ Ann das Nähzeug sinken und sprang auf.

»Ich werde aussagen«, erklärte Moira, als McIntyre die Schlafkammer betrat.

McIntyre nickte. »Sicher, das wirst du. Aber so, wie ich es will.« Kurz verzerrte sich sein Gesicht, als hätte er Schmerzen, dann glätteten sich seine Züge wieder. »Du wirst aussagen, dass er dich gegen deinen Willen entführt hat. Dass er dich in die Wildnis geschleppt hat, um –«

»Aber das ist nicht wahr!« Moira richtete sich im Bett auf. Sofort schoss ein scharfer Schmerz durch ihren Unterleib.

»Lass mich gefälligst ausreden! Dass er dich in die Wildnis geschleppt hat, um Lösegeld zu erpressen. Es war einzig und allein seine Schuld.«

»Aber … so war es nicht! Er hat mich sogar gerettet. Er hat –«

»Dich entführt!«, fiel McIntyre ihr ins Wort. »Das und nichts anderes wirst du aussagen.«

Allmählich verstand Moira seinen perfiden Plan. Er wollte alle Verantwortung auf Duncan abladen. Dann gäbe es keinen Skandal, niemand würde etwas von dem Ehebruch erfahren, und McIntyres Ruf bliebe unbefleckt, genau wie der ihre. Aber Duncan würde sich nicht nur wegen Flucht, sondern auch wegen Entführung verantworten müssen. Ein Eisklumpen ballte sich in ihrem Bauch zusammen.

Sie schüttelte den Kopf. »Das werde ich nicht. Dazu könnt Ihr mich nicht zwingen!«

McIntyre lächelte grimmig. »Doch, Weib, das kann ich. Solltest du nicht in meinem Sinne aussagen, werde ich dem Gericht erzählen müssen, dass O'Sullivan nicht nur ein flüchtiger Sträfling und Entführer ist, sondern auch ein Dieb. Er hat schließlich den Karren, meine Arzttasche und das Pferd gestohlen. Und ich bin sicher, du weißt, was das für ihn bedeuten würde.«

Ja, das wusste sie. Im englischen Recht zählte das Eigentum mehr als das Leben. Es konnte geschehen, dass ein Totschläger mit einer Gefängnisstrafe davonkam, während der Diebstahl von Gütern, die mehr als fünf Shilling wert waren, mit dem Tode bestraft wurde.

Ihr ganzer Körper gefror zu Eis. Wenn McIntyre seine Drohung wahrmachte, würden sie Duncan hängen.

16.

Der Tag neigte sich dem Abend zu, es wurde wieder kühler. Duncan schlang die Arme um sich. Die wässrige Suppe, die sie ihm heute vorgesetzt hatten, roch nach verdorbenem Fleisch. Er hatte sie nicht angerührt. Jede Bewegung tat ihm weh; auch in Parramatta sparten die Wärter nicht mit Prügel. Wenigstens hatte man ihm das Hemd und die Hose gelassen. Durch das vergitterte Fenster drang tagsüber ein wenig Licht und nachts die Kälte, die die fadenscheinige Decke kaum abhalten konnte. Seine Füße waren zwei eiskalte Klumpen, die Haut an seinen Fußgelenken aufgescheuert von den eisernen Fesseln, die man ihm wegen angeblicher Fluchtgefahr angelegt hatte. Er konnte kaum damit laufen, so schwer waren sie. Aber wohin hätte er auch laufen sollen, hier, in dieser kleinen Zelle?

Er hatte die zweifelhafte Ehre, einer der ersten Insassen des neu errichteten Gefängnisses von Parramatta zu sein, nachdem das letzte wie das von Sydney im vergangenen Jahr von Gefangenen niedergebrannt worden war. Ein steinernes Gebäude mit kleinen, vergitterten Zellen, die rechts und links von einem langen Korridor abgingen. Demnächst wollte man es um ein weiteres Geschoss aufstocken, um dort ein Arbeitshaus für die weiblichen Sträflinge der Kolonie einzurichten. Das hatte ihm der Gefängniswärter erzählt, der einmal am Tag, meist irgendwann am Nachmittag, etwas Suppe und einen harten Kanten Brot brachte. Sonst sah er niemanden.

Nur hören konnte er sie. Manchmal, wenn er das Ohr an die Tür legte, vernahm er neben dem schlurfenden Gang des Wärters auch das Husten oder Rufen von anderen Häftlingen, die hier einsaßen oder wie er auf ihre Verhandlung warteten. Aber meist hockte er auf der einfachen Pritsche und starrte durch das Fenster hinaus in den Himmel, um nicht den Verstand zu verlieren.

Das Eingesperrtsein war das Schlimmste von allem. Das und die Frage, wie es Moira ging. Sobald er die Augen schloss, tauchte ihr Gesicht vor ihm auf. War sie am Leben? Hatte McIntyre ihr helfen können? Es machte ihn fast wahnsinnig, dass er nichts für sie tun konnte. Nichts, außer für sie zu beten.

Er versuchte, sich jeden ihrer geliebten Züge in Erinnerung zu rufen. Entsann sich, wie sich ihre Haut anfühlte. Wie sie ihn in die Schulter biss. Wie sich die kleinen, mühsam unterdrückten Laute anhörten, wenn sie sich gehenließ. Durchlebte erneut die Tage mit ihr in den Bergen, rief sich jedes Wort und jede ihrer Gesten ins Gedächtnis.

Sie hatte sein Kind in sich getragen. Für eine Weile stellte er sich vor, was hätte sein können, wenn ihr Leben anders verlaufen wäre. Wenn ihre Flucht geglückt wäre. Wenn das Kind hätte leben dürfen. Wie hätte es ausgesehen? Hätte es ihre Augen gehabt? Und wäre er ein guter Vater gewesen?

Kälte strich über seinen Rücken. In ein paar Tagen wäre seine Verhandlung, hatte man ihm gesagt. Dann würde ein Richter darüber entscheiden, welche Strafe ihn erwartete.

Ob sie ihn diesmal hängen würden? Bei diesem Gedanken krampfte sich sein Magen zusammen. Er war schon einmal zum Tode verurteilt worden. Auch damals, in Irland, hatte er versucht, sich nicht auszumalen, wie es sein würde, wenn sich der Strick um seinen Hals zuziehen und er verzweifelt nach Atem ringen würde, bis ihn der Tod von seinem Leiden erlöste. Und doch hatte ihn schon damals diese grausige Vorstellung immer wieder heimgesucht.

Er zuckte zusammen, als unvermittelt ein rostiges Quietschen ertönte und die schwere Tür aufgeschlossen wurde. War es schon so weit? Holten sie ihn jetzt ab?

Er rutschte, unbeholfen durch seine Fußfesseln, von der Pritsche. Der Gefängniswärter schob seinen massigen Körper zur Hälfte durch die Tür. In der Hand hielt er einen Stock, bereit zum Zuschlagen.

»Weg von der Tür!«, blaffte der Mann ihn an, obwohl Duncan nicht einen Schritt in seine Richtung getan hatte. Dann trat er ein und schloss die Tür hinter sich. Er hatte eine Eisenkette mit Handschellen bei sich. »Du hast Besuch.«

Moira? Duncans Herz begann schneller zu schlagen. Würde, konnte sie wirklich …?

»An die Wand! Auf die Knie mit dir! Hände nach vorne!«

Widerspruchslos folgte er dem Befehl. Der Kerkermeister fesselte Duncans Hände mit der Kette an den eisernen Ring in der hinteren Wand, dann trat er zurück und öffnete die Tür.

»Ihr könnt jetzt zu ihm. Klopft an die Tür, wenn Ihr wieder rauswollt.«

Duncan starrte die Gestalt an, die seine Zelle betrat. Es war nicht Moira. Es war der Doktor.

McIntyre presste sich angewidert ein Taschentuch vor die Nase, ein Hauch von Parfüm wehte zu Duncan herüber. Natürlich. In einer Gefängniszelle roch es nun einmal nicht gut.

»Sir.« Duncan versuchte sich aufzurichten, kam aber wegen der Handfesseln nicht weit. Eine widersprüchliche Mischung von Empfindungen jagte durch seine Adern: Erleichterung, dass der Doktor offenbar keinen größeren

Schaden genommen hatte; Beschämung angesichts dessen, was er ihm angetan hatte. Und über allem die Angst um Moira. McIntyres Besuch hatte sicher nichts Gutes zu bedeuten.

Der Doktor sah ihn lange und schweigend an. So lange, bis Duncan die Ungewissheit nicht länger aushielt. »Ist sie …« Er brachte es nicht über die Lippen. »Wie geht es … Mrs McIntyre?«

»Wage nicht, ihren Namen auszusprechen, du gewissenloser Schuft!« Der Doktor nahm das Taschentuch herunter. »Was hast du mit ihr angestellt?«

Vor Duncan schien sich ein Abgrund aufzutun. »Wie geht es ihr? Bitte, Sir!«

McIntyre sah ihn mit unbewegter Miene an. »Sie ist über den Berg. Noch ein, zwei Tage, dann kann sie wieder aufstehen.«

Duncan war so erleichtert, dass er für einen Moment sogar seine eigene missliche Lage vergaß. »Danke!«, murmelte er. »Danke.«

McIntyre musterte ihn nachdenklich. »Liebst du sie?«

»Sir?«

»Antworte mir einfach. Liebst du sie?«

Duncan senkte den Blick. Was sollte diese Frage? Und was würde seine Antwort für Moira bedeuten? Aber stand nicht schon in der Bibel: »Eure Rede sei ja, ja, nein, nein.«? Er hob den Kopf und blickte McIntyre an. »Ja, Sir.«

»Schön.« Zu Duncans Überraschung nickte McIntyre so zufrieden, als sei Duncan ein gelehriger Schüler. »Dann wird dir sicher daran gelegen sein, dass es ihr auch weiterhin gut geht.«

Duncan sah ihn stumm an, wartete darauf, dass er weitersprach.

»Ich bin hier, um dir einen Handel vorzuschlagen.«

McIntyre ging wenige Schritte in der Zelle auf und ab, dann stellte er sich wieder vor ihn. »Solltest du nicht tun, was ich von dir verlange, werde ich Moira verstoßen. Stell dir vor, wie es ihr dann ergehen würde. Sie hätte kein Geld, keine Bleibe, keine Zukunft. Niemand würde ihr helfen. Alle würden sich von ihr abwenden, wenn sie erfahren, was sie getan hat. Sie wäre ganz allein. Sie wäre eine ehrlose Person, nicht besser als ein Sträfling, und müsste stehlen, um zu überleben. Oder sich sogar der Prostitution –«

»Hört auf!« Duncan hätte sich am liebsten die Hände auf die Ohren gepresst. McIntyre wusste genau, wie er es anstellen musste, um ihn gefügig zu machen. »Was wollt Ihr von mir?«

»Nichts weiter, als dass du meiner Aussage zustimmst.«

Duncan hörte wortlos zu, als der Doktor ihm erklärte, was er von ihm erwartete.

»Ich soll also für Euch lügen.« Es war eine Feststellung, keine Frage.

»Wenn du es so nennen willst.«

»In der Bibel steht, du sollst kein falsches Zeugnis ablegen«, sagte Duncan leise.

»Steht in der Bibel nicht auch, du sollst nicht ehebrechen?«, gab McIntyre scharf zurück. »Ich denke, das gilt auch für Papisten.«

Duncan schwieg. Dann schaute er auf. »Ich hatte Euch einmal für einen guten Menschen gehalten.«

»Urteile nicht vorschnell über mich. Dieses kleine Arrangement hätte nämlich auch für dich seine Vorteile. Es würde, ganz wörtlich, deinen Hals aus der Schlinge ziehen. Es gäbe keine Anklage wegen Diebstahls, denn ich werde nicht erwähnen, dass du den Karren und das Pferd gestohlen hast. Ich denke, wir haben uns verstanden.« McIntyre trat zur Tür und klopfte zweimal. »Wärter? Ich bin fertig.«

Duncan sah ihm noch immer nach, als sich die schwere Tür längst wieder geschlossen hatte.

*

Das Gericht von Parramatta tagte in einem einfachen, aus Holz und Stein errichteten Gebäude. Vor fünf Monaten, als Oberaufseher Holligans Angriff auf sie verhandelt worden war, war Moira schon einmal hier gewesen. Damals hatte sie für Duncan ausgesagt. Und diesmal ging es erneut um ihn. Moira kam sich vor, als hätte man ihr einen Schlag auf den Kopf versetzt.

McIntyre hatte ihr vor der Abreise etwas Laudanum gegeben, und jetzt nahm sie alles wie durch einen leichten Schleier wahr. Sie fühlte sich noch immer schwach und leicht fiebrig, aber McIntyre hatte gemeint, für ihre Aussage würde es reichen.

Die vielen Menschen auf der Straße, all die Gerüche und Geräusche – marschierende Rotröcke, rumpelnde Bierkarren, flanierende Passanten – erdrückten sie schier. Am liebsten hätte sie sich wieder in ihr Bett zurückgezogen. Wie sollte sie die nächsten Stunden nur überstehen? Doch über den Mann, der ihnen vor dem Gerichtsgebäude entgegenkam, freute sie sich.

»Dr. Wentworth!«

»Mrs McIntyre, Dr. McIntyre.« Der große Mann neigte den Kopf. Er war blass und von Trauer um Catherine gezeichnet. Um den linken Ärmel seines grauen Rocks trug er eine schwarze, handbreite Seidenbinde. Gestern hatte McIntyre Moira über Catherines Tod in Kenntnis gesetzt, nicht ahnend, dass sie bereits davon wusste. Er war sogar bei der Beerdigung gewesen.

Moira murmelte eine Beileidsbekundung, schließlich

musste McIntyre nicht erfahren, dass sie Wentworth am Tag von Catherines Tod gesehen hatte.

Wentworth dankte leise. »Ja, es war ein schwerer Schlag. Catherine … sie hat Euch immer als Freundin betrachtet.« Er sah Moira an. Forschend, besorgt. »Geht es Euch gut, Mrs McIntyre? Nach all diesen … schrecklichen Sachen?«

Moira begriff, dass er Bescheid wusste. Und dass auch er schweigen würde, um sie zu schützen.

»Aber ja doch«, sagte McIntyre, bevor sie antworten konnte. »Wollen wir hineingehen?«

Wentworth nickte und hielt Moira zurück, als sie ihrem Mann folgen wollte.

»Wenn ich irgendetwas für Euch tun kann, Mrs McIntyre«, sagte er mit gesenkter Stimme, »dann lasst es mich wissen.«

»Danke.« Moira lächelte und kam sich nicht mehr ganz so einsam vor. Wenigstens ein Freund war ihr geblieben.

Der Gerichtsraum war bereits zur Hälfte gefüllt. Moira und McIntyre nahmen auf Stühlen in der ersten Reihe Platz, während Wentworth sich auf eine der Bänke im Hintergrund setzte. Ein einfacher, langer Tisch diente als Richterpult. Moira seufzte innerlich auf, als sie sich umdrehte und zwischen den Zuschauern die aufgeputzte, rundliche Gestalt von Mrs Zuckerman erblickte, die ihr jetzt hoheitsvoll zuwinkte. Natürlich war das nicht anders zu erwarten gewesen, da es ihr Gemahl, Mr Zuckerman, war, der bei dieser Verhandlung als Laienrichter fungieren würde.

Moiras Kopf wurde allmählich klarer, dafür packte sie erneuter Schwindel; das Laudanum schien allmählich seine Wirkung zu verlieren. Ein Raunen ging durch den Raum, als sich eine seitliche Tür öffnete. Moira blickte auf und stieß ein fast lautloses Keuchen aus, ihr Herz begann in heftigen Stößen zu schlagen. Zwei Wärter kamen herein, zwischen sich führten sie Duncan. Er trug noch immer die verdreckte und zerrissene Kleidung, in der er aus Toongabbie geflohen war, und man hatte ihm schwere Ketten an Händen und Füßen verpasst, die bei jedem Schritt rasselten. Er hatte sich waschen und rasieren dürfen, aber sie hatten ihm übel zugesetzt. Sein linkes Auge war zugeschwollen, und auch seine Unterarme zeigten Spuren von Schlägen.

Tränen schossen ihr in die Augen, ein dicker Kloß saß in ihrer Kehle. Was hatten sie ihm nur angetan? Sie wollte aufspringen, zu ihm laufen, ihn anfassen, ihn umarmen … Aber bevor sie auch nur eine Bewegung machen konnte, schloss sich McIntyres Hand fest um ihren Oberarm.

»Vergiss nicht, was ich dir gesagt habe!«, flüsterte er.

Sie nickte wortlos. Mit hämmerndem Puls, aber unbewegtem Gesicht sah sie zu, wie man Duncan nach vorne führte.

»Hängt ihn auf!«

»Verbrecher!«

»Irischer Bastard!«, tönte es aus den Zuschauerreihen. Moira erkannte Mrs Zuckermans Stimme. Und obwohl alles in ihr danach schrie, sich umzudrehen und der dicken Frau die Meinung zu sagen, blieb sie stumm sitzen und rührte sich nicht, sah nur Duncan an.

Als man ihn zur Anklagebank führte, sah er sich suchend um. Ihre Blicke trafen sich, und nur ein winziges Zucken seiner Augen zeigte, dass er sie gesehen hatte. Nicht mehr.

Der Friedensrichter trat ein, gefolgt von zwei Beisitzern. War es nun ein gutes oder ein schlechtes Zeichen, dass Mr Zuckerman heute den Vorsitz innehatte? Wenn Moira sich den verkniffenen Mund ansah, wohl eher ein schlechtes. Um die Würde seines Amtes zu unterstreichen, trug Mr Zuckerman eine schlecht sitzende graue Perücke mit seitlich eingedrehten Locken. In einer weniger ernsten Situation hätte Moira sich sicherlich über sein Bemühen amüsiert, die Würde seines Amtes solcherart zu unterstreichen. So aber war ihr ganz und gar nicht zum Lachen zumute.

Sie starrte ihn an, während er die Liste der Anwesenden verlas. Anschließend wandte er sich direkt an sie und bat sie, den Raum bis zu ihrer Aussage wieder zu verlassen.

Moira erhob sich langsam und bemühte sich, auf dem kurzen Weg bis zum Ausgang keine Schwäche zu zeigen. Sie wollte Duncan in dieser Situation nicht alleinlassen, aber als Zeugin durfte sie nicht bleiben. Anders als Moira war es McIntyre als Nebenkläger erlaubt, während der gesamten Verhandlung anwesend zu sein. Wenn er nur sein Wort hielt und Duncan nicht auch noch des Diebstahls bezichtigte!

Als die Tür hinter ihr ins Schloss fiel, sank sie auf einen Stuhl im Vorraum und schloss die Augen. Schon die kurze Fahrt von Toongabbie nach Parramatta hatte sie erschöpft, und jetzt fühlte sie sich so matt, als hätte sie stundenlang schwer gearbeitet. Ihr Finger fuhr zum Mund, aber der Nagel war bereits so abgebissen, dass nichts mehr da war, auf dem sie hätte herumkauen können.

In den vergangenen Tagen hatte sie versucht, ihren Mann von seinem Vorhaben abzubringen. Sie hatte sich sogar zu einer Entschuldigung durchgerungen, auch wenn sich alles in ihr dagegen gesträubt hatte. Sie bereute nichts. Weder den Ehebruch noch die Flucht. Nichts von alldem, was sie mit Duncan verband. Aber für ihn war sie jetzt zu allem bereit.

McIntyre hatte sie nur kalt angesehen. »Er wird seine gerechte Strafe erhalten«, war alles, was er dazu gesagt hatte.

»Mrs McIntyre?« Sie schreckte auf, als sie jemand an der Schulter berührte. Der Gerichtsdiener. »Man hat Euch rufen lassen.«

Alle Blicke richteten sich auf sie, als sie an den Zuschauern vorbei nach vorne ging und sich auf den Stuhl neben dem Richtertisch setzte. Von hier aus konnte sie jeden der Anwesenden sehen. Und jeder konnte sie sehen. Sie senkte die Lider.

Richter Zuckerman legte ein Blatt Papier vor sich. »Erklärt Ihr, dass Ihr Mrs Moira McIntyre seid, geborene Delany, verheiratet mit Dr. Alistair McIntyre, wohnhaft in Toongabbie?«

Sie bejahte.

Zuckerman nickte zufrieden. »Da Euer Gemahl sich für Euch verbürgt, ist eine Vereidigung nicht nötig.«

Sie sah kurz zu McIntyre. Er war sichtlich angespannt und konnte seine Nervosität nur schwer im Zaum halten. Immerhin würde sie so keinen Meineid schwören müssen.

»Kennt Ihr den Angeklagten?«

Ein erneuter Blick, diesmal zur Anklagebank, wo Duncan stand. Er schaute stur vor sich hin und sah sie nicht an. Sie zwang sich, sich wieder dem Friedensrichter zuzuwenden. »Ja – Euer Ehren.«

Sie fand es lächerlich, diesen Mann mit dem Titel eines Richters anzusprechen. Aber es war nun mal die richtige Anrede. Auch für einen Laienrichter. Hier und jetzt verkörperte er das Gesetz.

»Nennt seinen Namen.«

»D... O'Sullivan, Euer Ehren. Einer der Sträflinge. Er ... er arbeitet für uns.«

»Seit wann?«

»Seit April.«

Zuckerman nickte, dann holte er ein Papier hervor. »Der Angeklagte wird beschuldigt, von seiner Arbeitsstelle in Toongabbie geflohen zu sein und dabei Euch, Mrs McIntyre, widerrechtlich und in der Absicht, ein Lösegeld zu erpressen, entführt zu haben. Könnt Ihr diese Anschuldigung bestätigen?«

Moira zögerte. Genauso hatte McIntyre es ihr eingebläut. Natürlich hatte sie nach einer anderen Lösung gesucht und wilde Pläne geschmiedet. Sie konnte behaupten, sie selbst habe Duncan gezwungen, mit ihr fortzugehen. Sie konnte eine Pistole in den Gerichtsraum schmuggeln und Duncan befreien, um erneut mit ihm zu flüchten. Sie konnte …

Am Ende hatte sie dann doch alles wieder verworfen. All diese Pläne waren Unfug. Sie war noch sehr geschwächt, und auch für Duncan war das Risiko einfach zu groß. Aber sie konnte auch nicht hier sitzen und ihn einer Sache bezichtigen, die er nicht getan hatte. Und genauso wenig durfte sie die Wahrheit sagen. Ihr blieb nur noch eine einzige Möglichkeit.

»Mrs McIntyre?«

Wieder ging ein Gemurmel durch den Raum. Moira holte tief Luft und wandte sich an Zuckerman. »Was … was hat der Angeklagte dazu gesagt?«

Zuckerman runzelte die Stirn. »Es ist nicht üblich, dass Zeugen den Richter befragen. Aber in Eurem Fall will ich eine Ausnahme machen. Der Angeklagte hat sich geweigert, sich zu den Vorwürfen zu äußern. Dies wird als Schuldanerkenntnis gewertet.«

Duncan verweigerte die Aussage? Sie warf ihm einen weiteren, raschen Blick zu. Damit würde er zumindest nicht lügen.

Zuckerman sah sie über den Rand seiner Brille so vorwurfsvoll an, als sei sie schuld an dieser Ungehörigkeit. »Früher hätte man eine solche Missachtung des Gerichts nicht geduldet.«

Moira wusste, was er meinte. Noch vor wenigen Jahrzehnten, so hatte Mr Curran, der mit ihrem Vater befreundete Anwalt, ihr einmal erzählt, zwang man schweigende Angeklagte mit drakonischen Mitteln zur Aussage. Man ließ sie nackt niederliegen und beschwerte ihren Körper mit Gewichten, so lange, bis sie sich schuldig oder nicht schuldig bekannten – oder starben.

»Nun, Mrs McIntyre?«

Moira blickte erneut zu Duncan, dann zu McIntyre. Alles erschien ihr plötzlich unwirklich. Der Raum, die Menschen, Mr Zuckerman neben ihr mit seiner viel zu großen Perücke, die ihm ständig nach vorne rutschte. Schwindel überkam sie, dennoch bemühte sie sich um eine feste Stimme. »Ich erinnere mich nicht mehr.«

Zuckerman hob eine Augenbraue. »Ihr *erinnert* Euch nicht? Ihr erinnert Euch nicht, dass dieser Mann Euch entführt hat?«

Moira schüttelte den Kopf. »Nein«, sagte sie so bestimmt, wie es ihr möglich war.

»Ich darf Euch darauf hinweisen, Mrs McIntyre, dass Ihr Euch auch ohne Meineid strafbar macht, wenn man Euch der Lüge überführt.«

»Ich lüge nicht!« Wahrscheinlich sah man ihr den Schwindel an der Nasenspitze an. »Ich sagte, ich kann mich nicht erinnern!«

Jetzt wirkte Zuckerman doch etwas ratlos. Er wechselte ein paar Worte mit seinen Beisitzern, dann wandte er sich wieder an Moira. »Nun, ich habe erhebliche Zweifel an dieser Aussage. So bleibt mir nichts anderes, als mich ausschließlich auf die Aussage Eures Gemahls zu berufen. Ihr seid entlassen.«

Das war alles? Moira stand auf, blieb aber vor dem Stuhl stehen. »Darf ich noch etwas sagen, Mr – Euer Ehren?«

Ihr Herz klopfte so heftig, dass es in ihren Ohren dröhnte. Aus dem Augenwinkel sah sie, dass Duncan den Kopf hob.

»Euer Ehren, ich … möchte ein gutes Wort für den Ange-klagten einlegen. In der Zeit, die er bei uns war, hat er … hat er sich nie etwas zuschulden kommen lassen. Mein Mann kann das bestätigen.«

Es konnte helfen, wenn jemand den rechtschaffenen Charakter eines Angeklagten herausstellte. Auch das hatte ihr Mr Curran erzählt. Wenn man schon nicht seine Un-schuld beweisen konnte, so vermochte ein guter Ruf oft das Strafmaß zu senken. Und Duncan hatte sonst niemanden, der für ihn sprach. Nicht einmal einen Verteidiger, aber das war eher die Regel als die Ausnahme.

Zuckerman sah sie mit stechendem Blick an. »Setzt Euch noch einmal, Mrs McIntyre.« Im Raum war es plötzlich totenstill. »Habe ich das richtig verstanden? Ihr bittet um Gnade für jemanden, der Euch bedroht und entführt hat? Für einen Sträfling? Wie erklärt Ihr mir das?«

»Ich …« Sie suchte verzweifelt nach einer Begründung. Auf einmal erinnerte sie sich, wie sie zusammen mit Dun-can in der Küche über der Bibel gesessen hatte, und an seine Worte, dass er niemanden hassen würde. »Mit Verge-bung«, sagte sie, bevor sie es sich anders überlegen konnte. »Eine der höchsten christlichen Tugenden. Soll man seinen Feinden nicht vergeben?«

»Wir sind nicht hier, um zu vergeben, sondern um Recht zu sprechen.« Zuckerman schob sich die Perücke zurecht, die bedenklich zur Seite gerutscht war. »Wenn er Verge-bung will, soll er sich an den Reverend halten. Aber nein, der ist ja nicht für ihn zuständig. Die Papisten haben ja ihre eigenen Pfaffen.«

Vereinzeltes Lachen ertönte aus den Zuschauerreihen. Selbst über Zuckermans verkniffenes Gesicht huschte ein kurzes Grinsen. Es ließ ihn aussehen wie einen böswilligen Kobold.

Moira griff nach dem letzten Strohhalm. »Aber … er hat mir das Leben gerettet!«

»Inwiefern?«

»Euer Ehren, bitte«, ließ sich jetzt McIntyre vernehmen. Er rutschte unruhig auf seinem Stuhl in der ersten Reihe herum, dann stand er auf. »Meine Frau ist erschöpft. Sie weiß nicht, was sie sagt. Sie war sehr krank.«

»Dr. McIntyre, Ihr habt Eure Aussage bereits gemacht«, wies ihn Zuckerman zurecht. Moira konnte ihm geradezu ansehen, wie er seine Macht genoss.

»Aber er hat recht«, griff sie das Argument schnell auf. »Der … der Angeklagte hat mich vor dem sicheren Tod gerettet und mich den ganzen Weg zurück nach Hause gebracht.«

»Interessant.« Zuckerman beugte sich vor. »Woher wisst Ihr das, wenn Ihr Euch doch nicht erinnern könnt?« Er mochte nur Laienrichter sein, aber ihm entging nichts.

»Man … mein Mann hat es mir erzählt.«

»Oder ist es Euch plötzlich wieder eingefallen? Möchtet Ihr dem Gericht noch etwas mitteilen?«

»Nein, Euer Ehren.«

Zuckermans Augen funkelten wie zwei Irrlichter. »Und was meint Ihr damit, er habe Euch ›den ganzen Weg zurückgebracht‹? Von wo?« Er warf einen Blick in seine Papiere. »Laut Aussage Eures Gemahls hattet Ihr Euch gar nicht weit von Toongabbie entfernt. Ist das nicht richtig? Habt Ihr Euch vielleicht doch weiter entfernt? Zu Fuß? Oder womit wart Ihr unterwegs?«

Moira überlief es kalt, während sie ihre Unaufmerksamkeit verfluchte. Sie bewegte sich hier auf gefährlichem Terrain. Unbedingt musste sie verhindern, dass die Sprache auf den Karren und das Pferd kamen, die sie entwendet hatten. Am Ende würde sie Duncan noch an den Galgen bringen.

»Nein. Nein, ich … ich weiß es nicht mehr. Und … mein Mann hat sicher recht mit seiner Aussage«, murmelte sie mit gesenktem Kopf. »Ich erinnere mich nur noch, dass ich in meinem Bett aufwachte.«

Zuckerman nickte zufrieden. »Mrs McIntyre, Ihr dürft zurück auf Euren Platz.«

Der Richter und seine beiden Beisitzer steckten die Köpfe zusammen und berieten sich. Hinter sich hörte Moira die Zuschauer tuscheln. Einzelne Gesprächsfetzen drangen an ihr Ohr.

»… Die arme Mrs McIntyre. Durch was für ein Martyrium sie gegangen sein muss … Entführt von einem Sträfling. Wie furchtbar … Und jetzt kann sie sich nicht einmal mehr daran erinnern. Das ist sicher der Schock … Hoffentlich hängen sie ihn auf! Solche Verbrecher sind eine Schande für die Menschheit … Was soll man von einem irischen Papisten schon erwarten?«

Kurze Zeit später hieb Zuckerman den Hammer auf den Tisch. »Das Urteil ist gefällt.«

Moiras Herz krampfte sich zusammen, als sie sich gemeinsam mit allen anderen erhob. Die Luft im Raum war zum Schneiden dick, für einen Moment glaubte sie, nicht mehr atmen zu können. Kein Laut war zu hören.

»Der Angeklagte wird für schuldig befunden, aus Toongabbie geflohen zu sein. Im Namen seiner Majestät König George III. verurteile ich ihn für dieses Vergehen zu einhundert Peitschenhieben.«

Moira atmete auf. Das war zwar hart, aber noch vertretbar. Und wenn sie ihn züchtigten, würden sie ihn nicht hinrichten.

»Außerdem«, Zuckerman klopfte erneut mit dem Hammer und hob seine Stimme, um den jetzt einsetzenden Tumult zu übertönen, »wird er für schuldig befunden, die hier anwesende Mrs McIntyre entführt und verschleppt zu haben. Dafür erhält er weitere zweihundert Hiebe. Sobald er anschließend dazu in der Lage ist, wird er zurückkehren ins Straflager, wo er für sechs Monate schwere Ketten tragen wird. Die körperliche Züchtigung wird morgen früh um zehn Uhr öffentlich in Toongabbie vollzogen. Gott schütze den König.« Er wandte sich an McIntyre. »Dr. McIntyre, angesichts der Angst, die Ihr um Eure Frau auszustehen hattet, wird es Euch sicher eine besondere Genugtuung sein, der verantwortliche Arzt bei dieser Bestrafung zu sein.« Er ließ den Hammer auf den Tisch sausen. »Die Sitzung ist hiermit aufgehoben. Führt den Gefangenen ab.«

Dreihundert Schläge mit der Neunschwänzigen? Moira konnte kaum atmen vor Entsetzen.

»Nein! Das geht nicht, das ... das ist viel zu viel!« Sie wollte nach vorne zum Richtertisch stürzen, aber eine harte Hand hielt sie zurück.

»Wirst du jetzt ruhig sein!«, zischte McIntyre. »Er kann von Glück sagen, ein so mildes Urteil bekommen zu haben! Mancher Sträfling hat mehr überstanden!«

Ihre Augen suchten Duncan, den die zwei Wärter jetzt wieder in ihre Mitte nahmen. Bevor sie ihn abführten, fand sein Blick den ihren. Er schenkte ihr ein schwaches Lächeln und schüttelte kaum sichtbar den Kopf. Er wirkte fast erleichtert.

Moira sank zurück auf ihren Stuhl. Wie konnte man erleichtert sein, wenn einen dreihundert Schläge erwarteten?

17.

Der hohe Baum ragte drohend vor Duncan auf. Seine Beine fühlten sich auf einmal ganz schwach an, und daran war wohl nicht nur der Fußmarsch von heute Morgen schuld, den er mit bloßen Füßen und gefesselten Händen hatte bewältigen müssen. In der zurückliegenden, durchwachten Nacht hatte er gebilligt, was heute geschehen würde. Er hatte gesündigt. Er hatte die Ehe gebrochen. Dies war seine Sühne, auch wenn er nicht dafür verurteilt worden war. Aber jetzt, am helllichten Tag und angesichts des breiten Baumstamms, an den man ihn gleich binden würde, überfiel ihn ein Anflug von Panik. Gott, steh mir bei!

Er biss die Zähne zusammen, schöpfte Atem, ließ die Angst ein und wieder hinaus. Es war nicht verwerflich, sich zu fürchten. Christus hatte sich auch gefürchtet, als er im Garten von Gethsemane auf seine Gefangennahme wartete, und gebetet, dass der Kelch an ihm vorübergehen möge.

Die beiden Männer, die ihn auspeitschen würden, standen bereit, ein rechts- und ein linkshändiger – dieselben, die im vorigen Monat seine Leidensgenossen Paddy und Maurice so erbarmungslos geschlagen hatten. Neben ihnen warteten ein Trommler und ein Soldat mit einer Schiefertafel auf ihren Einsatz.

Kurz blickte er über die Menge, die sich auf dem Platz um den großen Baum versammelt hatte. Alle Sträflinge waren gekommen. Hatten kommen müssen. Was ihm bevorstand, war ein öffentliches Ereignis, zur Abschreckung der anderen gedacht. Ganz vorne, nahe bei der Tanne, stand der Doktor. Und neben ihm, in einer rotweißen Uniform mit goldenen Tressen, Major Penrith. Ausgerechnet der Major! Als Duncan ihn vorhin gesehen hatte, war sein Mut noch mehr gesunken.

War Moira auch da? Er hoffte und fürchtete es gleichermaßen. Da! Da war sie! Sie stand direkt neben Ann, mitten in der Menge. Für einen Moment trafen sich ihre Blicke. Der Schmerz in ihren Augen gab ihm einen Stich ins Herz, dennoch war es ihm ein eigentümlicher Trost, sie hier zu wissen. War sie freiwillig gekommen, oder hatte der Doktor sie dazu gezwungen?

Einer der Folterknechte trat vor ihn, so dass er Moira nicht mehr sehen konnte. Man öffnete Duncans Handfesseln, zog ihm das Hemd aus und band ihn mit ausgebreiteten Armen an den Baumstamm.

Er hörte Schritte neben sich und drehte den Kopf. Major Penrith stellte sich dicht hinter ihn. Duncan konnte sein Rasierwasser, mit einem Hauch von Nelke und Zitrone, wahrnehmen.

»Ich habe dir doch gesagt, dass ich dich im Auge behalten werde.« Mit einer Reitgerte strich er an Duncans Seite entlang, bis hinauf unter sein Kinn. Das leichte Kitzeln ließ einen Schauer über Duncans Haut laufen.

»Die arme Mrs McIntyre«, sagte der Major leise. »Da dachte ich, du wärst ihr zugetan, nachdem sie sich so für dich eingesetzt hat, aber was tust du? Verschleppst sie zum Dank in die Wildnis. Oder war es vielleicht doch ganz anders?« Er trat noch näher an Duncan heran. »Sieh sie dir an, wie verloren sie dasteht. Man könnte meinen, sie habe Mitleid mit dir.«

Duncan antwortete nicht. Sein Herz schlug schmerzhaft laut gegen seine Rippen, aber das würde er den Major um alles in der Welt nicht merken lassen.

»Zeigt mir die Katze!«, wandte sich der Major an den Folterknecht zu seiner Rechten.

Man reichte ihm eine Neunschwänzige. Der Major schüttelte die Peitsche, um die neun Lederriemen zu entwirren, dann strich er darüber, als gehörten sie zu einem Tier, ließ sie fast zärtlich durch seine Finger gleiten.

»Knoten«, befahl er dann. »Macht in jeden der Riemen drei Knoten, mit drei Zoll Abstand. Ihr sollt ihn schließlich nicht streicheln.«

Duncan stockte für einen Moment der Atem. Sein Herz schien einen Schlag auszusetzen, dann klopfte es umso hastiger weiter. In seinem Magen breitete sich Übelkeit aus.

»Sir.« Der Doktor war neben den Major getreten. Er schwitzte. »Das … Eine solche Verschärfung ist gemeinhin nur für schwerere Vergehen vorgesehen.«

»McIntyre, was ist los mit Euch?« Der Major maß ihn mit einem durchdringenden Blick. »Dieser Bastard hat Eure Frau verschleppt und ihr wer weiß was angetan! Ihr solltet der Erste sein, der sich für eine Verschärfung ausspricht!« Er wandte sich an Duncan. »Möchtest du mir noch etwas sagen?«

Duncan hätte ihm am liebsten vor die Füße gespuckt, aber das ließ seine Fesselung nicht zu. Sein Mund war trocken wie die ägyptische Wüste, an seiner Wange spürte er die rissige Baumrinde.

»Fangt endlich an«, murmelte er.

»Oh, der irische Bastard kann es gar nicht abwarten!« Der Major lächelte spöttisch und trat einige Schritte zur Seite. »Nun denn. Deine Schreie werden Musik in meinen Ohren sein.«

Das Urteil wurde verlesen. Duncan hörte kaum hin. Er schloss die Augen und rief sich Moiras Gesicht ins Gedächtnis, versuchte, sich an ihren Duft zu erinnern, an jeden ihrer Düfte …

Der dumpfe Schlag der Trommel setzte ein. Der erste Hieb. Direkt zwischen die Schulterblätter. Es brannte wie Feuer. Er biss sich auf die Zunge. Der zweite, von der anderen Seite. Duncan spürte, wie die Haut an den Stellen aufplatzte, wo die Striemen sich kreuzten. Er wünschte, er hätte einen Knebel gehabt, irgendetwas, auf das er beißen konnte, um die Qual ein wenig erträglicher zu machen.

Moira. Sie …

Der nächste Schlag. Flüssiges Feuer.

Sie sollte ihn nicht so sehen müssen. Nicht so hilflos.

Durch den Schleier aus vernichtenden Schmerzen hörte er, wie zum stetigen Schlag der Trommel langsam jeder Schlag gezählt wurde.

»Achtundzwanzig!«

Das Blut lief heiß über seinen Rücken.

»Neunundzwanzig!«

»Dreißig!«

Wieder und wieder klatschten die neun Riemen auf sein Fleisch. Er konnte fühlen, wie die Knoten seine Haut aufrissen, und hielt die Luft an.

Er würde keinen Laut von sich geben. Keinen Laut.

»Sechsundfünfzig!«

Keinen.

»Siebenundfünfzig!«

Laut.

»Achtundfünfzig.«

Mit einem heiseren Keuchen entwich die Luft aus seinen Lungen.

»Neunundfünfzig!«

Er biss die Zähne erneut zusammen, ballte die Fäuste in den Stricken und griff in Gedanken hinaus nach einem Anker, an dem er sich festhalten konnte. Moiras geliebtes Gesicht vor seinen geschlossenen Augen. Ihr übermütiges Lächeln. Es veränderte sich, verschwamm, zerfloss. Bildete sich neu, formte ein Antlitz, das er früher bei Vater Mahoney oft gesehen hatte. Der Kopf einer schönen jungen Frau mit einem Kind auf dem Arm. Ein blauer Umhang umgab die zarte Gestalt. Maria mit dem Jesuskind.

Ein Schlag, und noch einer, und noch einer. Das Blut rauschte in seinen Ohren, und ohne die Fesseln, die ihn fest an den Baumstamm pressten, wäre er sicher zusammengesackt. Jemand sagte etwas, aber er hatte Mühe, es zu verstehen. Dann kehrte sein Geist in die Wirklichkeit zurück.

»Fünfundsiebzig!«

Die Schläge hörten auf, der Trommler verstummte. Jemand – der Doktor? – kam zu ihm und legte einen Finger hinter sein Ohr, dort, wo er seinen eigenen Pulsschlag pochen spürte. Seine Kehle war völlig ausgetrocknet, er schmeckte Blut.

»Wasser«, murmelte er.

»Er bekommt kein Wasser!«, hörte er eine herrische Stimme. »McIntyre, tretet zurück. Der Bastard kann noch eine ganze Menge vertragen!«

»Einen Augenblick, Major.«

Etwas wurde ihm zwischen die Zähne geschoben. Ein Taschentuch. Es roch schwach nach Parfüm. »Beiß drauf, das macht es leichter.«

War das der Doktor? Er war zu erschöpft, um sich darüber zu wundern.

»Nichts da, McIntyre!« Die Stimme des Majors. »Nehmt das verdammte Tuch wieder weg! Ich will ihn endlich winseln hören!«

»Ich muss aus medizinischer Sicht darauf bestehen!«, gab der Doktor zurück. »Es ist niemandem geholfen, wenn er sich die Zunge abbeißt.«

Duncan kaute auf dem Tuch herum und spannte seinen Körper gegen das, was noch kommen würde. Er würde stark sein, er würde standhalten, er würde – o gütiger Herrgott, hilf! Der nächste Hieb fuhr auf sein gemartertes Fleisch nieder. Und wieder. Und wieder. Sein Rücken kochte, fühlte sich an, als ob er mit einem rotglühenden Eisen versengt würde.

»Sechsundneunzig!«

»Siebenundneunzig!«

Alles schien sich um ihn zu drehen, ihm war übel. Das gemächliche Dröhnen des Trommlers und das Ausrufen der Schläge mischten sich zu einem wabernden Geräuschebrei. Allmählich verlor er jedes Gefühl für Zeit und Wirklichkeit. Wie in einem Traum stiegen Bilder in ihm auf, Bilder, die er annahm, ohne sie zu verstehen.

Ein Schlag. Ein Mann stürzt zu Boden.

Eine Geißel fährt auf einen entblößten Rücken nieder. Wieder. Und wieder. Blut tropft in den Sand.

Ein Mann in einem Purpurmantel. Der Körper darin geschunden, von Striemen bedeckt.

Ein männliches, bärtiges Gesicht, mit Augen von strahlender Güte. In seinem Haar ein dorniger Kranz. »Und die Soldaten flochten eine Krone aus Dornen und setzten sie auf sein Haupt.«

Der Mann fällt in den Staub, ein schwerer Balken drückt ihn nieder. Ein anderer hilft ihm auf.

Ein langer Nagel, aufrecht in einer Handfläche. Ein Hammerschlag. Die Finger krümmen sich vor Schmerz. »Lamm, das hinwegnimmt die Sünde der Welt.«

Eine Frau weint. Stumm, beinah lautlos. Tränen netzen

ihr Gesicht. »*Heilige Maria, Mutter Gottes, bitte für uns Sünder, jetzt und in der Stunde unseres Todes.*«

*

Ann weinte, ihre reizlosen Züge waren tränenüberströmt. Moira dagegen stand stumm daneben, mit kalkweißem Gesicht und riesigen Augen, und starrte auf das blutige Geschehen. Sie war unnatürlich ruhig, fast schon starr. Keine Träne war zu sehen.

Alistair hatte darauf bestanden, dass sie anwesend war. Sie sollte sehen, wie es dem Mann erging, der es gewagt hatte, ihm seine Frau abspenstig zu machen. Und als hätte sie gemerkt, dass er sie ansah, wandte sie den Kopf und erwiderte seinen Blick. Hass und Verachtung spiegelten sich in ihren Augen.

Ein sirrendes Geräusch, als die Peitsche zurückschwang, der Schlag der Trommel, dann das schwere Klatschen der neun Riemen.

»Hundertzwölf!«

Er hatte geglaubt, er würde Genugtuung verspüren, wenn man den Gefangenen bestrafte, der ihn gleich in doppelter Hinsicht betrogen hatte – schließlich hatte er jetzt auch keinen Gehilfen mehr. Er hatte gedacht, nichts mehr für O'Sullivan zu empfinden, jeden Funken Zuneigung gelöscht, aus sich herausgerissen zu haben, wie man ein Unkraut mitsamt der Wurzel entfernt. Aber so einfach war es nicht.

Ein Haufen widerstreitender Gefühle kämpfte in ihm. Bis auf den Tag, als O'Sullivan Moira gegen Oberaufseher Holligan beigestanden hatte, hatte Alistair den jungen Sträfling noch nie ohne Hemd gesehen. Und so hatte sich anfangs zu Hass und verletzter Ehre auch wieder schänd-

liches Begehren gemischt, hatte der Anblick des geschmei-
digen, bronzefarbenen Oberkörpers seine Fingerspitzen
kribbeln lassen, als würden Ameisen darüber laufen, und
einen Schauer der Erregung durch seine Lenden gejagt.

Inzwischen aber war aus der Lust Qual geworden.
O'Sullivan in aller Öffentlichkeit gedemütigt und gefol-
tert zu sehen war fast mehr, als er ertragen konnte. Es half
nichts, dass er sich ins Gedächtnis rief, was der Sträfling ihm
angetan hatte. Bei jedem einzelnen Schlag zuckte Alistair
innerlich zusammen, und er musste sich zwingen hinzusehen. Jeder neue Hieb ließ den schönen Körper erbeben,
presste ein ersticktes Keuchen in das Tuch. Sein Tuch. Immer wieder hieb die Katze ihre neun Krallen ins Fleisch,
schlugen die knotigen Riemen neue Wunden, rissen Fetzen
aus der Haut.

»Hundertfünfzig!«

Die Trommel verstummte erneut zur vorgeschriebenen
Pause. Blut tropfte auf den Boden, als die Schergen ihre Peitschen schüttelten, um sie zu entwirren. Dass es sich dabei um
O'Sullivans Blut handelte, ließ ein beklemmendes Gefühl in
Alistair aufsteigen. Auch der breite Baumstamm war blutbe-
spritzt, genau wie der Boden darunter. O'Sullivan hatte die
Augen geschlossen und die Zähne im Tuch vergraben, sein
Puls war schwächer und schneller als vorhin. Alistairs Gedanken überschlugen sich. Konnte er, sollte er jetzt schon abbrechen? Es lag in seiner Hand. Der anwesende Arzt musste sicherstellen, dass der Verurteilte die Schläge bei vollem
Bewusstsein erlitt – und natürlich auch Sorge tragen, dass
niemand während der Bestrafung starb. Dennoch zögerte er.
Herzschlag und Atmung waren noch kräftig. Bei einem vor-
zeitigen Abbruch würden die ausstehenden Schläge nachge-
holt werden. Je mehr O'Sullivan jetzt ertrug, umso weniger
würde er zu einem späteren Zeitpunkt erleiden müssen.

Stumm nickte Alistair den Schergen zu. Der freudlose Dreiklang setzte wieder ein.

Trommel, Schlag, Zahl.

Trommel, Schlag, Zahl.

Rufe und Gemurmel bei den Zuschauern ließen ihn den Kopf wenden. Eine kleine Gruppe hatte sich um jemanden geschart: Moira. Man half ihr eben wieder auf die Beine. War sie zusammengebrochen? Ann warf ihm einen tränenvollen Blick zu. Aber er konnte nicht weg, er durfte sich seiner Pflicht nicht entziehen, er musste bei O'Sullivan bleiben … Außerdem kümmerte man sich ja bereits um seine Frau. Fahrig gab er Ann ein Zeichen, das ihr erlaubte, sich mit Moira zu entfernen, dann wandte er sich wieder seiner Aufgabe zu.

Von O'Sullivan kam kein Laut mehr. Sein Körper, der sich bislang bei jedem neuen Schlag angespannt hatte, verlor zusehends an Kraft. Nur die Stricke hielten ihn aufrecht. Er rührte sich kaum noch.

Alistair würde dieser widerlichen Veranstaltung jetzt ein Ende bereiten. Mit einem Ausruf gebot er den Schergen Einhalt. Seine Beine zitterten, als habe man auch ihn ausgepeitscht, und es dauerte, bis er O'Sullivans schwachen, jagenden Puls gefunden hatte. Als er eines der Augenlider hob, war die Pupille weit geöffnet, der Blick ins Leere gerichtet. Und obwohl O'Sullivan wirkte, als wäre er kaum bei Bewusstsein, biss er so fest auf das Tuch, dass Alistair Mühe hatte, es aus den verkrampften Kiefern herauszubekommen. Er steckte das feuchte, blutige Stück Stoff wieder ein.

»Die körperliche Züchtigung wird abgebrochen«, wandte er sich an Major Penrith. Ein leichtes Zittern wollte sich in seine Stimme einschleichen; er bemühte sich, sie wieder unter Kontrolle zu bringen. »Weitere Schläge kann ich aus ärztlicher Sicht nicht verantworten.«

Zu seiner Überraschung nickte der Major. »Notiert, Sergeant«, sagte er zu dem Soldaten mit der Schiefertafel. »Auf Anweisung von Dr. McIntyre bei zweihundertsechsundzwanzig Schlägen abgebrochen.« Alistair glaubte ein boshaftes Lächeln zu sehen. »Damit stehen noch vierundsiebzig aus. Weg mit ihm!«

Die Menge begann sich zu zerstreuen. Die beiden Schergen banden O'Sullivan los, packten ihn unter den Armen und schleiften ihn zu einem Karren, der nicht weit entfernt stand. Alistair nahm O'Sullivans Hemd auf und folgte ihnen, sah zu, wie sie den blutigen Körper auf die Ladefläche warfen. Das Gefährt war von ähnlicher Bauart wie jenes, das die beiden Ehebrecher auf ihrer Flucht verloren hatten. Um den Karren war es ihm egal, aber er bedauerte den Verlust seiner Arzttasche, die sich darauf befunden hatte.

Er trat zu dem schmächtigen Sträfling, der abfahrbereit auf dem Kutschbock saß.

»Ich fahre«, sagte er knapp und schickte den Mann fort.

»Sieh an, sieh an«, hörte er dann die Stimme des Majors, als er gerade auf den Kutschbock stieg. »Lasst Ihr jedem dieser Bastarde solch eine Fürsorge angedeihen? Oder nur diesem hier?«

»Ich muss ohnehin ins Lazarett«, gab Alistair schmallippig zurück. »Entschuldigt mich, Major.« Er gab dem Pferd die Zügel und fuhr los, den Blick des Majors wie ein Pfeil in seinem Rücken.

Kurz hinter Toongabbie, wo die Straße nach Parramatta abbog, fuhr er einen kleinen Seitenweg hinein, wendete und hielt dann an. Unter dem Sitz holte er eine Wasserflasche hervor, stieg herunter und dachte gerade noch daran, das Pferd anzubinden, bevor er nach O'Sullivan sah.

Der junge Sträfling lag bäuchlings, den Kopf zur Seite, die Augen geschlossen, auf den hölzernen Bohlen des vierrädrigen Karrens. Alistair blickte auf den zerschundenen Rücken und versuchte, nur Arzt zu sein. Keine Gefühle zuzulassen, weder Genugtuung noch Mitleid. Oder gar etwas anderes.

Ein leichter Wind wehte und bog das hohe Gras am Straßenrand. Alistair kletterte auf den Karren und griff nach O'Sullivans Hemd. Als er den Stoff unter den Kopf des jungen Mannes schob, bewegte dieser sich und stöhnte. Nein, er murmelte etwas. Alistair beugte sich weiter vor.

»… Flügel … wie Tauben …«, konnte er jetzt verstehen. »dass ich wegflöge …«

War das nicht ein Psalm aus der Bibel? Hatte das Fieber ihn jetzt schon im Griff? Aber seine Haut war kühl, nur feucht von Schweiß und Blut.

Er öffnete die Wasserflasche und setzte sie O'Sullivan an die Lippen, doch das Wasser versickerte zwischen den Brettern. So würde es nicht gehen. Alistair formte seine rechte Hand zu einer Kuhle, ließ Wasser hineinlaufen und bot es O'Sullivan dar, so wie man einen Hund trinken ließ. Und fast wie ein Tier trank der junge Sträfling aus seiner Hand, durstig, gierig, bevor er wieder zusammensank. Noch immer wirkte er wie weggetreten. Ob dieser Zustand länger anhalten würde? Besser wäre es. Im Lazarett würden ihm noch genug Schmerzen bevorstehen.

Alistair blickte sich verstohlen um. Niemand war zu sehen, und von der Straße aus war er auch nicht zu entdecken. Langsam hob er die Hand und legte sie auf O'Sullivans Kopf, ging tiefer, dorthin, wo die dunkelbraunen Haare schweißnass im Nacken klebten. Eine Strähne hatte sich in einer blutigen Strieme verfangen. Alistair griff vorsichtig danach, befreite sie und legte seine Hand wieder auf die feuchte Haut.

Ein paar Augenblicke lang gönnte er sich die Wohltat

dieser Berührung, überließ sich der Erregung, die dabei in ihm aufstieg, dann zog er seine Hand zurück. War da jemand? Erneut blickte er sich um, und diesmal war er sicher, dass ihn jemand beobachtete.

Dann sah er sie. Eine kleine dunkle Gestalt, halb verborgen vom Gebüsch. War das nicht die kleine Wilde, an der Moira so hing? Dann war der helle Fleck daneben sicher der räudige Dingo.

Alistair nahm die Wasserflasche wieder an sich. Er eilte nach vorne zum Kutschbock und wedelte dabei mit den Händen, um das Mädchen zu verscheuchen. Eine unbestimmte Furcht hatte ihn ergriffen. Wer konnte schon wissen, wie viele dieser Wilden sich noch im Gebüsch versteckten und was sie im Schilde führten?

Im nächsten Moment stieß das Mädchen einen durchdringenden Schrei aus, so schrill und klagend, dass es Alistair kalt den Rücken hinablief. Es hörte sich an wie ein fremdartiger Trauergesang, und für einen Moment überkam ihn die absurde Idee, sie würde O'Sullivans Schmerz hinausschreien.

Fluchtartig trieb er das Pferd an. Ihr Schrei folgte ihm wie ein Fluch.

18.

»Oh, was für eine fürchterliche Vorstellung!«
Amelia Zuckerman rollte mit den Augen. »Nicht
auszudenken, wenn mir das widerfahren wäre. Wenn so
ein Sträfling mit mir – nein, ich mag gar nicht daran denken!«

So, wie ihr Gesicht sich dabei rötete, bezweifelte Moira
das. Die dicke Frau war geradezu begierig darauf, jedes noch
so kleine Detail der angeblichen Entführung zu erfahren.

»Was hat dieser Verbrecher Euch angetan? Hat er Euch
angefasst mit seinen schmutzigen Händen? Hat er …« Sie
beugte sich ein wenig vor und senkte die Stimme, »… hat er
sich gar an Euch … vergangen?«

»Mrs Zuckerman, bitte.« Moira war erschöpft. Seit die
Kutsche dieser lästigen Person heute Nachmittag vorge-
fahren war, hatte Moira keine ruhige Minute mehr gehabt.
McIntyre war nach einer kurzen Begrüßung schon wieder
in seinem Studierzimmer verschwunden. Nur für Moira,
wurde Mrs Zuckerman nicht müde zu betonen, hatte sie
den beschwerlichen Weg nach Toongabbie auf sich genommen – und dann die mitgebrachten Leckereien zum größten
Teil selbst verspeist. Jetzt hatte sie sich hier in ihrer Wohnstube festgesetzt. Hätte es nicht der Anstand geboten,
Moira hätte sie längst hinauskomplimentiert.

»Mir könnt Ihr Euch doch anvertrauen«, schmeichelte
sie. »Ich bin doch auch eine Frau.«

Moira blickte sie an, sah in das erwartungsvolle Gesicht ihr gegenüber am Tisch, die speckig glänzende Haut. »Ich erinnere mich nicht daran, Mrs Zuckerman.«

Amelia Zuckerman zog einen Schmollmund. »Oh, das habt Ihr doch nur so behauptet vor Gericht. Ich verstehe ja, dass Ihr diese widerliche Geschichte nicht in aller Öffentlichkeit ausbreiten wolltet. Aber mir könnt Ihr es doch erzählen. Ich verspreche Euch, ich werde schweigen wie ein Grab.«

Für einen kurzen Moment war Moira versucht, diesem Wunsch nachzukommen. Ihr zu sagen, was zwischen ihnen war, ihr von den rauschhaften Begegnungen mit Duncan auf dem Heuboden, den atemlosen Vereinigungen und der gemeinsamen Flucht zu erzählen. Dann ballte sie die Fäuste unter dem Tisch, zwang sich zur Ruhe und blickte durch das geöffnete Fenster hinaus auf den Weg, wo Dr. Wentworths drei Söhne übermütig Fangen spielten. Die Sonne glänzte auf den hellen Scheiteln der Kinder. William, John und D'Arcy junior.

Moira hatte Wentworth angeboten, sich um die drei zu kümmern, wenn er seinen Dienst im Lazarett von Parramatta versah. Sie war dankbar für diese Aufgabe. Es lenkte sie von ihren trüben Gedanken ab und brachte etwas Sinn in ihr Leben. Denn zurzeit existierte sie einfach nur. Lebte bloß von heute auf morgen, von dieser bis zur nächsten Stunde, von jetzt auf später. Denn nicht einmal July tauchte auf. Anfangs hatte Moira noch jeden Tag nach ihr Ausschau gehalten, aber inzwischen hatte sie es aufgegeben. Das Mädchen blieb verschwunden.

Während sie zusah, wie William seinen jüngsten Bruder auf den Rücken nahm, stieg die Erinnerung an ihr eigenes totes Kind in ihr auf. Das winzige, nicht lebensfähige Würmchen, Frucht einer Liebe, die nicht sein durfte. Trä-

nen trübten ihren Blick. Sie hob die Hand, um sie wegzu-
streichen, und spürte Mrs Zuckermans Finger auf ihren.

»Oh, Ihr Ärmste! War es so schlimm? Hat dieser Verbrecher Euch weh getan? Sprecht es Euch von der Seele.«

»Wie gesagt, Mrs Zuckerman, ich erinnere mich nicht.«

Wie sie es hasste, lügen zu müssen! Wie sie es verab-
scheute, nicht jedem, der es wissen wollte, die Wahrheit
ins Gesicht zu schleudern und erzählen zu können, wie es
wirklich gewesen war. Stattdessen musste sie hier sitzen,
die sittsame Ehefrau spielen und Leute wie Mrs Zuckerman ertragen, die nur ihre Sucht nach Klatsch und Tratsch
befriedigen wollten. Niemand fragte sie, wie es ihr wirklich
ging. Niemandem konnte sie erzählen, dass die Sorge um
Duncan sie auffraß. Dass sie nicht schlafen konnte, weil sie
ständig die Bilder jener entsetzlichen Bestrafung vor sich
sah. Fünf Tage lag das jetzt zurück. Nach ihrem Zusam-
menbruch hatte sie einen Rückfall erlitten und drei Tage
lang krank im Bett gelegen. Und auch jetzt hielt McIntyre
sie wie eine Gefangene. Sie durfte kaum aus dem Haus gehen, sie durfte Elizabeth Macarthur nicht besuchen, und
er erlaubte ihr schon gar nicht, nach Parramatta und dort
womöglich ins Lazarett zu fahren.

Nur aus Angst, dass McIntyre Duncan noch immer des
Diebstahls bezichtigen konnte, hielt sie sich daran. Dabei machte es sie fast rasend, nicht zu ihm zu können und
nicht zu wissen, wie es ihm ging. Er war nur wenige Meilen
entfernt und doch so weit fort, als befände er sich im fernen Europa. Dennoch war die Sehnsucht nicht einmal das
Schlimmste. Das waren die Sorge und die Angst. Zu oft
hatte sie gehört, dass ausgepeitschte Sträflinge an Infekti-
onen starben.

Natürlich hätte sie McIntyre nach Duncan fragen können. Wahrscheinlich erwartete er das sogar. Aber das tat

sie nicht. Lieber hätte sie sich die Zunge abgebissen. Genau genommen sprach sie überhaupt nicht mehr mit ihrem Mann, strafte ihn mit eisigem Schweigen und Nichtbeachtung – ihre einzige Waffe gegen ihn. Es schien ihn nicht zu kümmern. Er ließ sich ohnehin fast nur zu den Mahlzeiten blicken. Und wenn es unbedingt etwas mitzuteilen gab, war Ann die Mittlerin.

Helles Kinderlachen klang durch die geöffneten Fenster.

»Wie großzügig von Euch«, riss Mrs Zuckermans Stimme sie aus ihrem Trübsinn, »Euch um Dr. Wentworths Kinder zu kümmern. Also, ich könnte das nicht. Da käme ich mir ja vor wie eine Gouvernante.« Sie goss sich noch eine Tasse Tee ein. Offenbar hatte sie nicht vor, demnächst wieder zu gehen. »Was meint Ihr: Ob Dr. Wentworth sich bald wieder binden wird? Ich meine, so ganz ohne Frau kann er ja nicht leben.« Sie seufzte so inbrünstig, dass ihr Doppelkinn ins Wackeln geriet. »Zu schade, dass ich schon vergeben bin.« Sie gab Milch und Zucker in ihren Tee, rührte um und steckte sich mit der anderen Hand ein weiteres Stück Backwerk in den Mund. »Aber, seien wir doch mal ehrlich«, schmatzte sie. »Ein Mann wie Dr. Wentworth – und eine ehemalige Sträflingsfrau. Das war doch nichts.«

Moira ertrug es nicht länger. »Liebt Ihr Euren Mann, Mrs Zuckerman?«, fragte sie scharf.

Die dralle Gestalt stieß mit dem Löffel fast die Teetasse um. »Wie bitte?«

»Ich fragte, ob Ihr Euren Mann liebt.«

Mrs Zuckerman hatte ihre Fassung rasch wiedergefunden. Bedächtig klopfte sie den Löffel ab und legte ihn neben die Tasse. »Ach, was ist schon Liebe? Ein Luxus, den sich die wenigsten leisten können. Ich bevorzuge Sicherheit.« Sie tätschelte Moiras Hand, die diese nicht mehr rechtzeitig hatte zurückziehen können. »Aber Ihr seid natürlich noch immer aufgewühlt, das verstehe ich. Dieses schreckliche Erlebnis hat Euch doch sehr mitgenommen.«

In dieser Art plapperte sie weiter, aber Moira hörte kaum hin. Was ist schon Liebe? Sie hätte die Antwort gewusst. Es war mehr als das bloße körperliche Verlangen nach dem anderen. Mehr als stummes Verstehen und das Gefühl der Einheit. Seit sie erfahren hatte, wie es war, jemanden zu lieben, wusste sie auch, was sie vermisste. Sie sehnte sich so sehr nach Duncan, dass es weh tat.

»Mrs McIntyre?«

»Entschuldigung.« Moira blickte auf. »Was habt Ihr gesagt?«

»Ich sagte, sicher bekommt Ihr bald einen Ersatz für den Wüstling, jetzt, wo Euch doch ein Sträfling fehlt.«

Auf diesen Gedanken war Moira noch gar nicht gekommen. Aber Mrs Zuckerman hatte recht, und das würde alles noch endgültiger machen. Duncan würde nicht zu ihnen zurückkehren. Bei dieser Vorstellung schien sich ein stumpfes Messer in ihre Brust zu bohren.

»Am besten ersucht Ihr nach einem älteren Sträfling. Die älteren sind leichter zu handhaben. Ich sehe es ja an Fletcher.«

Fletcher war einer der den Zuckermans zugewiesenen Sträflinge, ein Mann von über fünfzig Jahren. Er hatte Mrs Zuckerman hierher gefahren und wartete jetzt vor dem Kutschenhaus auf sie. Dort, wo Duncan früher gearbeitet und geschlafen hatte. Moira biss die Zähne zusammen und zwang sich, diesen Gedanken zu vertreiben.

Das Knirschen von Rädern auf Sand erklang, dann sah sie vor dem Haus einen Zweispänner vorfahren. Wentworth! Endlich! Aufatmend erhob Moira sich, ihr Herz raste. Sie musste sich bremsen, um nicht hinauszurennen und ihm entgegenzustürzen.

318

»Entschuldigt mich für einen Moment.«

Ohne Wentworth wäre sie wahrscheinlich vollends verzweifelt; er hatte sich in den vergangenen Tagen immer mehr als wahrer Freund erwiesen. Rasch sah sie sich um, ob Mrs Zuckerman ihr nicht doch gefolgt war. Aber das korpulente Weib saß noch am Tisch und stopfte eifrig Gebäck in sich hinein.

Wentworths Kinder, die sich beim Nahen des Wagens erwartungsvoll an den Wegrand gestellt hatten, rannten jetzt auf den Zweispänner zu, umringten ihn und ließen ihren Vater kaum aussteigen. Er umarmte sie lachend und erlaubte ihnen, in die Kutsche zu klettern. Dann deutete er mit dem Kopf auf das Fenster zur Wohnstube. »Ihr habt Besuch?«

Moira verdrehte die Augen. »Mrs Zuckerman«, seufzte sie. »Und ich weiß nicht, wie ich sie wieder loswerden kann.« Sie zog ihn ein paar Schritte zur Seite. »Wie geht es ihm?«, fragte sie im Flüsterton. »Konntet Ihr mit ihm sprechen?«

»Ihr müsst Geduld haben. Solche Verletzungen brauchen Zeit.«

»Ja«, sagte Moira ungeduldig. »Das weiß ich. Ist er bei Bewusstsein? Hat er große Schmerzen? Dr. Wentworth, bitte!«

»D'Arcy«, berichtigte Wentworth. Als er lächelte, kräuselten kleine Fältchen seine Augenwinkel. »Ihr sollt mich doch D'Arcy nennen. Es geht ihm gut. Ihr müsst Euch keine Sorgen machen.«

Moira nickte zweifelnd. Mehrmals hatte sie Wentworth gebeten, nichts zu beschönigen, dennoch befürchtete sie, dass er ihr nicht die ganze Wahrheit erzählte. Die Antworten ähnelten sich. Es ginge Duncan den Umständen entsprechend. Er sei bei Bewusstsein. Das Fieber sei gesunken. Natürlich habe er Schmerzen, aber die seien zu ertragen.

»Hat er nach mir gefragt?«

Wentworth schüttelte den Kopf. »Das wird er nicht wagen.«

Moira biss sich auf die Lippen. Sagte Wentworth die Wahrheit? Oder ging es Duncan so schlecht, dass er dazu einfach nicht in der Lage war?

D'Arcy schien ihre Gedanken zu ahnen. »Grämt Euch nicht. Er ist dort in guten Händen. Ihr wisst doch, auch Euer Mann sorgt gut für ihn.«

Als Wentworth ihr zum ersten Mal davon erzählt hatte, hatte sie es nicht glauben können. McIntyre kümmerte sich persönlich um Duncan? Dass ihr Mann ihm offenbar nichts Schlechtes wollte, beruhigte und verwirrte sie gleichermaßen.

»Ihr könnt – Mrs Zuckerman, welch freudige Überraschung!« Geistesgegenwärtig wechselte Wentworth das Thema, als die dicke Frau auf die Veranda trat. »Ich wollte gerade mit meinen Kindern aufbrechen, als ich Eure Kutsche hier gesehen habe. Wenn Ihr ebenfalls an die Rückreise denkt, könnten wir den Weg gemeinsam nehmen.«

»Oh, Dr. Wentworth, wie aufmerksam von Euch!« Diesmal wackelte das Doppelkinn vor Entzücken. »Ich hätte längst den Heimweg angetreten, aber ich kann doch die arme Mrs McIntyre nicht allein lassen ...«

Moira versicherte, dass sie das sehr wohl könne. Wenige Minuten später sah sie ihnen von der Veranda aus nach, bis die beiden Kutschen in der Abenddämmerung verschwunden waren. In zwei Tagen würde Wentworth wieder ins Lazarett fahren und vorher seine Kinder bei ihr vorbeibringen.

Sie fächelte sich den Schweiß vom Ausschnitt, dann drehte sie sich um, eilte in die Wohnstube an den einfachen Sekretär und holte einen Bogen Papier, Feder und das Tintenfass heraus. Die Feder in ihrer Hand zitterte, als sie sie in die Tinte tauchte. Sie würde Duncan schreiben. Nur eine kurze Botschaft. Gerade so viel, wie auf einen kleinen, zusammengefalteten Zettel passte.

*

Die untergehende Sonne färbte den Himmel blutrot. Der Ruf eines Kookaburra drang aus dem Wald; erst leise, dann brach der Vogel in lautes, fast menschliches Lachen aus. Zeit der Dämmerung, Zeit der Jagd. Der Geruch des Tages veränderte sich, verschwand, wich dem Duft der Nacht.

Ningali sah zu, wie die Schatten länger wurden und die Dunkelheit sich immer weiter vorwagte. Neben sich spürte sie die feuchte Schnauze des Dingos. Aus den beiden langgestreckten Gebäuden in der Nähe des Flusses kamen nach und nach einige weiße Menschen und gingen fort. Der Mann, mit dem Mo-Ra zusammenlebte, war auch dabei. Wie am Vortag schon wartete sie, beobachtete. Harrte geduldig aus, bis die Nacht das letzte Licht des Tages verdrängt hatte. Dann schlich sie sich lautlos an das vordere der beiden Gebäude heran. Die Tür ließ sich leicht und lautlos öffnen. Der Dingo folgte ihr, presste sich dicht an sie, als wollte er sie in dieser ungewohnten Umgebung schützen.

Schlanke Pfeiler stützten das Dach. In dem langen Raum lagen dicht gedrängt zahlreiche Kranke, die bösen Geister der Krankheit mit ihrem Geruch von Schweiß, Blut und Fieber waren allgegenwärtig. Ningali stand ein paar Augenblicke regungslos, hörte auf die vielen leisen Geräusche, das Atmen, Schnaufen, Stöhnen und das Summen der Buschfliegen. In regelmäßigen Abständen flackerten kleine Feuer an der Wand und warfen einen schwachen Schein über die schlafenden Gestalten.

Ningali wartete still in einer Ecke, bis sie die farbigen Schimmer zu sehen begann, die jeden der Körper umgaben. Einige waren dunkel, gezackt, andere farbig, und wieder andere kaum noch vorhanden. Diese waren dem Tode nah.

Dort hinten, nahe einem der hölzernen Pfeiler, glomm es in dunklem Rot. Dan-Kin. Sie huschte zu ihm, der Dingo folgte auf ihren Fersen.

Dan-Kins Geist war schon wieder getrübt. Die schrecklichen Schläge, die Ningali aus der Ferne verfolgt hatte, waren kein Ritual gewesen, sondern eine Strafe. Das hatte ihr der Vater gesagt. Er hatte das alles selbst auch erlitten – und ihr erzählt, dass die Behandlung dieser Wunden sogar noch schmerzhafter sei als die Schläge. Ningali hatte die Schreie der Verletzten gehört, die immer wieder aus dem Gebäude drangen. Jetzt wedelte sie die allgegenwärtigen Fliegen fort, zog die leichte Decke von Dan-Kins Rücken und begann, den Verband zu lösen.

Die Weißen wussten nicht, wie man Wunden richtig behandelte. Dies war schon die zweite Nacht, in der sie sich zu ihm schlich. Die Heilpaste, die sie in der vergangenen Nacht aufgetragen hatte, war entfernt und durch die Medizin der Weißen ersetzt worden. Ningali verstand die Weißen nicht. Sahen sie denn nicht, dass das Heilmittel der *Eora* viel besser für ihn war?

Dan-Kin bewegte sich. Ningali stieß einen gurrenden, beruhigenden Ton aus. Der Dingo kam näher und schnüffelte an Dan-Kins Rücken. Ningali schob ihn fort, als er zu lecken beginnen wollte, griff in den Beutel an ihrem Gürtel und holte das Blätterpäckchen heraus. Es hatte eine Weile gebraucht, bis sie all die Kräuter und Wurzeln beisammenhatte, die sie benötigte. Sie kniete nieder, tauchte ihre Finger in die grünliche, aromatisch riechende Masse und begann, sie auf Dan-Kins Rücken zu verteilen. Als die kühle

Salbe seine Wunden berührte, spannte sich sein Körper an, als erwarte er neuen Schmerz, neue Qual. War er wach? Sie gurrte erneut, als sich seine Glieder auch schon wieder entspannten.

In der nächsten Nacht kam sie ein drittes Mal. Und diesmal sah sie mit Genugtuung, dass ihre Medizin nicht entfernt worden war.

Sie hatte sich gerade erhoben, um den Raum zu verlassen, als ein unerwartetes Geräusch sie aufschrecken ließ. Sofort duckte sie sich wieder, versuchte, mit den Schatten zu verschmelzen.

Ein Mann betrat den Raum und begann, die Reihen abzuschreiten. Ningali presste sich an die Wand hinter Dan-Kin. Hier drinnen konnte sie sich nicht so gut verstecken wie im Wald. Gleich würde er sie entdecken! Leise holte sie Atem und stieß den Dingo leicht an. Das Tier löste sich von ihrer Seite und lief auf den Mann zu. Diese Ablenkung nutzte sie und rannte los, auf die geöffnete Tür zu.

Kaum im Freien, umfing die Nachtluft sie mit beruhigender Kühle. Sie blieb stehen, mit klopfendem Herzen. Die Freude darüber, dass jemand ihre Medizin zu schätzen wusste, hatte sie unvorsichtig gemacht. Fast hätte man sie erwischt. Es wurde zu gefährlich für sie. Ein weiteres Mal würde sie nicht kommen können.

Wieso kam der Dingo nicht? Sie blickte zurück.

Ein Schatten erschien in der Tür. Er rief etwas, das sie nicht verstand. Sie zog sich weiter ins Dunkel der Bäume zurück.

»July?«

Es war allein dieser Name, der sie innehalten ließ. July! Der Name, den Mo-Ra ihr gegeben hatte. Wenn ein Weißer diesen Namen kannte, dann musste er ein Freund von Mo-Ra sein. Und wohl auch von Dan-Kin.

Jetzt erkannte sie den Mann. Im Licht, das aus der geöffneten Tür drang, war sein Haar hell wie Honig. Sie hatte ihn schon öfter gesehen, hier im Gebäude für die Kranken, aber auch dort, wo er wohnte. Er war freundlich. Und er war ein Freund von Mo-Ra.

Ob sie es wagen konnte, ihm zu vertrauen? Langsam trat sie aus der Dunkelheit hervor, das Päckchen mit der Heilpaste fest umklammert.

*

Die Fesseln um Duncans Knöchel waren aus schwerem Eisen. Ein Schmied hatte sie ihm heute Morgen angepasst. Und nur ein Schmied würde sie wieder entfernen können. Große Schritte konnte er nicht machen, denn eine Kette aus Eisengliedern spannte sich dazwischen. Um beim Laufen nicht darüber zu stolpern, musste er sie mit einem Strick an seinem Gürtel befestigen. Ein weiteres Paar Fesseln mit einer kurzen Kette schloss sich um seine Handgelenke. Diese zumindest ließen sich von den Aufsehern öffnen.

»Du gewöhnst dich schon dran«, hatte Samuel gesagt. Der Hüne trug seit seinem missglückten Fluchtversuch ebenfalls Ketten, aber ihn schienen sie kaum zu stören.

Die Sonne stand als roter Glutball an einem Himmel von fast unnatürlichem Blau. Es war Mitte November, ein früher Sommer hatte Einzug gehalten. Überall spross neues Leben, die Bäume trugen Blüten in Cremeweiß und Rosa, aber Duncan hatte keinen Blick für die Schönheit der Natur. Schweiß rann ihm über den Körper und biss in den kaum verheilten Striemen auf seinem Rücken. Seit heute war er zurück im Straflager von Toongabbie, wo nur Schinderei, Hunger und Elend auf ihn warteten. Und dabei hatte er geglaubt, nie wieder hierher zu müssen.

Um sich abzulenken, zählte er alles, was ihm in den Kopf kam. Ihre Arbeitsgruppe bestand aus acht Sträflingen, die an diesem Vormittag eine riesige Wurzel auf einem frisch gerodeten Waldstück ausgraben mussten. Sechs Monate würde man ihn die Fesseln tragen lassen. Noch fünfeinhalb Jahre musste er hier schuften. So lange würde es dauern, bis er endlich frei war, denn eine mögliche Begnadigung war in weite Ferne gerückt. Fünfeinhalb lange Jahre. Außerdem musste er jederzeit damit rechnen, dass man ihn zu den ausstehenden vierundsiebzig Schlägen abholte. Er war gerade einmal sechs Wochen im Lazarett gewesen. Erstaunlich kurz für die Schwere seiner Verletzungen.

In seiner Erinnerung verwischten die ersten Tage im Lazarett zu einem wirren Gemisch aus Fieberträumen und schrecklichen Schmerzen, schlimmer noch als die Peitschenhiebe. Man hatte Salz in seine Wunden gerieben, um eine Infektion zu verhindern. Ärzte waren gekommen und gegangen. Dr. McIntyre. Dr. Wentworth. Andere, namenlose Helfer. Dann eine kühle Paste in nächtlicher Stille, die den vernichtenden Schmerz auf seinem Rücken endlich linderte. Seitdem war die Heilung rasch vorangeschritten – so rasch, dass manche mutmaßten, es ginge nicht mit rechten Dingen zu. War das tatsächlich July gewesen, wie er einmal zu erkennen glaubte? Wieso? Was fand dieses Mädchen an ihm, dass es sich sogar bis ins Lazarett hineinwagte, um ihm zu helfen?

Eines Abends, als Dr. Wentworth seine letzte Runde machte, hatte Duncan plötzlich die Kanten eines zusammengefalteten Papiers zwischen seinen Fingern gespürt.

»Rasch«, flüsterte Dr. Wentworth. »Lest und vernichtet es.«

Duncan wartete mit klopfendem Herzen, bis seine Nachbarn auf ihren Pritschen zur Ruhe gekommen waren, dann entfaltete er den Zettel.

Sein Herz tat einen Satz, als er erkannte, von wem er kam, auch wenn er keine richtige Unterschrift trug. Moira! Die wenigen Zeilen waren so klein geschrieben, dass er Mühe hatte, sie in dem schwachen Licht der flackernden Talgkerzen zu entziffern.

»Du fehlst mir so sehr«, schrieb sie. »Aber unsere Zeit wird kommen. Nichts kann uns trennen. Für immer Dein. M.«

Er ließ den Zettel sinken und schloss die Hand darum. Eine ganze Weile lag er still, das Papier in seiner Faust geborgen, nah an seinem Herzen. Er hätte am liebsten geweint. In diesem Moment begrüßte er fast die Ablenkung durch den körperlichen Schmerz, der in seinem Rücken tobte. Sie durfte das nicht! Sie musste ihn vergessen! Für sie beide gab es keine Zukunft.

Als die Nacht hereingebrochen war, hatte er das Papier zerrissen und sich in den Mund gesteckt, hatte schwer an den Fetzen geschluckt.

Verbissen beugte er sich nun über die Wurzel und schlug seine Axt so heftig in das Holz, dass ein großer Strang absplitterte. Er spürte, wie die Striemen auf seinem Rücken erneut aufplatzten und Blut sein Hemd tränkte.

»Mach langsam, O'Sullivan«, ertönte die Stimme des Aufsehers. »Ich habe nichts davon, wenn sie dich gleich wieder ins Lazarett schicken!«

Duncan hörte nicht auf ihn. Er wollte sich nicht schonen, und er tat es auch nicht, obwohl er noch nicht vollständig genesen war. Auch nicht in den nächsten Tagen. Nur schwere körperliche Arbeit hielt seine Gedanken in Schach und übertönte den nagenden Schmerz der Sehnsucht in seinem Inneren.

Er redete wenig. Fragen der anderen Sträflinge, wie er geflohen sei und wieso er Mrs McIntyre entführt habe, beantwortete er nicht. Nicht einmal Samuel. Er durfte niemandem vertrauen. Abends fiel er todmüde und mit schmerzenden Gliedern auf sein Lager und fand doch lange keinen Schlaf. Er wusste nicht, wie er liegen sollte; die Ketten waren im Weg, und die Striemen auf seinem Rücken schmerzten. Und er konnte nicht aufhören, an Moira zu denken.

Als die sommerliche Hitze in den nächsten Tagen zunahm und die offenen Wunden mit seinem Hemd verklebten, hatte Aufseher Farelly ein Einsehen und ließ Duncans Handschellen öffnen, damit er sich das Hemd ausziehen konnte. Er schämte sich seines geschundenen Rückens nicht. Fast jeder der Sträflinge hatte schon einmal die Peitsche zu schmecken bekommen.

Eine Woche nach seiner Rückkehr ins Straflager rief Aufseher Farelly ihn während des kargen Morgenmahls zu sich. Duncan stellte die Schüssel mit dem Brei aus Hafermehl beiseite, sein Hunger war verflogen. Jetzt war es so weit. Jetzt würden sie ihn zu den restlichen Schlägen holen. Die Vorstellung, erneut auf die kaum verheilten Striemen geschlagen zu werden, ließ einen harten Knoten in seinem Magen entstehen. Er stand auf und trat zu dem Aufseher.

Farelly musterte ihn. »Es heißt, du kannst mit Metall umgehen. Kannst du auch Töpfe reparieren?«

Duncan seufzte unhörbar auf. Ging es nur darum? Er nickte. »Alles, was ein Tinker können muss.«

»Ein Kesselflicker also.« Der Aufseher sah ihn verächtlich an. »Jemand hat dich angefordert.« Er blickte in die Runde. »Er braucht noch vier weitere kräftige Burschen, die eine Scheune errichten können. Fitzgerald, Reilly, Buchanan, Clarke, ihr kommt ebenfalls mit. Macht euch bereit. In einer halben Stunde werdet ihr mit mir nach Parramatta marschieren.«

Duncans Herz klopfte wieder langsamer. Keine Schläge. Nur ganz gewöhnliches Tinkerhandwerk. Er atmete durch und kehrte zurück zu seinem Haferbrei.

*

Das Farmhaus lag in gleißender Sonne, die Luft am Waldrand flimmerte. Wentworth reichte Moira den Arm, um ihr aus der Kutsche zu helfen. »Kommt, ich bringe Euch zu ihm.«

»Weiß er, dass ich komme?«

Wentworth nickte. »Die anderen Sträflinge bauen neben den Ställen an einer Scheune. Dennoch müsst Ihr achtgeben, dass Euch niemand sieht. Ihr würdet sonst auch mich in Teufels Küche bringen.«

Die Aussicht, gleich Duncan zu sehen, ließ Moiras Herz flattern wie ein gefangener Vogel. Zum Glück hatte ihr Mann sich leicht überlisten lassen. Seit Duncan wieder im Arbeitslager war, ließ McIntyre die Zügel etwas lockerer und beobachtete sie nicht mehr auf Schritt und Tritt, schließlich war es in Toongabbie nahezu unmöglich, dass Moira und Duncan sich begegneten. Auf die Idee, dass D'Arcy Wentworth die wahre Geschichte kannte und sie unterstützen könnte, war er nicht gekommen. Und so sah es für McIntyre heute so aus, als besuche sie Wentworth und seine Kinder, um einen möglichen Unterricht zu besprechen.

Auch wenn alles in ihr danach drängte loszulaufen, blieb sie noch einen Augenblick stehen. »Dr. Wentworth, D'Arcy, ich … ich weiß gar nicht, wie ich das jemals wiedergutmachen kann. Wieso tut Ihr das für uns?«

Wentworth lächelte sie an und hob die Schultern. »Das weiß ich selbst nicht so genau. Wahrscheinlich, weil

Catherine es auch getan hätte. Und weil es mir weh tut, Euch leiden zu sehen.«

Er führte sie zu den Nebengebäuden. Neben dem Küchenhaus, das wegen der Feuergefahr abseits vom Haupthaus errichtet worden war, trennte er sich von ihr.

»Ich habe die Köchin zum Einkaufen geschickt, und die Kinder sind im Haus. Niemand wird Euch stören. Aber zeigt Euch nicht zusammen, zu Eurer eigenen Sicherheit.«

Moira nickte und wartete ungeduldig, bis er sich entfernt hatte. Dann lugte sie um die Ecke.

Duncan saß neben der geöffneten Tür des Küchenhauses auf einer Bank und bearbeitete den Boden eines Topfes mit einem Hammer. Moiras Herz machte einen Satz und fing an zu rasen. Als sie seinen Namen flüsterte, hob er den Kopf, Freude überflog sein Gesicht. Er sprang auf, Topf und Hammer fielen zu Boden. Im nächsten Moment hing sie an seinem Hals, schluchzend, lachend, spürte seine Arme um sich und erlaubte sich für einen Augenblick, reines Glück zu empfinden und nicht auf das Klirren der Fußketten zu achten.

»Geht es dir gut? Ich habe mir solche Sorgen gemacht! Und dich so schrecklich vermisst!«

Er sagte kein Wort, hielt sie nur fest. Auch sie umklammerte ihn mit aller Kraft, ungeachtet seines Geruchs nach Schweiß und ungewaschener Kleidung, bis ihr einfiel, dass ihm ihre Umarmung sicher Schmerzen bereitete. Sie ließ ihre Arme sinken.

»O Gott, entschuldige, ich habe nicht daran gedacht …! Wie geht es dir? Hast du große Schmerzen?« Weitere Fragen sprudelten aus ihr heraus, wie ein Wasserfall drängten sich Worte auf ihre Lippen.

Sie konnte ihre Blicke nicht von ihm lassen. Er hatte abgenommen, und in seinen dunkelgrünen Augen spiegelte sich hinter der momentanen Freude eine Erschöpfung, die sie noch nie bei ihm gesehen hatte. Natürlich, sagte Moira sich. Die vergangenen Wochen mussten hart für ihn gewesen sein. Erneut stiegen die schrecklichen Bilder in ihr auf. Die entsetzlichen Schläge, das viele Blut …

»Geh ins Küchenhaus«, murmelte er eindringlich. »Man darf dich hier nicht sehen!«

Sie nickte, löste sich widerwillig von ihm, ließ aber seine Hand nicht los. »Komm, du auch.«

Er blieb stehen. Jetzt erst bemerkte sie, dass er nicht nur Fußeisen trug, sondern auch mit einer schweren Kette an die Bank gefesselt war. Sie biss sich auf die Lippen, zog sich aber gehorsam in den Schatten der geöffneten Küchentür zurück. Die wenigen Schritte, die sie jetzt voneinander entfernt waren, erschienen ihr wie eine Meile. An der Wand neben sich konnte sie ordentlich aufgereihte Töpfe, Schöpflöffel und Pfannen erkennen.

»Was ist los mit dir?«, fragte sie, als Duncan sich bückte und den Topf wieder aufhob. »Freust du dich denn nicht, mich zu sehen?«

»Moira«, begann er leise. »Du musst mir etwas versprechen.«

Alles!, wollte sie antworten. Aber er klang so seltsam. »Was denn?«

Sie sah ihm an, wie schwer es ihm fiel. Er sah auf den Topf in seinen Händen, dann blickte er auf. »Komm nicht wieder. Vergiss mich.«

»Nein!«, fuhr sie auf, senkte ihre Stimme aber sogleich wieder. »Nein, nein, und nochmals nein! Was redest du da? Haben dich ein paar Peitschenschläge all deine Zuversicht verlieren lassen?« Sie wusste, dass sie ungerecht war, aber es war die Verzweiflung, die ihr diese Worte eingab.

Sie sah Wut in seinen Augen aufblitzen. Gut so! Das Feuer war noch da. Aufbegehren stand ihm besser als Resignation. Aber gleich darauf schüttelte er den Kopf. »Ich bin nicht gut für dich. Ich bin für niemanden gut.«

»Das ist nicht wahr! Ich … ich liebe dich. Ich brauche dich.« Ihre Stimme drohte zu brechen. »Duncan?«

Er antwortete nicht. Sah zu Boden und schüttelte erneut den Kopf.

»Heißt das, du liebst mich nicht?«

»Doch!«, stieß er fast zornig hervor. »Mehr als mein Leben. Aber es hat keinen Sinn. Ich muss sechs Monate diese Ketten tragen, und bis ich ein freier Mensch bin, wird eine noch viel längere Zeit vergehen. Und du bist dann immer noch verheiratet.«

Er liebte sie. Wärme flutete durch Moiras Körper wie eine Sommerbrise. Sie trat einen Schritt vor. Sie wollte ihm nah sein, wollte ihn berühren.

»Ich habe gestern in der Bibel nachgeschaut. So, wie du es mir gezeigt hast. Einfach aufgeschlagen und mit dem Finger auf eine Seite gedeutet.« Nun, ganz so war es nicht gewesen. Sie hatte die Stelle, die ihr nur vage im Gedächtnis war, so lange gesucht, bis sie sie gefunden hatte. Aber das musste Duncan nicht wissen. »Weißt du, worauf ich gedeutet habe? Eine Stelle aus dem Lukasevangelium. ›Er hat mich gesandt zu predigen den Gefangenen, dass sie frei sein sollen, und den Blinden, dass sie sehen sollen, und den Zerschlagenen, dass sie frei und ledig sein –‹«

»Ruhig!«, fuhr Duncan sie an und hob die Hand.

»Hör dir doch erst einmal an, was ich zu sagen habe!«

»Da kommt jemand!«

Moira verstummte und wich zurück ins Küchenhaus. Hoffentlich war es nur Wentworth. Ihr Mund war plötzlich ganz trocken.

Dann hörte sie es auch: das leise Klirren von Kettengliedern. Es war nicht Wentworth. Es war der hünenhafte Sträfling, den sie vor Monaten zusammen mit Mrs King in der Krankenhütte besucht hatte. Als er jetzt um die Ecke bog, schleiften die schweren Ketten durchs Gras.

Moira zog sich noch etwas weiter in die dunkle Küche zurück, damit niemand, der einen flüchtigen Blick in den Raum warf, sie sehen würde. Sie selbst allerdings konnte alles beobachten, was draußen vor sich ging. Stocksteif verharrte sie dort und wagte kaum zu atmen. Ihr Herz vollführte einen wahrhaft irrsinnigen Tanz in ihrem Brustkorb. Der Mann konnte mit einem einzigen Ruf den Aufseher herbeiholen. Dann wäre alles verloren.

Er steuerte direkt auf Duncan zu und blickte sich irritiert um. »Mit wem hast du gerade gesprochen?«

»Mit mir selbst.«

»Ist es schon so weit mit dir, dass du Selbstgespräche führst?« Der Hüne grinste breit, Moira konnte seine Zähne aufblitzen sehen.

»Was machst du hier, Samuel?«

»Aufseher Farelly hat einen über den Durst getrunken, sitzt da hinten an einem Baum und schläft. Bis der wieder aufwacht, kann es dauern. Schnell, hast du einen Hammer? Möglichst schwer und groß?« Ohne ein weiteres Wort griff er sich den größten Hammer, der vor Duncan auf dem Boden lag, und wog ihn in der Hand. »Nein, viel zu leicht.« Er blickte sich um. »Vielleicht ist im Küchenhaus etwas Brauchbares.«

»Nein! Samuel, warte!« Duncan sprang auf, aber der andere marschierte schon auf die geöffnete Tür zu.

Moiras Herz klopfte zum Zerspringen. Wo konnte sie sich verstecken? Unter dem großen Küchentisch? In der Speisekammer? Nein, sie wollte sich nicht wie ein verschrecktes

Küken finden lassen. Bevor sie es sich anders überlegen konnte, trat sie vor.

Der große Mann hielt an, als wäre er gegen eine Wand gelaufen. Niemand sagte ein Wort. Quälend langsam wechselte der Ausdruck auf seinem Gesicht von Verblüffung zu Erkenntnis.

»Ich will verdammt sein«, brach es schließlich aus ihm hervor, »wenn das nicht die junge Mrs McIntyre ist.« Sein Blick wanderte von Moira zu Duncan und wieder zurück. Moira stand regungslos. Für einen endlos langen Moment schien alles Leben zu ersterben. Dann lachte der Hüne über das ganze Gesicht.

»Duncan, du Tunichtgut! Du hast sie gar nicht entführt? Ihr seid … ein Liebespaar?« Er trat zu Duncan und schlug ihm freundschaftlich auf die Schulter. »Bei Gott, das ist die schönste Geschichte, von der ich je an diesem verteufelten Ort gehört habe.« Er wandte sich Moira zu und tippte an einen imaginären Hut. »Samuel Fitzgerald, Ma'am. Zu Euren Diensten.«

Moira wagte zum ersten Mal durchzuatmen, auch wenn ihr noch immer der Puls in den Schläfen hämmerte. »Wozu braucht Ihr denn einen Hammer, Mr Fitzgerald?«

Der Riese sah sie erstaunt an, dann bleckte er die Zähne zu einem breiten Grinsen. Er trat einen Schritt auf sie zu, dann noch einen, bis er so nah war, dass sie seinen durchdringenden Schweißgeruch wahrnehmen konnte. Die schiere Präsenz dieses Mannes war bedrohlich, er würde sie mühelos überwältigen können. Und Duncan würde ihr diesmal nicht zu Hilfe kommen können, angebunden, wie er war. Dennoch wich sie nicht zurück.

»Um die Fußfesseln in eine andere Form zu klopfen«, sagte Fitzgerald. »Dann muss man nur noch mit der Ferse hinausschlüpfen. Ich habe nämlich nicht vor, mein Leben an diesem Ort zu beschließen. Ich gehe über die Berge nach China.«

Duncan schüttelte den Kopf. »Vergiss es, Samuel. Wie willst du einen Hammer ins Lager schmuggeln? Sie durchsuchen uns.«

»Ich könnte Euch einen Hammer besorgen«, sprach Moira aus, was ihr durch den Kopf schoss. »Es würde etwas dauern, aber –«

»Nein!«, unterbrach Duncan sie. »Ich werde dich nicht noch einmal in Gefahr bringen.« Er wandte sich an Fitzgerald. »Und du hörst auf, ihr solche Flausen in den Kopf zu setzen. Was immer hinter den Bergen liegt – du kannst sie nicht überqueren. Wir sind auch gescheitert.«

»Wirklich? Woran denn?«

»Sie sind zu hoch. Unüberwindbar.«

Fitzgerald ließ enttäuscht die breiten Schultern hängen. Für einen Augenblick stand er geknickt da, dann straffte er sich wieder. »Nun, dann gehe ich jetzt besser.«

»Mr Fitzgerald«, rief Moira leise, als er sich umwandte. »Kann ich … kann ich Euch vertrauen?«

Der Hüne blieb stehen und sah sie an. »Sagen wir mal so: Ihr kennt jetzt mein Geheimnis, und ich kenne Eures. Es hätte niemand von uns etwas davon, wenn er den anderen verraten würde, nicht wahr?«

Sie nickte und sah ihm hinterher, wie er durch das Gras davonstapfte.

»Du solltest jetzt auch gehen«, sagte Duncan hinter ihr. Er hörte sich unendlich traurig an.

Sie drehte sich zu ihm um. »Es gibt eine Lösung«, beharrte sie trotzig. Sie musste sich daran festhalten, sonst wäre sie zerbrochen. »Es gibt immer eine Lösung.«

*

Moira hatte nicht erwartet, dass McIntyre noch einmal sein Recht als Ehemann einfordern würde. Doch am Tag nach ihrer Fahrt zu Wentworth löschte er abends die Kerze, stieg ins Bett und lag dann ein paar Sekunden reglos neben ihr, bis sie eine gleichmäßige Bewegung unter der Bettdecke bemerkte. Fasste er sich etwa an? Moira schloss die Lider und stellte sich schlafend, riss die Augen aber gleich darauf erschrocken auf, als McIntyre die Decke anhob und ihr Nachthemd nach oben schob. Mit einem Laut des Abscheus schlug sie seine Hände weg.

»Wagt es nicht!«, fauchte sie in die Dunkelheit. Sie wand sich, strampelte mit den Beinen und versuchte zu verhindern, dass er sich über sie wälzte. In ihrer Verzweiflung schlug sie nach ihm, traf ihn mitten im Gesicht.

McIntyre erstarrte. War sie erlöst? Dann traf ein harter Schlag ihre Wange, ihr Kopf flog auf das Kissen zurück.

»Was bildest du dir ein?« Er bog ihre Arme nach oben, griff nach ihren Handgelenken und umfasste sie mit einer Faust, dann drängte er sich zwischen ihre Beine. Moira hätte sich vor Ekel fast übergeben, Sterne tanzten vor ihren Augen. Ihre Gegenwehr war sinnlos. Jäh erschlaffte ihr Körper. Wenn sie sich nicht wehrte, das wusste sie inzwischen, tat es nicht so weh.

Es tat weh, aber wenigstens dauerte es nicht lange. Nach wenigen Stößen, verbunden mit Schnaufen und einem abschließenden langen Stöhnen, wälzte McIntyre sich wieder auf seine Seite des Bettes. Moira hatte noch immer das Gefühl, würgen zu müssen. Dennoch wartete sie, bis er eingeschlafen war, dann stieg sie aus dem Bett, tastete im Dunkeln nach ihrem Umhang und eilte aus der Schlafstube, hinaus auf die Veranda. Dort lehnte sie sich gegen einen der hölzernen Pfeiler und blickte hinaus in die sternenfunkelnde Nacht. Es war warm, ein leichter Wind spielte mit ihrem Haar.

Sie weinte nicht. Weinen hätte nichts geändert. Und Duncan hatte noch viel Schlimmeres durchmachen müssen. Duncan. Wie eine Klammer legte es sich um ihr Herz. Jetzt schluchzte sie doch auf. Das Kutschenhaus schimmerte hell durch die Dunkelheit. Aber er war nicht mehr dort. Er konnte ihr nicht helfen. Das musste sie schon selbst tun.

Wütend drängte sie die Tränen zurück. Den ganzen Tag schon überlegte sie, wie sie sich und Duncan aus ihrer beider Zwangslage befreien könnte. Schmiedete Pläne und verwarf sie sogleich wieder. Wie konnte sie noch einmal zu ihm gelangen? Ob Wentworth ihr auch dabei helfen würde? Wie konnte sie Duncan befreien? Und wie konnte ihnen die Flucht gelingen? Womöglich mit Fitzgeralds Hilfe? Aber selbst wenn es glückte – wohin sollten sie gehen? Nicht nur für die ersten Tage, sondern für immer? Sicher nicht über die Berge. Zurück nach Irland oder England konnten sie auch nicht – einem zur Deportation verurteilten Sträfling, der unerlaubt zurückkam, drohte die Todesstrafe. Und falls sie scheiterten und man sie wieder einfing, würde Duncan eine weitere harte Bestrafung bevorstehen. Außerdem wusste sie nicht, was McIntyre in diesem Fall tun würde. Das konnte sie nicht riskieren.

Wie sie es auch drehte und wendete, eine erneute Flucht schied aus. Sie hatte nur eine einzige Möglichkeit, eine, die ihrem Wesen vollkommen entgegenlief: Sie musste sich gedulden. Warten, bis Duncan die Ketten wieder los war, und nebenbei Kontakte knüpfen, sich umhören. Womöglich gab es jemanden in der Kolonie, der ihnen helfen konnte. In der Zwischenzeit würde sie sich bemühen, eine gute Ehefrau zu sein. McIntyre in Sicherheit wiegen. Er wollte eine fügsame Frau? Die sollte er bekommen. Auch wenn das bedeutete, ihr Leben und ihr Bett noch länger mit dem alten

Bock teilen zu müssen. Sie tat es für Duncan. Für ihre gemeinsame Zukunft. Daran musste sie immer denken.

*

Reverend Marsdens volltönende Stimme drang sicher bis in die hintersten Reihen der Gemeinde. Bislang war die aus hölzernen Planken errichtete Kirche in Parramatta das einzige Gotteshaus der Kolonie. An der neuen Kirche, aus Stein und dreimal so groß, baute man noch. Solange wurde der Gottesdienst hier abgehalten.

Der Reverend sprach über die Verpflichtung der Gläubigen zur Demut. Der Raum war gut gefüllt; vor sich in der ersten Reihe sah Alistair Major Penrith und dessen Bruder William, dahinter Dr. Wentworth mit seinen Söhnen und weitere honorige Mitglieder der Gemeinde. Auf der anderen Seite, bei den Frauen und Mädchen, saß Moira, starr nach vorne blickend.

Wenigstens hatte sie bewiesen, dass sie ein Kind empfangen konnte. Noch war nicht alles verloren. Noch konnte sie ihm den Sohn schenken, den er sich so sehnlich wünschte, auch wenn er sie vergangene Nacht hatte schlagen müssen, damit sie sich auf ihre Pflichten besann. Heute Morgen dann war sie unerwartet verträglich gewesen. Hatte sie endlich eingesehen, dass es besser war, sich zu fügen? So schnell durfte er ihr nicht trauen. Schließlich, davon war er inzwischen überzeugt, war das alles ihre Schuld gewesen. Hätte sie nicht O'Sullivan verführt, wäre alles noch wie früher. Das würde er ihr nie vergeben können.

Alistair drehte sich um. Hinter den Stuhlreihen drängte sich stehend das einfache Volk sowie etliche Hausangestellte und Stallburschen, denn die papistischen Sträflinge, die nicht in Ketten waren, mussten ebenfalls den Gottesdienst der Kirche von England besuchen. Alistair konnte Ann in der Menge ausmachen und viele andere vage bekannte Gesichter. Der, den er suchte, war nicht dabei.

Er drehte sich wieder nach vorne. In der Nacht hatte er erneut von O'Sullivan – von Duncan, wie er ihn seit der Zeit im Lazarett insgeheim nannte – geträumt. Davon, dem jungen Sträfling seine Hand auf den Ansatz des Kreuzbeins zu legen, tiefer zu gleiten, seine warme Haut, die festen Muskeln zu spüren. Wie er es ein einziges Mal im Lazarett gewagt hatte, als er sicher war, dass ihn niemand beobachtete. Er hatte seine Hand sofort zurückgezogen, als sich der Körper unter seinen Fingern in reflexhafter Abwehr angespannt hatte.

Alistair vermisste seinen Gehilfen. Er hatte jetzt niemanden mehr, an dem er das *oculus introspectans* ausprobieren konnte. Und niemanden, der ihm ein weiteres Gerät herstellen konnte. Um die Pferde und die Kutschen kümmerte sich jetzt ein anderer Sträfling, ein älterer Mann, der seine Arbeit nur lustlos versah. Wer könnte Duncan zumindest als Versuchsperson ersetzen? Ann? Der erste und bisher einzige Versuch mit ihr war ein Reinfall gewesen, und daran würde sich wohl auch in Zukunft nichts ändern. Moira? Ganz sicher nicht. Also irgendein anderer Sträfling. Aber es brauchte Zeit und gegenseitiges Vertrauen, eine geeignete Person zu finden und heranzuziehen. Darum würde er sich jetzt endlich kümmern müssen. Er wusste selbst nicht, wieso er diese Aufgabe schon so lange vor sich herschob. Vielleicht, weil jeder andere nur ein armseliger Ersatz wäre.

Als Alistair nach dem Gottesdienst aus der Kirche trat, war der Platz vor dem Gebäude bereits voller Menschen. Für ihn waren diese Treffen und Gespräche eher Pflicht als Vergnügen, aber er ließ sich sehen, schließlich versammelten sich hier die einflussreichsten Männer der Kolonie. Und seit Duncan fort war, zog es ihn auch nicht mehr so schnell wie früher zurück in sein Studierzimmer.

»McIntyre!« Major Penrith trat zu ihm. »Da seid Ihr ja. Ich muss mit Euch reden. Kommt, lasst uns etwas trinken.«

Alistair nickte zögernd und sah hinüber zu der Gruppe von Frauen, mit denen Moira zusammenstand. Munteres Geplapper und Lachen war zu hören. Der Major folgte seinem Blick.

»William kann Eure Frau nachher mitnehmen nach Toongabbie. Sie wird Euch schon nicht weglaufen.« Er verzog die Lippen zu einem spöttischen Lächeln. »Zumindest nicht sofort.«

»Was wollt Ihr damit sagen?«, fragte Alistair steif.

»Genau darüber wollte ich mit Euch reden. Kommt mit, ins *Freemason's.*«

Zu dieser frühen Stunde war der einfache Gasthof bis auf einen einsamen Zecher, der über seinem Bier eingeschlafen war, leer. »Wie entwickeln sich Eure Forschungen?«, fragte der Major, als sie in einer Ecke Platz genommen hatten und jeder einen Zinnbecher mit Bier vor sich stehen hatte. Alistair hatte den Alkohol ablehnen wollen, aber der Major war über seinen Einwand hinweggegangen, als hätte er ihn nicht gehört.

»Langsam«, antwortete er ausweichend und nippte an dem bitteren Gebräu. Er verspürte wenig Lust, mit dem Major ausgerechnet über die Fehlschläge der vergangenen Zeit zu reden, und lenkte das Gespräch in eine andere Richtung. »Was ist mit Euch? Was macht die Gesundheit?«

Der Major sah ihn aus wachsam zusammengekniffenen Augen an. »Es könnte nicht besser gehen«, sagte er scharf. »Und falls das eine Anspielung auf meine kleine Unpässlichkeit bei Dr. Wentworth sein sollte, dann lasst Euch gesagt sein, dass schon Cäsar und Alexander der Große an der

›Heiligen Krankheit‹ litten. Ich befinde mich also in bester Gesellschaft.« Er nahm einen großen Schluck aus seinem Becher, dann lehnte er sich zurück und streckte die langen Beine aus. »Ich denke darüber nach, den ausgeschriebenen Posten des Lieutenant Governor von Norfolk Island anzunehmen. Das wäre gut für meine Karriere. Was haltet Ihr davon?«

»In der Tat, ein vielversprechender Schritt in Eurer militärischen Laufbahn. War es das, worüber Ihr mit mir reden wolltet?«

Der Major lachte auf. »Seit wann brauche ich Eure Zustimmung zu meinen Plänen? Nein, mir geht es um etwas anderes.« Er warf einen beiläufigen Blick auf seine gepflegten Hände. »Ich habe mich letztens ein wenig mit Eurer kleinen Sträflingsdirne unterhalten. Diesem Mädchen, dieser … Anna oder wie sie heißt.«

»Mit Ann, Sir?« Alistair hatte plötzlich das Gefühl, als würge ihn jemand. Wusste der Major etwa Bescheid?

»So ist es. Ich musste ihr erst ein bisschen gut zureden, aber dann hat sie mir alles erzählt.« Er beugte sich über den groben Holztisch. »Euer Frauchen hat Euch Hörner aufgesetzt, McIntyre. Mit diesem O'Sullivan, diesem dahergelaufenen papistischen Sträfling! Und Ihr wusstet davon. Diese ganze Geschichte von der angeblichen Entführung war nichts als ein Schwindel.«

Alistair überlief es erst heiß, dann kalt, während sich vor seinem inneren Auge ein Bild des Schreckens formte. Sein Ruf, den er sich hier mühsam wieder aufgebaut hatte, war dahin, man würde ihn als lächerliche Gestalt verunglimpfen, ihn verhöhnen … Schnell warf er einen Blick auf den einsamen Gast, der gerade einen lauten Schnarcher ausstieß. »Was wollt Ihr von mir, Major? Mich … erpressen?«

Penrith lächelte schmal. »Aber nicht doch, McIntyre! Ich

will Euch nichts Böses. Im Gegenteil, ich will Euch warnen. Und Euch meine Hilfe anbieten.«

»Eure Hilfe, Sir?« Alistair verstand überhaupt nichts mehr.

»Dann wisst Ihr nicht, dass die beiden sich schon wieder getroffen haben?«

Alistair schluckte noch an seinem ersten Schrecken, als ihn dieser nächste Keulenschlag traf. »Wie bitte?«

»Es ist immer gut, ein paar Spitzel zu haben. Euer Kollege, der gute Dr. Wentworth, scheint mir auf der falschen Seite zu stehen. Allem Anschein nach unterstützt er sogar diese lasterhafte Beziehung. Man hat mir berichtet, Mrs McIntyre und dieser O'Sullivan hätten sich vor wenigen Tagen bei ihm getroffen.«

Alistair durchfuhr ein scharfer Stich der Eifersucht. Die Vorstellung, dass ein anderer Duncan berührte, schmerzte wie ein kranker Zahn. Gleich darauf brandete ohnmächtiger Hass in ihm auf. Wie konnten die beiden es wagen? Ein paar Sekunden lang brachte er kein Wort über die Lippen. Er umklammerte seinen Becher. »Ihr habt einen Spitzel auf O'Sullivan angesetzt?«, fragte er dann, wie vor den Kopf geschlagen.

»Nicht auf ihn. Auf Eure Frau. Seit dieser Bastard wieder in Toongabbie ist. Ich wollte eigentlich dafür sorgen, dass man ihm so bald wie möglich noch einmal das Fell gerbt, aber jetzt ist mir eine bessere Idee gekommen. Der Mann muss verschwinden. Sobald er sich erneut mit Eurem Frauchen trifft«, der Major hob die Arme und legte auf ein imaginäres Ziel an, »Peng! Auf der Flucht erschossen.«

»Nein!«, entfuhr es Alistair, bevor er sich zurückhalten konnte.

»Nein?« Der Major ließ die Arme sinken und sah ihn mit hochgezogenen Augenbrauen an. »McIntyre, allmählich habe ich einen sehr unschönen Verdacht. Für meinen Geschmack hängt Ihr ein bisschen zu sehr an dem Kerl. Wie erklärt Ihr mir das?«

Alistairs Handflächen wurden feucht. »Was?«, lachte er gequält auf. »Er … war mir ein guter Gehilfe, das ist alles«, brachte er mit verkrampftem Kiefer hervor. »Und jetzt, wo er fort ist, gehen auch meine Forschungen nicht mehr so gut voran. Schickt ihn … schickt ihn meinetwegen in ein anderes Straflager, das sollte reichen.«

Genau, das wäre die Lösung! Ein anderes Straflager. Wo Duncan ihm aus den Augen und hoffentlich auch endlich aus dem Sinn wäre. Ihm, und natürlich auch Moira.

»Wie wäre es mit Norfolk Island?«, schlug der Major vor. »Es soll bei den Sträflingen ziemlich gefürchtet sein, heißt es. Und ich könnte dort ein Auge auf diesen Bastard haben.«

Die Teufelsinsel? Kaltes Blut mischte sich unter Alistairs heißen Zorn. Wieso eigentlich nicht? »Wie wollt Ihr das durchsetzen? Dorthin schickt man meines Wissens nur die unverbesserlichen Sträflinge.«

»Das lasst nur meine Sorge sein, McIntyre. Es wäre doch gelacht, wenn sich da nichts finden würde.« Der Major griff nach seinem Bier. »Ich habe auch schon etwas ganz Bestimmtes im Sinn.«

*

»Wie oft wollen sie uns denn noch filzen?«, kam es leise von Samuel. Er stand neben Duncan, sein roter Scheitel berührte fast das strohgedeckte Hüttendach, durch das Wasser tropfte. Seit Duncans Rückkehr ins Straflager war der Hüne sein Bettnachbar. Niemand sonst wollte neben Samuel schlafen, und Duncan störte es nicht.

Es regnete seit Tagen. Was zwar bedeutete, dass ihnen

nicht von morgens bis abends die Sonne auf den Kopf brannte und sie der Durst plagte, aber die ständige Nässe war auch kaum besser. Alles stank nach klammen, verschwitzten Kleidern und Dreck. Seit einigen Tagen droschen sie in der neuerrichteten großen Dreschhütte Berge von goldenen Garben – der Weizen war zum Glück noch vor dem Regen geerntet worden. Es war eine schweißtreibende Arbeit; der aufgewirbelte Staub, die feuchte Hitze und die körperliche Anstrengung erschöpften auch die Stärksten.

Vor wenigen Minuten hatte man sie zurückbeordert, um eine Durchsuchung durchzuführen. Alle siebzehn Sträflinge ihrer Hütte hatten sich hinter ihren Schlafplätzen aufstellen müssen. Wieder einmal. So etwas kam inzwischen fast jede Woche vor. Hauptsächlich suchte man nach versteckten Waffen; die Angst vor einem Aufstand der irischen Gefangenen war noch immer groß.

Auch wenn es eine willkommene Unterbrechung der kräftezehrenden Arbeit war, hatte Duncan ein ungutes Gefühl. Vor allem deswegen, weil neben den Aufsehern und Lagerverwalter Sergeant Penrith heute auch dessen Bruder, der allseits gefürchtete Major Penrith, vor der Hütte wartete. Was tat der Mann hier? Duncan konnte sich nicht helfen – jedes Mal, wenn er den Major sah, gab es Ärger. Großen Ärger.

Die Aufseher begannen, die spärlichen Habseligkeiten der Sträflinge zu durchwühlen und die Decken zurückzuschlagen. Ein paar Töpfe kamen zum Vorschein, Schüsseln, etwas Mehl. Wasserflaschen. Duncan runzelte die Stirn. Hatte er heute Morgen seine Decke genauso zurückgelassen? Irgendwie sah sie anders aus. Als läge etwas seitlich darunter.

Seine Decke wurde zurückgeschlagen. Duncan stockte

der Atem, als ein Teil eines männerfaustgroßen Beutels zum Vorschein kam. Die andere Hälfte lag unter Samuels Decke.

Er starrte den braunen Stoffbeutel an, und eine eisige Hand schien seinen Rücken hinaufzukriechen. Was immer das war, er hatte nichts damit zu tun. Aber das würde man ihm nicht glauben. Auch Samuel keuchte erschrocken auf.

»Major, Sir!«, rief Aufseher Farelly nach draußen. »Wir haben etwas gefunden!«

»Das gehört mir nicht! Das hat mir jemand untergeschoben!«, fuhr Samuel auf. Duncan hielt seinen Arm fest und schüttelte leicht den Kopf. Es nützte niemandem, wenn der Hüne jetzt die Nerven verlor.

Die Penrith-Brüder betraten die Hütte. Der Major rümpfte die Nase über den strengen Geruch, dann fiel sein Blick auf den Beutel. »Die beiden?«, fragte er mit einer Kopfbewegung hin zu Duncan und Samuel.

»Ja, Sir. O'Sullivan und Fitzgerald.«

Der Major sah Duncan an. »O'Sullivan. Schon wieder.«

»Das ist nicht von mir«, brachte Duncan mit Nachdruck hervor.

»Natürlich«, höhnte der Major. »Und wahrscheinlich hast du auch keine Ahnung, wie es dorthin kommen konnte.« Gelächter der Aufseher erscholl. »Schickt die anderen Bastarde raus. Nur die beiden bleiben.«

Stumm sah Duncan zu, wie bis auf Samuel alle Sträflinge zum Ausgang strebten und eilig die Hütte verließen.

»Öffnen!«

Als Aufseher Farelly den Beutel in die Hand nahm, klang es metallisch. Duncan ahnte, was man darin finden würde. Vor Entsetzen zog sich alles in ihm zusammen. Im nächsten Moment griff Farelly in den Beutel und holte ein paar Münzen heraus.

»Es ist Geld, Sir.«

Der Major ergriff eine der Münzen und wog sie in der Hand. »Seht genauer hin, Mann! Das ist Falschgeld, geprägt aus minderwertigem Metall. Man erkennt es am geringeren Gewicht.« Er wies mit seiner Reitgerte auf Duncan. »Wie hast du das gemacht? Aus Löffeln? Gürtelschnallen? Und was hattest du damit vor? Wolltest du dir damit deine Flucht erkaufen? Aufseher bestechen?«

Duncan biss die Zähne zusammen, damit er nichts Unüberlegtes sagte. Am liebsten wäre er auf den Major losgegangen. In diesem Moment wurde ihm klar, dass er sehr wohl hassen konnte.

Der Major schlug sich den Griff der Reitgerte in die Handfläche. »Hast du mir nichts zu sagen?«

»Ich war das nicht«, murmelte Duncan, obwohl er wusste, dass es keinen Sinn hatte, sich zu verteidigen. Er schaute hinüber zu Sergeant Penrith, der ihm schon einmal freundlich gesonnen gewesen war. Aber der Sergeant blickte nur ernst und schüttelte den Kopf.

»Das ist Betrug!«, schrie Samuel auf und wollte sich auf den Major stürzen. »Ich stopfe dir dein scheinheiliges Maul!« Die Hiebe dreier Schlagstöcke ließen ihn zu Boden gehen.

Der Major, der zwei Schritte zurückgewichen war, winkte beiläufig mit der Reitgerte. »Nehmt sie fest. Alle beide.«

*

Regen strömte ohne Unterlass, der Wagen mit dem käfigähnlichen Aufsatz kam auf dem schlammigen Weg nur langsam voran. Duncan spürte geradezu körperlich, wie sich die Räder durch den Matsch quälten. Samuel saß ihm gegenüber, genau wie er mit schweren Ketten um Hände und Füße, schwankend mit den Bewegungen des Wagens. Der Hüne sagte kein Wort und starrte nur dumpf brütend vor sich hin. Seine roten Haare waren triefend nass, Regenwasser lief ihm über das Gesicht. Ein Fußmarsch wäre für alle leichter gewesen, aber offenbar wollte man sichergehen, dass sie keine Gelegenheit zur Flucht nutzen konnten. Das war schon auf dem Weg nach Parramatta so gewesen, und jetzt, beim Rückweg nach Toongabbie, verfuhr man genauso.

Die Verhandlung war eine Farce gewesen, ihre Schuld hatte von vorneherein festgestanden. Als Zeugen waren Aufseher Farelly und die Brüder Penrith erschienen. Alle hatten den Fund des Falschgelds bestätigt. Auch der Doktor war geladen gewesen. McIntyre hatte Duncan nicht in die Augen sehen können, als er dem Richter bestätigte, er könne sich durchaus vorstellen, dass sein ehemaliger Gehilfe sich der Falschmünzerei schuldig gemacht habe. Schließlich habe er schon immer ein Händchen für Metall besessen. Ganz abgesehen davon, dass er vor kurzem seine Frau entführt habe. Mehr hatte es nicht gebraucht, um sie beide zu verurteilen.

Duncan war klar, dass der Major seine Hand im Spiel hatte. Ob es Zufall gewesen war oder Absicht, den Beutel mit Falschgeld zum Teil bei Samuel zu platzieren, würde er wohl nie erfahren. Zumindest konnte man so auf einen Schlag zwei Unruhestifter loswerden.

»Ich gehe nicht nach Norfolk!«, stieß Samuel jetzt hervor.

Duncan hatte ihn noch nie so verzweifelt erlebt. Man hatte sie zwar nicht zum Tode verurteilt, wie es manchen Falschmünzern geschah, aber das Urteil war nicht weniger hart. Zweihundert Peitschenhiebe für jeden von ihnen, anschließend Verbannung nach Norfolk Island. Für den

Rest ihres Lebens. Genau wie Samuel war Duncan jetzt ein Lebenslänglicher.

Moira war nicht im Gericht gewesen. Ob sie überhaupt wusste, was mit ihm geschah? Eine dumpfe, nagende Furcht machte sich in seinen Eingeweiden breit. Oft schon hatte er von den Schikanen und Martern gehört, denen die Sträflinge auf der Teufelsinsel ausgesetzt waren. Und als wäre das nicht genug, würde demnächst auch noch der Major dort das Kommando übernehmen. Der Mann würde ihm das Leben zweifellos zur Hölle machen.

»Jetzt gibt es nur noch einen Weg«, murmelte Samuel auf einmal, so leise, dass es in dem Geräusch des prasselnden Regens fast unterging.

Duncan blickte auf. Jede Bewegung schien bleischwer zu sein, er war entsetzlich müde. »Welchen?«

Samuel verzog das Gesicht zu einem grimmigen Grinsen. »Den allerletzten.«

Duncan sah ihn schweigend an, dann schüttelte er den Kopf. Regen lief ihm in die Augen und in den Nacken. »Ich werde nicht mein ewiges Seelenheil aufgeben, indem ich mich umbringe.«

»Das sollst du auch gar nicht. Es gibt eine andere Möglichkeit.«

In Duncan keimte eine Ahnung. »Sprich weiter«, sagte er langsam.

»Ich bringe dich um. Dann werden sie mich hängen.«

Duncan schluckte schwer. Was Samuel vorschlug, war grausam, aber von bestechender Logik. Nur so konnten sie der Todsünde des Selbstmords, mit der sie ihre unsterblichen Seelen der ewigen Verdammnis aussetzten, entgehen. »Es ist dir wirklich ernst damit?«

»Es ist mir noch nie so ernst gewesen.«

Duncans Blick ging an dem gefesselten Hünen vorbei

durch die Gitterstäbe in den Himmel. Ein bleigrauer Himmel mit tiefhängenden Wolken, aus denen endlos das Wasser strömte. »Denn siehe, ich will eine Sintflut kommen lassen auf Erden.« Noch nie waren ihm die unterschiedlichen Grautöne der Wolken so schön vorgekommen. Oder der regenschwere Busch rechts und links des Weges. Sein Blick kehrte zurück auf die Eisenketten um seine Hand- und Fußgelenke, auf die aufgeschürfte und entzündete Haut darunter. Diese Fesseln würde er wohl nie wieder loswerden.

Sein Leben war vorbei. Er würde Moira nie wiedersehen. Sie nie wieder ansehen, sprechen, sie berühren oder küssen dürfen. Nie wieder ihren Duft einatmen können. Vor ihm lag eine endlose Zeit voller Schrecken, Hunger, Schmerzen und Demütigungen. Ein Leben, schlimmer als der Tod.

Er sah Samuel an. Eine Faust schien sich um sein Herz zu legen. »Wie … würdest du es machen?«

»Ich breche dir das Genick. Es wird ganz schnell gehen. Glaube ich.« Samuel blickte auf seine Hände, er schluckte. »Ich … ich habe noch nie einen Menschen getötet. Aber in diesem Fall würde ich es tun.« Seine Lippen waren vollkommen farblos.

Duncan spürte, wie sich der Druck in seiner Brust löste. »Jetzt gleich?«, fragte er eigenartig ruhig. Es schien ihm, als säße ein anderer an seiner Stelle.

Samuel nickte. Duncan glaubte, Tränen in den Augen des anderen zu sehen. »Ja«, flüsterte er. »Sonst gibt es keine Möglichkeit. In Toongabbie wird man uns trennen, und wir sind bald da.«

Samuels Fesseln klirrten, als er schwerfällig neben ihn rutschte. Duncan konnte ihn riechen, den scharfen Geruch der Angst. Es gab jetzt nur noch sie beide, den Himmel und den Regen. Sein Herz schlug erstaunlich langsam, aber kraftvoll. Als wollte es sich ein letztes Mal von der eigenen Lebenskraft überzeugen.

Samuel hob die gefesselten Hände. Sie zitterten ein wenig, die Kettenglieder schabten leise klirrend aneinander. »Ich bin bereit«, flüsterte er, kaum verständlich durch den rauschenden Regen. »Du auch?«

19.

 Die Teetasse fiel zu Boden und zersprang auf den Dielen in zwei Teile.

»Nach Norfolk Island?« Moira spürte, wie ihr alles Blut aus dem Gesicht wich, das Entsetzen floss eiskalt durch ihre Adern. »Sagt, dass das nicht wahr ist!«

McIntyre stand am Fenster und blickte auf Moira hinunter, die am Tisch saß. »Wieso sollte ich dich anlügen?« Missbilligend musterte er das zerbrochene Teegeschirr und die Lache auf dem Boden. »Ann!«

Das Mädchen hatte wohl hinter der Tür gewartet, so schnell kam es in die Wohnstube.

»Ann, mach das weg. Und dann bring Mrs McIntyre zurück in die Schlafkammer. Sie fühlt sich nicht wohl.«

Wie betäubt sah Moira zu, wie Ann die Scherben einsammelte, die kleine Teepfütze mit einem Lappen aufwischte und alles hinaustrug. Sie schüttelte den Kopf, als Ann zurückkam und neben sie trat. »Es geht mir gut.«

Sie wartete, bis Ann verschwunden war. »Wieso?«, fragte sie schwach. »Was hat er denn getan?«

McIntyre blickte sie nicht an. »Bei ihm und einem anderen wurde Falschgeld gefunden. In Gegenwart mehrerer Zeugen.«

»Falschgeld?« Das Blut rauschte in ihren Ohren. »Wer? Wer hat das Falschgeld gefunden?«

»Ein Aufseher, soweit ich weiß. Und Major Penrith.«

»Major Penrith!« Sie hätte es sich denken können. Mit einem Ruck schob sie ihren Stuhl zurück und stand auf. »Und das glaubt Ihr?«

»Darum geht es nicht. Das Urteil ist gesprochen. Ich kann nichts mehr für ihn tun.«

In Moiras Kopf rasten die Gedanken. Mit Wentworth konnte sie diesmal nicht rechnen, er war für einige Tage verreist. Sie musste sich etwas anderes einfallen lassen. Und wenn sie tatsächlich McIntyre bat …?

»Doch, das könnt Ihr!« Sie trat zu ihm. »Ihr … Ihr müsst zum Gouverneur gehen und um Gnade für Duncan bitten. Ihr wart doch immer zufrieden mit ihm … Bitte, um dieser Zeiten willen – wenn Ihr ein gutes Wort für ihn einlegt, wird der Gouverneur auf Euch hören!«

McIntyre antwortete nicht, sah nur düster vor sich hin.

»Bitte!« Sie war kurz davor, vor ihm auf die Knie zu fallen. Wenn es sein musste, würde sie sogar das tun.

»Bitte, A… Alistair!« Sein Vorname klang unerhört fremd aus ihrem Mund. »Das … das könnt Ihr doch auch nicht wollen! Ich tue alles, was Ihr verlangt, aber bitte – geht zum Gouverneur und fleht um Gnade! Ihr dürft nicht zulassen, dass man Duncan auf die Teufelsinsel schickt!« Und dann tat sie es tatsächlich. Sie sank vor ihm auf die Knie. So sehr hatte sie sich noch nie erniedrigt. »Wenn Ihr ein Herz habt, dann … dann müsst Ihr das verhindern!«

McIntyre stand steif vor ihr, sein Blick war verschlossen. Kurz ballte er die Hände, dann öffnete er sie wieder. »Was sollte mich das Schicksal eines dreckigen Sträflings kümmern?«

Moira starrte ihn fassungslos an, in ihrem Kopf herrschte nur noch Leere. Langsam erhob sie sich. »Dann werde ich selbst gehen!«

»Ich verbiete dir, das Haus zu verlassen!« McIntyre packte sie am Arm.

Sie sah ihm ins Gesicht, in dieses rotfleckige, verhasste Gesicht. »Was wollt Ihr dagegen tun? Mich auch nach Norfolk Island schicken? Lieber wäre ich mit Duncan dort als nur noch eine Minute bei Euch! Ihr seid ... erbärmlich! Ich hasse Euch!«

Bevor er sie schlagen konnte, riss sie sich los und stürmte durch die Tür, vorbei an Ann, die sie mit offenem Mund anstarrte.

»Komm sofort zurück!«, hörte sie ihn rufen, dann war sie draußen.

Sie hätte am liebsten geweint, doch dafür war jetzt keine Zeit. Durch Pfützen und Schlamm rannte sie hinüber ins Kutschenhaus. Der Sträfling, der die Tiere auf die Weide führen sollte, war nirgends zu sehen, die Pferde standen noch immer in ihren Verschlägen. Die Kutsche, die sie und McIntyre nutzen durften, befand sich ebenfalls hier. Aber ohne Hilfe würde es zu lange dauern, das Kutschpferd anzuschirren, ganz zu schweigen davon, dass sie damit bei diesen aufgeweichten Wegen kaum vorankäme. Kurzentschlossen ging sie in den nächsten Verschlag, in dem ein brauner Wallach stand, der ihrem Nachbarn Mr Huntington gehörte. Das Tier kannte sie; einmal hatte sie Duncan zugesehen, wie er den Braunen striegelte. Moira näherte sich dem Pferd mit beruhigenden Lauten, streichelte es und bemühte sich, ihre Aufregung zu unterdrücken. Sie hatte noch nie selbst ein Pferd gesattelt, aber schon oft dabei zugesehen. Mit fliegenden Fingern nahm sie eine Satteldecke und legte sie dem Braunen über. War das, was sie hier tat, schon Diebstahl? Mr Huntington hatte sicher nichts dagegen, wenn sie sich sein Reitpferd kurz auslieh. Sie hatte sowieso keine andere Wahl, wenn sie Duncan retten wollte.

Nervös blickte sie zurück. War McIntyre ihr gefolgt? Nein, es war niemand zu sehen. Als sie einen der Sättel vom Halter nahm, fiel ihr Blick auf die Leiter zum Heuboden. Wie oft hatten Duncan und sie sich dort oben geliebt … Sie unterdrückte das Schluchzen, das in ihr aufsteigen wollte, legte dem Pferd den Sattel über die Decke und zurrte den Gurt fest. Dann führte sie das Tier aus dem Kutschenhaus. Ein Windstoß traf sie und zerrte an ihrem Kleid, der Himmel war ein düsteres Grau.

Sie brauchte zwei Anläufe, bis sie den Steigbügel traf und sich nach oben schwingen konnte; der Herrensitz war ungewohnt für sie. Kurz rutschte sie auf dem Sattel herum, um ihren Rock richtig unter sich zu bringen, dann griff sie den Braunen am Halfter und stieß ihm die Fersen in die Flanke. Regen lief ihr über die Haare und in den Ausschnitt.

»Los«, murmelte sie, mehr zu sich als zu dem Pferd. »Nach Parramatta.«

Dort stand die Sommerresidenz des Gouverneurs. Moira betete darum, dass Mr King sich jetzt dort aufhielt.

Erst als sie bereits den schlammigen Weg entlangpreschte, fiel ihr ein, dass sie überhaupt nicht gefragt hatte, wo Duncan sich jetzt befand.

*

In der Ecke neben einer großen Kiste schimmerte etwas silbrig. Ein Gespinst wie aus feiner Seide, mit einer runden, trichterförmigen Öffnung. Ganz in der Nähe gurgelte der Fluss. Regen prasselte gegen die Bretterwände, Wind ächzte im Gebälk. Der Vorratsschuppen quoll schier über, an den Wänden stapelten sich Rumfässer und Kisten, Taurollen und Säcke mit Getreide. Seit der vergangenen Nacht diente er außerdem als Gefängnis.

Duncan versuchte zum wiederholten Mal, sich in eine etwas angenehmere Position zu setzen, aber es war sinnlos. Er spürte kaum noch seine Hände, die hinter seinem Rücken um einen hölzernen Pfeiler und zusätzlich mit Handschellen an einen daran befestigten eisernen Ring gefesselt waren. Um seine Knöchel schlossen sich nach wie vor die schweren Eisenketten. Samuel hatte man sicher ähnlich gebunden, in dem zweiten Vorratsschuppen, den man erst vor kurzem etwas weiter oberhalb errichtet hatte. Und wenn man sie an diesem Tag endlich losmachen würde, dann nur, um sie zur körperlichen Züchtigung abzuholen. Wieder angebunden an den verhassten Baum. Wieder die barbarischen Schläge. Und dann, blutig und zerschlagen, auf die Teufelsinsel. Für immer.

Die Angst überfiel ihn in Wellen. Brandete auf, türmte sich über ihm zusammen, begrub ihn unter sich und ebbte langsam wieder ab. In diesen Momenten bereute er, dass er Samuels Angebot nicht angenommen hatte. Dann wäre jetzt alles vorbei. Auf der Rückfahrt nach Toongabbie war er für einen Augenblick tatsächlich versucht gewesen, das alles hinter sich zu lassen. Aber dann hatte sich ein unbezwingbarer Überlebenswille Bahn geschlagen. Und so einfach würde er auch jetzt nicht aufgeben. Er hatte nicht so viel ertragen, um sich jetzt feige aus dem Leben zu stehlen. Was hatte Moira gesagt? Es gab eine Lösung. Es gab immer eine Lösung.

Das Warten war das Schlimmste. Das Warten und das Wissen um das, was ihn erwartete. Wahrscheinlich würden sie erst kommen, wenn der Regen aufgehört hatte und die Neunschwänzigen sich nicht mit Wasser vollsaugen würden. Ob der Major auch diesmal wieder anwesend wäre? Nein. Duncan schüttelte den Kopf. Er wollte seine letzten klaren Gedanken vor der Folter nicht an diese Ratte verschwenden. Dazu hatte er später noch genug Zeit. Ein ganzes erbärmliches Leben lang.

»Vater unser«, murmelte er mit Lippen, die sich anfühlten wie taub, »der du …«

Er brach ab. Zum ersten Mal erschienen ihm diese Worte sinnlos, unpassend. Zu klein für sein Elend.

Er bewegte die Finger hinter seinem Rücken, versuchte, Blut in die eingeschlafenen Gliedmaßen zu bringen. Dann legte er den Kopf in den Nacken und betrachtete zum wiederholten Mal den Dachunterbau; einfache Holzplanken, über die man Stroh gedeckt hatte. Hier und da tropfte es. Sein Blick kehrte zurück zu dem Boden aus festgestampftem Lehm.

Neben seinem Fuß saß eine Spinne. Sie war von dunkler, metallisch glänzender Farbe und fast zwei Zoll groß, der Hinterleib und die vier Beinpaare mit kurzen Haaren besetzt.

Duncan fuhr erschrocken zusammen. Als er sein Bein ein wenig anzog, um es aus der Reichweite des kleinen Scheusals zu bewegen, klirrten die schweren Ketten. Sofort richtete die Spinne ihren Vorderkörper auf und reckte die vorderen Beine und ein Paar bedrohlich wirkender Krallen oder Fangzähne nach oben.

Langsam stieß Duncan die Luft aus. Sehr langsam. Keine Bewegung. Er durfte keine Bewegung mehr machen. War Murphy nicht von einer solchen Spinne gebissen worden – und wenige Tage später qualvoll daran gestorben? Schwarz und haarig, hatte Murphy sie beschrieben. Wie viele schwarze haarige Spinnenarten konnte es hier noch geben? Sein Herz raste, er verharrte reglos, wagte kaum zu atmen. Schweiß rann ihm in die Augen.

Endlich senkte das Tier seinen Vorderleib. Duncan schloss für einen Moment die Augen, um die kleine Bestie nicht länger ansehen zu müssen und um seinen Herzschlag zu beruhigen. Als er die Augen wieder öffnete, war die Spinne fort. Erleichtert wollte er sein Bein ausstrecken, als er ein Kitzeln an seinem Knöchel und gleich darauf an seinem Schienbein spürte. Die Spinne! Das Mistvieh war in seinem Hosenbein! Er atmete erschrocken ein, seine Muskeln versteiften sich. Mit aller Beherrschung, die er aufbringen konnte, zwang er sich dazu, ruhig zu bleiben. Er presste die Lippen zusammen und ballte die Fäuste, aber er konnte nicht verhindern, dass es ihn heiß und kalt zugleich überlief. Das Gefühl der Spinnenbeine auf seiner Haut ließ ihn erschaudern, er spürte, wie sich eine Gänsehaut bildete. Ob das die Spinne reizte? Er spürte das Kribbeln verharren, an einer Stelle unterhalb seines Knies, und wagte kaum zu atmen. Dann krabbelte das Tier weiter. Es kitzelte an seiner Kniekehle, dann an der Innenseite seines Oberschenkels.

Heiß. Und kalt. Heiß. Kalt. Duncans Herz hämmerte, er atmete gepresst. Eine einzige unbedachte Bewegung, und die Spinne würde zubeißen. Wie schnell würde das Gift wirken? Das Bild von Murphy kam ihm in den Sinn, wie dieser sich schweißgebadet vor Schmerzen gekrümmt hatte. Es hatte einige Tage gedauert, bis er gestorben war.

Erneut ballte Duncan die hinter seinem Rücken gefesselten Hände und bewegte die Lippen in einem lautlosen Stoßgebet. War es das, was Gott mit ihm vorhatte? Blieb ihm die Teufelsinsel erspart, aber sollte er dafür jämmerlich durch einen Spinnenbiss umkommen?

Der Spinne schien es in seinem Hosenbein zu gefallen. Wollte sie etwa noch weiter krabbeln? Für einen kurzen, angsterfüllten Moment kam es ihm so vor, als wäre das Tier bereits auf dem Weg nach oben. Er atmete keuchend ein, glaubte schon, die Spinne zwischen seinen Beinen zu spüren. Gleich würde sie ihre Giftzähne in seinem empfindlichsten Teil versenken. Alles an ihm zog sich zusammen.

Er erinnerte sich, wie der Doktor in Murphys Fleisch geschnitten hatte, um das Gift ausbluten zu lassen. Würde man dasselbe auch mit ihm machen? Dort?! Er biss die Zähne zusammen und warf den Kopf in den Nacken, um dem Drang zu widerstehen, laut zu schreien. Jeder Laut konnte das Tier reizen.

Er entspannte sich ein wenig, als das Kitzeln wieder nach unten wanderte. Dann hörte es auf. Es fühlte sich an, als hätte die Spinne sich in seiner Hose unterhalb seiner Kniekehle niedergelassen. Lautlos stieß er etwas Luft aus. Wie lange würde er so ausharren können, bewegungslos, fast ohne zu atmen? Und was würde geschehen, wenn die Tür aufging und sie kamen, um ihn zu holen?

*

Schlamm spritzte unter den Pferdehufen, Regen peitschte ihr ins Gesicht. Moira beugte sich tief über den Rücken des Tieres, die nasse Kleidung klebte auf ihrer Haut. So viel Regen kannte sie selbst aus Irland nicht, und dabei war es Sommer. Der Boden konnte das viele Wasser nicht halten, überall erstreckten sich riesige Pfützen.

Der Busch flog an ihr vorbei. Das letzte Mal, als sie so geritten war, schoss es ihr durch den Kopf, hatte sie auch Hilfe geholt. Damals, als Duncan sie vor Oberaufseher Holligan gerettet hatte. Sie duckte sich, um einem tiefhängenden Ast auszuweichen. Schon kamen die ersten Häuser von Parramatta in Sicht. Sie jagte über die ungepflasterte Straße, die von einfachen Hütten gesäumt wurde, weiß mit rotem Dach, die Anhöhe hinauf, dann war sie auch schon am Ziel. Die Sommerresidenz des Gouverneurs, ein schlichtes, zweistö-

ckiges Gebäude, erhob sich auf einem mit Weinstöcken be-
pflanzten Hügel über dem Parramatta River. Mit den zwei
Nebengebäuden bildete es die Form eines unterbrochenen
Hufeisens. Weiter hinten sah Moira einige Rotröcke, die
vor dem Regen Schutz unter dem vorspringenden Dach
eines Lagergebäudes gesucht hatten und sich dort offenbar
die Zeit mit einem Kartenspiel vertrieben.

Vor dem Stallgebäude sprang sie vom Pferd. Bestürzt bemerkte sie ihren wenig standesgemäßen Aufzug; ihr zitro-
nengelbes Kleid troff vor Nässe und war mit vielen kleinen
Schlammspritzern übersät, das Haar haftete klatschnass an
ihrem Gesicht. Ob man sie so überhaupt zum Gouverneur
vorlassen würde?

Der Stallknecht, der ihr das Pferd abnahm, maß sie mit
einem Blick, der zwischen Verwirrung und Mitleid lag. Mit
dem Handtuch, das er ihr reichte, rieb sie ihre Haare ab.
Dann unterzog sie ihre Garderobe einer oberflächlichen
Reinigung und wischte die schlimmsten Spritzer ab. Allerdings änderte das nichts daran, dass ihre Kleidung und
wahrscheinlich auch sie selbst aussah, als hätte man sie aus
dem Fluss gezogen. Andererseits: Wenn sie so derangiert
bei Gouverneur King erschien, würde es den Ernst der
Lage noch unterstreichen. Die Gemahlin des neuen Gouverneurs, Anna King, hatte Moira bereits als eine verständ-
nisvolle und warmherzige Frau kennengelernt. Hoffentlich
war Mr King von ähnlicher Großherzigkeit.

Sie gab dem Stallknecht das Handtuch zurück, strich
über ihre Haare, um sie wenigstens halbwegs zu ordnen,
und klopfte an die Eingangstür. Sie zitterte vor Angst und
Aufregung. Ein Mann in Livree, offenbar der Hausdiener,
öffnete und warf einen abschätzigen Blick auf ihr durch-
nässtes, verschmutztes Kleid.

»Ma'am?«

Moira setzte eine hochmütige Miene auf und bemühte sich, so selbstbewusst wie möglich zu sprechen. »Ich bin Mrs Alistair McIntyre. Die Frau von Dr. McIntyre.« Sie hasste es, diesen Namen gebrauchen zu müssen, aber wenn es der Sache diente ... »Ich möchte zu Gouverneur King.«

Der Hausdiener zog die Brauen zusammen. »Bedaure. Seine Exzellenz ist nicht zu sprechen.«

So einfach ließ sie sich nicht abspeisen. »Bitte, es ist wichtig! Sagt ihm, es ginge um Leben und Tod!«

»Das tut mir leid, Ma'am. Aber Gouverneur King weilt heute nicht in Parramatta.«

»Nicht in Parramatta ...« Moiras Hoffnung sank. »Dann ... ist Mrs King zu sprechen? Sie kennt mich!«

Der Hausdiener zögerte merklich. »Einen Augenblick.« Er schloss die Tür. Moira musste draußen warten. Ein solch anmaßendes Gehabe war sie nicht gewöhnt. Sie schluckte ihre Angst und ihre Ungeduld hinunter und übte sich in Demut. Wahrscheinlich kamen öfter Bittsteller hierher.

Nach einer schieren Ewigkeit kam der Hausdiener zurück. »Ihre Exzellenz Mrs King ist gerade bei der Morgentoilette, aber danach wird sie Euch gern empfangen. Sie bittet Euch, solange im Salon zu warten.« Endlich ließ er Moira eintreten. Ihre Haut prickelte vor Aufregung.

Obwohl es Sommer war, brannte im Kamin des einfachen Salons ein Feuer. Moira stellte sich davor, um ihren durchnässten Rock und die feuchten Schuhe zu trocknen. Die Hitze des Feuers tat ihr gut. Hoffentlich beeilte Mrs King sich mit ihrer Morgentoilette. Aber selbst wenn sie, Moira, den ganzen Tag warten musste – sie würde hier nicht wieder fortgehen. Nicht, bevor Duncan nicht gerettet war.

Sie trat ans Fenster. Es regnete noch immer. Der Parramatta River, der sich am Fuß des Hügels durch die Wiesen wand, war über die Ufer getreten und überschwemmte Teile der Grasflächen. Moira sah Holzplanken auf dem Wasser treiben, Wind bog die Sträucher. Hier oben drohte keine Gefahr, aber in Toongabbie würden einige Menschen wohl nasse Füße bekommen. Und am Hawkesbury River war vermutlich die Maisernte in Gefahr. Aber was ging sie jetzt die Maisernte an? Für sie gab es dringendere Sachen zu klären.

»Mrs McIntyre«, hörte sie dann Anna Kings sanfte Stimme und drehte sich aufatmend um. »Wie schön, dass Ihr mich besucht. Sagt selbst, ist dieser viele Regen nicht schrecklich für die armen Siedler? Mein Mann ist heute Morgen zum Hawkesbury aufgebrochen, weil er – Um Gottes willen, meine Liebe, was ist Euch zugestoßen?« Mrs King eilte auf sie zu, beide Hände ausgestreckt.

Moira ergriff sie. Ihre eigenen Hände waren eiskalt. Die Angst um Duncan, die sie in der vergangenen Stunde versucht hatte zurückzuhalten, drohte jetzt über ihr zusammenzubrechen. »Mrs King, Eure Exzellenz, ich … ich brauche Eure Hilfe«, war alles, was sie hervorbrachte.

*

Duncan hatte die Augen geschlossen und versuchte, so oberflächlich wie möglich zu atmen und sich nicht zu bewegen. Aber lange würde er die ständige leicht angespannte Haltung seiner Muskeln nicht mehr durchhalten.

Er spürte etwas an seinem Bein. An beiden Beinen. Und an seinem Hosenboden. Noch mehr Spinnen? Nein, das war Nässe, was er da fühlte. Er öffnete die Augen.

Wasser drang von einer Ecke aus in den Schuppen und breitete sich auf dem Lehmboden aus. Er spürte erneut das Kribbeln an seinem Schienbein und sah gleich darauf die

Spinne aus seinem Hosenbein krabbeln. Schwarz wie die Nacht saß sie auf seinem Schuh. Würde sie etwa wieder in sein Hosenbein zurückkehren, wenn sie merkte, dass der Boden nass war? Ganz langsam streckte er sein Bein aus. Die Spinne rührte sich nicht. Erst als er mit der Fußspitze die Ecke einer großen Kiste berührte, kletterte sie über seinen Schuh auf die Kiste und verschwand dahinter.

Mit einem tiefen Seufzer schickte er einen Dank zum Himmel und entspannte sich etwas.

Das Wasser stieg. Das war nicht nur der Regen, der noch immer mit unverminderter Wucht niederströmte. Der Toongabbie Creek musste über die Ufer getreten sein; dem gurgelnden Rauschen nach zu schließen, war daraus mittlerweile ein reißender Strom geworden. Die Erbauer dieser Hütte hatten wenig Umsicht bewiesen, als sie den Vorratsschuppen so dicht an den Fluss gebaut hatten.

Er lauschte. Hinter dem Wind, der an dem Schuppen rüttelte, und dem Rauschen des Wassers glaubte er andere Geräusche zu hören. Laute, aufgeregte Stimmen und Schreie. Irgendetwas ging dort draußen vor sich. Ob er um Hilfe rufen sollte? Nein, damit machte er sich nur lächerlich. Und er wollte nicht unnötig die Aufmerksamkeit auf sich ziehen. Je eher sie ihn hier herausholten, umso eher würden sie ihn auch auspeitschen. Dann saß er lieber noch etwas länger im Nassen.

Obwohl der Wasserpegel mit beunruhigender Schnelligkeit stieg.

Das Wasser, das eine trübe, lehmige Färbung angenommen hatte, umspülte seine Beine, erreichte seine Hüfte und seine gefesselten Hände. Erneut horchte er nach draußen. Rufe. Wildes Geschrei. Ein Schuss? Was war dort los? Ein Aufstand?

Etwas stieß seitlich an ihn. Ein großes, offenbar leeres

Rumfass. Jetzt wurde ihm doch etwas mulmig. Das Wasser reichte ihm mittlerweile bis zum Bauchnabel. Weitere leere kleine Fässer und Kisten schwammen wie Treibgut um ihn herum.

Kam denn niemand, um ihn hier herauszuholen? Wer außer den Aufsehern wusste überhaupt, dass er hier eingesperrt war? Er zog an den Handschellen hinter seinem Rücken, doch der am Pfeiler befestigte Ring hielt sie unverrückbar fest. Wenn nicht bald etwas passierte, würde er sich keine Sorgen mehr darüber machen müssen, dass man ihn auspeitschte. Dann wäre er nämlich ertrunken.

Jetzt rief er doch. Schrie um Hilfe. Zerrte wieder und wieder an den Fesseln. Hörte man ihn überhaupt? Die Fesseln bewegten sich keinen Zoll, seine Handgelenke fühlten sich an, als bestünden sie nur noch aus rohem Fleisch.

Das Wasser hatte seine Brust erreicht. Und stieg weiter. Für einen kurzen Moment ging ihm die Ironie dieser Situation auf: Da hatte er Samuels Angebot abgelehnt und war gerade so dem Biss einer Giftspinne entkommen, um jetzt jämmerlich zu ertrinken. In einem Schuppen.

Vielleicht war es gut so. Vielleicht sollte sein Leben so enden.

Nein, es war nicht gut! Er wollte nicht sterben! Nicht, ohne Moira noch einmal gesehen zu haben.

Erneut riss er an den Handschellen, rief, so laut er konnte. Panik drohte in ihm aufzukommen. Er zog die Beine an und versuchte, sich mit aller Kraft vom Boden abzustemmen. Aber er rutschte ab, seine Sohlen fanden keinen Halt auf dem glitschigen Lehmboden, und seine gefesselten Hände hielten ihn unten. Und das Wasser stieg und stieg.

»Duncan?«

Die Verzweiflung ließ ihn schon Stimmen hören. War das eine Vision kurz vor dem Tod?

»Duncan! O Gott, ich ... ich dachte schon, ich wäre zu spät«, schluchzte die Vision und näherte sich ihm langsam.

»Ann?«, fragte er ungläubig.

Zitternd watete sie durch das Wasser, das ihr bis zum Oberschenkel ging, auf ihn zu. »Ich ... ich hab gestern gesehen, wie man dich hier eingesperrt hat.«

Als er sah, dass sie einen großen Schlüsselbund in der Hand hielt, hätte er vor Erleichterung fast laut aufgelacht. Ausgerechnet Ann kam zu seiner Rettung?

»Wie kommst du an die Schlüssel?«

»Von einem Aufseher. Ich ... ich hab sie ihm abgenommen. Ich ... ich glaube, er ist ... tot.«

»Tot?« Offenbar war wirklich einiges passiert. »Ann, du musst die Fesseln öffnen. Komm schon, beeil dich!« Großer Gott, wenn sie sich nicht etwas schneller bewegte, würde er hier doch noch ertrinken!

Ann kniete sich neben ihn ins Wasser, das ihr auf diese Weise bis unter die Brust reichte, ihre Augen schwammen in Tränen. »Es ... es tut mir leid«, stammelte sie. Wovon redete sie? Aber schon sprach sie weiter. »Weißt du – ich ... ich war das, damals, mit dem Schinken. Ich habe ihn ... im Kutschenhaus versteckt.«

Für einen Moment vergaß Duncan die Gefahr. »Du? Wieso?«

»Weil ... weil ... ich hatte Angst. Dass sie mich fortjagen würden, wo dich doch alle viel lieber hatten als mich. Und ... und deswegen«, sie japste nach Luft, »habe ich dich und ... und die Ma'am später auch an den Doktor verraten.«

»Was?« Dieses kleine, hinterlistige –

»Ich ... ich wollte doch nur, dass sie dich wegschicken. Ich wusste doch nicht, dass sie ... dass sie dich so schrecklich schlagen würden! Aber wieso bist du auch mit der

Ma'am weggelaufen?« Sie stieß einen weiteren japsenden Schluchzer aus. »Ich ... ich weiß, dass du böse auf mich bist, aber ... sag ... sag, dass du ... dass du mir verzeihst!«

»Was? Ann, dafür ist jetzt keine Zeit, du musst –«

Sie heulte laut auf. »Ich ... ich will aber nicht in die Hölle kommen!«

Das Wasser schwappte beunruhigend nah unter seinem Kinn.

»Ja!«, stieß er hervor und legte seinen Kopf in den Nacken. »Ja doch, ich verzeihe dir! Und jetzt beeil dich! Schließ die Fesseln auf! Sie sind an einem Ring festgemacht!«

Ein erleichtertes Lächeln ging über Anns tränenfeuchtes Gesicht. Sie hielt ihm den Schlüsselbund hin, den sie die ganze Zeit über Wasser gehalten hatte. Ihre Hand zitterte stark, die Schlüssel klirrten. »Welchen?«

»Was weiß ich? Nimm einfach irgendeinen.«

Sie nickte und rutschte auf Knien zu dem Balken hinter ihm. Er merkte, wie sie seine Arme entlangtastete, hörte sie an seinem Rücken prusten und schnaufen. Großer Gott, warum tauchte sie nicht endlich unter? Die Wasserfläche näherte sich bedrohlich schnell seinen Lippen. Eine Kiste trieb auf ihn zu. Er spürte Anns Finger an seinen Händen, ein Tasten an den Kettengliedern der Handschellen, dann das Gefühl von Metall auf Metall ...

Ann kam wieder in sein Blickfeld. Ihre Haare waren trocken. »Es ... es geht nicht!« Er konnte sie kaum verstehen, so laut weinte sie. »Und der ... der Schlüsselbund ist mir ... runtergefallen.«

»Dann musst du ihn suchen.«

»Das habe ... ich ja!«, stieß sie hervor und erhob sich. »Aber ... aber das Wasser ist so tief. Und ... ich ... ich kann nicht mit dem Kopf unter Wasser.« Sie sah ihn an, die Wimpern nass vor Tränen. »Es ... es tut mir leid. Aber ...

ich … ich will nicht … auch … ertrinken.« Sie drehte sich um und watete heulend dem Ausgang zu.

»Ann! Nein, Ann, bleib …« Er schluckte Wasser, hustete.

Gütiger Gott im Himmel, was tat sie ihm hier an? Erneut zerrte er an den Fesseln, wand seine Handgelenke. Die Finger seiner rechten Hand bekamen etwas Hartes, Metallenes zu fassen, dann entglitt es ihnen wieder. Er öffnete den Mund, um Ann zurückzurufen, aber sofort drang gurgelnd Wasser in seine Kehle.

Es war so weit. Gleich würde er ertrinken. Er keuchte. Legte den Kopf in den Nacken, umso lange wie möglich Luft zu haben. In seinen letzten Sekunden sollte er etwas Schönes … Moira … ihre kristallblauen Augen … o Herrgott, hilf …

Seine linke Hand war frei! Irgendwie hatte er sie aus den Handschellen herauswinden können. Hatte der aufgewirbelte Lehm dabei geholfen? Oder hatte Ann doch eines der Schlösser geöffnet? Ihm blieb keine Zeit, darüber nachzudenken, denn seine Rechte steckte nach wie vor in der Fessel und hielt ihn am Boden.

Er schnappte nach Luft und tauchte unter, drehte sich um die eigene Achse und suchte den Boden des Schuppens nach dem Schlüsselbund ab. Seine eingeschlafenen Glieder sandten stechende Schmerzen durch seinen Körper. In der trüben Brühe sah er nahezu nichts, doch endlich spürte er das Gesuchte unter seinen tastenden Fingern und griff zu. Wertvolle Sekunden verstrichen, bis er einhändig einen Schlüssel herausgesucht und in das Schloss an den Handschellen gesteckt hatte. Er passte nicht. Der zweite Schlüssel. Auch nicht richtig. Allmählich ging ihm die Luft aus. Der dritte. Ebenfalls nichts. Passte denn überhaupt keiner? Am Schlüsselbund befanden sich sechs Schlüssel. Was, wenn keiner von ihnen der Richtige war? Seine Lungen brannten, Sterne tanzten vor seinen Augen, seine Bewegungen wurden fahriger. Endlich! Der fünfte Schlüssel rastete ein, eine Umdrehung, und die Handfessel öffnete sich.

Er richtete sich auf und ließ Luft in seine ausgehungerten Lungen strömen. Streckte die zitternden Glieder. Spürte sein rasendes Herz schlagen und dankte Gott. Dann umklammerte er den Schlüsselbund und watete, unbeholfen wegen der Fußfesseln, an schwimmenden Kisten und Fässern vorbei durch das hüfthohe Wasser ins Freie.

Ihm bot sich ein Bild der Verwüstung. Wind zerrte an Büschen und Bäumen. Der Toongabbie Creek war zu einer schlammbraunen Flut geworden, die Sträucher, Erde und Steine mit sich riss. Die Hälfte der Sträflingshütten auf der anderen Flussseite stand unter Wasser, ebenso einige Häuser der Siedler. Sträflinge schwärmten durch den Ort; offenbar hatten sie die allgemeine Verwirrung genutzt, um sich gegen ihre Wärter aufzulehnen.

Samuel war schnell befreit. Der Boden des zweiten Vorratsschuppens, in dem der Hüne untergebracht war, war aufgrund seiner höheren Lage nur mit einer Handbreit Wasser bedeckt.

Überall rannten Männer und Frauen umher, versuchten, ihr Hab und Gut zu retten, einige von ihnen schrien wie von Sinnen. Hinter einem der Häuser sah Duncan einen Mann liegen. War das der Aufseher, dem Ann die Schlüssel abgenommen hatte? Plötzlich raubte ihm die Sorge um Moira den Atem.

Durch den Regen klang das helle Geräusch von Metall auf Metall. Bei der Schmiedestelle scharte sich eine Ansammlung von Sträflingen um den Amboss. Niemand hinderte sie daran, kein Aufseher war zu sehen. Auch Samuel hatte es bemerkt.

Er lachte mit seinem tiefen Bass. »Endlich werde ich diese

verdammten Fußfesseln los! Komm, alter Freund, auf zur Freiheit!«

Und schon stapfte er durch das hier nur knöcheltiefe Wasser davon.

»Ich komme nach«, rief Duncan ihm hinterher. Die Fesseln konnten warten. Moira! Wo war sie?

Die kleine Brücke über den Fluss war gerade hoch genug, um nicht überflutet zu sein; das Wasser rauschte nur wenige Zoll darunter hinweg. So schnell es die schweren Ketten um seine Füße erlaubten, humpelte Duncan zu den Häusern der Siedler. Dort schwappte das Wasser nur einen Fuß tief, ein paar Holzschüsseln und Schachteln trieben darauf herum. Ob er dem Doktor begegnen würde? Und wenn schon. In diesem Chaos würde McIntyre ihm kaum die Aufseher auf den Hals hetzen.

Vor dem Haus des Doktors stand Ann, klatschnass und zitternd. Sie schrie auf, als Duncan neben ihr auftauchte.

»Du bist … du bist …« Sie wich einen Schritt zurück und schlug hastig das Kreuzzeichen.

»Hör auf, ich bin nicht tot!«

»Nicht?« Sie schien nicht ganz überzeugt.

»Nein. Wo ist Moira?«

Sie starrte ihn an, am ganzen Körper bebend, dann seufzte sie auf. »Ich … ich habe solche Angst!«

»Es wird alles gut. Hörst du, Ann? Wo ist Mrs McIntyre?« Am liebsten hätte er sie geschüttelt. Stattdessen zog er sie zur Seite, um einer Holzschindel auszuweichen, die von einem Dach wehte.

Ann zog die Nase hoch, etwas Leben kehrte in ihre Züge zurück. »Der Doktor und sie … sie haben sich so schrecklich gestritten! Wegen dir! Und … und jetzt ist die Ma'am weg, nach Parramatta! Ich hab gesehen, wie sie weggeritten ist.«

»Zu Dr. Wentworth?«

Ann schüttelte den Kopf. »Zum Gouverneur! Sie ... sie will da um Gnade für dich bitten.«

Moira war seinetwegen zum Gouverneur geritten? Ein warmes Gefühl von Liebe und Dankbarkeit stieg in ihm auf, gefolgt von Erleichterung. In Parramatta war sie in Sicherheit.

Anns Augen waren schreckgeweitet. »Aber jetzt ... jetzt wollen die ... die anderen Sträflinge auch dahin.«

»Zu Moira?«

»Nein, zum Gouverneur«, flüsterte sie. »Sie ... sie wollen ihn als Geisel nehmen!«

20.

Der Pferderücken schaukelte bei jeder Bewegung. Nach rechts. Nach links. Und wieder nach rechts. Alistair hasste das Reiten. Es verwandelte ihn in ein hilfloses Wesen, dem Tier unter sich wehrlos ausgeliefert. Wenigstens hatte der verheerende Regen endlich nachgelassen, aber der Weg war schlammig und mit Pfützen übersät, ein schnelleres Vorankommen kaum möglich. Vor ihm ritt Major Penrith, schneidig anzusehen in seiner roten Uniform mit den goldenen Litzen, dann folgte Alistair und dahinter zwei Soldaten.

Der Tag verlief gänzlich anders als vorgesehen. Weder fand die erneute Auspeitschung von Duncan und diesem anderen Sträfling statt, noch hatte man die beiden nach Norfolk Island geschafft. Stattdessen war Moira weggelaufen, und in Toongabbie war die Hölle losgebrochen. Die vielen Sträflinge, die plötzlich frei und ohne Ketten Läden und Häuser plünderten und die Einrichtungen verwüsteten, hatten ihn zutiefst erschreckt. Zum ersten Mal hatte Alistair um sein Leben gefürchtet.

Er hatte gerade versucht, seine Sachen vor dem steigenden Wasser in Sicherheit zu bringen, als er sich plötzlich mitten in seiner Schlafkammer mehreren zerlumpten Sträflingen gegenübergesehen hatte. Einer von ihnen hielt eine Axt in den Händen. Alistair wich zurück bis zur Wand und stand dann da wie gelähmt, nicht fähig, auch nur ein

Wort herauszubringen. Als die Sträflinge begannen, seine Schränke zu durchwühlen, packte ihn die blanke Angst. Dann hallte ein Schuss durch die Luft, und ein Sträfling brach zusammen. Er fiel mit dem Gesicht nach unten in das trübe Wasser, zuckte einmal und blieb dann bewegungslos liegen. Die anderen rannten in Panik davon. In der Tür stand Major Penrith, Wasser umspülte seine blankgeputzten Stiefel.

Noch nie war Alistair so froh gewesen, den Major zu sehen. Er hätte sich denken können, dass Penrith in Toongabbie weilte, schließlich wollte er es sich sicher nicht nehmen lassen, Duncans erneuter Bestrafung und anschließender Verbannung beizuwohnen.

»Schon gut, McIntyre«, erwiderte der Major gönnerhaft, als Alistair sich stammelnd bedankte, und lud seine Pistole neu. »Ich war sowieso auf dem Weg zu Euch. Und jetzt schnappt Euch ein Pferd, wir reiten nach Parramatta. Möglicherweise werdet Ihr gebraucht.«

»Nach Parramatta?«, hatte Alistair schwach gefragt. »Wieso?«

»Weil die Rebellen unterwegs zum Gouverneur sind, wie ich hörte. Aber diese Faxen werden wir ihnen gründlich austreiben!«

Und hier saß er nun, hin und her geworfen auf einem schwankenden Pferderücken, und umklammerte krampfhaft seine Arzttasche. Gemeinsam mit den Soldaten befand er sich auf dem Weg zur Kaserne von Parramatta, um militärische Verstärkung zu holen. Es könne Verwundete geben, hatte der Major gesagt. Vielleicht auch Tote. Alistairs Magen war ein einziger Knoten. Er war kein Held. Er hatte Angst. Warum konnte man ihn nicht einfach in Ruhe lassen? Und was würde bloß aus seinen Sachen werden, wenn das Wasser weiter stieg?

War Duncan auch bei den Aufrührern? Würde er –

»Wo ist eigentlich Eure Frau?« Der Major lenkte sein Pferd neben Alistairs.

»Ebenfalls in Parramatta, Sir«, würgte Alistair hervor. An Moira hatte er in der vergangenen Stunde überhaupt nicht mehr gedacht.

»Sieh einer an.« Der Major hob eine Augenbraue. »Was tut sie dort? Macht sie etwa gemeinsame Sache mit dem Abschaum?«

Zuzutrauen wäre es ihr, ging es Alistair durch den Kopf. Der Hass, der an diesem Morgen in ihren Augen aufgeblitzt war, als er ihr von Duncans Verbannung erzählt hatte, hatte ihm richtiggehend Angst gemacht. »Sie wollte beim Gouverneur vorsprechen.«

Der Major blickte ihn einen Augenblick lang forschend an. »Für ein Gnadengesuch, nehme ich an?«

Alistair hätte diese Frage am liebsten übergangen, aber das konnte er sich nicht erlauben. Also nickte er nur zögernd. Sein Blick ging über das Dickicht neben dem Weg hin zum Fluss. Der Toongabbie Creek war zu einem reißenden Strom geworden, Büsche, abgerissene Äste, Stühle und sogar Tische trieben im Wasser. Und eine Truhe, auf deren Deckel selbst vom Ufer aus ein Kupferbeschlag zu erkennen war. Ein Schrei blieb ihm in der Kehle stecken. Das war seine Truhe! Seine Truhe mit all seinen Forschungsunterlagen!

Das Herz wollte ihm schier stehenbleiben. Er trieb sein Pferd vor das des Majors. »Major, Sir, bitte wartet!«

Der Major brachte sein Pferd zum Stehen. »Was erlaubt Ihr Euch, McIntyre? Geht sofort aus dem Weg!«

»Bitte, Major, seht doch, dort – meine Truhe, meine Forschungen!« Entsetzt deutete er auf den Fluss. »Ich … wir müssen sie retten!«

»Seid Ihr von Sinnen? Für solche Mätzchen haben wir keine Zeit!«

»Bitte, Sir. Das ist alles, was ich habe! Mein Lebenswerk!«

Der Major sah ihn aus zusammengekniffenen Augen an. »Wenn Ihr nicht augenblicklich den Weg freigebt, McIntyre, ist das Behinderung des Militärs. Dafür kann ich Euch erschießen lassen!«

Alistair schluckte, sein Mund war trocken. Widerstrebend lenkte er sein Pferd zur Seite.

Als sie weiterritten, warf er noch einmal einen Blick auf den Fluss. Die Truhe trieb mit der Strömung davon.

*

»So beruhigt Euch doch, Mrs McIntyre.« Mrs King nahm sich ein Gurkensandwich von der Etagere. Ein Hausmädchen hatte Tee und Brote gebracht, aber Moira war viel zu aufgewühlt, um auch nur einen Bissen hinunterzubekommen. Nachdem sie Mrs King in aller Eile ihr Anliegen vorgebracht hatte, fühlte sie sich plötzlich entsetzlich ermattet, ausgelaugt. Trotz des wärmenden Tuchs, das ihr Anna King hatte bringen lassen, fröstelte sie in ihrer feuchten Kleidung.

»Duncan O'Sullivan«, wiederholte Mrs King nachdenklich. »Irgendwo habe ich diesen Namen schon einmal gehört.« Sie runzelte die Stirn, dann glitt Erkenntnis über ihre schönen Züge. »Hieß so nicht der Sträfling, der Euch entführt hat?«

Moira nickte. Jedes Leugnen war jetzt zwecklos. Und sie hatte weder die Kraft noch die Zeit, sich eine mögliche plausible Erklärung auszudenken.

»Es war keine Entführung«, gab sie stockend zu. Sie

spürte Tränen in ihren Augen aufsteigen. »Er … wir lieben uns.«

Mrs King schien nicht wirklich erstaunt zu sein. In aller Kürze schilderte Moira ihre gemeinsame Flucht und deren Scheitern, Duncans Bestrafung und seine anschließende Verurteilung, die ihn nach Norfolk Island bringen würde. Die Fehlgeburt verschwieg sie; es erschien ihr nicht wichtig. »Ich weiß, dass Ihr es nicht gutheißen könnt, Eure Exzellenz«, schloss sie erschöpft. »Aber … ich bin verzweifelt. Ihr seid meine letzte Hoffnung.«

Mrs King sah sie mitfühlend an. »Nun, gutheißen kann ich es tatsächlich nicht, aber verstehen. Und Euer Vertrauen ehrt mich. Unter diesen Bedingungen, wie Ihr sie mir schildert, kann so mancher der Versuchung erliegen. Glaubt mir, ich weiß, wovon ich rede. Vor unserer Heirat hatte mein Mann eine Liebschaft mit einer Sträflingsfrau. Zwei Söhne sind aus dieser Beziehung hervorgegangen. Ich habe die beiden in mein Herz geschlossen, obwohl sie nicht meine eigenen Kinder sind.«

»Ihr seid eine großherzige Frau.«

Mrs King lachte. »Wohl eher eine vernünftige. Was blieb mir anderes übrig? Die beiden sind jetzt in England und besuchen dort die Schule, genau wie unsere beiden Ältesten. Nur unsere kleine Elizabeth ist mit uns gekommen.«

Sosehr Moira zu anderer Zeit ein Gespräch mit Mrs King geschätzt hätte – jetzt saß sie auf glühenden Kohlen. »Bitte, Eure Exzellenz«, drängte sie, auch wenn eine Dame niemals ihre Ungeduld zeigen sollte. »Könnt Ihr uns helfen?«

»Nun, Falschmünzerei ist eine schwerwiegende Anschuldigung. Und das Urteil ist bereits gesprochen. Ich fürchte, alleine kann ich da wenig ausrichten. Aber ich will gerne meinen –«

Ein Geräusch wie ein Schrei ließ sie innehalten. Dann ertönten Stimmen, Rufe, Füße trampelten über Fliesen, Türen wurden zugeschlagen. Es hörte sich an, als fände im Haus ein Kampf statt.

»Was mag das sein?« Mrs King sprach ruhig, aber sie konnte ihre Besorgnis nicht ganz verhehlen. Sie legte ihr Sandwich zurück auf die Etagere, griff nach dem Klingelzug neben dem Fenster und läutete. Niemand kam. Moira sprang auf und eilte ans Fenster. Wie aus dem Nichts tauchte plötzlich ein Gesicht vor der Scheibe auf. Sie schreckte zurück – und fuhr herum, als im nächsten Moment eine der beiden Türen zum Salon aufgerissen wurde und mehrere zerlumpte Männer hereinstürmten. Mrs King schrie auf.

Moira erfasste die Situation rasch. Es waren abgerissene Gestalten, ausgemergelt und schmutzig, einige mit Heugabeln oder Sicheln in den Händen. Bei manchen sah sie wunde Stellen an den Knöcheln – dort, wo bis vor kurzem wohl Fußfesseln gesessen hatten. Sträflinge! Das hier waren Sträflinge, die ihren Bewachern entkommen waren. Rasch glitt ihr Blick über die Männer. Duncan? Nein, er war nicht dabei. Kein einziger von ihnen war ihr bekannt.

Zu ihrem Erstaunen verspürte sie kaum Angst. In erster Linie erfüllte sie Wut. Wut, dass man sie hier in dieser heiklen Angelegenheit unterbrach.

Einer der Sträflinge, ein Kahlköpfiger mit einer auffallend großen Nase, blickte sich suchend im Salon um. »Wo ist der Gouverneur?«, fragte er barsch und ließ seine Hand über die Schneide einer Sichel gleiten.

Mrs King hatte sich nach dem ersten Schrecken wieder gefangen. Würdevoll erhob sie sich und strich ihr Kleid glatt. Nur ein leichtes Zittern der Hände verriet ihre Anspannung. »Er ist nicht hier. Und jetzt habt bitte die Güte und verlasst das Haus, oder ich lasse Euch hinauswerfen.«

Höhnisches Gelächter war die Antwort. »Es ist aber niemand da, der uns hinauswerfen könnte, mein Täubchen«, gab der Kahlkopf zurück, der augenscheinlich die Rolle des Anführers übernommen hatte. »Und so schnell gehen wir nicht.«

Moira überlegte fieberhaft. Offenbar hatten die rebellischen Sträflinge die wenigen Bediensteten des Gouverneurs überwältigt. Aber wo waren die Soldaten, die sich um die Sicherheit dieses Hauses kümmern sollten? Und gab es keine Aufseher oder Konstabler?

Weitere Sträflinge drängten in den Salon. Manche fläzten sich auf den entlang der Wände aufgestellten Stühlen oder räkelten sich auf der Ottomane. Schmutzige Hände griffen nach den Sandwiches, rissen an den schweren Gardinen, befingerten die Einrichtung. Die Männer hatten sicher seit Monaten kein weibliches Wesen mehr aus der Nähe gesehen. Und hier standen sie zwei Frauen gegenüber. Seit ihrem Erlebnis mit Oberaufseher Holligan wusste Moira, zu was ein Mann in der Lage war. Und hier waren viele Männer.

Sie spürte eine Welle der Panik in sich hochschwemmen und zwang sich, ruhig zu atmen. Unauffällig sah sie sich nach einer Waffe um. Sie würde sich nicht kampflos ihrem Schicksal ergeben. Gab es hier denn nichts, was sie als Waffe verwenden konnte? Nicht einmal ein Brieföffner lag herum, und das Schüreisen des Kamins war zu weit weg.

Der Kahlkopf stellte sich vor Mrs King. »Euer Name?«

Mrs King lehnte sich so weit zurück, wie es eben ging. »Ihr habt mir den Euren noch nicht genannt.« Moira bewunderte den Mut dieser Frau. Oder war sie sich der Gefahr überhaupt nicht bewusst?

Der andere fletschte die gelb verfärbten Zähne zu einem hässlichen Grinsen. »Der geht Euch gar nichts an, mein

Täubchen, aber da Ihr mich so nett danach fragt: Hudson. Ian Hudson.«

Moira holte Luft. Sie durfte keine Angst zeigen. Selbstbewusst auftreten. Sie trat neben Mrs King. »Die Dame ist Ihre Exzellenz Anna Josepha King, die Gemahlin des Gouverneurs von Neusüdwales. Und Ihr tätet besser daran, hier zu verschwinden, bevor die Soldaten und die Konstabler eintreffen!«

Hudson sah sie für einen Moment verblüfft an, dann brach er in lautes Lachen aus. Die anderen fielen ein. »Was haben wir denn da für ein wehrhaftes Weibchen?« Abrupt verstummte sein Lachen. Er wandte sich erneut Mrs King zu. »So, Ihr seid also die Frau des Gouverneurs. Dann sagt mir, Anna Josepha King: Wo ist Euer Mann?«

»Ich weiß es nicht«, gab Mrs King zurück. Eine Ader an ihrem schlanken Hals pochte. Hatte sie vorhin nicht gesagt, ihr Mann sei zum Hawkesbury aufgebrochen? »Er pflegt mir nicht –«

»Lügt mich nicht an!«, brüllte Hudson. Mrs King zuckte zusammen.

»Der Gouverneur ist in Sydney«, behauptete Moira schnell. Den Sträflingen eine falsche Auskunft zu geben war allemal besser als unnützer Heldenmut.

»In Sydney?« Hudson sah sie zweifelnd an.

»Ja«, griff Mrs King Moiras Vorlage auf. »In der George Street. Er … Wir werden dort demnächst ein Waisenhaus eröffnen.«

»Na also«, triumphierte Hudson. »Warum denn nicht gleich?«

Der Schrei eines kleinen Kindes ertönte.

»Elizabeth!« Mrs King fuhr herum und wollte aus dem Raum stürzen.

Hudson hielt sie auf. »Nicht so schnell, mein Täubchen!«

Moira überlegte blitzschnell. Eine der Türen war frei. Eine bessere Gelegenheit würde kein zweites Mal auftauchen. Sie griff nach der abgeräumten Etagere, holte aus und schlug das metallene Gestell dem nächststehenden Sträfling, der sich gerade den letzten Bissen eines Sandwiches in den Mund stopfte, auf den Kopf. Es war kein fester Schlag, aber die Verwirrung reichte aus. Sie rannte die wenigen Schritte zur Tür, drückte die Klinke und stürzte hinaus auf den Flur. Auch hier waren überall Sträflinge, der Weg nach draußen war nicht möglich. Gehetzt blickte sie sich um und sah die ersten Verfolger aus der Tür des Salons stürmen. Sie rannte weiter ins Hausinnere, wo eine Treppe hinauf in den ersten Stock führte. Dort oben sah sie weitere Männer. Ein kleines Mädchen von drei oder vier Jahren, bei dem es sich wahrscheinlich um Elizabeth handelte, hielt sich mit beiden Händen am Treppengeländer fest und schrie. Ein hagerer Sträfling versuchte, ihre Finger vom Geländer zu lösen. Neben ihnen stand ein schluchzendes Kindermädchen, wie erstarrt vor Schreck. Dort hinauf konnte sie also nicht.

Moira wollte sich wieder umdrehen, als sie mit jemandem zusammenprallte. Zwei Arme packten sie und hielten sie fest. Nein! Heißer Schreck jagte durch ihre Adern. Sie wehrte sich, bis sie urplötzlich jede Gegenwehr fahren ließ und vor Freude und Überraschung aufkeuchte. Aber schon legte sich eine Hand über ihren Mund. Der andere Arm zog sie so eng an sich, dass sie sich kaum bewegen konnte.

»Spiel mit!«, hörte sie die geliebte Stimme an ihrem Ohr. »Zu deiner eigenen Sicherheit!«

Jetzt schlug ihr Herz schneller vor lauter Glück. Duncan war hier! Sie war so erleichtert, dass es ihr kaum gelingen wollte, sich wie eine verschüchterte Geisel zu verhalten. Aber er hatte recht; niemand durfte wissen, was zwischen ihnen war. Sie senkte den Blick, um sich nicht zu verraten, und wand sich in schwacher Gegenwehr in seinem Griff. Auch Duncan trug keine Fußfesseln mehr. Mit der rechten Hand umklammerte er ihr Handgelenk, seine Linke lag über ihrem Mund; seine Finger fühlten sich fast wie eine Liebkosung an.

»Ah, du hast sie!« Hudson tauchte neben ihnen auf. »Das kleine Biest wollte abhauen!«

Sie konnte Duncans Körperwärme und seinen raschen Herzschlag spüren. War er gerannt? Seine Kleidung war feucht wie die ihre, seine nassen Haarsträhnen kitzelten sie am Hals. Aus dem Augenwinkel konnte sie sein Handgelenk sehen; es war mit getrocknetem Blut verkrustet. Jetzt drehte er ihren Kopf leicht, bis ihr Blick auf den Hünen fiel, Fitzgerald. War auch er auf ihrer Seite? Neben ihnen hielt Hudson Mrs King fest.

Auch am Fuß der Treppe wimmelte es nun von Sträflingen. Sie hörte Mrs King aufschreien und folgte ihrem Blick. Der Atem stockte ihr: Der hagere Sträfling ließ die kleine Elizabeth kopfüber über das Geländer hängen!

»Lass den Blödsinn, Watkins, dafür haben wir keine Zeit!«, blaffte Hudson ihn an.

Grinsend stellte Watkins das Kind wieder auf die Füße; die Kleine flüchtete sich weinend in die Arme ihres Kindermädchens. Moira wollte etwas sagen, aber Duncans Hand auf ihrem Mund verhinderte jede artikulierte Äußerung. Langsam konnte er wirklich seine Hand fortnehmen! Sie schüttelte den Kopf, und als das nicht half, öffnete sie den Mund und biss kräftig in seinen Zeigefinger. Er schmeckte nach Schweiß, Erde und Blut.

»Au!« Mit einem Schmerzenslaut zog er seine Hand zurück. Moira musste sich für einen Moment das Lachen verkneifen.

Unter den Sträflingen entstand Unruhe, als sich herumsprach, dass der Gouverneur nicht anwesend war.

Hudson ergriff das Wort. »Wie heißt es so schön? Wenn der Berg nicht zum Propheten kommt, muss der Prophet eben zum Berg gehen. Los, Leute, wir gehen nach Sydney. Dann nehmen wir den Gouverneur eben dort als Geisel und zwingen ihn, uns freizulassen und ein Schiff zu geben.«

Die meisten stimmten zu. Nur einige wenige murrten und meinten, sie seien für heute genug gelaufen.

»Was machen wir mit den Frauen?« Ein breitschultriger Mann deutete auf Moira und Mrs King.

»Wir könnten sie mitnehmen. Als Geiseln«, warf ein anderer ein.

»Blödsinn, Frauen machen nur Ärger«, gab Hudson zurück. »Am besten, wir bringen sie um.« Moira erstarrte, als er wie zur Unterstreichung die Sichel hob.

Duncan verstärkte den Druck auf ihr Handgelenk. »Wer hat dich eigentlich zum Anführer bestimmt, Hudson?« Er zog Moira ein Stück zur Seite. »Die Frauen bleiben hier, sie würden uns nur behindern. Wir werden sie irgendwo im Haus einsperren. Wenn ihr sie umbringt, droht uns der Galgen. Deinetwegen riskiere ich doch nicht meinen Hals.«

Beifälliges Gemurmel folgte dieser Aussage. Moira entspannte sich ein wenig.

»Und wer soll auf sie aufpassen? Du vielleicht?« Hudson zog höhnisch die Augenbrauen hoch.

Duncan zögerte glaubhaft. »Wenn es sein muss.«

»Aber vorher amüsieren wir uns ein bisschen mit ihnen!«, sagte einer der Männer.

»Das wirst du nicht wagen!«, polterte Fitzgerald. »Wenn du auch nur eine Hand an die Ladys legst, breche ich dir den Hals!«

»Da haben wir ja zwei echte Gentlemen«, spottete

Hudson unter dem Gelächter der anderen. »Dann würde ich vorschlagen, dass du den Damen ebenfalls Gesellschaft leistest. Wir jedenfalls gehen nach Sydney!«

Mit Gardinenkordel band man den Frauen die Hände auf dem Rücken zusammen, dann stieß man sie die Treppe hinauf und brachte sie in einen kleinen Eckraum im ersten Stock; offenbar das Kinderzimmer, wie Moira nach einem Blick auf das Schaukelpferd feststellte. Zu ihrer großen Erleichterung waren tatsächlich nur Duncan und Fitzgerald zu ihrer Bewachung abgestellt.

Duncan schloss von innen die Tür ab, dann öffnete er die Handfesseln der Frauen.

»Ich bitte darum, diese Unannehmlichkeit zu verzeihen«, sagte er. »Aber es –«

Weiter kam er nicht. Moira umarmte ihn so heftig, dass er fast umfiel. Ihr Verhalten war nicht nur unschicklich, sondern völlig unmöglich, aber das kümmerte sie nicht. Endlich war sie wieder mit Duncan zusammen. Die wilde Mischung aus Freude, Erleichterung und dem puren Glück, ihn unversehrt zu wissen und wieder mit ihm vereint zu sein, ließ ein Gefühl durch ihren Körper strömen, als wollten ihre Gelenke schmelzen. Am liebsten hätte sie ihn nie wieder losgelassen. Doch viel zu schnell löste er sich wieder von ihr. Aus dem Nebenraum waren das Klirren von Porzellan und Gejohle zu hören. Moira hatte gehofft, dass die anderen Sträflinge allesamt in Richtung Sydney aufgebrochen waren. Aber offenbar waren genug zurückgeblieben, die die Räume plünderten. Und wer wusste, was ihnen sonst noch einfallen würde.

Das Kindermädchen, eine junge Frau, wahrscheinlich ebenfalls ein Sträfling, saß verschüchtert auf dem Bett und drückte die kleine Elizabeth an sich.

»Hab keine Angst, Mary«, sagte Mrs King zu ihr. »Diese

beiden … Herren sind gute Männer. Sie werden uns nichts tun.« Sie blickte auf. »Nicht wahr, Mr O'Sullivan?«

»Ihr kennt meinen Namen?«

»Ich kann eins und eins zusammenzählen.« Sie lächelte, aber es war ein angespanntes Lächeln.

»Ich habe ihr alles erzählt«, erklärte Moira hastig. »Ich hatte gehofft, sie würde dir helfen können.«

»Und Euch kenne ich sogar persönlich«, wandte sich Mrs King an den Hünen. »Samuel Fitzgerald, nicht wahr? Mein Namensgedächtnis ist recht gut.«

Der große Mann wurde tatsächlich rot. »Das ist richtig, Ma'am.« Er deutete eine Verbeugung an. »Ihr wart sehr gut zu mir. Vor einiger Zeit habt Ihr dafür gesorgt, dass ich nicht nach Norfolk Island musste. Und das werde ich auch diesmal nicht!« Er ballte die Fäuste und blickte aus dem Fenster, wo die Gruppe der Sträflinge zu sehen war, die den Hügel hinab über die überschwemmten Grasflächen nach Osten, in Richtung Sydney, marschierte.

»Wieso seid Ihr nicht mit den anderen gegangen?«, fragte Mrs King.

Fitzgerald drehte sich um. Seine Röte ähnelte inzwischen seiner Haarfarbe. »Ich … Euretwegen. Ich musste doch auf Euch aufpassen.«

Mrs King sah ihn lächelnd an. »Das war sehr freundlich von Euch.« Ein Schlag von einer Faust an der Tür ließ sie zusammenzucken.

»Macht auf!«, grölte jemand. »Wir wollen auch unseren Spaß mit den Weibern!«

»Meine Herren«, sagte Mrs King leise, nun sichtbar besorgt. »Ich bitte nicht für mich. Aber denkt an meine kleine Tochter Elizabeth. Ich weiß nicht, wie lange diese Tür Eure Leute davon abhalten wird, hier einzudringen. Und ich …«

Sie sah kurz zu Duncan, der ihr offenbar vertrauenswürdig

erschien. »Ich gebe Euch mein Wort, dass ich Eure Geisel bleibe und nicht versuche zu fliehen, wenn Ihr mein Kind rettet.«

Fitzgerald kaute auf seiner Lippe. »Ich denke nicht, dass –«

»Doch«, unterbrach Duncan ihn, dann wandte er sich an Mrs King. »Ihr gebt mir Euer Wort?«

Sie nickte.

»Steh auf«, sagte Duncan zum Kindermädchen, das sich gehorsam erhob. »Du heißt Mary?«

Sie nickte stumm. Duncan erklärte seinen Plan, und endlich kam Leben in Mary. Sie öffnete einen Schrank und nahm drei Bettlaken heraus, die sie rasch zu einem festen Seil verknotete.

»Wir spielen ein Spiel.« Moira hatte sich zu der kleinen Elizabeth gebeugt, die das eigenartige Treiben stumm und mit großen Augen beobachtete. »Wenn du ganz leise bist, darfst du gleich huckepack reiten.«

Sie banden Mary das Kind auf den Rücken, dann öffnete Fitzgerald das Fenster und schob das Bett darunter. Duncan knotete das Bettlakenseil an das schwere eiserne Bettgestell, das stabil genug aussah, um Marys Gewicht zu tragen, und ließ es aus dem Fenster hängen.

»Bringt euch in Sicherheit«, schärfte Mrs King dem Kindermädchen ein. »Lauf zum Gasthaus von Mr Knebworth!«

Mit Duncans Hilfe kletterte Mary auf die Fensterbank. Einen Augenblick schreckte sie vor der Höhe zurück, dann presste sie die Lippen zusammen und ließ sich an dem Seil hinab. Sobald sie und Elizabeth sicher unten angekommen waren, zog Duncan das Seil wieder nach oben. Mary rannte mit der Kleinen auf dem Rücken den Hügel hinab und verschwand zwischen den Weinstöcken. Keiner der

Sträflinge, die die andere Richtung eingeschlagen hatten, bemerkte sie.

Als Mrs King sich wieder zu ihnen umdrehte, standen Tränen in ihren Augen. »Ich danke Euch. Das werde ich Euch nicht vergessen.«

Duncan sah sie an. »Ist der Gouverneur wirklich in Sydney?«

Mrs King warf Moira einen raschen Blick zu, dann schüttelte sie den Kopf.

Fitzgerald blieb der Mund offen stehen. »Er ... ist gar nicht in Sydney? Aber ... dann werden wir gar nicht freigelassen?«

Mrs King atmete tief ein. »Nein, Mr Fitzgerald«, sagte sie langsam. »Ich fürchte, das werdet Ihr nicht. Eure Leute haben keine Chance.«

»Das sind nicht unsere Leute«, widersprach Duncan. »Männer, die unschuldige Kinder –«

Ein Knall ließ sie zusammenfahren.

»Wir müssen hier weg!«, drängte Moira. »Sicher werden bald die Soldaten des New South Wales Corps hier auftauchen, und dann –«

»Sie sind schon da«, murmelte Duncan.

»Was?«

Dann hörte auch sie es. Das Geräusch mehrerer abgefeuerter Musketen. Schmerzensschreie. Füße trampelten über eine Treppe. Ein schwerer Gegenstand – ein Körper? – polterte über die Stufen. Moiras Herz krampfte sich vor Angst zusammen. Angst um Duncan.

»Wir sitzen hier wie die Maus in der Falle!« Fitzgerald blickte wild um sich, als suche er nach einer Waffe. »Aber noch einmal kriegen sie mich nicht. Eher lasse ich mich erschießen!« Er lief zum Fenster. »Hier hinten ist noch alles frei. Los, Duncan, komm!«

»Er hat recht«, sagte nun auch Mrs King. »Ihr müsst fliehen! Schnell, solange das Haus noch nicht vollständig umstellt ist!«

Der Kampf schien sich auf die Hausvorderseite und den Eingangsbereich zu konzentrieren. Aber jeden Moment konnten sie auch an der Rückseite des Hauses sein. Fitzgerald ließ die verknoteten Bettlaken erneut aus dem Fenster und kletterte daran hinaus. Das Bettgestell bog sich unter seinem Gewicht.

Duncan zog den Schlüssel, mit dem er das Zimmer abgeschlossen hatte, aus der Tasche und gab ihn Moira. »Nimm ihn.«

»Was soll das?« Dann begriff sie. »O nein, ich bleibe nicht hier! Ich lasse dich nicht schon wieder –«

Sein Kuss, leidenschaftlich, aber viel zu kurz, verschloss ihr den Mund. Dann löste er sich von ihr.

»Ich komme mit!«, beharrte Moira. Sie machte sich bereit, als Nächste hinauszuklettern. Doch bevor sie ihren Rock raffen konnte, hatte Duncan sich schon auf die Fensterbank geschwungen. Zu spät erkannte sie, dass er das Seil vom Bettgeländer gelöst hatte. Sie stürzte kniend auf das Bett und konnte gerade noch sehen, wie er geschmeidig wie eine Katze auf dem Rasen hinter dem Haus landete.

Fast hätte sie geschrien. Auch wenn Duncan sie nur schützen wollte – er hatte sie ausgetrickst! Fassungslos blickte sie auf ihn hinunter.

»Warte hier auf mich«, rief er gedämpft zu ihr hinauf, dann zog Mrs King sie vom Fenster zurück.

21.

Duncan presste sich an die Hauswand, das zusammengedrehte Bettlaken lag neben ihm auf der Erde. Noch war keiner der Rotröcke zu sehen, aber er hörte Schüsse und Rufe. Direkt vor ihm lag eine Wiese. Bis Samuel und er zwischen den Bäumen verschwinden konnten, mussten sie eine Strecke von über hundert Schritt überbrücken, in freiem Gelände. Wie auf dem Präsentierteller. Links dagegen, an der Schmalseite des Hauses, erstreckten sich nach wenigen Schritten dichtes Unterholz und Bäume. Er gab Samuel, der näher an der Hausecke stand, ein Zeichen. Langsam wagte sich der Hüne vor. Duncan erstarrte; ein Soldat schob sich um die Ecke, das Gewehr mit dem aufgepflanzten Bajonett im Anschlag. Im nächsten Moment hatte Samuel sich auf den Mann gestürzt. Der Soldat schrie auf, fand aber keine Zeit mehr, seine Waffe abzufeuern. Duncan hörte es knacken, dann sank der Mann reglos zu Boden.

»Bist du verletzt?«, flüsterte er.

Samuel schüttelte den Kopf. Vorsichtig blickte Duncan an Samuel vorbei um die Hausecke. Alles war frei, der Soldat war alleine gewesen. Es war ein junger Mann, kaum älter als er selbst, der jetzt vor ihnen im Gras lag. Sein Kopf war verdreht wie eine vom Stängel abgeknickte Blüte.

Samuel starrte auf seine Pranken. »Ich habe ihn umgebracht«, murmelte er. Er war fast so weiß wie die Hauswand.

385

Duncan sah sich um. Dort, unter den Eukalyptusbäumen hinter den Büschen, bewegte sich etwas. Stand dort tatsächlich jemand und winkte ihnen? Er erkannte den blonden Haarschopf. Ja, das war – July! Er nickte ihr zu und zog den Hünen mit sich.

*

Sie hätte nicht herkommen dürfen. Die lauten Geräusche, das Knallen und der Rauch machten ihr Angst. Auch der Dingo an ihrer Seite zitterte und hatte den Schwanz unter seinen Körper geklemmt. Aber es hatte sie mit unwiderstehlicher Macht hergezogen. Auch wenn dort die Männer von Major waren und schlimme Dinge taten. Aber dort war auch Dan-Kin. Und er war in Gefahr, das spürte sie.

Sobald Ningali merkte, dass Dan-Kin und der Riese sie gesehen hatten, drehte sie sich um und lief zurück. Ein Weg führte in den Wald, von Gestrüpp und niedrigem Gehölz befreit und mit Sand belegt. Ein Weg der Weißen. Keiner der Pfade ihres Volkes.

Sie blieb stehen, drehte sich um und wartete, bis die beiden Männer zu ihr aufgeschlossen hatten. Aus dem großen Gebäude sah sie drei weitere Personen, die ganz ähnlich angezogen waren wie Dan-Kin und der Riese, in die andere Richtung laufen. Ein lauter Knall ertönte, dann brach einer der drei zusammen. Die anderen rannten weiter, hinein in den Wald.

Männer in Rot und Weiß hatten den Toten, den der Riese umgebracht hatte, entdeckt und scharten sich um die Leiche. Dann deutete einer auf den Weg, genau in Ningalis Richtung, und rief etwas. Ein paar setzten ihnen nach. Ningali begann zu traben, ein leichter, müheloser Lauf, den sie lange Zeit durchhalten konnte. Dan-Kin und der Riese taten es ihr nach.

Ihre Verfolger näherten sich. Ningali hörte das Geräusch der vielen Füße und blieb so abrupt stehen, dass der Riese fast gegen sie geprallt wäre.

»Was …«, keuchte er.

Sie legte den Finger auf die Lippen, zog Dan-Kin und den Riesen ins dichte Unterholz und bedeutete ihnen, sich zu ducken und den Kopf zu senken. Mehr konnte sie nicht von ihnen verlangen. Natürlich war es ihnen nicht möglich, wie die *Eora* geradezu mit der Umgebung zu verschmelzen.

Es dauerte nur wenige Atemzüge, bis die Rot-Weißen auf dem Weg erschienen, unüberhörbar durch ihr Schnaufen und den gleichmäßigen Klang ihrer bekleideten Füße auf dem Waldboden. Kein *Eora* würde je so laufen; wie konnten sie da spüren, wo sie hintraten? Und jeder hatte eine dieser Waffen bei sich, die so schrecklich laut sein konnten.

Sie hielt den Atem an. Auch die beiden Männer neben ihr verhielten sich still. Der Körper des Dingos an ihrer Seite vibrierte, seine Nackenhaare sträubten sich. Ein leises Knurren entwich seiner Kehle, er hatte drohend die Lefzen hochgezogen. Der hinterste ihrer Verfolger blieb stehen. Erneut knurrte der Dingo. Ningali spürte ihr Herz schlagen und legte dem Tier vorsichtig die Hand auf den Nacken. Dan-Kin hatte den Kopf gehoben, seine Miene war angespannt. Der Verfolger stand unschlüssig, lauschte in den atmenden, lebendigen Wald. Dann hob er die Schultern und rannte den Vorauseilenden hinterher. Ningali atmete lautlos auf.

Als die Gefahr vorüber war, drehte sie sich zu Dan-Kin und lächelte ihn an. Seine Miene entspannte sich, dann richtete er sich auf und sagte etwas zu ihr, das sie nicht verstand. Nur den Namen, den Mo-Ra ihr gegeben hatte, erkannte sie. July.

Sie sah ihn ernst an. »Nin-ga-li«, sagte sie langsam. Sie streckte die Hand aus und legte sie ihm auf die Brust. »Dan-

Kin.« Für einen Moment konnte sie Erstaunen in seinen Zügen aufblitzen sehen. Glaubte er denn, sie wisse noch immer nicht, wie er hieß? Dann tippte sie sich mit der Hand auf ihre eigene Brust.»Ningali.«

Er hatte verstanden.»Ningali.« Er zeigte auf den Riesen. »Samuel.«

Dieser Sa-Mu mit den Haaren in der Farbe von frischem Blut war Ningali nicht ganz geheuer. So groß und stark, wie er war, erinnerte er sie an ein Tier. Sie würde darauf achten, ihm nicht zu nahe zu kommen. Aber er war ein Freund von Dan-Kin, also war es gut.

Sie deutete nach vorne, in den dichten Wald, und richtete ihren Blick auf Dan-Kin.»Komm«, forderte sie ihn auf. Genau wie vor so vielen Tagen, als sie schon einmal versucht hatte, ihn zu den Ihren zu bringen.

Er sah sie nachdenklich an, dann nickte er. Ningalis Herz jubelte. Diesmal würde er mit ihr gehen.

*

Die feuchte Schwüle hatte seine durchnässte Kleidung schon fast getrocknet. Jetzt knurrte sein Magen. Das war nach all der Aufregung dieses Tages ein Zeichen von solcher Normalität, dass Duncan grinsen musste. Überall im regenfeuchten Busch knackte, raschelte, lärmte es; fremde Geräusche einer fremden Welt. Über ihnen stieg laut kreischend ein Schwarm weißgefiederter Vögel auf. Es tropfte von den Sträuchern und den hohen Bäumen, von deren Stämmen die Rinde in langen Streifen hing, durch die schwere Luft wehte der Duft von feuchtem Gras, Erde und Eukalyptus. Inzwischen war es sicher später Nachmittag. Allerdings ließen die dichten Baumkronen kaum einen Blick zum Himmel zu.

Der Waldboden war weich und schwammig vom Regen. Duncan achtete darauf, wohin er trat, schließlich wollte er nicht noch einmal einem gefährlichen Tier begegnen. Er genoss das Gefühl, wieder normal laufen zu können und nicht mehr die schweren Ketten an den Füßen zu haben, die jeden Schritt zu einer Qual gemacht hatten.

Sie sprachen nicht. Samuel, der hinter ihm lief, war in sich gekehrt, als hinge er den Ereignissen der vergangenen Stunden nach. Und das Mädchen redete ohnehin fast nie. Sie verfolgte offenbar ein Ziel, auch wenn Duncan den Eindruck hatte, als würde sie weite Umwege laufen. Dennoch bezweifelte er nicht einen Moment, dass man ihr vertrauen konnte. Führte sie sie zu ihrem Stamm?

Ningali hieß sie also. Es fiel Duncan schwer, den Namen July aus seinem Kopf zu streichen, so sehr hatte er sich an den Namen gewöhnt, den Moira ihr gegeben hatte. Wie lautlos sie die Füße setzte, wie anmutig sie sich neben dem Dingo in dieser Wildnis bewegte. Die blonden Haare bildeten einen auffälligen Kontrast zu ihrer braunen Haut, ihr schmaler, nur mit einem Lendentuch bekleideter Körper schien wie selbstverständlich in diese Umgebung zu gehören. Kein Wunder, dass man sie kaum wahrnehmen konnte, wenn sie sich nicht bewegte. Sein Respekt vor den Fähigkeiten der Eingeborenen stieg, bei denen selbst ein Kind in der Lage war, einen Trupp Rotröcke zu überlisten.

Seine Gedanken gingen zurück zu Moira. Wahrscheinlich war sie noch in der Residenz des Gouverneurs und musste irgendeinem Verantwortlichen Rede und Antwort stehen. Aber sie war in Sicherheit. Die Erinnerung an ihre Umarmung, ihre jähe Freude bei ihrem Wiedersehen ließ eine warme Woge durch seine Adern schießen.

Wäre er den anderen auch nach Parramatta gefolgt, wenn es ihm nicht um Moira gegangen wäre? Hätte er diese Chance auf Freiheit wirklich verspielt und damit riskiert, doch noch ausgepeitscht und auf die Teufelsinsel gebracht zu werden, ohne den Versuch zu machen, diesem Schicksal zu entkommen? Das alles schien so weit weg zu sein, dabei lag es erst wenige Stunden zurück. Was wurde wohl aus den anderen geflohenen Sträflingen? Wer nach Sydney marschiert war, würde bald wieder gefasst werden. So hatte es zumindest Mrs King dargestellt, und er hatte keinen Grund, diese Aussage anzuzweifeln. Und die anderen? Schon in Toongabbie hatten sich einige in den Busch geschlagen. Auch diese Flüchtigen würden nicht weit kommen. Nicht ohne Hilfe oder einen Plan. Nicht, dass sie selbst einen Plan gehabt hätten. Nachdem Samuel den Soldaten getötet hatte, konnten sie nicht mehr mit Milde rechnen. Aber für den Moment war er zufrieden, hinter dem Mädchen herzulaufen und abzuwarten, was der Tag ihm noch brachte.

Als hätte Ningali gespürt, dass er sie beobachtete, blieb sie stehen und drehte sich zu ihm um. Ein Lächeln huschte über ihr dunkles Gesicht, als sie nach oben in die Krone eines mächtigen Eukalyptusbaums deutete. Zuerst erkannte Duncan nichts außer vielen lanzenförmigen Blättern in verschiedenen Grüntönen, aber dann sah er dort oben, an der Gabelung zweier Äste, ein Tier sitzen, das sich an einen Ast klammerte und zu schlafen schien. Es ähnelte einem kleinen grauen Bären mit einer schwarzen Knopfnase und weißen Fellbüscheln an den Ohren.

»*Koa-La*«, flüsterte Ningali.

Samuel trat neben ihn und legte den Kopf in den Nacken. »Kann man das essen? Denn wenn ich nicht bald was zu beißen kriege, hole ich das kleine Vieh da vom Baum und esse es roh!«

Ningali schien zumindest die Bedeutung dieser Worte

verstanden zu haben, denn sie lachte lautlos, wies nach vorne und ging weiter.

Es roch nach gebratenem Fleisch. Zuerst dachte Duncan, seine Sinne spielten ihm einen Streich, aber schnell verstärkte sich der Geruch. Das war keine Einbildung.

»Hol mich doch –«, Samuel fuhr zurück, als wie aus dem Nichts ein sehniger, hochgewachsener Eingeborener vor ihnen stand, auf einen Speer gestützt. Er sprach nicht, neigte nur wortlos den schwarzen Krauskopf und bedeutete ihnen, ihm zu folgen.

Die Bäume lichteten sich. Vor ihnen erhoben sich einige einfache Behausungen, aus Ästen und Rinde gefertigt. In einem Feuer briet ein Tier direkt auf dem Holz. Mehrere nackte, dunkelhäutige Kinder rannten ihnen entgegen und umringten sie. Einige hatten dasselbe goldblonde Haar wie Ningali, doch alle wiesen eine dunklere Hautfarbe auf als sie. Dahinter kamen die Erwachsenen, Männer und Frauen. Eine von ihnen, eine ältere Frau mit kurzgeschorenen Haaren, trat zu ihnen, sprach ein paar unverständliche Worte und legte Ningali die Hand auf den Kopf, als wollte sie sie segnen. Duncan senkte den Blick, um ihr nicht auf die schweren, hängenden Brüste zu starren. Dass auch die erwachsenen Frauen bis auf eine Schnur um die Hüften unbekleidet waren, irritierte ihn.

Er ließ zu, dass die Schwarzen seine Kleidung anfassten, über seine Haare strichen und über seine Haut rieben. Fast wie damals auf dem Schiff, nach ihrer Ankunft im Hafen von Sydney, ging ihm durch den Kopf. Fehlte nur, dass sie seine Zähne prüften. Ein Blick zur Seite zeigte ihm, dass Samuel mit seiner Körpergröße und dem roten Haarschopf noch größeres Augenmerk auf sich zog. Mit leicht geöffnetem Mund stand der Hüne da und schien dieses Interesse an seiner Person zu genießen.

Der Duft nach Gebratenem, der über der Lichtung hing, ließ Duncans Magen erneut vernehmlich knurren. Die alte Frau öffnete den Mund zu einem zahnlosen Lachen, dann stimmten auch die anderen ein.

Jemand trug eine mit Wasser gefüllte Schale herbei, die sie sich durstig teilten, dann drängte man sie zum Feuer, nötigte sie auf ausgelegten Zweigen zum Sitzen und brachte ihnen zu essen. Das gebratene Tier ähnelte dem seltsamen Dachs, den Duncan vergeblich in den Bergen zu fangen versucht hatte. Das Fleisch war durchaus schmackhaft, wenn auch etwas zäh und hier und da fast roh. Wie lange hatte er kein Fleisch mehr gegessen? Es gab noch andere Gerichte: gegarte Wurzeln, eine Art Fladenbrot sowie ein paar große weiße Maden. Duncan konnte sich nicht überwinden, sie zu essen, von seinen Gastgebern wurden sie aber mit offensichtlichem Genuss verspeist.

»Nette Menschen«, schmatzte Samuel neben ihm mit vollem Mund und biss schon wieder in ein Stück Fleisch. »So freundlich hat mich lange niemand mehr empfangen. Obwohl ich keine Ahnung habe, was ich hier esse.«

Duncan drehte sich zu Ningali, die die ganze Zeit nicht von seiner Seite gewichen war, und deutete auf die Überreste des Tieres. »Was ist das?«

Sie lächelte und sagte etwas, das wie »Wom-Back« klang.

Die Abenddämmerung legte sich rubinrot über das kleine Lager mit den Rindenhütten, das Feuer warf zuckende Schatten in die Bäume. Duncan schien es, als kämen immer weitere Eingeborene, um sie zu begutachten.

»Wie heißt euer Stamm?«, wollte er von Ningali wissen. Ob sie ihn verstand?

»Es heißt Clan, nicht Stamm«, erklang in diesem Moment eine tiefe Stimme auf Englisch hinter ihm.

Duncan zuckte zusammen und drehte sich um, heißer

Schreck durchfuhr ihn. Waren ihnen die Rotröcke bis hierher gefolgt? Aber schon war Ningali aufgesprungen und zu dem Neuankömmling gelaufen. Auch Duncan richtete sich auf.

Es war kein englischer Soldat, der da gesprochen hatte. Der Oberkörper des Mannes war in ein struppiges Fell, wahrscheinlich das eines Kängurus, gehüllt. Ein dichter grauer Bart bedeckte den größten Teil seines Gesichts, die langen grauen Haare waren zu einem Zopf zusammengebunden.

»Bei meinen Eiern!«, entfuhr es Samuel, der neben Duncan auf die Füße kam. »Ihr seid ein Weißer!«

Ningali schmiegte sich an den Graubärtigen. War das etwa ihr Vater? Das würde zumindest ihre hellere Hautfarbe erklären.

»Was macht ein Weißer an diesem Ort?«, fragte Samuel. »Unter Wilden?«

»Sie sind keine Wilden«, gab der Mann zurück. »Sie gehören zum Clan der *Eora*, und sie leben hier, seit ihre Ahnen das Land geschaffen haben. Die Weißen haben ihnen nur Krankheit und Tod gebracht.« Er klang, als sei es lange her, dass er Englisch gesprochen hatte. Dennoch war der irische Akzent unüberhörbar.

»Hört sich an, als wärt Ihr einer von ihnen«, sagte Samuel.

»Das bin ich. Seit vielen Jahren. Hier nennt man mich Bun-Boe.« Der Graubärtige strich dem Mädchen über den Kopf. »Und das ist meine Tochter Ningali. Hat sie Euch hierhergeführt? Dann seid willkommen.«

Samuel wischte sich den Mund ab, rülpste zufrieden und streckte ihm seine riesige Pranke hin. »Fitzgerald. Samuel Fitzgerald. Und das ist – he, was ist los mit dir, Mann?«

Duncan konnte nicht anders, als diesen Bun-Boe anzustarren. Eine ganze Kaskade von Empfindungen rauschte durch ihn hindurch. Die Stimme! Er kannte diese Stimme! Sie berührte etwas tief in seinem Inneren. Etwas, das viele Jahre zurücklag. Konnte es sein, dass … Nein, das war unmöglich. Völlig unmöglich.

»Ihr kommt aus Irland?«, fragte er mühsam.

Bun-Boe nickte.

»Woher genau?«

Der Ältere kniff die Augen unter den buschigen Brauen zusammen. »Aus der Gegend von Waterford. Wieso wollt Ihr das wissen?«

»Kein Grund, uns zu misstrauen«, mischte sich Samuel ein. »Ihr seid ein geflohener Sträfling, nehme ich an. Das sind wir ebenfalls.«

Duncan spürte sein Herz laut schlagen, er kam sich vor wie in einem Traum. Er musste mehr wissen, mehr erfahren …

»Ich kannte jemanden aus Waterford«, sagte er langsam, während er den Graubärtigen genau beobachtete. »Ihr Name war Eileen Kelly. Das schönste Mädchen der ganzen Grafschaft.«

Bun-Boe zuckte zusammen. »So habe ich sie immer genannt!« Er blickte Duncan argwöhnisch an. »Ihr seid viel zu jung, um sie gekannt zu haben. Wer seid Ihr? Was wollt Ihr von mir?«

»Sie hat einen Jungen zur Welt gebracht«, fuhr Duncan leise fort, ohne auf die Frage einzugehen. »Im Dezember Fünfundsiebzig.«

»Wer in Gottes Namen seid Ihr?« Bun-Boes Stimme klang plötzlich heiser. »Was habt Ihr mit Eileen zu tun? Lasst die Toten in Frieden ruhen!«

Duncan blickte ihn schweigend an, das Herz trommelte in seiner Brust. »Sie war meine Mutter«, sagte er kaum hörbar.

Trotz des flimmernden Feuerscheins sah er, wie dem Älteren jede Farbe aus dem Gesicht wich. »O mein Gott. Duncan?«

»Moment mal«, unterbrach ihn Samuel und schaute vom einen zum anderen. »Was hat das zu bedeuten? Ihr kennt euch?«

Duncan nickte langsam, ohne den Blick von dem Mann zu nehmen. »Das ist Joseph O'Sullivan. Mein Vater.«

*

»Mrs McIntyre, ich frage Euch zum letzten Mal: Wo sind dieser O'Sullivan und sein Spießgeselle?« Major Penrith beugte sich vor, legte die Fingerspitzen zusammen und sah Moira mit seinen wässrig-kalten Augen durchdringend an.

»Und ich sage Euch zum letzten Mal, dass ich es nicht weiß«, erwiderte Moira. Das Licht der Kerze, die auf dem wuchtigen Schreibtisch im Kontor des Gouverneurs stand, spiegelte sich im Fenster. Nicht einmal einen Stuhl hatte man ihr angeboten, so dass sie stehen musste wie ein Dienstbote. Normalerweise pflegte an diesem Schreibtisch wohl der Gouverneur seine Briefe zu schreiben und sonstige Angelegenheiten zu regeln. An diesem Abend allerdings hatte sich Major Penrith dahinter niedergelassen. Ob der Gouverneur diese Eigenmächtigkeiten gutheißen würde?, ging es Moira durch den Kopf. Sie versuchte, sich ihre Unsicherheit nicht anmerken zu lassen.

Der Major hatte das Haus und die Nebengebäude durchsuchen lassen. Bis auf zwei Sträflinge, die man versteckt in einem Schuppen gefunden hatte, waren alle Rebellen geflohen oder erschossen worden. Danach war eine Abteilung Soldaten in Richtung Sydney geschickt worden, um die rebellischen Sträflinge wieder einzufangen, eine andere befand sich auf dem Weg zum Hawkesbury, um den Gouverneur über die Vorfälle zu informieren. Im Haus selbst dürften sich jetzt, wie Moira vermutete, nur noch wenige Rotröcke aufhalten.

» Mrs McIntyre, Ihr tätet gut daran, die Wahrheit zu bekennen. « Der Major lehnte sich selbstgefällig wieder zurück und streckte die langen Beine in den blankgeputzten Stiefeln aus. » Ihr macht Euch strafbar, wenn Ihr etwas verschweigt. «

Moira blickte ihn verächtlich an und blieb stumm. Wenn wenigstens Mrs King bei ihr gewesen wäre. Aber der Major hatte Moira alleine sprechen wollen. Oder fast alleine. Was Moira am meisten überrascht hatte, war nicht die Tatsache, dass der Major hier aufgetaucht war – damit war zu rechnen gewesen –, sondern dass er McIntyre mitgebracht hatte. Der alte Bock hatte noch kein Wort mit ihr geredet. Auch jetzt saß er stumm auf einem Stuhl in der Ecke des Zimmers. Er sah aus, als sei ihm übel.

» Falls Ihr Euch fragt, was mir so wichtig an diesem O'Sullivan ist «, der Major bedachte sie mit einem anzüglichen Blick. » Lasst mich zusammenfassen: Bisher wurden ihm Falschmünzerei, Flucht und Entführung vorgeworfen. Ach nein, es war ja gar keine Entführung. Dann also Ehebruch. « Ein schmales Lächeln erschien auf seinem englischen Aristokratengesicht. » Ihr seid überrascht, Mrs McIntyre? Ja, ich weiß Bescheid über Eure geheime Liebelei. «

Siedend heiß schoss es durch ihre Adern. Sie warf einen raschen Blick auf ihren Mann, der auf seinem Stuhl saß wie ein Häuflein Elend. Ob er den Major eingeweiht hatte? Sein Schweigen legte das nahe. Aber dann verwarf sie es wieder; zu sehr war McIntyre stets darauf bedacht gewesen, dass nichts von dieser delikaten Angelegenheit an die Öffentlichkeit drang. Insofern musste es eine große Demütigung für ihn darstellen, dass ausgerechnet der Major über diese Sache informiert war. Für einen winzigen Moment blitzte so etwas wie Mitleid in ihr auf. Dann verschwand es wieder. McIntyre hatte Duncans Verbannung nach Norfolk Island nicht verhindern wollen. Er verdiente kein Mitleid.

»Ihr wäret gut beraten«, fuhr der Major fort, »Euch beizeiten etwas weniger kratzbürstig zu gebärden. Vielleicht ist Euer Mann dann so gnädig und vergisst diese ganze unschöne Geschichte. Sobald man O'Sullivan gefasst hat, wird er nämlich am Galgen baumeln.«

»Am Galgen?« Moiras Stimme überschlug sich fast, jähe Angst schnürte ihr die Kehle zu. Erneut blickte sie zu McIntyre, dessen Kehlkopf sich bewegte, als würde er krampfhaft schlucken. »Kein Sträfling wird gehängt, nur weil er geflohen ist. Das rechtfertigt keine –«

»Nein, natürlich nicht nur deswegen«, gab der Major zurück. Er wirkte ausgesprochen zufrieden. »Hatte ich das nicht erwähnt? Nun, dann wird Euch betrüben zu hören, dass mit dem heutigen Tag noch ein paar gravierende Anschuldigungen hinzugekommen sind. Rebellion, erneute Flucht sowie Mord.«

Moiras Herz schien für einen Schlag auszusetzen. »Mord?«

»So ist es. Er hat auf der Flucht einen Soldaten getötet. Dafür wird man ihn aufknüpfen und so lange hängen lassen, bis sein Körper verrottet ist.«

Eine eiskalte Hand schien ihre Kehle zusammenzudrücken. »Das glaube ich nicht. Das … das würde er niemals tun.« Der Major wollte ihr nur Angst machen. Duncan hatte niemanden getötet. Und sie würden ihn auch nicht hinrichten.

»Da wäre ich mir nicht so sicher. Diese irischen Verbrecher sind zu allem fähig. Sie haben keine Ehre und keine Moral.« Der Major legte die Hände zusammen. »Ich kann es gar nicht erwarten, diesen Bastard baumeln zu sehen.«

»Der Einzige, der hier keine Ehre hat, seid Ihr«, gab Moira mit so viel Verachtung zurück, wie sie aufbringen konnte, obwohl sie ihn am liebsten angeschrien hätte. »Wenn es so etwas wie göttliche Gerechtigkeit gibt, dann werdet Ihr dereinst in der Hölle schmoren.«

»Moira, du wirst auf der Stelle ruhig sein!« Zum ersten Mal mischte sich McIntyre in das Gespräch ein.

»Nein, nein, McIntyre, lasst sie nur!«, winkte der Major ab. »Ich finde es höchst amüsant, was sie zu sagen hat.« Er wischte einen Fussel von seiner Uniformjacke. »Was findet Ihr eigentlich an diesem O'Sullivan, dass er Euch dermaßen den Kopf verdreht?«

Für einen Augenblick hatte Moira den Eindruck, als würde der Major bei dieser Frage nicht sie, sondern ihren Mann ansehen. McIntyre schwitzte, feine Schweißtröpfchen standen auf seiner Oberlippe. Er holte ein Taschentuch aus seiner Westentasche und fuhr sich damit über das Gesicht. War er krank?

»Nun, so kommen wir nicht weiter«, sagte der Major. »Ich schlage vor, Ihr zieht Euch zurück. Vielleicht vermag die Nachtruhe Euer Gedächtnis aufzufrischen.« Er rief den Soldaten, der vor der Tür stand, herein. »Bringt Mrs McIntyre nach oben ins Gästezimmer. Ihr, McIntyre, bleibt, mit Euch habe ich noch zu reden.«

Moira blieb noch einen Augenblick stehen. »Bin ich Eure Gefangene?«

»Aber nicht doch, Mrs McIntyre. Ihr könnt Euch frei bewegen. Und falls Euch noch etwas einfallen sollte, dann zögert nicht, mich aufzusuchen.«

Sie zog es vor, nicht darauf zu antworten, drückte den

Rücken durch und folgte dem Soldaten die Treppe hinauf in den ersten Stock.

*

Duncans Kopf war vollständig leer. Was hatte er da gesagt? Dieser Mann konnte nicht sein Vater sein. Sein Vater war tot. Man hatte ihn vor über dreizehn Jahren wegen Pferdediebstahls hingerichtet. Er musste träumen. Das alles passierte gar nicht wirklich. Sicher würde er gleich aufwachen und sich gefesselt im Vorratsschuppen wiederfinden.

»O Gott, Duncan – bist du es wirklich?« Der andere – sein Vater? – schloss ihn in die Arme. Duncans Körper versteifte sich in unwillkürlicher Abwehr. »Das ... das ist ja einfach unglaublich! Der Herrgott und alle Heiligen seien gepriesen! Du weißt ja gar nicht, wie sehr ich dich vermisst habe! Ich ... ich dachte, ich würde dich nie wiedersehen!«

Duncan atmete schwer und ballte die Fäuste, bis sich seine Fingernägel schmerzhaft in seine Handflächen bohrten. Das fehlte noch, dass er hier in Tränen ausbrach. Fast grob befreite er sich aus der Umarmung. Sein Blick fiel auf Ningali, die sie schweigend und nahezu bewegungslos beobachtete. Nur ihre Augen glitten von einem zum anderen, verfolgten aufmerksam jede Bewegung. Verstand sie, was hier vor sich ging?

»Ich fass es nicht!« Samuels Schlag traf Duncans Schulter. »Das ist dein alter Herr? Freut mich, freut mich sogar sehr, Mr O'Sullivan.« Er schüttelte dem Älteren erneut die Hand. »Mensch, Duncan, wenn das keine göttliche Fügung ist, dann will ich Protestant werden. Hast du nicht gesagt, dein Vater sei tot?«

Duncan nickte wie betäubt. Er verstand überhaupt nichts mehr. Urplötzlich fühlte er sich wieder wie der kleine Junge, dem der Kerkermeister gesagt hatte, dass man seinen Vater

399

gehängt habe. Oder waren dessen Worte weniger deutlich gewesen? Möglicherweise hatte er auch nur gesagt: »Den haben sie vorhin abgeholt, um ihn aufzuhängen.« So genau konnte Duncan sich nicht mehr daran erinnern. Er wusste nur noch, dass ab diesem Zeitpunkt seine Kindheit zu Ende gewesen war.

»Wieso?«, murmelte er. »Wieso bist du am Leben? Wieso bist du hier?«

Joseph O'Sullivan wischte sich ein paar Tränen aus dem Gesicht, einige glitzerten noch in seinem Bart. »Das hat Zeit. Lass uns doch erst einmal feiern!«

»Nein«, sagte Duncan. »Du wirst es mir jetzt erklären!«

»Duncan, sei nicht so unfreundlich«, mischte Samuel sich erneut ein. »Und was ist denn gegen ein bisschen Feiern einzuwenden?«

Duncan schüttelte den Kopf. »*Er* wusste, dass ich lebe. Ich wusste nichts von ihm.«

Samuel hob die Schultern. »Tu, was du für richtig hältst. Ich werde jedenfalls sehen, dass ich noch etwas zu essen bekomme.« Er nickte Ningali zu. »Komm, Mädchen, lassen wir die beiden allein.«

»Ich konnte entkommen«, begann Joseph O'Sullivan, genannt Bun-Boe, nachdem er sich neben Duncan am Feuer niedergelassen hatte. Allmählich sprach er sicherer. Als würde er sich nach und nach wieder an seine Muttersprache erinnern.

»Sie haben mich und zwei andere durch die Gassen zum Galgen geführt. Einer der anderen ist auf dem Weg zusammengebrochen und fing an zu flennen. Sie mussten ihn mit Gewalt wieder auf die Beine stellen und mit sich ziehen. Da bin ich losgerannt. Irgendwie kam ich zum Hafen und versteckte mich im Laderaum des erstbesten Schiffes. Es fuhr nach England.«

Duncan blickte auf, als jemand zu singen begann. Ein fremdartiger, gleichförmiger Gesang, erst aus einer einzelnen Kehle, dann fielen mehrere Frauen mit ein. Weiter hinten konnte er Samuel sehen, der sich über sein nächstes Stück Fleisch hermachte.

»Warum hast du dich nicht bei mir gemeldet?«, wandte er sich wieder an Bun-Boe. Joseph. Duncan würde ihn mit diesem Namen anreden. Ihn Vater zu nennen, brachte er nicht fertig. Noch nicht. »Ich dachte, du wärst tot!«

»Wie hätte ich das denn tun sollen? Ich kann weder lesen noch schreiben, und du auch nicht.«

Doch, wollte Duncan widersprechen. Vater Mahoney hat es mir beigebracht. Aber er schwieg. Das war jetzt nicht wichtig.

»Ich war auf der Flucht«, fuhr Joseph fort. »Niemand durfte wissen, wo ich bin. Es war besser, wenn alle glaubten, ich sei tot. Haben sich unsere Leute denn nicht um dich gekümmert?«

»Sie sind weitergezogen. Als man mich endlich freiließ, waren sie nicht mehr da«, gab Duncan düster zurück. Wahrscheinlich hatte man die Tinker vertrieben, wie schon so oft. Es war die härteste Zeit seines jungen Lebens gewesen. Noch heute erinnerte er sich an die vielen Nächte, die er schwach vor Hunger in Hauseingängen und alten Schuppen verbracht hatte. An die Angst, nie wieder ein Heim zu finden und ganz allein sterben zu müssen.

»O Gott, Junge, das tut mir so leid. Natürlich wollte ich zurückkommen und dich holen. Du warst doch alles, was ich hatte.« Erneut strich Joseph sich mit dem Handrücken über die Augen.

Ein neuer Ton mischte sich in den Gesang, die Frauen schlugen jetzt flache Stöcke aufeinander. Die Männer hatten sich in einer Reihe aufgestellt und begannen einen eigenartigen Tanz. Ruckartige Bewegungen, stampfende Füße, ähnlich wie die Tritte eines Tiers, zum Teil mit erhobenem Speer, als würden sie einem imaginären Feind drohen. Zwei Männer hatten sich dichtes Blätterwerk an die Knöchel gebunden, bei jedem ihrer stampfenden Tritte raschelte es. Dazu der monotone Singsang der Frauen, kehlig, fremd und von hypnotischer Schönheit.

»Wovon singen sie?«, fragte Duncan.

»Von der Zeit, als ihre Ahnen das Land schufen«, gab Joseph andächtig zurück. »Von der roten Erde und der Herkunft des Feuers.«

Der flackernde Feuerschein huschte über die dunklen Gesichter und Körper. Noch immer war sich Duncan nicht sicher, ob er nicht doch träumte. All das – die tanzenden *Eora*, der Gesang, sein Vater – schien mehr einem wirren Fiebertraum entsprungen zu sein als der Wirklichkeit.

Josephs Stimme riss ihn zurück. »Ich habe mich bis nach London durchgeschlagen«, sprach er weiter. »Aber dort ging es mir nicht besser als in Irland. Ich habe versucht, über die Runden zu kommen, aber ich hatte kein Geld und nichts zu essen. Ich musste stehlen, um zu überleben. Und dann haben sie mich ein zweites Mal geschnappt. Und wieder verurteilt, diesmal zu lebenslänglicher Deportation nach Neuholland, wo eine neue Strafkolonie errichtet werden sollte. Ich war schon unter Deck, kaum dass ich wusste, wie mir geschah. Acht Monate später trafen wir mit elf Schiffen in diesem Land ein. Mit siebenhundert Sträflingen haben wir aus dem Nichts angefangen. Oh, es waren harte Zeiten! Nur Hunger und Arbeit, und für jedes kleine Vergehen gab es die Peitsche.« Er verzog das Gesicht zu einem vagen Grinsen. »Ich bin nicht lange geblieben. Nach ein paar Wochen konnte ich meinen Bewachern entkommen. Ich landete bei diesen freundlichen Menschen hier und nahm mir eine von ihnen zur Frau. Sie bekam ein Kind, aber dann kam die Seuche. Viele starben. Auch sie.«

Duncan sah erneut zu den Tänzern. Der monotone Gesang der Frauen und der Tanz der Männer verschmolzen zu einer einzigen Wahrnehmung. Sein Blick fiel auf Ningali, die bei den Frauen saß und wie diese rhythmisch zwei flache Stöcke aufeinander schlug. In diesem Moment wandte sie ihm ihr Gesicht zu, und ihre kindlichen Züge erstrahlten in einem Lächeln.

»Ningali«, murmelte er, als sich schlagartig die Erkenntnis in ihm formte. »Deswegen! Sie ist … meine Schwester!«

Joseph nickte. »Deine Halbschwester. Was meinst du mit ›deswegen‹?«

Duncan war leicht schwindelig, als hätte er zu viel getrunken. »Sie war immer in meiner Nähe. Sie hat mir geholfen. Mehrmals.« So rasch wie möglich berichtete er von seinen Begegnungen mit dem Mädchen. »Woher wusste sie es? Wie konnte sie wissen, dass wir … dass wir Geschwister sind?« Geschwister. Welch ungewohntes Wort für ihn, der nie einen Bruder oder eine Schwester gehabt hatte.

Joseph schüttelte nachdenklich den Kopf. »Ich denke nicht, dass sie es wusste. Sie wird es gespürt haben. Sie hat eine ganz besondere Gabe. Nach ihrer Initiation wird sie zur Schamanin ausgebildet werden. Wie ihre Großmutter.«

Der Abend ging über in die Nacht. Ein blauschwarzer Himmel breitete sich über ihnen aus, die ersten Sterne glänzten über den Baumwipfeln. Nachdem der Gesang der *Eora* verstummt war und die Tänzer zur Ruhe gekommen waren, durchdrang eine neue Stimme die nächtliche Stille. Eine klangvolle, dunkle Stimme. Samuel sang, dasselbe irische Liebeslied, das Duncan schon einmal von ihm gehört hatte und das von Heimweh und verlorener Liebe erzählte. Mit plötzlicher, schmerzhafter Heftigkeit wünschte er, Moira könnte hier bei ihm sein. Er sehnte sich nach ihr, nach ihrem Lachen, ihrer Berührung. Und während die Nacht voranschritt und sich die *Eora* allmählich in die Hütten zurückzogen oder zum Schlafen um das Feuer legten, begann auch Duncan zu reden. Von seinem Leben in Irland, von seiner Verurteilung und von seinem Leben als Sträfling. Und von Moira.

Nachdem Duncan geendet hatte, saß Joseph für eine Weile stumm neben ihm und blickte in das flackernde Feuer.

»Ich habe eine Idee«, sagte er dann.

22.

Moira schlug die Augen auf und gähnte. Ein Sonnenstrahl fing sich in dem roten Baldachin über ihrem Kopf, rote Bettwäsche umgab sie. Dann kam ihr der gestrige Tag wieder ins Gedächtnis, und hastig setzte sie sich auf. Sie war in einem Zimmer in der Residenz des Gouverneurs, trug nur ihr Unterkleid, und der Helligkeit nach zu schließen, musste es bereits später Vormittag sein.

Ein bohrender Schmerz saß in ihrer Schläfe. Sie hatte nicht erwartet, überhaupt schlafen zu können. Stundenlang hatte sie sich hin- und hergewälzt und über die dramatischen Ereignisse des vergangenen Tages nachgedacht. Erst am frühen Morgen war sie in einen unruhigen Schlaf gefallen.

Ihr erster Gedanke galt Duncan. War ihm und Fitzgerald tatsächlich die Flucht geglückt? Oder war er längst gefasst und man hielt ihn irgendwo gefangen? Und – hatte er wirklich jemanden getötet, wie es der Major behauptete? Sie drängte die Tränen zurück. Wenn sie jetzt anfing zu weinen, würden Angst und Sorge überhandnehmen. Das durfte sie nicht zulassen.

Entschlossen schlug sie die schwere Decke zurück und stieg über eine kleine, dreistufige Fußbank aus dem hohen Bett, das breit genug war für zwei Personen. Sie benutzte den Nachttopf, dann goss sie Wasser in die Waschschüssel, wusch sich, fuhr sich kurz durch die Haare und kleidete sich an. Ihr gelbes Kleid hatte durch den gestrigen Regen gelitten und war nun reichlich zerknittert. Anschließend rückte sie die Kommode beiseite, die sie am Abend vor die Tür geschoben hatte, um unliebsame Besucher auszusperren, entriegelte die Tür und ging hinunter.

Kaum etwas wies darauf hin, dass sich im Haus am Vortag eine Horde rebellischer Sträflinge ausgetobt hatte. Scherben und zerstörte Möbel waren weggeräumt, Tische und Stühle standen wieder an ihrem Platz, und im Treppenhaus waren zwei Diener dabei, das Geländer abzustauben.

Zu ihrer Erleichterung war im Frühstückszimmer außer einem Hausmädchen nur noch Mrs King anwesend, die sie herzlich begrüßte. »Ihr seht blass aus, Mrs McIntyre. Konntet Ihr ein wenig schlafen?«

Moira murmelte eine höfliche Erwiderung, entschuldigte sich, dass sie so spät kam, und setzte sich, während das Hausmädchen ein neues Gedeck auflegte und ihre Teetasse füllte.

»Der Gouverneur wird jeden Moment hier eintreffen.« Mrs King schien ihr Frühstück bereits beendet zu haben und ließ sich nun noch eine weitere Tasse Tee eingießen. In ihrem cremefarbenen Kleid und den hochgesteckten dunklen Haaren wirkte sie wie das blühende Leben. Niemand sah ihr an, welchen Schrecken sie gestern überstanden hatte.

Moira ließ sich ein paar Eier und Toast auftischen und aß ohne großen Appetit. Das Angebot an Speisen war mit Räucherfisch, Spiegeleiern, Brot, Marmelade, Porridge und gebratenem Speck üppiger, als sie es nach dem gestrigen Tag erwartet hätte. Sollte sie Mrs King darauf ansprechen, was Duncan inzwischen alles vorgeworfen wurde? Während sie noch an dieser Frage brütete, waren von draußen Stimmen und Pferdewiehern zu hören. Eilige Schritte durchquerten den Flur. Mrs King betupfte sich die Mundwinkel mit einer Serviette.

»Bitte, Mrs McIntyre, entschuldigt mich. Ich glaube, mein Gatte ist da.« Sie erhob sich, raffte ihren Rock und eilte aus dem Zimmer.

Moira hatte keinen Hunger mehr. Sie schob ihren halbvollen Teller zurück, stand ebenfalls auf und trat ans Fenster. Das Regenwetter hatte einem strahlend blauen Himmel Platz gemacht, Pfützen trockneten in der Sonne. Eine kleine Versammlung hatte sich auf dem Platz neben dem Haus eingefunden, um den Gouverneur zu begrüßen. Moira erkannte Major Penrith, weitere Soldaten und McIntyre sowie etliche Hausangestellte. Gerade eilte der Pferdeknecht herbei, der ihr am Vortag den Braunen abgenommen und sie mit einem Handtuch versorgt hatte. Als sie sah, wie liebevoll sich die Eheleute King umarmten, durchzuckte es sie wie ein scharfer Stich. Gleichzeitig wuchs ihre Unruhe. Sie hatte keine Lust, dem nun sicher folgenden Aufruhr, den erneuten Erzählungen und Befragungen beizuwohnen. Sie wollte fort, und wenn es nach Toongabbie war. Bei all den Aufregungen des vergangenen Tages hatte sie noch keine Zeit gefunden, an ihre eigene Unterkunft zu denken. Ob die Überschwemmung dort großen Schaden angerichtet hatte? Duncan hatte zwar gesagt, sie solle hier auf ihn warten, aber mit diesem Gedanken konnte sie sich nicht anfreunden. Er war in Schwierigkeiten. Womöglich brauchte er ihre Hilfe. Und vielleicht wartete er ja in Toongabbie auf sie.

Das Begrüßungskomitee verweilte noch immer auf dem kleinen Platz neben der Residenz. Ob sie auch dazutreten sollte? Gerade erstattete Major Penrith dem Gouverneur Bericht. Nein, entschied sie, sie würde einfach so gehen. Der Major hatte gestern Abend schließlich gesagt, sie könne sich frei bewegen. Er hatte nicht zu verstehen gegeben, dass sich diese Aussage nur auf die Residenz bezog. Kurzentschlossen trat sie aus der Haustür, sah, dass der Pferdeknecht alle Hände voll mit den Pferden des Gouverneurs und seiner Gefolgschaft zu tun hatte, und wandte sich in Richtung Stall. Ein Soldat kam ihr entgegen. Der Mann hatte es sichtlich eilig, hielt aber an, als sie ihn ansprach.

»Sir«, bat sie. »Wäret Ihr so freundlich und würdet meinem Mann, Dr. McIntyre, und Major Penrith ausrichten, dass ich nach Toongabbie zurückkehre?«

»Natürlich, Madam.«

»Ach, und richtet Mrs King meinen Dank aus. Ich werde ihr beizeiten eine Nachricht zukommen lassen.« Dass sie sich nicht von ihr verabschieden konnte, belastete sie, aber die Frau des Gouverneurs würde es unter diesen Umständen sicher verstehen.

»Sehr wohl, Madam.« Der Soldat deutete eine knappe Verbeugung an und eilte weiter.

Im Stall war kein Mensch zu sehen; der Braune stand in einem Verschlag und schnaubte freudig, als sie sich ihm näherte. Der Sattel und die Satteldecke waren ordentlich aufgehängt. Schnell hatte sie das Pferd gesattelt und aus dem Stall geführt. Als sie aufsitzen wollte, glaubte sie aus dem Augenwinkel eine Bewegung zu sehen und hielt inne. Ja, sie hatte recht gehabt: Dort am Waldrand, wo ein Weg in den Busch führte, stand eine kleine, schmale Gestalt und winkte. July! Wie lange hatte sie das Mädchen nicht mehr gesehen! Moira blickte sich um. Niemand achtete auf sie. Rasch führte sie das Pferd ein paar Schritte in den Wald, bis sie July und ihren ständigen Begleiter, den Dingo, erreicht hatte.

»July! Was tust du hier? Das ist gefährlich! Der Major ist hier!«

Es hatte ja doch keinen Sinn. Das Mädchen verstand sie sicher nicht, und selbst wenn, dann –

»Dan-Kin«, sagte July in diesem Moment und lächelte breit.

Moira blieb vor Überraschung der Mund offen stehen. »Du kannst reden?«, war alles, was sie herausbrachte. Dann erst ging ihr die Bedeutung von Julys Worten auf, und jäh durchzuckte sie Hoffnung. »Hast du gerade ›Duncan‹ gesagt?«

Konnte July wissen, wo er war? Oder – es überlief sie kalt – war ihm etwas zugestoßen? Aber nein, das konnte nicht sein. July lächelte. Sie würde nicht lächeln, wenn er in Gefahr wäre.

»July, was willst du mir sagen? Weißt du, wo Duncan ist? Geht es ihm gut?«

»Dan-Kin.« Das Mädchen nickte und deutete hinter sich, in den dichten Busch. »Dan-Kin. Komm.«

Moiras Herz begann in wilder Vorfreude schneller zu schlagen. July würde sie zu Duncan führen ... Erneut blickte sie sich um. Das Haus des Gouverneurs war durch die dichten Blätter kaum mehr zu sehen. Moira zögerte nicht länger und schwang sich auf den breiten Pferderücken, dann legte sie die Zügel kurz ab und reichte July die Hand. Moira hätte erwartet, dass July vor dem großen Tier zurückschrecken würde, aber das Mädchen stieg ohne Zögern auf und setzte sich vor sie. Moira griff rechts und links an ihr vorbei nach dem Zügel und stieß dem Braunen die Fersen in die Seiten. Schnell hatte die warme Fülle des Buschs sie verschluckt.

Der Wald dünstete feuchte Hitze aus. Unter ihrem leichten Kleid brach Moira der Schweiß aus. Flirrendes Grün überall, die Laute der Wildnis umfingen sie wie in einer neuen Welt. Ein Garten Eden voller Wunder.

Sie waren noch nicht weit gekommen, als July die Hand hob und Moira bedeutete, das Pferd anzuhalten. Für ein paar Sekunden standen sie fast vollkommen bewegungslos. July beugte sich leicht zur Seite und schien zu lauschen. Auch Moira horchte. Folgte ihnen jemand? Sie drehte sich um, aber in dem grüngelben Dickicht konnte sie nichts erkennen. Ein eigenartiges Lächeln ging über Julys nussbraunes Gesicht; es lag fast etwas Boshaftes darin. Dann nickte sie. Moira trieb das Pferd wieder an.

*

Es war der erste heiße Tag nach dem langen Regen. Seit Stunden liefen sie schon unter dem geschlossenen Blätterdach. Die feuchte Schwüle stand, es regte sich kein Lüftchen. Jetzt kam Samuel mit großen Schritten zu ihnen vor.

»Wart Ihr auch in China, Mr O'Sullivan?«

Joseph hatte sie einen Großteil des Weges mit Anekdoten aus seinem Leben bei den *Eora* unterhalten und damit geprahlt, wie weit er schon herumgekommen war und wie gut er das Land kannte.

»In China?« Joseph hob amüsiert eine buschige Augenbraue. »Seid Ihr auch diesem Ammenmärchen aufgesessen? Glaubt mir, ich war im Norden, im Süden und sogar weit bis Westen, aber von China habe ich nichts gesehen.«

Samuel nickte enttäuscht und ließ sich wieder zurückfallen.

Als Joseph an diesem Morgen das Kängurufell abgelegt hatte, hatte es Duncan vor Überraschung die Sprache verschlagen. Auf Josephs Rücken konnte man die verblassten Spuren der Neunschwänzigen sehen, aber obendrein wies seine Haut an Schultern und Brust dieselben narbigen Wülste auf, die auch die Körper der beiden *Eora*-Männer bedeckten, die sie begleiteten. Die Narben sahen aus, als wären mit einer scharfen Klinge Schnitte gemacht worden, die man danach mit irgendetwas eingerieben hatte.

»Dieser Arzt, mit dem dein Mädchen verheiratet ist«, fragte Joseph jetzt, »was ist das für ein Mensch?«

Duncan öffnete den Mund, um ihm zu antworten, dann schloss er ihn wieder. Was hätte er schon sagen können? Dass McIntyre ein guter Arzt war? Dass er ein missgünstiger Mensch war? Aber damit täte er ihm unrecht, immerhin hatte Duncan ihm seine Frau abspenstig gemacht. Es war nicht verwunderlich, wenn McIntyre ihn als seinen persönlichen Feind betrachtete. Und dennoch hatte Duncan das unbestimmte Gefühl, als wäre da noch mehr. Hatte sich nicht auch der Doktor um ihn gekümmert, als er fiebernd im Lazarett gelegen hatte?

»Ich weiß es nicht«, sagte er schließlich. »Es ist lange her, dass ich ihn gesehen habe.«

»Und was ist mit deinem Mädchen, dieser Moira? Bist du sicher, dass sie Ningali folgen wird?«

Sie hatten Ningali am frühen Morgen losgeschickt, um Moira zu holen. Duncan hoffte inständig, dass sie dem Mädchen vertrauen würde, und nickte mit mehr Überzeugung, als er wirklich empfand. Würde Moira tatsächlich ihr bisheriges Leben für ihn zurücklassen? Sie hatten nicht viele Möglichkeiten. Eine davon war, wie Joseph bei den *Eora* zu bleiben. Aber ein Leben unter den Eingeborenen, fernab jeglicher Zivilisation, wollte er Moira nicht zumuten. Zurück konnte er auch nicht. Sobald er sich gestellt hätte, würde ihn noch immer Auspeitschung und Verbannung nach Norfolk Island erwarten, wenn nicht gar der Galgen.

Die Lösung, die Joseph vorgeschlagen hatte, war die einzig mögliche; sich mit dem kleinen Boot, das er in einer Bucht etliche Meilen im Norden versteckt hatte, ein ruhiges

Plätzchen fernab der großen Siedlungen zu suchen und für die nächsten Jahre unterzutauchen. Joseph hatte nicht verraten, wie er an das Boot gekommen war, aber Duncan vermutete, dass er es einem Siedler gestohlen hatte.

»Ich wollte mich selbst eines Tages dort niederlassen«, hatte Joseph gestern Nacht erklärt. »In einem Seitenarm des Hawkesbury. Das Gebiet ist fruchtbar und so weitläufig, dass niemand so schnell einen flüchtigen Sträfling aufstöbert. Aber dann bin ich doch bei meinen eingeborenen Freunden geblieben.«

Gegen Mittag machten sie Rast neben einem umgestürzten Baumriesen, dessen Stamm mit Efeu und Flechten überwuchert war. Inzwischen spürte Duncan die Müdigkeit in allen Knochen – die zweite Nacht fast ohne Schlaf machte sich bemerkbar. Samuel gesellte sich zu ihm und gähnte. Auch er hatte nicht viel Schlaf bekommen, was sicher damit zusammenhing, dass der Hüne die vergangene Nacht nicht allein verbracht hatte. Wie Samuel ihm heute Morgen aufgeräumt erzählt hatte, hatte eine der *Eora*-Frauen Gefallen an ihm gefunden.

»Duncan, was hältst du davon, wenn wir einfach bis zu diesem Timor segeln?« Er griff nach einem Stück getrocknetem Fleisch, das sie mitgenommen hatten. »Wie diese anderen Sträflinge, von denen dein alter Herr erzählt hat.«

Joseph hatte ihnen von einer Gruppe Sträflinge berichtet, denen es vor ein paar Jahren gelungen war, mit einem gekaperten Schiff bis in die holländische Kolonie von Timor, Tausende von Seemeilen entfernt, zu segeln. Allerdings hatte man sie bald wieder eingefangen, nach England gebracht und ihnen dort den Prozess gemacht. Auch Duncan konnte sich noch daran erinnern. Vater Mahoney hatte damals eine Zeitung mit nach Hause gebracht, in der darüber berichtet wurde.

»Seid Ihr ein Seemann, Mr Fitzgerald?«, fragte Joseph, der ihm zugehört hatte.

»Nein«, gab Samuel zurück. »Aber was spricht dagegen, es zu versuchen?«

»Wir haben nur ein Paddelboot, Samuel«, sagte Duncan. »Und das wird kaum für den Ozean geeignet sein, ganz zu schweigen davon, dass wir weder Proviant noch Wasser haben. Ich werde Moira keiner unnötigen Gefahr aussetzen.«

Samuel schwieg, aber Duncan sah ihm an, dass für ihn das letzte Wort in dieser Angelegenheit noch nicht gesprochen war.

*

Der Gouverneur war mit seiner Frau ins Haus gegangen, und die meisten Soldaten zerstreuten sich bereits. Aber was tat der Major da? Alistair sah, wie Penrith mit angespannter Aufmerksamkeit den Busch, der gleich hinter dem Haus anfing, beobachtete. Sobald er sich wieder ihm, Alistair, zuwandte, würde er ihn fragen, ob auch er gehen dürfte. Bei dem Gedanken, was wohl alles in seinem Haus zerstört worden war, sank seine ohnehin schlechte Laune noch weiter. Aber vielleicht gelang es ihm, noch ein paar Dinge zu retten.

»Sehr gut.« Der Major drehte sich mit einem zufriedenen Nicken um. »Sergeant Gillet, sucht Euch vier Mann, und dann aufsitzen! Ihr auch, McIntyre!«

»Was? Aber Major, Sir – ich wollte fragen, ob ich nicht zurück nach Toongabbie ...«

»Nichts da, McIntyre, darum könnt Ihr Euch später kümmern. Jetzt werden wir erst einmal Eurem Frauchen folgen«, sagte er halblaut, während ein selbstgefälliger Zug um seine Lippen spielte. »Ich habe gerade gesehen, wie diese kleine Wilde mit ihr sprach, und ich habe den starken Verdacht, dass die beiden diesen O'Sullivan aufsuchen werden. Mit etwas Glück werden wir den irischen Bastard schon bald wieder eingefangen haben. Und jetzt steht nicht herum wie eine ausgestopfte Puppe, sondern schwingt Euren Hintern auf ein Pferd!«

Die anderen Soldaten machten kaum einen Hehl aus ihrer Belustigung über Alistairs ungeschickte Versuche, auf das Pferd zu steigen, bis sich der Pferdeknecht endlich erbarmte und ihm den Steigbügel festhielt. Alistair kam unsanft im Sattel zu sitzen und unterdrückte einen Schmerzenslaut.

»Langsam«, mahnte der Major leise, sobald sie in den Busch eingetaucht waren. »Sie dürfen nicht merken, dass wir hinter ihnen sind!«

Sie konnten Moira und dem Mädchen mühelos in großem Abstand folgen. Die Hufabdrücke waren selbst für einen Laien zu erkennen, da sie sich tief in den feuchten Boden eingedrückt und rasch mit Wasser gefüllt hatten.

Neben Alistair und dem Major bestand der kleine Trupp aus dem jungen, schlaksigen Sergeant Gillet sowie vier einfachen Soldaten. Alistair rutschte auf dem unbequemen Sattel herum und suchte vergeblich eine für ihn angenehme Position. Sein Hinterteil fühlte sich so wund an, als hätte man ihn übers Knie gelegt. Der gestrige Weg von Toongabbie nach Parramatta war schlimm genug gewesen, aber da hatte er wenigstens auf einem halbwegs befestigten Pfad reiten können. Sich querfeldein durch den feuchten, feindseligen Busch quälen zu müssen war jedoch eine unzumutbare Steigerung. Von überall tropfte es auf ihn herab, der letzte ausgiebige Regenguss lag noch nicht lange zurück. Wohin er auch blickte, sah er nur grün, in allen möglichen Schattierungen. Von allen Seiten lärmte, schnatterte und kreischte es. Erschrocken fuhr er zurück, als sich in Augenhöhe eine braune Schlange von einem Baum herunterließ und vor ihnen im Gebüsch verschwand.

Er hasste dieses Land. Er hasste diese fremdartige Natur mit all ihren widerwärtigen Kreaturen. Für einen Naturforscher mochte dieser Ausflug in die Wildnis sicher höchst erbaulich sein. Aber er war kein Naturforscher. Er war Arzt und wollte nichts mehr, als in seinem Studierzimmer zu sitzen und sich um seine Forschungen und seine Patienten zu kümmern.

Und am Ende dieser Qualen stand womöglich Duncans Festnahme. Würde der Major später etwa auch darauf bestehen, dass Alistair der Hinrichtung des jungen Sträflings beiwohnte? Kalter Schweiß brach ihm bei dieser Vorstellung aus. Gott mochte verhindern, dass er sich das antun musste.

Sie waren der Fährte noch keine halbe Stunde gefolgt, als der Major sein Pferd anhielt und behände aus dem Sattel sprang. Alistair hoffte schon auf eine Pause, doch der Major pflückte lediglich einen bunt schillernden Käfer samt Blatt von einem Baum. Dann übergab er ihn Higgins, einem blassen, pickligen Obergefreiten, der den Fund in ein Tuch wickelte und in seiner Satteltasche verstaute. Zu Hause würde der Major den Käfer wahrscheinlich mit einer Nadel durchbohren und ihn auf einem Papier befestigen.

Der Boden war immer sumpfiger geworden, überall erstreckten sich Tümpel und riesige Pfützen, Froschgequake erfüllte die heiße, stickige Luft. Nach zwei Stunden hatte der Major nicht nur weitere Insekten gefangen, sondern seiner Sammlung auch noch einen grasgrünen Baumfrosch hinzugefügt, den er mit einem Schlag auf den Kopf getötet hatte. Alistair schwitzte, sein Hemdkragen war durchnässt und klebte an seinem Hals. Erneut holte er sein Taschentuch aus der Westentasche, fuhr sich über sein verschwitztes Gesicht und trank nach kurzer Überwindung ein paar lauwarme Schlucke Wasser aus der Feldflasche, die der Sergeant ihm reichte. Inzwischen waren alle abgestiegen und führten die Pferde, da Reiten bei diesem Untergrund kaum möglich war. Alistair war einerseits dankbar, da er auf diese Weise seinem geschundenen Hinterteil eine Pause gönnen konnte, andererseits war auch das Laufen unangenehm, denn die Schuhe versanken nun tief im weichen Boden. Bei jedem Schritt gab die feuchte Erde die Füße nur widerwillig mit einem schmatzenden Laut frei.

Die Männer blieben stehen, als der Major erneut die Hand hob, den Finger auf die Lippen legte und nach vorne deutete. Im ersten Moment hoffte und fürchtete Alistair gleichermaßen, sie könnten am Ziel ihrer Suche sein, aber dann sah er vor sich, neben dem sumpfigen Gelände, einen flachen Hügel aus aufgeschichteten Blättern und Gräsern. Ein kleiner See, eher ein Tümpel, erstreckte sich daneben.

»Leise!«, flüsterte der Major. Er drückte Alistair, der ihm am nächsten stand, die Zügel seines Pferdes in die Hand, zog seinen Degen und ging ein paar vorsichtige Schritte nach vorne. Mit einer raschen Bewegung ließ er seinen Degen senkrecht niederfahren. Dann hob er die Waffe. Auf der Klinge wand sich eine kleine gepanzerte Kreatur, so lang wie ein Unterarm, und stieß ein paar klägliche, fiepsende Laute aus. Ein paar Augenblicke später war sie still und rührte sich nicht mehr.

»Higgins, hierher!« Er winkte dem Obergefreiten, der auch seine bisherigen Funde an sich genommen hatte. »Es sieht aus wie ein winziges Krokodil. McIntyre, was sagt Ihr dazu? Wusstet Ihr, dass es in Neuholland Krokodile gibt?«

»Nein, Major, das wusste ich nicht.« Alistair bezweifelte, dass irgendjemand es wusste. Dieses riesige Land war zum großen Teil unerforscht. Die einzigen Krokodile, die

Alistair je gesehen hatte, waren in einem Buch über Ägypten abgebildet gewesen.

»Ein Prachtexemplar für meine Sammlung!«, fuhr der Major fort. »Ich werde es ausstopfen lassen und nach England schicken.« Er hielt Alistair den kleinen Tierkadaver auf der Klinge hin. »Sie scheinen mir hier ziemlich klein zu sein. Zwergkrokodile, nehme ich an. McIntyre, Ihr versteht doch sicher etwas davon. Was meint Ihr: Hat dieses Exemplar schon seine volle Größe erreicht?«

Widerwillig betrachtete Alistair den schuppigen kleinen Körper. Als Arzt hatte er keine große Kenntnis von Tierkunde, aber diese Kreatur mit den bräunlichen Schuppen sah ihm nicht so aus, als sei sie ausgewachsen. Schon die Zahnreihen wirkten unfertig.

»Es könnte auch ein Junges sein«, warf er ein. »Ich wäre lieber vorsichtig. Vielleicht –«

Was dann geschah, lief so schnell ab, dass Alistair nicht einmal dazu kam aufzuschreien. Aus dem Wasser schoss ein dunkler, gepanzerter Alptraum hervor, stürzte sich auf den Major und riss ihn von den Füßen. Dieser stieß einen entsetzten Schrei aus. Ein riesiges Krokodil, sicher an die zwanzig Fuß lang, hatte ihn am Stiefel gepackt. Die Hälfte des Tierleibes musste sich noch im Wasser befinden, der schwere Schwanz peitschte das kaum einen Fuß tiefe Wasser.

»Schießt!«, schrie der Major und hieb mit seinem Degen auf den Kopf des Tieres ein. »Sergeant, so schießt doch …!«

Der Degen traf ein Auge, die riesigen Kiefer öffneten sich. Mit einem gotteslästerlichen Fluch kam der Major auf die Füße und stolperte rückwärts, knickte aber gleich wieder ein. Er wäre gefallen, wenn nicht der junge Higgins herbeigeeilt wäre und ihm die Hand gereicht hätte. Der schwere Leib des Krokodils setzte ihnen erschreckend schnell nach.

»Du verdammtes Mistvieh!«, brüllte der Major das Tier an. »Mich kriegst du nicht!« Unvermittelt packte er Higgins und versetzte ihm einen Stoß, der den jungen Soldaten taumeln ließ. Im nächsten Moment schnappte das Krokodil zu.

»Hilfe!«, schrie Higgins. »Hilfe! Major Pen–!«

Seine Worte gingen unter in Gebrüll, als sich die mächtigen Kiefer des Krokodils um seinen Oberschenkel schlossen und ihn ins Wasser zogen. Die weißen Beinkleider färbten sich rot. Schüsse peitschten durch die Luft und schlugen im Wasser auf, ohne jede Wirkung. Der Major hatte sich einige Schritte weiter weg gerettet und übergab sich hinter einem Strauch. Alistair stand starr neben den Pferden, die schrill wiehernd die Köpfe hochwarfen. Er war wie gelähmt vor Furcht.

Higgins schrie gellend, ruderte haltlos mit den Armen und wühlte das morastige Wasser auf, das sich schnell dunkelrot färbte. »Helft … Hil…!«

Das schreckliche Maul mit den riesigen Zähnen öffnete sich und schnappte erneut zu. Ein weiterer grässlicher Schrei ertönte. In fliehender Hast luden die Soldaten die Musketen nach und legten an.

»Aufhören!«, schrie der Major. Er wischte sich heftig atmend über den Mund, sein Gesicht war von Schweiß bedeckt. »Wir ziehen uns zurück!«

»Aber Sir, Higgins ist …«, wandte Sergeant Gillet ein, blass wie ein Bettlaken.

Der Major warf nur einen kurzen Blick zurück, wo das Wasser aufgewühlt war vom Todeskampf des bedauernswerten Higgins. »Wir können nichts mehr für ihn tun.« Rüde nahm er Alistair die Zügel aus der Hand und humpelte los. Von seinem Stiefel tropfte Blut. »Obergefreiter Higgins ist in Erfüllung seiner Pflicht bei der Verfolgung eines Straftäters gestorben. Und nun weiter, meine Herren. Wir haben eine Aufgabe zu erfüllen.«

Hinter ihnen hallten noch immer die entsetzlichen Schreie durch den Busch.

23.

»Es kann doch nicht verschwunden sein!« Allmählich war Joseph die Ratlosigkeit anzusehen. »Ich bin mir ganz sicher, dass ich es hier irgendwo versteckt habe.«

Duncan kam es vor, als suchten sie bereits seit Stunden. Konnte jemand das Boot genommen haben? Dieses Gebiet war nicht gänzlich unbewohnt, wie die Reste einer Feuerstelle bewiesen; einige Eingeborenen-Clans hatten an diesem Platz ihre Fischgründe, wie Joseph ihm erzählt hatte, und auch der eine oder andere Sträfling hatte hier sicher schon Zuflucht gesucht.

Die Bäume wuchsen fast bis ans Wasser, nur ein schmaler steiniger Uferkranz säumte die halbkreisförmige Bucht, an die Joseph sie geführt hatte. In ihrer Mitte erhob sich eine kleine bewaldete Insel. Dahinter, so hatte Joseph erklärt, läge westlich die Mündung des Hawkesbury, nach Osten hingegen käme man ins offene Meer.

Der größere der beiden *Eora*-Männer, die sie begleiteten, stieß einen leisen Ruf aus und winkte. Das kleine Boot lag kieloben im Dickicht, von Schlingpflanzen nahezu vollständig überwuchert. Mit Steinmessern und bloßen Händen räumten sie die zähen Ranken beiseite. Zwei Paddel kamen zum Vorschein. Auf den ersten Blick sah das Boot, das gerade eben Platz für drei Personen bot, unbeschädigt aus, aber dann erblickte Duncan etliche winzige, kreisrunde Löcher – das Werk von Holzkäfern. Ob sie damit eine längere Seefahrt überstehen würden?

»Das wird schon gehen«, behauptete Samuel leichthin, als hätte er seine Gedanken erraten. Er wollte das Boot bereits durch das Gebüsch ziehen, als sich zeigte, dass eines der Paddel einen langen Riss hatte und zu brechen drohte.

Joseph nutzte die erzwungene Pause, um Duncan und Samuel zu erklären, an welchen Landmarken sie sich orientieren mussten, um zur Mündung des Hawkesbury zu kommen. In der Zwischenzeit schienten die beiden *Eora* das Paddel mit einer behelfsmäßigen Konstruktion aus einem dicken Ast und Pflanzenfasern und stopften die kleinen Wurmlöcher so gut es ging mit Moos und Holzstückchen aus. Samuel wartete ungeduldig, bis sie fertig waren, dann schleifte er das Boot ans steinige Ufer.

»Was tust du?«, fragte Duncan. »Moira ist noch nicht da!«

»Ich will nur sehen, ob es schwimmt.« Samuel versetzte dem Boot einen Stoß, bis es auf den leichten Wellen schaukelte, dann zog er es wieder ans Ufer. »Na also. Damit paddle ich bis nach Timor!« Er grinste breit, als Duncan ihn argwöhnisch ansah, und stieß ihn in die Seite. »He, war nur ein Scherz! Aber sobald ich was gegessen habe, kann's von mir aus losgehen.« Er stapfte zurück an den Rand des Waldes, wo Joseph und die beiden *Eora* ein kleines Feuer entfacht hatten.

Duncan blieb stehen und warf einen prüfenden Blick zum Himmel. Es war Nachmittag, das Licht war ein trüber Schein, die Wolken hingen tief und schienen in der drückenden Hitze ihre Last kaum tragen zu können. Fast wünschte er, es würde anfangen zu regnen, damit sich diese unheilschwangere Spannung löste. Im Nordosten, dort, wo das Meer sein sollte, war der Himmel dunkelgrau.

Rauch und der Geruch nach Gebratenem drangen ihm in die Nase. Vielleicht hätte er wie Samuel etwas essen sollen, aber dafür war er viel zu unruhig. Sein Blick ging zurück zum Wald. Wo blieb Moira nur? Hatte Ningali sie überhaupt gefunden? War ihnen etwas passiert? Oder waren sie aufgehalten worden? Joseph hatte behauptet, Ningali sei schon einmal an dieser Bucht gewesen. Aber die beiden waren allein in der Wildnis unterwegs. Sicher, Ningali kannte den Busch, aber sie war noch ein Kind, wenn auch ein ungewöhnliches. Ihnen konnte Gott weiß was zugestoßen sein – gefährliche Tiere, Soldaten … Plötzliche Angst schnürte ihm die Kehle zu. Er murmelte ein kurzes Gebet, dann atmete er tief ein und verbot sich jeden weiteren düsteren Gedanken. Sie würden kommen.

*

Der Dingo trabte hechelnd neben ihnen her. Unmengen kleiner Stechmücken schienen es darauf abgesehen zu haben, sie lebendig aufzufressen. Mo-Ra versuchte ständig, die winzigen Biester mit der freien Hand zu vertreiben. Dennoch schien sie glücklich und voller Erwartung. Auch Ningali freute sich darauf, Dan-Kin wiederzusehen. Ihren Bruder. So frisch war dieses Wissen, dass sie es noch nicht einordnen konnte.

Dann hallte weit entfernt ein grauenhafter Schrei durch den Busch. Sie vernahm mehrere dumpfe Donnerschläge, dann weitere Schreie.

»Duncan!«, stieß Mo-Ra hervor und wollte das Pferd wenden, hin zu dem Gebrüll, das nun fast nichts Menschliches mehr an sich hatte.

Ningali drehte sich um, zog an ihrem Ärmel und schüttelte den Kopf. »Nein.« Sie lauschte. Dann griff sie in den aus Gras geflochtenen Beutel, der an ihrem Hüftband hing, und holte das golden glänzende Ding daraus hervor, das Major gehörte.

Wieder gellten die Schreie durch den Wald – die Schreie eines Menschen in höchster Todesnot. Der Sumpf war tückisch. Erhielt Major nun seine gerechte Strafe? Nein, das war nicht Major.

»Was hast du da?«, fragte Mo-Ra. Schwarze Haarsträhnen klebten ihr feucht an Stirn und Schläfe, ihre Züge waren noch immer angespannt.

Ningali lächelte, ohne zu antworten. Wie hätte sie Mo-Ra auch erklären können, was es mit dem Totsingen auf sich hatte? Das Totsingen war ein machtvoller Zauber. Einer, der stets zum Ziel führte, auch wenn er manchmal länger brauchte.

Die Schreie erstarben allmählich. Sie steckte das goldene Behältnis wieder ein. Es war noch nicht vorbei. Aber sie hatte Zeit. Viel Zeit.

*

Die schauderhaften Schreie waren endlich verstummt. Verstohlen berührte Alistair den Knauf der Pistole, die nun in ihrem Halfter an seinem Sattel befestigt war. Sergeant Gillet hatte darauf bestanden, dass Alistair die Waffe des unglücklichen Higgins an sich nahm, schließlich konnte niemand sagen, welche Schrecken in dieser grünen Hölle noch auf sie lauerten.

Sie waren jetzt nur noch zu viert. Die Zähne des Krokodils hatten den Unterschenkel des Majors verletzt. Alistair hatte einen Blick auf die Wunden geworfen und es danach als seine ärztliche Pflicht angesehen, Major Penrith zurück nach Parramatta zu schicken. Erstaunlicherweise hatte der Major dem nicht widersprochen; er schien doch stärker mitgenommen zu sein, als er zugeben wollte. Dass Alistair ihn begleitete, hatte er allerdings strikt abgelehnt und stattdessen einen der Soldaten mitgenommen. Zudem hatte er Sergeant Gillet das Kommando über ihren kleinen Suchtrupp übertragen mit dem Befehl, ja nicht ohne die beiden Flüchtigen zurückzukommen.

Inzwischen lag der Sumpf hinter ihnen, sie konnten wieder reiten. Dabei wollte Alistair nur noch nach Hause. Er wollte diese grässlichen Bilder, die ihn von Higgins' Tod verfolgten, aus seinem Kopf streichen und sich wieder in seine Arbeit stürzen. Und vor allem wollte er fort aus diesem schrecklichen Busch. Aber statt endlich umzukehren, mussten sie noch immer O'Sullivan und dem anderen Flüchtling nachspüren.

Sie ritten durch lichteres Gelände, als sich eine Schlange direkt vor ihm über den Boden wand. Alistairs Pferd scheute, bäumte sich kurz auf – und stürmte mit ihm davon. Zu Tode erschrocken krallte er sich an den Zügeln fest, zog den Kopf ein und klammerte sich mit den Beinen eng an den Pferdekörper, nur darauf bedacht, nicht herunterzufallen.

»Ho!«, rief er verzweifelt und zerrte an den Zügeln. »Ho!«

Es nützte nichts. Rechts und links von ihm schossen Bäume und Gestrüpp vorüber, Äste peitschten schmerzhaft gegen seine Beine und in sein Gesicht. Weiter und weiter ging der mörderische Ritt, er hüpfte auf dem harten Sattel auf und ab und stöhnte immer wieder vor Schmerz auf. Angstvoll schickte er ein Stoßgebet zum Himmel, dass sich nicht plötzlich vor ihm eine Klippe auftat und er und das Pferd in den Tod stürzten. Oder in einem Tümpel mit einem Krokodil landeten.

Der entsetzliche Ritt schien ihm Stunden zu dauern, dabei waren es sicher nur einige Minuten. Irgendwann hatte sich das Pferd wieder so weit beruhigt, dass es in eine langsamere Gangart fiel. Zitternd und in Schweiß gebadet, zog Alistair am Zügel und brachte es ganz zum Stehen. Dann stieg er vorsichtig aus dem Sattel, jederzeit befürchtend, dass der verdammte Gaul wieder mit ihm durchging, während er noch den Fuß im Steigbügel hatte.

Wo war er? Wie weit hatte er sich von den anderen entfernt? Der Busch schien hier noch lichter geworden zu sein, fast glaubte er, er könne weiter vorne eine freie Fläche durch die Bäume schimmern sehen.

Das Pferd atmete genauso heftig wie er selbst, Schweiß bedeckte das hellgraue Fell. Alistair musste sich zurückhalten, dem Tier nicht aus lauter Wut einen Schlag zu versetzen. Er holte Higgins' Pistole aus ihrem Halfter, griff nach dem Zügel und marschierte, noch etwas wackelig auf den Beinen, los.

Er hatte recht gehabt: Der Wald hatte ein Ende. Als er zwischen den Bäumen heraustrat, schüttelte er den Kopf und seufzte laut auf. Er hatte gehofft, wieder in bewohntem Gebiet zu sein, aber hier sah er sich nur einer Wasserfläche gegenüber. Der schmale Uferstreifen war aus sandfarbenem Geröll und ging in das trübe Wasser eines großen Sees oder Flusses über. Kleine Wellen schwappten an das steinige Ufer. Links vor ihm erhob sich eine bewaldete Insel aus dem Gewässer. Keine Menschenseele war zu sehen.

Ob er zurück in den Busch gehen und dort nach den Soldaten suchen sollte? Er verwarf den Gedanken. Gott allein mochte wissen, wie weit er sich von ihnen entfernt hatte, und in diesem undurchdringlichen Dschungel würde er sich doch nur verirren. Und so band er das Pferd am Waldrand an einen Baum, während er ärgerlich die Stechmücken fortwedelte.

Seine Zunge war trocken vor Durst. Er trat vor bis ans

Ufer, kniete nieder und schöpfte Wasser, aber schon nach dem ersten Schluck spuckte er angewidert wieder aus. Das war Salzwasser, wenn auch stark verdünnt. Nicht zum Trinken geeignet. Wahrscheinlich mischte sich hier ein Binnengewässer mit dem Ozean. Er löste sein Halstuch, benetzte es und fuhr sich damit über Gesicht und Nacken.

Sein Durst war noch schlimmer geworden. Er blickte sich um. Den Strand entlang zu seiner Linken ragte eine Landnase ins Wasser, dahinter sah er eine schmale Rauchfahne aufsteigen. Dorthin würde er gehen; sicher gab es da jemanden, der ihm weiterhelfen konnte. Aber vorher würde er Sergeant Gillet und den anderen Soldaten ein Zeichen hinterlassen. Er legte aus größeren Steinen einen Pfeil und band zur Sicherheit noch sein Halstuch um einen Ast und steckte ihn dazu.

*

»Duncan!« Moiras Knie wurden weich vor Freude und Erleichterung, als sie ihn erblickte. Fast wäre sie gefallen, als sie über den steinigen Uferbereich auf ihn zulief. Und als sie ihn endlich erreicht hatte, umarmte er sie so fest, dass sie kaum noch Luft bekam.

Atemlos und wie berauscht vor Glück stolperten die Fragen aus ihrem Mund. »Wie geht es dir? Wo bist du gewesen? Was hast du getan?«

»Das sind zu viele Fragen auf einmal!«, lachte er.

Auch Moira lachte. »Bist du allein? Mit wem bist du hier?«

Duncans Augen leuchteten. »Sie sind alle dahinten.« Er deutete auf eine kleine Rauchsäule, die aus dem Busch aufstieg. Am Ufer lag ein kleines Paddelboot. July war nicht mehr zu sehen; wahrscheinlich hatte sie sich zu ihren Leuten gesellt.

Er nahm ihre Hände in seine und blickte sie an. Die Schatten unter seinen Augen kündeten von zu wenig Schlaf, aber er lächelte. Ein leichter Wind wehte ihm die dunkelbraunen Haare ins Gesicht. »Moira, möchtest du mit mir fortgehen?«

»Ja! Ja, das will ich! Ich gehe überall hin mit dir.«

Er schloss sie erneut in die Arme. Dann erzählte er in kurzen, atemlosen Sätzen von seinen Plänen und davon, dass Fitzgerald sie anfangs begleiten würde, und Moira nickte und lachte und sagte immer nur: »Ja! Ja!«

»Joseph ist schon an der Mündung des Hawkesbury gewesen. Er sagt, dort könnten wir uns niederlassen. Dort seien wir sicher«, sprudelte es aus Duncan heraus. Moira hatte ihn noch nie so aufgeregt erlebt. Geräuschvoll schwappte das Wasser ans Ufer, eine kräftige Windböe zerrte an ihren Haaren.

»Was?«, lachte sie. »Wer ist Joseph?«

»Mein Vater! Stell dir vor, er –« Duncan erstarrte mitten im Satz. Keine zwei Schritte von ihnen entfernt stand McIntyre. Er sah etwas derangiert aus, sein Haar war zerzaust und über seine Wange verlief eine rötliche Strieme. Und er hatte eine Pistole in der Hand, die er jetzt auf Duncan richtete. Moiras Herz setzte für einen Moment aus.

»Wo ist dein Komplize?«

Duncan schob sich langsam ein Stück vor Moira. Die Pistole folgte seiner Bewegung. »Er ist nicht hier.«

McIntyres Blick huschte kurz und suchend an ihm vorbei, dann heftete er sich wieder auf Duncan. Ob er ihm glaubte? Moira biss sich auf die Lippen, ihr Herz schlug schnell und hart gegen ihre Rippen. Sie fühlte sich, als wäre sie in einem plötzlichen Alptraum gefangen. McIntyre war sicherlich nicht allein. Wer war mit ihm gekommen? Womöglich der Major? Ein Trupp Rotröcke?

McIntyre richtete die Waffe ein wenig höher; jetzt zeigte sie genau zwischen Duncans Augen. Der Hahn war nicht gespannt, aber McIntyres Daumen lag so, dass er es jederzeit tun konnte.

Er leckte sich nervös über die Lippen. »Du wirst jetzt mit mir kommen.«

»Nein«, murmelte Moira fast ohne Stimme. Ihr war übel vor Angst. Sie trat einen kleinen Schritt zur Seite, heraus aus Duncans Deckung. Vielleicht gelang es ihr ja, McIntyre von ihm abzulenken?

Duncan stand ganz ruhig, dann schüttelte er langsam den Kopf, ohne den Blick von McIntyre zu nehmen. »Ich werde mit Moira fortgehen.«

»Du wirst mir nicht noch einmal meine Frau wegnehmen!«

Duncan blickte ihn unverwandt an. »Doch, das werde ich. Ihr müsst mich schon erschießen, wenn Ihr das verhindern wollt.«

McIntyre schluckte, er schwitzte. Schweiß rann ihm von der Stirn über das Gesicht bis in den Hemdkragen. Die Waffe, die er auf Duncan gerichtet hatte, zitterte ein wenig.

»Wieso?«, flüsterte er so leise, dass Moira ihn kaum verstehen konnte. Sie nahm eine Bewegung aus dem Augenwinkel wahr und wandte den Kopf; eine kleine Gruppe von Eingeborenen näherte sich ihnen. Drei Männer – und July. Einer der Männer trug einen Speer. Auch Duncan hatte sie gesehen. Langsam hob er eine Hand und signalisierte den Eingeborenen zu warten.

»Ihr solltet besser die Waffe senken, wenn Ihr nicht gleich von einem Speer durchbohrt werden wollt.«

McIntyre blickte sich fahrig um, stieß einen erschrockenen Laut aus – und ließ tatsächlich die Pistole sinken.

428

»Gebt sie mir«, forderte Duncan und streckte die Hand aus.

»Und dann? Willst du mich erschießen?«

»Haltet Ihr mich für einen Mörder?«

McIntyre zögerte, dann schüttelte er den Kopf und übergab Duncan die Pistole.

Moira atmete erleichtert auf, für einen Moment wurde ihr richtiggehend schwindelig. Am liebsten hätte sie sich an Ort und Stelle hingesetzt.

»Die Waffe weg!«, ertönte es plötzlich hinter ihnen.

Moira hatte das Gefühl, als würden sich all ihre Knochen mit Eis überziehen: Drei Soldaten des New South Wales Corps näherten sich ihnen mit angelegten Musketen. Und sie würden nicht zögern zu schießen, das wusste auch Duncan. Er ließ die Pistole fallen.

»Alles in Ordnung, Dr. McIntyre?«, rief der vorderste der Rotröcke, ein storchenbeiniger junger Mann. Moira erinnerte sich dunkel, ihn schon einmal in Begleitung des Majors gesehen zu haben. »Wir sind Eurem Zeichen gefolgt. Ist das O'Sullivan?«

McIntyre nickte, aber bevor er etwas sagen konnte, erscholl ein lauter Ruf von einem der Soldaten: »Da ist der Zweite, Sir! Er will abhauen!«

Moira fuhr herum. Unbeachtet von den anderen hatte Fitzgerald das Boot ins Wasser geschoben, war hineingesprungen und entfernte sich nun mit schnellen Paddelschlägen vom Ufer. In dem Boot, das für sie drei gedacht war!

»Nein!«, schrie sie auf. »Nein! Bleibt hier, Ihr ... Ihr Mistkerl!«

Schüsse peitschten durch die Luft und zischten durch das Wasser. Die Soldaten schossen auf den Flüchtigen. Ein Schrei ertönte, es sah aus, als sei Fitzgerald getroffen. Er

429

lehnte schwer zur Seite und brachte das Boot fast zum Kentern. Aber im nächsten Moment richtete er sich wieder auf und ergriff das Paddel.

Das Boot war verloren, schoss es Moira durch den Kopf. Und hier gab es McIntyre und drei Rotröcke, die hinter Duncan her waren. Aber noch waren sie damit beschäftigt, ihre Musketen zu laden …

»Lauf!«, sagte sie hastig zu Duncan. »Schnell! Versteck dich im Busch.«

Er sah sie nur an und rührte sich nicht.

»Duncan, bitte! Bring dich in Sicherheit! Sie werden dich hängen, wenn du nicht ver–« Sie verstummte, als McIntyre die Pistole auf sie richtete. Er musste sie aufgehoben haben, nachdem Duncan sie fallen gelassen hatte. Angst kroch in ihr hoch, ihre Muskeln spannten sich.

»Keine Bewegung, O'Sullivan, oder ich erschieße sie.« McIntyres Stimme klang nun, anders als vorhin, sehr entschlossen.

»Sir, Dr. McIntyre, bitte …« Duncan machte einen Schritt auf ihn zu, aber sofort zuckte die Waffe weiter nach oben, direkt auf Moiras Stirn.

»Ich sagte, keine Bewegung, oder sie ist tot!«

Moira warf Duncan einen gehetzten Blick zu. »Lauf! Er wird mir schon nichts tun!«

»Da wäre ich mir nicht so sicher!« McIntyres Mundwinkel verzogen sich höhnisch. »Ich hätte jedes Recht der Welt dazu. Niemand wird mich dafür belangen, wenn ich meine untreue Frau erschieße. Sag mir einen Grund«, wandte er sich an Duncan, »weshalb ich es nicht tun sollte.«

Duncan stieß einen verzweifelten Laut aus. »Weil sie … Weil Ihr … kein schlechter Mensch seid. Dr. McIntyre, bitte! Ihr seid Arzt. Ein Arzt rettet Leben, aber er nimmt es nicht!«

Moira atmete gepresst. Die Angst, die sie jetzt ausfüllte, war anders als die, die sie vorhin um Duncan gehabt hatte, aber nicht weniger lähmend. Wenn McIntyre jetzt abdrückte, würde die Kugel ihren Schädel zerschmettern.

Sie bemerkte kaum die Stimmen um sich herum. Dann eine Bewegung am Rande ihres Gesichtsfeldes. Ein Schuss hallte durch die Luft, so laut, dass Moira für einen Moment glaubte, McIntyre habe tatsächlich abgedrückt. Seltsamerweise verspürte sie keinen Schmerz. Dann erst sah sie, dass einer der Eingeborenen taumelte und niedersank.

Ein Soldat hatte geschossen. Duncan blickte zu den Eingeborenen, und seine Züge wurden starr. »Vater!«

McIntyre drehte verblüfft den Kopf und ließ die Waffe sinken. Im nächsten Moment hatte Duncan sie in der Hand und wollte sie ins Wasser schleudern.

»Nicht!«, hielt Moira ihn zurück und nahm die Waffe an sich. Duncan lief los, allerdings nicht in den Wald, sondern zu der kleinen Gruppe von Eingeborenen, die sich wehklagend um den Verletzten scharten.

Schwer lag der metallverzierte Holzgriff der Pistole in Moiras Hand. Schwer und tödlich. Sie richtete den Lauf auf McIntyre.

Dieser erbleichte. »Was ... was soll das?« Er riss die Augen auf. »Moira, bitte, mach jetzt keine Dummheiten ...«

Sie konnte ihn hier und jetzt erschießen. Für einen kurzen, wundervollen Moment stellte sie sich vor, wie es wäre, wenn McIntyre einfach nicht mehr da wäre. Wenn sie frei wäre. Endlich frei ...

»Moira!« Erst Duncans entsetzter Ausruf brachte sie wieder zu sich. Sie warf die Pistole in hohem Bogen ins Wasser und wischte sich zitternd die Handflächen an ihrem Rock ab, als hätte sie in faules Obst gefasst.

»Dr. McIntyre!« Duncans Stimme war drängend. »Bei

allem, was Euch heilig ist, Sir – schnell, ich brauche Eure Hilfe! Er stirbt!«

McIntyre stand wie versteinert, aber bei diesen Worten ging ein Ruck durch ihn, und gefolgt von Moira eilte er zu der kleinen Eingeborenengruppe.

Duncan kniete neben dem Verletzten und hatte dessen Kopf in seinen Schoß gelegt. Das war kein Eingeborener, bemerkte Moira erstaunt, auch wenn er auf den ersten Blick so ausgesehen hatte. Es war ein älterer Weißer mit einem grauen Bart. An seiner anderen Seite hockte July mit tränenüberströmtem Gesicht.

Die Kugel war seitlich in den Brustkorb, dessen nackte Haut von eigenartigen Narben bedeckt war, eingedrungen. Ein dünnes Rinnsal Blut sickerte aus der Wunde, und obwohl er schwer und keuchend atmete, sah er aus, als würden die Lungen nicht genug Luft schöpfen können. Die Halsvenen hoben sich unnatürlich prall ab, und die Haut hatte einen bläulich grauen Ton angenommen. Moira vermeinte etwas wie ein leises, feuchtes Schlürfen zu hören.

McIntyre ließ sich neben dem Verletzten nieder, fühlte seinen Puls und lauschte seinem Atem. Dann begann er, mit den Fingern seiner rechten Hand den Brustkorb abzuklopfen.

Moira kam sich vor, als würde sie alles wie aus weiter Ferne betrachten. In ihren Ohren rauschte es. Hatte sie richtig gehört? Sollte das etwa Duncans Vater sein? Aber wie war das möglich?

»Sergeant Gillet, habt Ihr ein Messer?«, fragte McIntyre.

Moira blickte auf. Sie hatte gar nicht bemerkt, dass nun auch die Rotröcke bei ihnen standen.

Der Sergeant grinste. »Wollt Ihr den Hurensohn erstechen, Doktor?«

»Natürlich nicht. Habt Ihr nun ein Messer?«

»Nicht für so einen! Diese verdammten Wilden haben einen Speer auf uns geworfen!«

Moira blickte July an. »Ein Messer!«, stieß sie hervor. »Schnell, hast du ein Messer? Er will ihm helfen!« Was immer McIntyre damit vorhatte, Moira war überzeugt, dass es zum Besten des Verletzten war.

Das Mädchen sah sie fragend aus verweinten Augen an.

»Messer.« Moira machte eine Bewegung, als würde sie etwas durchschneiden. Der größere der Eingeborenen streckte ihr eine schmale steinerne Klinge hin, die sie schnell an McIntyre weitergab. Der Bärtige war inzwischen am Rande einer Ohnmacht, seine Hautfarbe wurde zunehmend grauer.

»Was habt Ihr vor?«, fragte Duncan. Er klang verzweifelt, nicht misstrauisch.

»Die Lunge ist kollabiert, und in den Raum zwischen Lunge und Rippen ist Luft eingedrungen. Ich muss eine Drainage anlegen. Nur so kann ich den Druck ausgleichen.«

Moira verstand nicht viel von diesen Erläuterungen, und auch Duncan sah nicht so aus, als hätte er alles begriffen, aber er nickte.

»Halt ihn fest«, wies McIntyre ihn an. Mit der Linken tastete er auf der verletzten Brustkorbseite nach einer Stelle eine Handbreit unterhalb des Schlüsselbeins und stach dann die Klinge vorsichtig hinein. Der Verletzte zuckte; es gab ein Geräusch wie ein leises Zischen, dann holte er tief und röchelnd Atem. Binnen weniger Augenblicke kehrte seine Farbe wieder zurück. Duncan stieß einen erleichterten Seufzer aus.

Auch McIntyre atmete hörbar auf. »Die Wunde muss offen gehalten werden.« Er beugte sich erneut über den Verletzten. »Und er muss so schnell wie möglich ins Lazarett.«

»O'Sullivan!«, ertönte in diesem Moment die Stimme des Sergeants. Die Läufe aller drei Musketen waren auf Duncan gerichtet. »Ich verhafte dich wegen Fluchtversuchs und der Ermordung eines Soldaten Seiner Königlichen Majestät.«

Ein Knoten aus Angst und Entsetzen ballte sich in Moiras Magen zusammen. »Nein!«, protestierte sie. »Nein! Das … das dürft Ihr nicht!«

Es war, als hätte man sie überhaupt nicht gehört. Duncan sagte kein Wort, als man ihm unsanft die Arme auf den Rücken drehte und ein Paar eiserne Handschellen anlegte. Er sah Moira an, und der Ausdruck in seinen Augen ließ sie fast aufschreien. So kurz vor dem Ziel und doch alles verloren.

Mit brennenden Augen warf sie einen Blick hinaus auf die Bucht. Fitzgerald und das Boot waren nur noch ein kleiner Punkt auf dem Wasser, der sich langsam entfernte.

24.

Die Schlinge hob sich drohend vor dem morgend-lichen Himmel ab; ein Himmel, so blau, dass er fast schon unnatürlich wirkte. Eine schweigende Menge bevölkerte den Platz vor dem Galgen. Erst als zwei Wär-ter Duncan heranführten, erhoben sich einzelne Stimmen aus der Menge, wütend, voller Hass. Man hatte ihm die Hände auf den Rücken gefesselt, seine Kleidung war zerris-sen. Der Henker, ein vierschrötiger Mann mit der bulligen Gestalt eines Ochsentreibers, half ihm auf das hölzerne Gestell. Duncan hob den Blick zum Galgen. Sein Gesicht war unbewegt, nur in seinen Augen las Moira Furcht. Sieh nicht dorthin, wollte sie ihm zurufen, sieh mich an! Doch kein Wort kam aus ihrem Mund. Dann legte der Henker ihm die Schlinge um den Hals, ein dicker Strick, wie eine Schlange …

Moira fuhr auf, ihr Herz raste, ihr ganzer Körper war in Schweiß gebadet. Es war ein Traum, nichts weiter als ein Traum, sagte sie sich und versuchte, ihren jagenden Atem zu beruhigen. Dennoch dauerte es, bis sie ihre zitternden Hände so weit im Griff hatte, dass sie das Zunderkästchen öffnen und die kleine Kerze auf ihrem Nachttisch anzün-den konnte.

Die Flamme tauchte das Zimmer in einen schwachen Schein und warf zuckende Schatten an die Wand. Ein Tisch, ein Stuhl, ein Bett. Sie lauschte. Im Haus war es still wie in einem Grab, auch von den Straßen war nichts zu hören. Es war noch dunkel, selbst das Hausmädchen, das stets als Erste aufstand, schlief noch.

Seit sechs Tagen lebte Moira hier. Sie war nicht wieder zurückgekehrt zu McIntyre, obwohl das ihre Pflicht als Ehefrau gewesen wäre. Aber auch McIntyre hatte es abgelehnt, noch länger mit ihr unter einem Dach zu wohnen. Stattdessen war sie bei den Brennans, Bekannten von Dr. Wentworth, untergekommen, die sie in einem kleinen Zimmer in ihrem Haus in Parramatta einquartiert hatten. Bei Wentworth selbst unterzuschlüpfen wäre unschicklich gewesen. Auch wenn Moira das zurzeit herzlich egal war, so hatte er doch um ihretwillen darauf bestanden.

Sie warf die Bettdecke zurück und trat ans Fenster. Vor ihr erstreckte sich die Hauptstraße von Parramatta, die weiß getünchten Häuser schimmerten hell in der Dunkelheit. Weiter hinten konnte sie das neuerrichtete Gefängnis sehen. Dort, wo Duncan jetzt war. Die Bilder ihres Alptraums stiegen wieder in ihr auf, die Menschenmenge, der Galgen … Keuchend krallte Moira die Finger in die Fensterbank. Bitte, dachte sie flehend, lass den heutigen Tag nicht Duncans letzter sein!

Die meisten der aus Toongabbie geflüchteten Sträflinge waren wieder eingefangen worden. Vielen hatte man in einem Sammelverfahren bereits den Prozess gemacht und sie zu den üblichen Schlägen verurteilt, die nun, wie Moira gehört hatte, nach und nach im Straflager von Toongabbie verabreicht wurden. Fitzgerald hingegen blieb verschwunden. Moira war sich nicht sicher, ob er wirklich nur aus eigennützigen Gründen das Boot genommen hatte. Immerhin hatte seine Flucht für kurze Zeit die Aufmerksamkeit der Rotröcke von Duncan abgelenkt. Ob es dem Hünen gelungen war zu entkommen? Wahrscheinlicher war, dass er längst ertrunken auf dem Grund des Gewässers ruhte. Aber ein Teil von ihr wünschte sich, dass er es geschafft hatte.

*

»Erhebt Euch!« Richter Chamberlain klopfte auf das Pult. Wenigstens blieb ihnen diesmal Mr Zuckerman erspart.

Ein Scharren von vielen Füßen, als sich die Zeugen und Schaulustigen erhoben. Moiras Hände waren eiskalt, ein dicker Klumpen saß in ihrer Kehle und ließ sie schwer schlucken. Ein paar warme Finger legten sich über ihre – Dr. Wentworth, der sie zur Verhandlung begleitet hatte, nickte ihr aufmunternd zu.

Wieder vor Gericht. Wieder Duncan auf der Anklagebank. Diesmal hatte man ihn nicht geschlagen, aber er trug erneut Ketten. Die geballten Fäuste auf seinem Rücken verrieten seine innere Anspannung. Er drehte sich um, suchte Moira. Als ihre Blicke sich trafen, huschte ein kurzes Lächeln über sein Gesicht, und seine verkrampften Finger lösten sich.

Die Anklagen waren schwerwiegend, ganz wie es Major Penrith, der zu Moiras Erleichterung nicht zur Verhandlung erschienen war, gesagt hatte. Dem gegenüber standen die Aussagen der Zeugen, darunter Mary, das Kindermädchen der kleinen Elizabeth, sowie Ihre Exzellenz, Mrs Anna King. Die Frau des Gouverneurs hatte ausgesagt, vom Fenster des Kinderzimmers aus mit angesehen zu haben, wie Samuel Fitzgerald den Soldaten getötet hatte. Nicht Duncan.

Der Richter hielt ein Blatt in der Hand und blickte in die Runde. »Im Namen Seiner Majestät König George III. ergeht folgender Urteilsspruch: Der Angeklagte wird vom Vorwurf des Mordes an dem Gefreiten Spencer freigesprochen.«

Von Moiras Herz löste sich ein riesiger Brocken. Die abgrundtiefe Erleichterung ließ sie fast zusammensinken, sie schwankte leicht. Wentworth fasste ihren Arm.

»Zum zweiten Anklagepunkt.« Richter Chamberlain griff nach einem weiteren Blatt. »Der Vorwurf der Rebellion und der Flucht aus dem Straflager von Toongabbie wird umgewandelt in den Vorwurf des unerlaubten Entfernens von der Arbeit.«

Moira atmete auf. Die englische Strafgesetzgebung machte es möglich, dass manche Vergehen, die normalerweise die Todesstrafe nach sich zogen, von einem gnädigen Richter zu einem weniger schweren Vergehen abgemildert werden konnten. Zumindest hatte Wentworth ihr das so erklärt und ihr damit Mut gemacht.

»Nach sorgfältiger Abwägung aller Zeugenaussagen sind wir zu dem Ergebnis gekommen, dass der Angeklagte damit lediglich das Ziel verfolgte, den Gouverneur und dessen Familie zu schützen. Daher wird auch dieser Anklagepunkt fallengelassen.« Der Richter legte das Blatt zur Seite. »Kommen wir zum letzten Anklagepunkt. Der Angeklagte wird beschuldigt, sich der Festnahme entzogen zu haben und aus dem Gouverneurssitz in Parramatta geflohen zu sein. Dafür wird der Angeklagte zu zehn Tagen Zuchthaus verurteilt. Da der Angeklagte sich bereits seit sechs Tagen in Gewahrsam befindet, hat er noch vier Tage zu verbüßen.«

Moira stieß einen weiteren kleinen Seufzer aus, sie bebte innerlich. Ein Raunen ging durch den Raum.

»Ich bitte um Ruhe!«, forderte der Richter. »Die Verhandlung ist noch nicht beendet. Seine Exzellenz Gouverneur King wird nun das Wort an Euch richten.«

Moira hob überrascht den Kopf, als der Gouverneur nach vorne trat. Sie hatte nicht mitbekommen, dass er überhaupt anwesend war. Duncan drehte sich erneut um und warf ihr einen raschen, fragenden Blick zu. Sie schüttelte den Kopf und zog die Schultern hoch.

Der Gouverneur war es gewohnt, vor vielen Menschen zu sprechen, das merkte man schon seinen ersten Worten an. Er begrüßte die Anwesenden und schwang sich dann auf zu einer Rede über Werte und Tugenden des aufgeklärten Menschen, um damit zu schließen, wie sehr er Duncan verpflichtet sei, der sich beherzt gegen die rebellischen Straftäter gestellt und damit seine Frau und seine von ihnen beiden über alles geliebte Tochter Elizabeth vor dem Schlimmsten bewahrt habe.

»Ich habe gehört«, wandte er sich nun direkt an Duncan, »dass Euch wegen eines anderen Vergehens die Verbannung nach Norfolk Island droht.«

»Ja, Sir.« Duncans Stimme war rau. Moira konnte sehen, wie sich seine Fäuste ballten.

»Nun«, sprach der Gouverneur weiter, »nach allem, was Ihr für meine Familie getan habt, kann ich das natürlich nicht zulassen. Da das Urteil bereits gesprochen wurde, ist es leider nicht mehr rückgängig zu machen. Aber ich werde den Vollzug der Strafe auf unbestimmte Zeit aussetzen.«

Moira war benommen vor Dankbarkeit und Erleichterung. Hatte sie richtig verstanden – Duncan musste nicht nach Norfolk Island?

Von neuem erfüllte Raunen den Raum. Aber der Gouverneur war noch nicht fertig. Er hielt kurz inne, um sich umständlich in sein Taschentuch zu schnäuzen, dann hob er die Hand. Das Gemurmel verstummte.

»Ihr habt erst ein Jahr Eurer siebenjährigen Deportation hinter Euch, ist das richtig, Mr O'Sullivan?«

Duncan bejahte erneut, diesmal mit einem fragenden Unterton, und straffte sich.

»Nun, das ist zwar eigentlich zu wenig, aber diese besonderen Umstände erfordern besondere Maßnahmen. Verehrte Anwesende«, der Gouverneur machte eine bedeutungsvolle Pause. »Verehrte Anwesende, ich möchte den heutigen Tag zum Anlass nehmen, eine Neuerung einzuführen: das *ticket of leave*, die Freilassung auf Bewährung. Damit erhalten Sträflinge, die sich in vorbildlicher Weise ausgezeichnet haben, die Möglichkeit, unter bestimmten Bedingungen ihr eigener Herr zu sein.«

Moira hielt die Luft an. Wollte der Gouverneur Duncan etwa ein solches *ticket of leave* gewähren? Ihr Herz pochte laut gegen ihre Rippen.

»Leider«, fuhr der Gouverneur fort, »kommt Mr O'Sullivan nicht für ein *ticket of leave* in Frage.«

Moiras Zuversicht sank wieder in sich zusammen. Gleich darauf flammte Zorn in ihr auf. Wieso nicht? Hatte Duncan nicht Mrs King und die kleine Elizabeth gerettet, wie der Gouverneur gerade erst selbst gesagt hatte? Wieso machte Gouverneur King ihm erst Hoffnung, wedelte ihm damit gewissermaßen wie einem Hund mit der Wurst vor der Nase, um sie dann wieder wegzuziehen? Sie schnaufte vor Empörung und blickte zu Wentworth, der besänftigend seine Hand auf die ihre legte.

»Und zwar deswegen«, sagte der Gouverneur mit einem feinen Lächeln, »weil ein Sträfling mit einem *ticket of leave* kein eigenes Land besitzen darf. Daher, Mr O'Sullivan, habe ich mich entschieden, Euch bereits jetzt das *conditional pardon*, den bedingten Straferlass, zu gewähren.«

Moira blieb vor Überraschung und Freude der Mund offen stehen. Ein *conditional pardon* war gleichbedeutend mit einer tatsächlichen Freilassung, mit der einzigen Einschränkung, dass eine Rückkehr nach Irland oder England nicht möglich war. Aber das würde ja bedeuten …

»Außerdem –«, wollte Gouverneur King fortfahren, aber Moiras Freudenschrei ließ ihn verstummen. Sofort ruckten alle Köpfe zu ihr hinüber. Sie schlug sich die Hand vor den Mund, um weitere Äußerungen zurückzuhalten, aber in ihr gluckste es. Irgendwo hinter sich glaubte sie die unerträgliche Mrs Zuckerman etwas zischen zu hören. Sie konnte Wentworths Mundwinkel zucken sehen, als könne er nur mit Mühe einen ernsthaften Ausdruck beibehalten.

Auch der Gouverneur lächelte. »Außerdem«, fuhr er fort, als hätte es die Unterbrechung nicht gegeben, »steht Euch nach Eurer Entlassung wie allen freigelassenen Sträflingen Land in der Größe von dreißig Morgen zu.«

Hätte Wentworth sie nicht zurückgehalten, Moira wäre jubelnd aufgesprungen und zu Duncan gelaufen, ohne sich einen Deut um ihren Ruf zu scheren. So aber blieb sie auf ihrem Platz, die Hände auf den Mund gepresst, und konnte doch nicht verhindern, dass sich kleine Laute des Glücks aus ihrer Kehle stahlen. Hinter ihr erhoben sich murmelnde Stimmen, gemischt mit Ausrufen des Beifalls und der Empörung. Moira blickte sich kurz um und sah gerade noch, wie McIntyre nahezu fluchtartig den Raum verließ.

»Einfach unerhört«, vernahm sie dann die keifende Stimme von Mrs Zuckerman rechts hinter sich. »Und ich war mit dieser schamlosen Person bekannt!«

*

Duncan trat aus dem stickig-heißen Lazarettgebäude, wo er seinen Vater besucht hatte, und wandte sich in Richtung der schnurgeraden Hauptstraße von Parramatta. Die Geschichte des »wilden weißen Mannes«, wie man Joseph hier nannte, hatte in Windeseile die Runde in der Kolonie gemacht. Was allerdings bedeutete, dass auch Joseph nach seiner Genesung mit einer Anklage wegen Flucht aus dem Gefangenenlager rechnen musste. Aber Dr. Wentworth war zuversichtlich, dass diese Sache ebenfalls glimpflich ausgehen würde, da sie sicher längst verjährt war.

Die großflächige Überschwemmung hatte überall Schaden angerichtet. An allen Ecken und Enden der Stadt erscholl Hämmern und Sägen, sah Duncan Sträflingstrupps, die in der glühenden Sommerhitze Löcher reparierten, Häuser deckten oder neu bauten und angeschwemmten Unrat wegräumten.

Am linken Straßenrand war ein vierrädriger Karren mit einem gebrochenen Rad liegengeblieben, einige Rotröcke liefen herum. Beißender Latrinengeruch aus den offenen Fässern machte schnell klar, dass es sich hierbei um den Wagen handelte, der die Fäkalien aus der Kaserne abfuhr. Offenbar machte es der Einsatz der Sträflinge für das öffentliche Wohl nötig, dass man für diese Arbeit rangniedere Soldaten heranziehen musste. Ein berittener Offizier begleitete sie. Zwei Soldaten hatten einen langen Balken als Hebel angesetzt und versuchten, den Karren damit anzuheben, um das gebrochene Rad von der Achse lösen zu können.

»Lieutenant, es ist zu schwer!«, hörte Duncan einen von ihnen rufen. »Vielleicht sollten wir erst die Fässer abladen?«

»Nichts da, gebt Euch etwas mehr Mühe!«

Duncan fuhr herum. Er kannte die Stimme. Und richtig: Es war niemand anderes als Major Penrith, der soeben vom Pferd stieg. Der ehemalige Major Penrith, berichtigte er sich. Denn der Mann war kein Major mehr.

Wie ihm Moira erzählt hatte, die es von Dr. Wentworth erfahren hatte, war der Gouverneur sehr ungehalten über Major Penrith gewesen. James Penrith war beschuldigt worden, durch sein Fehlverhalten für den Tod eines Untergebenen verantwortlich gewesen zu sein – der Ärmste war von einem Krokodil gefressen worden. Dr. McIntyre und die drei Rotröcke in seiner Begleitung hatten gegen den Major ausgesagt. Außerdem warf man ihm Korruption, Bestechlichkeit und unerlaubten Rumhandel vor. Daraufhin hatte der Gouverneur Major Penrith zum Lieutenant degradiert und festgelegt, ihn für längere Zeit mit Strafkommandos zu betrauen. Zurzeit war er offenbar dafür verantwortlich, die Fäkalienabfuhr der Kasernenlatrine zu überwachen.

Penrith schrie Befehle, die Soldaten mühten sich weiter mit dem Hebel ab, doch nichts geschah.

»Ihr nichtsnutziges Gesindel, könnt Ihr denn nichts alleine?« Mit leichtem Humpeln kam Penrith anmarschiert und half mit, den Hebel hinunterzudrücken. Im nächsten Moment brach der Balken krachend entzwei, der Wagen fiel zurück auf das gebrochene Rad, und der Inhalt zweier Fäkalienkübel ergoss sich auf die Straße. Duncan war weit genug entfernt, um nicht getroffen zu werden, aber ein Teil der stinkenden Brühe hatte Penriths Stiefel, seine weißen Beinkleider und den Ärmel seines roten Uniformrocks besudelt. Duncan durchströmte ein Gefühl tiefer Befriedigung.

Penrith fluchte. In diesem Moment ging sein Blick in Duncans Richtung. Der Fluch erstarb ihm auf den Lippen, er wurde erst blass und dann rot.

»Verdammter irischer Bastard«, stieß er in ohnmächtiger Wut hervor. »Mit dir bin ich noch nicht fertig!« Hektisch strich er über seinen beschmutzten Ärmel. »Du ... du Abschaum wirst dir noch wünschen, nie geboren worden zu sein!« Ruckartig drehte er sich um und brüllte neue Befehle.

Für einen Moment regte sich Sorge in Duncan. Dann schüttelte er den Kopf – wie konnte Penrith ihm jetzt noch schaden? Ein Lächeln huschte über sein Gesicht, als er sich abwandte und den Weg nach Toongabbie einschlug.

*

Das Kutschenhaus hatte kaum Schaden genommen. Duncan blickte hinauf zu dem roh gezimmerten Dach, das an manchen Stellen ausgebessert werden musste. Dort, auf dem Heuboden, hatte er sein Lager gehabt. Und sich mit Moira getroffen.

Es nutzte nichts, es länger hinauszuzögern, also drehte er sich um und ging über den Platz, auf dem der Schlamm mittlerweile getrocknet und von rissigen Furchen durchzogen war. Nach den regnerischen Tagen und Wochen war es jetzt wieder so heiß, dass die Luft vor Hitze flimmerte. Nur ein brauner Streifen an den weiß gestrichenen Hauswänden verriet, dass hier vor kurzem noch das Wasser gestanden hatte.

Eine seltsame Scheu ergriff ihn, als er vor dem Haus des Doktors stand. Seine Zunge klebte am Gaumen, Schweiß sammelte sich zwischen seinen Schulterblättern. Die Veranda lag im Schatten des Daches, das von hölzernen Pfeilern getragen wurde. Hier hatte der Aufseher ihn damals angekettet, als sie den Sträfling Henderson zum Doktor gebracht hatten. Und hier war Moira zu ihm gekommen und hatte ihm etwas zu trinken gebracht. Für einen Moment glaubte er wieder die schweren Eisenketten um seine Handgelenke zu spüren. Er packte das längliche Bündel in seiner Hand fester und klopfte.

Dr. McIntyre öffnete selbst – und starrte ihn so verwirrt an, als hätte er sich vor seinen Augen in einen Schellfisch verwandelt. »O'Sullivan«, murmelte er.

Duncan hätte es verstanden, wenn McIntyre ihn gar nicht

erst hätte eintreten lassen, aber entweder war er zu überrascht von seinem Besuch, oder er hatte ihn erwartet. Jedenfalls zögerte der Doktor nur kurz, bevor er ihn hereinbat.

In der Wohnstube war Duncan noch nie gewesen, immer nur in Küche und Studierzimmer. Eine bräunliche Verfärbung in Knöchelhöhe zeigte auch hier an, bis wohin das Wasser während der Überschwemmung gereicht hatte. Tisch, Stühle und Schränke waren an den Füßen etwas aufgequollen, und die Holzbohlen des Fußbodens hatten sich ein wenig verzogen, aber es sah nicht so aus, als wäre weiterer Schaden entstanden. Überhaupt machte die Stube einen durchweg ordentlichen und gepflegten Eindruck.

Als McIntyre ihm einen Platz anbot, zögerte er, bevor er sich setzte und das in ein Tuch gewickelte Bündel hinter sich auf den Stuhl legte. Nach all den langen Monaten als Sträfling würde es wohl noch eine ganze Zeit dauern, bis er sich wieder wie ein freier Mann fühlen würde.

Unaufgefordert erschien Ann und stellte einen Krug mit Wasser und zwei Gläser auf den Tisch. Etwas war anders an ihr. Sie hatte ihre mausbraunen Haare zu einem kleinen Knoten geschlungen, trug ein einfaches helles Kleid, das er noch nie an ihr gesehen hatte, und wirkte nicht mehr ganz so verhuscht wie früher.

»Danke, Ann«, sagte McIntyre freundlicher, als Duncan es je von ihm gehört hatte. Bei diesen Worten schien sie förmlich zu erglühen. Dann knickste sie und ging hinaus.

Obwohl er Durst hatte, trank Duncan nur einen kleinen Schluck. Seine Kehle war wie zugeschnürt, und er befürchtete, in McIntyres Gegenwart nicht mehr hinunterzubekommen. Auch der Doktor wirkte angespannt, aber im Gegensatz zu Duncan schüttete er das Wasser mit einem einzigen Schluck hinunter. Als er das Glas auf dem Tisch absetzte, hörte es sich unnatürlich laut an.

»Nun bist du also tatsächlich frei.« Er vermied es, Duncan anzusehen. »Was willst du hier?«

Auch Duncan stellte sein Glas ab. »Mich bedanken. Für das, was Ihr für meinen Vater getan habt. Ihr habt ihm das Leben gerettet.«

McIntyre wirkte fast erleichtert, seine Schultern sanken herab. »Nun«, brummte er. »Dazu ist ein Arzt schließlich da.«

»Außerdem habe ich etwas für Euch.« Duncan griff hinter sich und reichte McIntyre das längliche Bündel.

Der Doktor sah ihn in einer Mischung aus Hoffnung und Unglauben an, dann schob er sein Glas und den Krug zurück, legte das Bündel auf den Tisch und begann, es mit Bedacht aufzuschnüren. Ein schmales, metallenes Rohr kam zum Vorschein.

McIntyres Wangen bekamen hektische Flecken. »Das *oculus introspectans*!«, stieß er hervor. Das Rohr war ein wenig ramponiert und an einer Stelle plattgedrückt; nichts, was man nicht wieder hätte richten können. »Wo hast du es gefunden?«

»Außerhalb von Parramatta. Halb im Uferschlamm begraben.«

War es wirklich Zufall gewesen, dass ihm der silbrige Schimmer unter all dem Gestrüpp und angeschwemmtem Treibgut aufgefallen war? Duncan glaubte nicht an Zufall. Aber wegen dieses Rohrs hatte es zum ersten Mal Streit zwischen Moira und ihm gegeben. Sie hatte nicht gewollt, dass er dieses Ding, dessen Zweck sich ihr nicht erschloss und den er ihr auch nicht erklären wollte, weil er noch immer zu seinem Wort stand, zurück zu McIntyre brachte.

»Er hat eine Waffe auf dich gerichtet!«, hatte sie gegrollt. »Du bist ihm zu nichts mehr verpflichtet!«

Das war sicher richtig, und doch empfand er es so.

McIntyre strich fast zärtlich über das dünne, metallene Rohr. »Das ist ... sehr freundlich von dir«, brachte er schließlich stockend hervor. Die Worte kosteten ihn sichtbar Überwindung. »Es war in der Truhe«, sprach er dann unvermittelt weiter. Duncan hatte den Eindruck, als hätte der Doktor plötzlich das Bedürfnis, mit ihm darüber zu reden. Und so erfuhr er, dass die Truhe, in der McIntyre seine Forschungsunterlagen gesammelt hatte, davongeschwemmt worden war. Man hatte sie vorgestern flussabwärts entdeckt, mit zerkratztem Deckel und einer eingedrückten Seitenwand, und was von McIntyres Notizen noch vorhanden war, war durchweicht und die Tinte unlesbar zerlaufen. Und das *oculus* war verschwunden. Bei der Erinnerung glitt für einen Moment Schmerz über sein Gesicht. »Ann und ich konnten einige meiner Notizen retten. Ich überlege, die Ergebnisse meiner Forschungen noch einmal neu niederzuschreiben und dann zu publizieren. Vielleicht lege ich es auch erst einigen Kollegen vor. Ich dachte da an Dr. Balmain und Dr. Wentworth.«

McIntyre hatte mehr zu sich selbst gesprochen, und so schwieg Duncan. Er war kein Arzt, was hätte er auch sagen sollen? Schließlich nickte er.

Der Doktor zögerte, strich erneut über das Rohr. Er schien mit sich zu ringen, dann gab er sich einen Ruck und schaute auf.

»Du ... du könntest dir nicht vorstellen, dieses *oculus* zu reparieren? Natürlich gegen Bezahlung«, fügte er rasch dazu. »Und vielleicht ... noch ein weiteres Modell herzustellen?«

*

Moira griff zum wiederholten Mal in den mit Gras vermischten Lehm, nahm eine Handvoll der angenehm kühlen, klebrigen Masse heraus und beschmierte damit die Wand aus ineinandergeflochtenen Ästen und Zweigen. Ein bisschen kam sie sich dabei vor wie Robinson Crusoe, jenem einsamen Schiffbrüchigen aus Mr Defoes Roman. Für ihre Behausung hatten sie etliche schlanke Akazienstämme aufrecht in den Boden getrieben und dazwischen dünne Ruten eingeflochten. Zwei rechteckige Aussparungen, die nicht mit Flechtwerk ausgefüllt worden waren, bildeten die Fenster. Jetzt fehlte nur noch der Lehmverputz. Auf diese Art hatten bereits die ersten Siedler in der Botany Bay ihre Hütten errichtet, hatte Wentworth erzählt. Dankenswerterweise hatten sie auch von den *Eora* Unterstützung bekommen, die sie mit Holz, Rinde und manchmal auch mit Essen versorgt hatten.

Sobald Moira etwas Zeit hätte, wollte sie ihren Eltern schreiben. Was sie wohl zu all diesen neuen Entwicklungen sagen würden? Mutter würde natürlich die Hände über dem Kopf zusammenschlagen, und auch ihr Vater wäre sicher wenig erfreut darüber. Aber vielleicht würde wenigstens ihre Schwester Ivy sie verstehen.

Sie blickte auf und strich sich mit dem Handrücken eine Strähne zurück unter den Sonnenhut. Ein kleines, graupelziges Känguru näherte sich ihr mit diesen seltsam hüpfenden Bewegungen, die sie bei keinem anderen Tier je gesehen hatte. Dann ließ es sich keine zwei Schritt entfernt neben ihr auf seinen kräftigen Hinterbeinen nieder und beäugte wachsam, was Moira da tat.

Moira lächelte, wischte sich die lehmbeschmierten Hände notdürftig an einem alten Tuch sauber und streckte vorsichtig einen Arm aus. Das Känguru machte den Hals lang und schnupperte an Moiras Hand, die großen dunklen Augen hinter den langen Wimpern blickten sanftmütig. Dann rümpfte es die Nase und sprang davon.

Moira sah ihm hinterher und ließ ihren Blick über das noch unbestellte Stück Land schweifen, das nun ihnen – nein, Duncan – gehörte. Nördlich von Parramatta, nicht weit entfernt von Wentworths Farm, voller Gras und Sträucher und hier und da ein paar Bäume, die sich in einen unglaublich blauen Himmel erhoben. Sie hatten es gemeinsam abgemessen; dreihundert mal vierhundert Schritte. Auf einem Teil davon würden sie Mais anpflanzen und vielleicht auch Weizen. Und später einmal wollten sie Schafe züchten. Oder Pferde. Im Geist sah sie schon eine kleine Herde von kräftigen Rappen, Braunen und Füchsen vor sich, die sich auf der Wiese tummelten.

Im Süden grenzte ihre Parzelle an einen schmalen Bachlauf, und dahinter begann das Land von Mr Betts, ihrem Nachbarn. Von dort sah sie jetzt Duncan mit großen Schritten kommen, und das Herz hüpfte ihr vor Freude. Er trug ein zusammengewickeltes Tuch unter dem Arm, das er jetzt neben sich legte.

»Ich bin schrecklich schmutzig!«, lachte sie, als er sie umarmen wollte, und entwand sich ihm. »Was hast du da?«

»Eine Überraschung.« Er setzte sich neben sie ins Gras und erzählte ihr von Joseph, von dem ehemaligen Major und davon, dass es mehr als genug Arbeit gebe, mit der er etwas Geld verdienen könnte. »Ich kann als Kesselflicker arbeiten und auf den Feldern.« Er schwieg einen Moment. »Und für den Doktor«, setzte er dann hinzu.

»Du denkst doch nicht etwa daran, das zu tun?«

»Doch«, sagte er. »Das denke ich.«

Moira schluckte eine heftige Erwiderung hinunter. Es war Duncans Entscheidung, und sie war viel zu glücklich, um sich darüber aufzuregen. Und vielleicht hatte er sogar recht, schließlich sollte man sich McIntyre nicht noch mehr zum Feind machen.

McIntyre hatte in eine Trennung eingewilligt und sich bereit erklärt, Moira einen kleinen monatlichen Betrag zu zahlen, schließlich war sie noch immer seine Ehefrau und er daher von Gesetzes wegen verpflichtet, für sie zu sorgen. Auch wenn diese Regelung ein gewisses Maß an finanzieller Sicherheit bot, behagte sie weder ihr noch Duncan. Am liebsten hätte Moira nie wieder etwas mit McIntyre zu tun gehabt. Aber eine andere Lösung war nicht möglich. McIntyre würde nie den Skandal einer Scheidung auf sich nehmen, die noch dazu langwierig und äußerst kostspielig war, sofern sie überhaupt Aussicht auf Erfolg hatte. Aber hatte nicht schon D'Arcy Wentworth unverheiratet mit einer ehemaligen Sträflingsfrau zusammengelebt und damit gezeigt, dass man sich hier, in diesem fernen Land weit weg von Europa, nicht unbedingt um die Konventionen scheren musste?

Duncan wickelte das Tuch auf und legte ihr ein in schwarzes Leder gebundenes Buch in den Schoß. »Ich habe den Doktor gefragt, ob ich sie haben kann.«

»Meine Bibel!« Moira strich mit einem halbwegs sauberen Fingerknöchel über den Einband und musste lächeln, als sie sich daran erinnerte, wie sie vor vielen Monaten Duncan damit in der Küche angetroffen hatte – und an das anregende Bibelstechen …

»Es war aus dem Hohelied der Liebe«, murmelte sie.

»Was?«

»Was ich dir damals nicht aus der Bibel vorlesen wollte. ›Meinem Freund gehöre ich, nach mir steht sein Verlangen.‹«

»Tut es das?« Duncan lächelte, dann schnupperte er und blickte suchend um sich. »Was riecht hier eigentlich so seltsam?«

Moira legte die Bibel zurück in das Tuch und deutete auf

den Topf, den sie nach draußen gebracht hatte, um den Gestank nicht in der Hütte zu haben. »Ningali hat Wurzeln und ein Stück Fleisch gebracht, und ich habe versucht, daraus einen Eintopf zu kochen.« Sie verzog schuldbewusst den Mund und hob die Schultern. »Er ist ganz fürchterlich angebrannt.«

Sie war nie in die Kunst des Kochens eingeweiht worden. Das war auch nicht nötig gewesen; eine Dame, so pflegte sich ihre Mutter auszudrücken, hatte dafür schließlich Personal.

Duncan öffnete den Topfdeckel, um einen Blick hineinzuwerfen, rümpfte die Nase – und schloss den Deckel schnell wieder.

»Meine kleine Schwester war also hier?«, fragte er beiläufig.

Moira nickte mit einem nachsichtigen Lächeln. Seit Duncan von seiner Familie wusste, ließ er kaum eine Gelegenheit aus, darüber zu sprechen. »Wahrscheinlich steckt sie noch irgendwo in der Gegend. Sie und ihr Dingo.«

Sie warf einen Blick des Bedauerns auf den Topf mit dem angebrannten Essen. »Vielleicht sollte ich noch einmal zu D'Arcy gehen und um Brot und Zwiebeln bitten. Hoffentlich bereut er nicht schon, dass er uns seine Unterstützung angeboten hat.«

»Lass dem armen Dr. Wentworth etwas Gnadenfrist. Wir werden noch oft genug vor seiner Tür stehen, wenn du wieder den Kochlöffel schwingst.« Duncan schüttelte in gespielter Verzweiflung den Kopf. »Ich weiß wirklich nicht, wie ich mit einer Frau zusammenleben soll, die so grauenvoll kocht.«

»Na warte!« Moira griff in den Eimer mit Lehm und warf einen Klumpen nach ihm. Er wich aus, und der Klumpen landete im Gras. Im nächsten Moment war Duncan aufgesprungen und versuchte, sich auf sie zu stürzen. Moira war schneller, entwischte ihm, stolperte fast über den Eimer, fing sich aber und rannte davon. Ihr Sonnenhut fiel ins Gras. Duncan setzte ihr nach und jagte sie um die Hütte. Er erwischte sie, als sie vor lauter Lachen nicht mehr weiterkonnte.

»Meine kleine Wildkatze ...« Er umfing sie von hinten und presste sich an sie. Sie lehnte sich gegen ihn, spürte ihren raschen Herzschlag an ihrem Hals und den seinen dicht daneben.

»Ich werde Mr Betts bitten, mir seinen Pflug zu leihen«, murmelte er in ihr Haar. »Und dann werde ich anfangen, das Feld zu pflügen. Aber das«, er küsste sie auf den Scheitel, »hat Zeit bis morgen.«

Er drehte sie um und küsste ihre Augenlider. Moira atmete schneller, und das nicht nur, weil sie gerannt war. Sie ließ sich in seine Umarmung fallen. Dann hob er sie hoch und trug sie in ihre kleine Hütte zu ihrem Schlafplatz aus Stroh, Fellen und Decken. Und diesmal versuchte sie gar nicht erst, leise zu sein.

Als der Abend hereingebrochen war und sich die Geräusche der Nacht herabgesenkt hatten, trat Moira noch einmal vor die Tür der kleinen Hütte, dort, wo sie demnächst eine einfache Veranda bauen würden. Die Nacht umfing sie mit samtiger Wärme, das Zirpen der Grillen tönte durch die Luft. Sie stand ganz still, blickte über das Land, das sich da im Dunkeln vor ihr erstreckte. Dann richtete sie den Blick nach oben, hinauf in den nächtlichen Himmel, wo die schmale Mondsichel schimmerte und tausend Sterne wie Edelsteine in einem Bett aus schwarzem Samt funkelten. Sie breitete die Arme aus, atmete tief durch und ließ sich durchströmen vom Geist des Landes, dieses fremden, wunderbaren Landes.

452

Sie war angekommen. Hier, in dieser kleinen, leicht schiefen Hütte, die sie in all ihrer Unvollkommenheit selbst gebaut hatten, fühlte sie sich endlich zu Hause.

Und das Leben steckte voller neuer Möglichkeiten.

*

Im Dunkel der Nacht glomm das Herdfeuer der kleinen Hütte als warmer Schein durch die Ritzen in den Flechtwänden und ergoss sich als schmaler Streifen aus der Türöffnung. Ningali beobachtete, wie Mo-Ra Zwiesprache hielt mit dem Land, das die Ahnen einst ins Leben gesungen hatten. Auch Dan-Kin trat jetzt heraus, legte die Arme um Mo-Ra und flüsterte ihr etwas ins Ohr. Dann gingen beide wieder hinein. Bald darauf vernahm Ningali erneut die wohligen kleinen Laute, die klangen, als würde Mo-Ra etwas ganz ausnehmend gut gefallen.

Einen Moment lang war Stille, dann hörte sie ihren Bruder und Mo-Ra miteinander reden und leise lachen. Auch Ningali lachte, lautlos und glücklich. Sie würde auf die beiden aufpassen, so, wie sie es schon lange getan hatte. Aber jetzt war es Zeit, sie alleine zu lassen.

Sie legte dem Dingo kurz die Hand auf den Kopf, dann drehte sie sich um und verschwand zwischen den Bäumen.

NACHWORT

Im 18. Jahrhundert nahm die Bevölkerung in den englischen Städten rasant zu. Die Kriminalitätsrate stieg, die
Gefängnisse waren überfüllt, da sich die seit 1776 unabhän-
gigen Vereinigten Staaten von Amerika weigerten, noch
länger britische Sträflinge aufzunehmen. Wenige Jahre
zuvor war James Cook an der Ostküste des damals noch
»Neuholland« genannten Australiens gelandet und hatte
die Hälfte des Landes formell als Neusüdwales für die britische Krone in Besitz genommen. Dort wollte man eine
Sträflingskolonie gründen.

1788 trafen mit der »First Fleet« (Ersten Flotte) elf
Schiffe in Australien ein. Mehr als tausend Menschen gingen von Bord, 740 davon waren Sträflinge; sie und ihre
Bewacher gelten als Gründer des heutigen Australiens. Die
erste Ansiedlung wurde nach dem damaligen britischen In-
nenminister Sydney benannt.

Die Anfangsjahre überstand die junge Kolonie nur mit
Mühe. Die Ausrüstung war unzureichend, kaum einer der
Neuankömmlinge hatte landwirtschaftliche Erfahrung,
und Missernten trieben die Sträflingskolonie an den Rand
einer Hungersnot. Zwei weitere Flotten folgten, die noch
mehr Sträflinge, aber auch dringend benötigte Nahrungs-
mittel brachten.

Verbannte man anfangs hauptsächlich einfache Straftäter wie Diebe oder Prostituierte nach Australien, so folgten

nach 1798 auch etliche irische Rebellen, die sich gegen die englische Herrschaft in Irland aufgelehnt hatten. Viele dieser Sträflinge saßen dem Gerücht auf, dass nur wenige Tagesmärsche entfernt im Westen, gleich hinter den Bergen, China läge. Manch einer floh und suchte das verheißungsvolle Land, das ein sorgenfreies Leben versprach. Kaum einer kehrte zurück, was das Gerücht zusätzlich nährte.

Zu den ersten Sträflingslagern gehörte auch Norfolk Island, 1500 Kilometer vor dem Festland im Pazifik gelegen. Zur berüchtigten »Teufelsinsel«, auf die man die unverbesserlichen Verbrecher schickte, wurde die Insel allerdings erst ab 1825 – dies habe ich aus dramaturgischen Gründen ein wenig vorgezogen. Etliche Sträflinge wählten lieber den Tod als die Verbannung dorthin, wobei viele Katholiken aus Angst vor der Todsünde des Selbstmords die Lösung vorzogen, die Samuel auch Duncan vorschlägt.

Es ist nicht bekannt, ob es um 1800 einen irischen Arzt gab, der an der Entwicklung eines, wie Dr. McIntyre es nennt, *oculus introspectans* forschte. Bekannt ist allerdings, dass der deutsche Arzt Philipp Bozzini 1806 mit seinem »Lichtleiter« den Vorläufer eines solchen Geräts erfand.

1868 gelang es Prof. Adolf Kußmaul, einem Schwertschlucker ein Metallrohr durch die Speiseröhre bis in den Magen zu schieben; diesem Instrument war jedoch wegen mangelnder Beleuchtung kein Erfolg beschieden. Es sollte noch Jahre dauern, bis ein beleuchtbares Gastroskop hergestellt werden konnte.

Neben meinen eigenen Protagonisten habe ich einige historische Persönlichkeiten auftreten lassen, darunter Gouverneur King und seine Frau Anna, John und Elizabeth Macarthur, die Begründer der Schafzucht in Australien, und natürlich D'Arcy Wentworth, von dem übrigens angenommen werden darf, dass er Jane Austen gleich zu zwei ihrer Figuren inspiriert hat: Mr Darcy und Captain Wentworth. Die Figur des Joseph, des »wilden weißen Mannes«, basiert locker auf dem ehemaligen Sträfling John Wilson, der lange bei den Aborigines lebte und es unter dem Namen Bun-Boe sogar bis zum Stammeshäuptling brachte. Die Ereignisse in Kapitel 20 (Aufstand der Sträflinge und versuchte Geiselnahme des Gouverneurs) sind dagegen meine Erfindung.

Und falls sich die eine oder der andere fragen sollte – ja, die Hinterlassenschaften eines Wombats sind tatsächlich würfelförmig …

ZEITTAFEL

1770	James Cook entdeckt die Ostküste Australiens
1788	Ankunft der »Ersten Flotte«; Gründung der ersten Sträflingskolonien in Sydney, Toongabbie und auf Norfolk Island
1789	Eine Pockenepidemie tötet einen Großteil der eingeborenen Bevölkerung von Sydney und Umgebung
1793	Ankunft der ersten freien Siedler
1797	Beginn der Schafzucht durch John Macarthur
24. Aug. 1799	Abfahrt der *Minerva* vom irischen Cork
11. Jan. 1800	Ankunft der *Minerva* in Sydney
28. Juni 1800	D'Arcy Wentworths Jahrestagsfeier
Sept. 1800	Verdacht auf geplanten Aufstand der irischen Sträflinge in Toongabbie; Philip G. King wird Gouverneur von Neusüdwales
Feb. 1801	Gouverneur King führt das *ticket of leave* ein

DANKSAGUNG

Bedanken möchte ich mich bei meiner Mutter Ingrid Corbi – für geduldiges Probelesen, hilfreiche Anmerkungen und das eine oder andere »Blümchen am Wegesrand«; bei Katja Tuschy – für inspirierende Diskussionen seit den ersten Ideen, Fachwissen bei allen Pferdefragen und für einen scharfen Blick auf logische und sprachliche Schwachstellen; bei Kerstin Nietsch, Juliane Korelski sowie den Mitgliedern des Autorenforums Montségur.

Mein Dank gilt außerdem meinen wundervollen Agentinnen Natalja Schmidt und Julia Abrahams, meinem großartigen Lektor Carlos Westerkamp sowie den Mitarbeitern des Ullstein Verlags, die alle zusammen dieses Buch möglich gemacht haben.

Gäbe es eine Zeitmaschine, würde ich mich am liebsten persönlich bedanken bei Joseph Holt, dem ich die Schilderung der Vorfälle in Toongabbie in Kapitel 11 verdanke (Auspeitschung der Sträflinge, um die Drahtzieher des verhinderten Aufstands zu finden) sowie bei John Washington Price, dem jungen Schiffsarzt der *Minerva*, dessen Tagebuch mir zu detaillierten Informationen über die Schiffsreise nach Australien und dem Rezept für Mandelmilch verholfen hat.

Und last but not least ein herzliches Dankeschön an Stefan, meinen Mann – für alles.

Kristin Hannah
Immer für dich da

Roman
Deutsche Erstausgabe

ISBN 978-3-548-28106-3
www.ullstein-buchverlage.de

Als die schüchterne Kate und die coole, hübsche Tully einander mit vierzehn zum ersten Mal begegnen, ahnen sie noch nicht, dass daraus eine Freundschaft fürs Leben entstehen wird. Jahrelange Trennung, unterschiedliche Lebenswege, Männer: nichts kann Tully und Kate auseinanderbringen. Doch dann kommt es zu einem schlimmen Streit, in dem alte Wunden aufreißen. Es herrscht Funkstille – bis den Freundinnen klar wird, wie kurz das Leben sein kann …

»Das bewegende und lebensechte Porträt einer dauerhaften Freundschaft. Ein fesselnder Roman.« *Booklist*